세계인구의 역사

Massimo Livi-Bacci 지음
송병건 · 허은경 옮김

도서출판 해남

늘 그렇듯이
한 권의 책이 나오기까지는 가족들의 큰 도움과 희생이 따른다.
아내와 딸에게 깊은 고마움을 전한다.

_ 송병건

참으로 값진 경험이었다.
제게 세상의 빛을 보여 주신 부모님,
그리고 묵묵히 저를 응원해 주는 분께 감사의 인사를 드린다.

_ 허은경

지은이의 글

왜 현재 세계의 인구는 60억 명을 약간 넘는 수준일까? 왜 그보다 몇 배 많거나 적지 않을까? 농업에 혁신을 이루기 전까지 수천 년 동안 인류는 현재 인구의 1,000분의 1에 불과한 수만큼밖에 없었을 것이다. 어떤 이들을 가용한 자원을 놓고 볼 때 지구가 현재 인구의 열 배가량을 어렵지 않게 수용할 수 있다고 주장하기도 한다. 역사를 통해 인구증가를 결정해 온 요인들은 무엇인가? 자원과 환경과의 위태로운 균형이 어떻게 유지되는가? 이런 질문들은 오래 전부터 제시되어 왔다. 현대적인 형태로 이 질문을 탐구한 사람은 맬서스(Malthus)였고, 그의 주장이 다윈(Darwin)의 연구를 자극한 것은 우연이 아니었다.

이 '간략한 역사'(concise history)의 지면을 통해 필자는 위와 같은 근본적 질문들을 던지고, 기저에 놓여 있는 주장들을 논의하고, 해답을 모색한다. 여기에는 이미 명확해진 사항들도 있고, 앞으로 조사가 더 필요한 사항들도 있다. 이 책에서 독자들은 인구발전에 관한 보편적인 논의를 찾을 수 있을 것이다. 그리고 장구한 역사를 거쳐 인구의 증가와 정체와 감소를 결정한 메커니즘을 이해하게 도와 주는 지표도 발견하게 되기를 기대한다.

불을 사용하기 시작한 이래 인간은 주변 환경을 이용하고 환경이 제공하는 자원을 활용하기 위해 많은 힘을 쏟아 왔다. 최장기(수천 년 단위)를 놓고 볼 때, 인류는 가용한 자원과 대체로 조화를 이루며 수적 증가를 거듭해 왔다. 분명히 수렵 · 채집체제는 수백만 명을 크게 넘는 인구를 부양할 수 없었을 것이며, 유럽의 농업체제는 산업혁명 이전에 유럽에 거주하였던 수억 명을 겨우 부양하는 수준이었다. 그러나 더 짧은 기간(세기 또는 세대)을 놓고 보면, 균형은 그렇게 분명한 것이 되지 못한다. 여기에는 몇 가지 본질적인 이유가 있다. 첫째, 재앙적 사태 –전염병, 기상재해 및 자연재해– 의 반복적 발생이 인구와 자원 간의 항등에서 한쪽 항을 철저하게 바꿔버리기 때문이다. 둘째 이유는 출산의 강도를 결정하고 그로써 인구증가에 영향을 끼치는 인구학적 메커니즘이 오로지 서서히 변화하며, 급속하게 변하는 환경적 조건에 쉽사리 '적응'하지 않는다는 점에 있다. 많은 사람들은 인간 종이 '자기규제' 메커니즘을 보유하고 있기 때문에 인구와 자원 간의 균형이 빠른 속도로 재구축될 수 있다고 믿는다. 그러나 이는 부분적으로만 진실일 뿐이다. 이런 메커니즘은 –작동을 하는 경우에도– 매우 불완전해서(그리고 인구집단마다 그리고 세대마다 작동의 효율성에 차이가 커서) 개별 인구집단 전체가 사멸하는 사례도 많다. 인구집단의 멸종은 인구통제의 노력이 실패하였다는 가장 분명한 증거임에 틀림없다.

이제부터 필자는 인구와 자원 간에 늘 아슬아슬하게 존재하는 균형을 결정하는 메커니즘이 다양한 상황과 시대를 통해 어떻게 기능하여 왔는가에 주목하고자 한다. 이를 위해 그간 인구학자들이 거의 다루지 않았던 문제들과 주제들 –생물학에서 경제학에 이르기까지 다양한– 을 논의에 포함시키는 것을 필자의 공략법으로 삼으려 한다. 이렇게 관심범위를 확대하게 되면 연구의 깊이를 잃는 위험이 발생하는 것이 아닌가 하는 불안이 상존하기 마련이다. 필자는 이런 위험을 계산하였고, 결국 수용하기로 의식적으로 결정하였다. 여러 학문분야를 포괄하는 시도들이 때때로 보여 왔던 약점들을 생각할 때, 안전하게 한 학문의 경계 내에 안주하고자 하는 유혹은 크기 마련이다. 그러나 풀어야 할 문제들이 복잡한 속성을 지니고 있기 때문에, 이를 개별적으로 파악하고 고립화하는 것으로는 충분하지 않음이 분명하다. 때론 과감하게 재구성을 시도하는 작업이 필요한 법이다.

옮긴이의 글

우리는 인구혁명의 시대에 살고 있다. 우리나라에서 고령화가 아주 빠른 속도로 진행되고 있다는 점은 이미 널리 알려져 있다. 1971년 62.3세에 불과하였던 출생시 기대수명이 2008년에는 80.1세로 증가하였다. 여기에는 다양한 요인이 작용하였지만, 특히 저출산이 핵심적인 요인 가운데 하나로 지적된다. 지난 5년간 우리나라의 합계출산율, 즉 여성 1인이 일생을 거쳐 낳는 평균자녀수는 1.22명으로, 세계 평균인 2.54명의 절반 수준에도 채 이르지 못하고 있다. 사실 이 수치는 세계에서 가장 낮은 수준에 속한다. 지난 10년 동안 인구 1,000명당 혼인건수가 8.0건에서 6.6건으로 감소하고, 같은 기간 초혼연령이 남자의 경우 2.6세, 여자의 경우 2.3세 증가하였다는 추계는 저출산의 현실을 잘 보여 준다. 이러한 추세 속에서 가족형태도 크게 변모하였다. 예를 들어, 1인가구의 비율이 1985년 6.9%에 불과하였다가 2008년에는 20.1%로 증가하였으며, 조손(組孫)가구의 비율이 지난 10년 동안 65.1%나 증가하였다.[1)]

그러나 눈을 세계로 돌려보면 우리나라의 인구현상이 세계적으로 공통된 경험이라고 일반화하기는 어렵다는 점을 쉽게 확인할 수 있다. 평균소득이 낮은 국가들 가운데 많은 수가 여전히 인구과잉에 직면해 있다. '인구변천'(demographic transition) 이전의 고출산-고사망 체제가 아직도 계속되는 지역이 지구상에 많이 존재한다. 한편, 동유럽의 구소련 국가들이 체제전환 이후 보여 주고 있는 저출산의 모습은 인구현상과 소득수준의 관계가 단순하지 않다는 점을 말해 준다. 우리나라의 출산율이 서구의 고소득 국가들보

1) 통계청, 『한국의 사회동향 2009』 (2009. 12).

다 낮다는 사실도 이를 지지한다.

또한 우리나라 인구의 역사만을 돌아보더라도, 인구변수들의 변화가 상당히 짧은 기간에 발생하였음을 알 수 있다. 지난 50년의 기간을 고려해 보자면, 베이비 붐, 정부의 산아제한정책, 남아선호사상과 성비 불균형, 이와 관련된 낙태의 만연, 노동력의 해외파견 등이 전반부를 주도한 반면에, 후반부에는 출산율의 감소, 혼인연령의 증가, 농촌을 중심으로 한 국제결혼의 증가, 다문화 가정의 확산, 외국인 노동자의 유입 확대, 정부의 출산장려 정책, 고령화에 따른 문제 등이 부각되었다. 종합하자면, 우리나라가 현재 경험하고 있는 인구현상은 아주 강력한 추세를 보여 주고 있는 것이 사실이지만, 이것이 전 지구적으로 보편적인 모습으로 보기도 어렵고, 또한 장기적으로 안정적인 추이라고 인정하기도 어렵다.

그렇다면 인류가 경험하고 있는 인구학적 변화는 어느 방향으로, 어느 속도로, 그리고 언제까지 지속될 것인가? 이러한 변화는 그 자체 논리에 따라 일정한 시간이 흐르면 다시 역방향의 움직임을 통해 상쇄될 것인가? 그리고 개인과 정부의 의식적 노력으로 인구에 대해 얼마나 통제가 가능할까? 이런 문제들에 대한 해답의 단서는 세계인구의 역사를 장기적이고 비교사적으로 살펴보는 작업에서 찾을 수 있을 것이다.

이런 면에서 세계인구사(人口史)의 대표적 저작인 마시모 리비-바치(Massimo Livi-Bacci)의 *A Concise History of World Population*이 유용한 출발점이 될 수 있으리라고 생각한다. 지은이는 이 책을 1989년에 처음 이탈리아어로 저술하였고, 1992년에 영어본을 저술하여 출간하였다. 그 후 수차례에 걸쳐 개정판이 출간되었는데, 각 개정판은 많은 언어로 번역이 되어 왔다. 이번에 한국어로 번역되어 출간되는 이 책은 가장 최근의 영어 개정판, 즉 2007년에 출간된 제4판을 옮긴 것이다. 리비-바치는 세계 여러 지역의 인구사에 대해 다수의 저작을 남겼다. 대표작으로 *Population and Nutrition* (1991), *The Population of Europe: A History* (1999), *Population and Poverty in Developing*

Countries (1999), *Conquista: The Destruction of American Indios* (2005), *El Dorado in the Marshes: Gold, Slaves and Souls between the Andes and the Amazon* (2009) 등을 들 수 있으며, 인구사와 관련된 폭넓은 주제에 대해 수많은 논문을 학술지에 발표해 왔다. 그 관심지역과 시기가 얼마나 다양한지, 그리고 그의 접근법이 얼마나 다채로운지를 그의 저술목록에서 쉽게 확인할 수 있다. 장기적이고 비교사적인 관점에서 세계인구사를 집필하는 데에 그보다 더 적절한 사람은 구하기 힘들 것이다.

이 책의 가치와 특징은 이미 여러 언어로 쓰인 많은 수의 서평을 통해 확인할 수 있다. 여기서 옮긴이는 이 책의 기본적 속성을 아래와 같이 정리해서 소개하고자 한다.

첫째, 이 책은 여러 학문분야에서 발전시켜 온 인구문제에 대한 접근법을 통합적으로 소개하고 있다. 리비-바치는 세계인구의 역사를 파악하는 데 도움이 되는 다양한 접근법 –생물학, 병리학 등 자연과학적 접근법은 물론이고 역사학, 고고학, 인류학, 경제학, 사회학, 통계학 등 인문학과 사회과학의 여러 관점을 담은 접근법들을 포함하는– 을 종합적으로 사용한다. 생물로서의 인간이 생존과 번식을 위해 어떤 전략을 취하는지, 인간과 병원체의 관계는 어떻게 이해해야 하는지, 개별 인구집단의 의사결정과 행동에 대해 어떤 가설을 세울 수 있으며 어떤 근거를 가지고 사설을 검정할 수 있는지, 개별 인구집단의 경험이 얼마나 일반화될 수 있는지, 인구현상과 경제발전에는 어떤 관계가 있는지 등에 대해 지은이는 학제적(interdisciplinary)이고 통합적인 설명을 제시한다. 통섭(統攝)의 정신이 빛난다.

둘째, 이 책은 글로벌한 시각을 잘 보여 주고 있다. 지은이는 세계 각 지역들이 경험해 온 인구사에 대해 많은 지식을 가지고 있을 뿐만 아니라, 이들이 서로 어떻게 영향을 미쳤고 또한 장기적으로 어떤 사회경제적 결과를 낳았는지에 대해 깊은 통찰력을 보여 준다. 예를 들어, 그는 신석기혁명의 인구학적 의미를 설명하고, 중세 유럽의 흑사병, 대항해시대 인디오 인구의 격감, 아프리카 노예들의 운명을 논의하고, 퀘벡에 정착한 프랑스계 이민자들의 인구학적 성공담을 소개한다. 아일랜드와 일본의 사례를 비교하고, 중국과 인도의 과거 인구경험을 분석하고 미래의 추세에 대해 전망한다. 이런 폭넓은 검토를 통해 인간이 주어진 환경에 대해 얼마나 다양하게 반응하는지, 그리고 그러한 반응이 기계적인 대응인지 아니면 인위적으로 선택된 것인지에 대해 생각해 보도록 독자들을 이끈다. 그간의 인구사 연구가 서구중심으로 이루어졌고, 그 결과 지리적으로 글로벌하게 균형이 잡힌 저서가 흔하지 않았는데, 리비-바치는 이를 극복하기 위해 의식적으로 많은 노력을 기울인 것으로 보인다.

마지막으로, 이 책은 세계인구의 변화과정에 대해 유연한 입장을 보여준다. 인구변화는 개별 인구집단이 처한 구체적인 자연적 · 경제적 · 사회적 · 문화적 환경에 따라, 그리고 각 인구집단의 선택과 적응능력에 따라 다양한 경로를 보여 왔음을 지은이는 반복해서 강조한다. 우리가 오늘날 직면하고 있는 여러 인구문제도 그 미래가 확정적인 것이 아니다. 가까운 미래에는 그간 우리가 걸어온 인구학적 경로로 인해 특정한 인구추이를 보이는 것이 어느 정도 불가피하겠지만, 이보다 점점 더 큰 비중으로 우리의 새로운 노력과 선택이 미래의 인구에 결정적인 영향을 끼치게 될 것이다. 이런 다양성에 대한 이해야말로 인구문제를 장기역사적인 시각에서 고찰함으로써 얻을 수 있는 귀중한 수확일 것이다. 지은이의 유연한 태도는 다양한 학설을 소개하고 각 학설의 장단점을 객관적으로 논의하는 균형감각으로 나타난다. 인구증가와 경제발전의 관계에 대한 그의 해설을 보면, 이런 객관성과 균형감각이 얼마나 인구사에 대한 우리의 논의를 풍부하게 해 주는지 실감할 수 있다.

지금까지 이 책의 특징을 간략하게 설명하였다. 이 책은 원제목처럼 '간결한'(concise) 역사책이다. 장구한 세계인구의 역사를 200여 쪽의 제한된 지면 내에서 묘사하고 설명하고 논증하기란 애초부터 불가능할 것이다. 그러나 리비-바치는 해박한 지식을 능숙한 솜씨로 잘 정리해 냄으로써, 여러 이유로 인구문제에 관심을 가진 독자들에게 보다 장기적이고 거시적인 그림을 가질 수 있도록 하는 유익한 길잡이가 될 것이다.

이 책을 우리글로 옮기면서 번역을 하는 작업은 인구사와 비슷하다는 생각을 하였다. 주어진 환경 –원문 텍스트, 학계에서 사용하는 인구학적 용어들, 출판사의 편집과 디자인 인력, 번역될 책의 잠재적 독자층, 시간적 제약 등– 이 번역의 결과물에 대한 기본적 속성을 규정하지만, 그 테두리 안에서 옮긴이의 지식과 번역능력이 궁극적으로 결과물의 품질에 더 큰 영향을 끼친다는 생각이 탈고를 앞두고 절절히 느껴진다. 부족한 점이 많은 책이 나오더라도, 원작이 지닌 강점이 이런 단점들을 덮어 줄 수 있지 않을까 하는 무책임한 기대를 해 볼 따름이다.

여러 차례 원고를 꼼꼼히 읽고, 문장 표현을 개선해 주고, 오탈자를 잡아 주고, 색인작업에 수고를 아끼지 않은 염지희, 조은정 두 조교에게 고마움을 표하고 싶다. 그리고 지연되는 원고를 참을성 있게 기다려 주신 해남의 노현철 사장님과 좋은 책을 만들기 위해 정성을 쏟아 준 유능한 편집진에게 깊은 감사를 드린다.

명륜동에서

옮긴이 대표 송병건

차 례

Chapter 3

토지, 노동 그리고 인구

Chapter 4

질서와 효율성을 향해: 유럽과 선진국의 최근 인구

Chapter 5

빈국들의 인구

Chapter 6

미래

Chapter 1

인구증가의 공간과 전략

Chapter

인구증가의 공간과 전략 1

1. 사람과 동물

인류의 역사를 통해 인구는 번영, 안정 그리고 안전을 의미해 왔다. 가옥과 농장과 마을이 들어찬 언덕이나 평야는 언제나 넉넉한 삶을 상징하는 것이었다. 괴테(Geothe)는 베로나(Verona)에서 비첸차(Vicenza)로 향하는 여행 도중에 행복감에 넘쳐 이렇게 말하였다. "마을과 성곽, 산재한 집들이 끝없이 이어진 언덕이 보인다. … 우리는 비옥한 평야를 가로지르는 넓고 곧게 뻗은 잘 정비된 도로 위를 달렸다. … 그 길은 온갖 부류의 사람들이 수없이 많이 이용해 온 도로다."[1] 장기간 지속된 선정(善政)이 남긴 영향은 로렌체티 형제가 묘사하였던 14세기 시에나의 질서정연한 풍경만큼이나 분명하다. 14세기 초에 활약한 이탈리아의 화가 로렌체티 형제(Ambrogio Lorenzetti and Pietro Lorenzetti)가 시에나 시청에 그린 대형 벽화 「선정과 악정」을 말함-역자 주 이와 유사한 이유로 코르테스는 멕시코의 계곡 너머로 본 광경에 흥분을 감출 수 없었다. 거기에는 인접한 마을로부터 수많은 카누가 오가는 호수가 있었고, 거대한 도시가 있었으며, "6만 명 이상의 사람들이 상상할 수 있는 온갖 종류의 상품을 매일 사고파는" 시장(그 시장은 살라만카시 전체보다 두 배 이상 컸다)이 있었기 때문이다.[2] 멕시코의 아스텍문명을 무력으로 차지한 스페인의 정복자 코르테스(Hernán Cortés)를 말함. 살라만카(Salamanca)는 스페인 서부에 위치한 도시-역자 주

1) J. W. Geothe, *Italian Journey*, W. H. Auden and Elizabeth Mayer 옮김 (North Point Press, San Francisco, 1982), 46쪽.
2) H. Cortés, *Cartas de Relación* (Editorial Porrúa, Mexico, 1976), 62쪽.

이것은 결코 놀라운 일이 아니다. 어떤 지역에 인구가 밀집되어 있다는 것은 사회질서가 안정되어 있고, 인간관계가 견고히 확립되어 있으며, 천연자원이 잘 이용되고 있음을 보여 주는 암묵적인 증거다. 인구가 많아야만 가옥, 도시, 도로, 교량, 항만, 운하 등을 건설하는 데 필요한 인적 자원을 활용할 수 있다. 역사적으로 볼 때 여행자를 실망시켰던 것은 황폐하고 버려진 환경이었지 넘쳐나는 인구가 결코 아니었다.

따라서 인구는 번영을 나타내는 기초적 지표라고 볼 수 있다. 구석기시대의 100만 명과 신석기시대의 1,000만 명, 청동기시대의 1억 명과 산업혁명시대의 10억 명, 그리고 21세기 말에 도달하게 될지 모르는 100억 명은 단순한 인구증가 이상의 것을 의미한다. 그리고 이 간단한 수치만으로도 시간의 흐름에 따라 인구증가가 균일하게 이루어지지 않았음을 알 수 있다. 인구확장의 시기는 사실 인구정체 또는 인구감소의 시기와 번갈아 존재하였다. 왜 이런 현상이 발생하였는가에 대해서는 상대적으로 근래의 역사에서조차 설명하기가 쉽지 않다. 우리는 겉보기에는 단순하지만 실제 내용은 아주 복잡한 다음의 문제들에 대해 답을 구해야 한다. 오늘날의 인구는 어째서 60억 명이 된 것일까? 왜 1,000억이나 1억 명이 되지 않았는가? 선사시대부터 현재에 이르는 동안 인구는 왜 하나의 특정한 경로를 따라 증가하였는가? 왜 다른 가능성을 따르지 않았는가? 이러한 질문들은 대답하기 어렵지만 곰곰이 생각해 볼 가치가 있다. 왜냐하면, 인구의 양적 증가는 인구증가 경로의 대체적인 방향을 결정하는 다양한 원동력(forces)과 장애물(obstacles)에 의해 전적으로는 아니지만 어느 정도는 제한을 받기 때문이다. 먼저 우리는 이러한 원동력과 장애물을 생물학적이고 환경적인 것으로 규정할 수 있다. 생물학적 원동력과 장애물은 인구증가율을 결정짓는 사망의 법칙(laws of mortality) 및 출산의 법칙(laws of reproduction)과 연결되어 있다. 환경적 원동력과 장애물은 이 법칙들에게 작용하는 저항을 결정함으로써 인구증가율을 조정한다. 그리고 생물학적 요소와 환경적인 요소는 서로 영향을 주고받기 때문에 서로 독립적이지 않다.

모든 생물군은 생존과 출산을 위해 고유의 전략을 발달시킨다. 그리고 이 전략들은 다양한 속도의 잠재적 인구증가율 및 실제 인구증가율로 표출된다. 이러한 전략에 대한 간략한 분석을 통해 우리는 인간 종이라는 특별한 사례에 대한 연구에 첫발을 들여놓을 수 있다. 생물학자들은 두 개의 핵심적 전략 $-r$과 K로 부른다$-$ 을 찾아 냈다. 이 둘은 실제로는 전략의 연속적인 스펙트럼을 단순화한 것이다.[3] 곤충과 어류, 그리고 몇몇의 작은 포유류는 r전략을 취한다. 여기에 속하는 유기체들은 일반적으로 불안정한 환경에 서식하는데, 새끼의 생존확률이 낮더라도 다산(多産)을 하기에 적당한 시기(1년에 한 번씩, 또는 계절적으로)를 적극적으로 활용한다. 이들이 다산전략에 의존해야 하는 이유는 바로 환경의 불안정성에 있다. 달리 말하면, "생명은 복권과 같은 것이고, 따라서 복권을 많이 사는 것은 의미가 있다."[4] r전략을 취하는 유기체들은 개체수가 빠르게 늘었다 줄었다 하는 격렬한 주기를 반복적으로 거치게 된다.

K전략을 취하는 유기체들은 이와 크게 다르다. 포유류, 특히 중간 이상의 크기를 지닌 포유류와 몇몇 종류의 조류가 이에 속하는데, 이들은 비록 경쟁자와 약탈자 그리고 기생자들과 함께 살긴 하지만 상대적으로 안정적인 환경 속에서 서식한다. 적자선택과 환경의 압력이 K전략 유기체들을 생존을 위한 경쟁으로 몰아붙이는데, 이 경우에는 새끼를 기르기 위해 시간과 에너지를 많이 투자해야만 한다. 이런 투자는 오직 새끼의 수가 적을 때에

3) 앞으로 전개될 논의를 돕기 위해 필자는 C. R. Austin and R. V. Short, eds., *Reproductive Fitness* (Cambridge University Press, London, 1984), 1~23쪽에 실린 R. M. May and D. I. Rubinstein, "Reproductive Stategies"의 도입부를 이용하였다. 또한 같은 책의 24~61쪽에 수록된 R. V. Short의 "Species Differences in Reproductive Mechanisms"를 참조하라. 논의의 폭이 더 넓은 논문으로는 S. C. Stearns, "Life History Tactics: A Review of Ideas," *Quarterly Review of Biology* 51 (1976), 3~47쪽. 인구학에 r전략과 K전략이 적합하다고 동의하는 연구로는 A. J. Coale and S. Cotts Watkins, eds., *The Decline of Fertility in Europe* (Princeton University Press, Princeton, NJ, 1986)의 제1장에 수록된 A. J. Coale의 글을 볼 것, 7쪽.

4) May and Rubinstein, "Reproductive Strategies," 2쪽.

그림 1-1 *r*전략과 *K*전략

*r*전략	*K*전략
- 주위 환경과 불안정한 균형 - 높은 개체증가율 - 격렬한, 그리고 때로는 규칙적인 증가 및 쇠퇴 주기	- 주위 환경과 안정적인 균형 - 주위 환경과 보조를 맞춘 개체증가율 - 느리고 불규칙한 주기

생물번식상의 특징

*r*전략	*K*전략
- 작은 몸체 - 짧은 수명 - 짧은 임신기간 - 여러 마리 출산 - 짧은 출산간격 - 짧은 세대간격 - 높은 잠재증가율	- 큰 몸체 - 긴 수명 - 긴 임신기간 - 한 마리 출산 - 긴 출산간격 - 긴 세대간격 - 낮은 잠재증가율
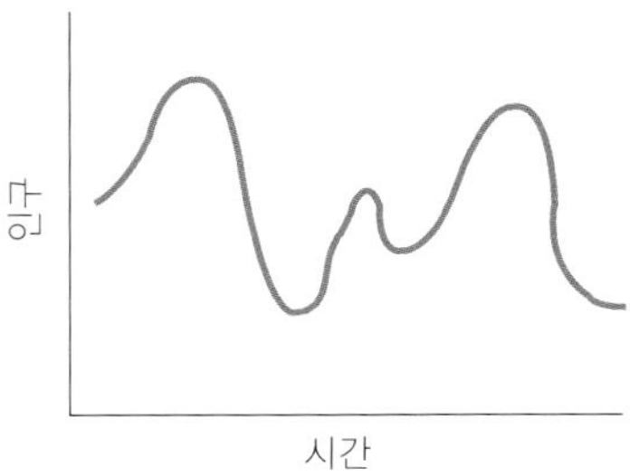	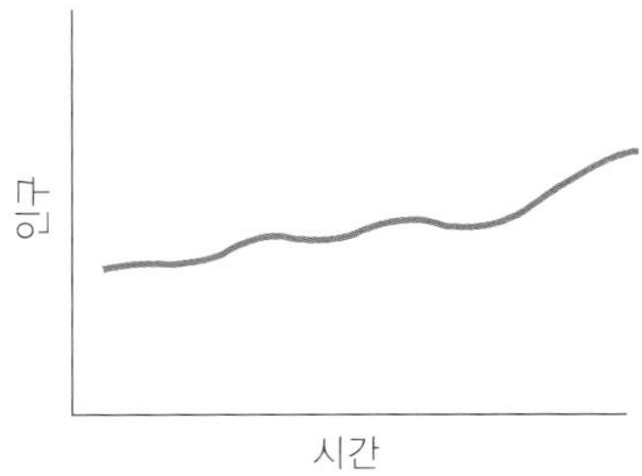

만 가능하다.

r전략과 K전략은 뚜렷하게 차별화되는 두 유기체 그룹의 특징을 잘 보여 준다([그림 1-1]). r전략은 덩치가 작은 동물에게 적합하다. 이러한 동물은 대체로 수명이 짧으며, 세대 간의 교체가 빠르고, 임신기간이 짧고, 다음 출산까지 소요되는 시간 또한 짧으며, 새끼를 많이 낳는다는 특징을 갖고 있다. 반면에, K전략은 덩치가 큰 동물에게 적합하다. 이들은 대체로 수명이 길고, 세대교체기간이 길고, 다음 출산까지 걸리는 시간 또한 길며, 새끼를 한 마리 낳는다는 특징을 갖고 있다.

[그림 1-2]는 몸체의 크기(길이)와 세대 간의 시간적 간격 간의 연관성을 다양한 생물체에 적용하여 기록한 것이다. 몸집이 커지면 세대 간의 간격 역시 증가하는 것으로 나타난다. 또한 (포유류에 한정해 본다면) 다양한 종들에 있어서 개체증가율이 세대의 길이와 대체로 역의 관계를 나타내며, 따라서 증가율과 몸집도 역의 관계에 있다는 점을 보일 수 있다.[5] 거시적인 관점에서 일반화를 하자면, 몸집이 큰 동물의 개체증가 잠재력이 낮다는 사실은 이들이 환경변화에 덜 취약하다는 점과 관련을 지을 수 있다. 그리고 덜 취약하다는 속성은 다시 그들의 큰 몸집과 관련되어 있다. 몸집이 큰 동물의 삶은 복권과는 다르게 생존가능성이 훨씬 높기 때문에, 이런 동물은 종족보존을 위해 많은 출산에 의존할 필요가 없다. 후손들의 위험성을 줄이고 사망률을 낮추기 위해서는 보호와 보육이라는 투자가 필요한데, 다산은 오히려 이를 어렵게 만들어 버린다.

이와 같은 견해는 일찍이 자연선택이론의 주창자인 다윈(Darwin)과 왈라스(Wallace) 시대부터 널리 알려져 왔다. 그렇지만 아직도 이 견해는 인구증

5) "Reproductive Strategies"에서 매이(May)와 루빈스타인(Rubinstein)은 포유류에 있어서 몸무게와 성적 완숙연령 간에 밀접한 관계가 있다고 말한다. 아래에서 살펴보게 되겠지만, 인구증가율은 로트카(Lotka)의 공식, 즉 $r=\ln R_0/T$ (T는 평균세대 길이, 그리고 R_0는 한 여성세대가 일생에 거쳐 낳게 되는 딸의 평균수(순출산율)를 의미함)에서 도출할 수 있다. r은(성적 완숙연령과 밀접히 관련된) T의 변화에 상당히 민감하며, $\ln R_0$와 직접 연결되므로 R_0의 변화에 대해서는 덜 민감하다. 따라서 생물 종에 따른 T값의 변화는 r값에 강한 영향을 끼친다.

그림 1-2 번식기에 측정한 생물의 길이와 세대의 길이(로그 척도로 표시)

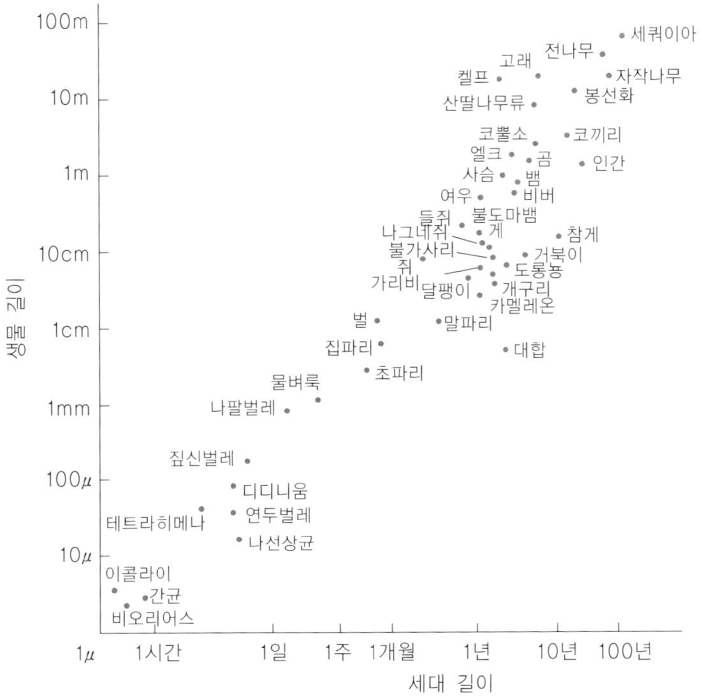

자료: J. T. Bonner, *Size and Cycle: An Essay on the Structure of Biology* (Princeton University Press, Princeton, 1965), 17쪽.

가의 요인에 대한 논의의 유용한 출발점을 제공한다. 우리 인간 종은 분명히 *K*전략을 취하고 있다. 인간이 환경의 변화를 성공적으로 통제해 왔고, 자식들을 키우는 데 많은 투자를 해 온 모습에서 이를 알 수 있다.

이제부터 소개할 주장들을 다루는 데 있어서 다음의 두 원리가 각별히 유용할 것이다. 첫째 원리는 인구와 환경의 관계에 관한 것이다. 여기에서 환경은 물리적 환경, 기후, 가용한 식량 등 생존을 결정하는 온갖 요소를 포함하는 포괄적 의미로서 이해되어야 한다. 둘째 원리는 출산력과 사망력의 관계에 대한 것이다. 사망력은 부모의 양육투자의 함수이며, 부모의 양육투자는 다시 출산력과 역의 관계를 가진다.

2. 분할과 증식

수많은 동물종이 지속적이고 격렬한 주기를 겪는다. 그 과정에서 단기간에 자손이 100배, 1,000배, 10,000배 또는 그 이상 증가하거나 감소하게 된다. 스칸디나비아에 서식하는 나그네쥐(lemming)는 4년의 주기를 가지고, 캐나다의 포식동물들은 10년의 주기를 보이며, 온대지방의 삼림에 서식하는 여러 해충은 주기가 4~12년이라는 것은 이미 많은 사람들이 알고 있는 사실이다. 오스트레일리아에서는 "집쥐가 어떤 해에는 엄청나게 증식한다. 그 쥐들은 수확물이나 건초더미에서 떼를 지어 사는데, 그 수가 너무 많아 하룻밤에 한 바구니 가득 잡기가 어렵지 않을 정도다. 매와 올빼미, 고양이가 이들을 잡아먹긴 하지만 … 이런 천적들도 쥐의 수를 줄이는 데에는 별 도움이 되지 못하는 실정이다. 통상 이런 이상번식은 갑작스럽게 끝이 난다. 죽은 쥐 몇 마리가 땅 위에서 발견되고, 그 후 쥐의 수는 정상치 또는 그 이하로 급속히 줄어든다."[6] 다른 종들은 평균수를 유지한다. 2세기 전에 길버트 화이트(Gilbert White)영국의 자연학자이자 성직자로 고향마을 셀본의 자연사를 저술함-역자 주는 셀본(Selborne)이란 마을의 교회 종탑 주위에서 8쌍의 제비가 날아다니는 것을 관찰한 바 있는데, 이것은 지금도 같은 숫자다.[7] 즉, 이 세상에는 급증 또는 급감하는 인구도 존재하고, 대체로 안정된 수준을 유지하는 인구

6) F. MacFarlane Burnet, *Natural History of Infectious Diseases* (Cambridge University Press, London, 1962), 14쪽.
7) May and Rubinstein, "Reproductive Strategies," 1쪽.

도 존재한다.

인간 종은 시간이 흘러도 상대적으로 느리게 변화한다. 하지만 아래에서 보게 될 것처럼 장기적으로 보면 인구의 증가주기는 쇠퇴주기와 번갈아서 발생하며, 심지어 쇠퇴가 특정 집단의 멸종으로 이어지기도 한다. 예를 들어, 중앙아메리카의 인구는 16세기에 시작된 스페인의 정복 이후 급감하여 애초 규모와는 비교도 되지 않게 줄어들었다. 같은 시기에 스페인 정복자들의 인구는 절반 정도 증가하였는데 말이다. 주변의 다른 종족이 인구증가 내지 번성을 경험하고 있을 때, 인구가 전멸 또는 그에 가까운 수준에 도달하는 경우도 있다. 콜럼버스가 상륙한 이후의 산토도밍고(Santo Domingo) 인구의 사례가 그러하며, 첫 탐험자 및 정착자와의 접촉 이후 태즈메이니아(Tasmania)오스트레일리아 남동부의 섬-역자 주의 사례도 마찬가지이다. 좀더 최근의 사례로는 1750~1900년 사이에 잉글랜드와 웨일즈의 인구가 6배가량 증가한 것을 들 수 있다. 반면에, 같은 기간 프랑스의 인구증가는 50%에도 채 이르지 못하였다. 신뢰할 만한 예측에 따르면, 1950년에서 2040년까지 콩고민주공화국의 인구는 10배 증가할 것이며, 같은 기간에 이탈리아의 인그는 변화하지 않을 것이라고 한다.

이러한 사례들은 잉글랜드와 프랑스의 경우처럼 비슷한 상황에서도 장기간에 걸쳐 인간 종이 얼마나 상이한 속도로 증가할 수 있는지를 보여 주기에 충분하다. 그리고 이것이 바로 과학으로서, 즉 증가량을 측정하고 증가과정을 분석하고 원인을 고찰하는 학문으로서 인구학(demography)이 존재하는 이유다.

인구의 변화는(증가이건 감소이건 간에, 그리고 빠른 증가이건 완만한 증가이건 간에) 간단한 수학적 계산으로 설명할 수 있다. 주어진 시간에 인구(P)는 출생 B(births)과 이입 I(immigration), 그리고 사망 D(deaths)과 이출 E(emigration)의 결과로써 수적으로 변화한다. 이민을 고려하지 않으면(행성 전체가 그렇듯이 인구가 '폐쇄적'이라고 가정한다면), 주어진 시간 t(인구학자들은 통상 연도

(year)를 편의적으로 사용한다)에서 인구의 변화 dP는 다음과 같이 주어진다.

$$dP=B-D$$

그러면 인구증가율 $r(=dP/P)$은 출산율 $b(=B/P)$와 사망률 $d(=D/P)$의 차와 같다.

$$r=dP/P=b-d$$

출산율과 사망률의 변동범위는 상당히 넓다. 이들의 최소치는 1,000명당 5명에서 10명 정도(사망률과 출산율을 통제할 수 있는 오늘날에 가능한 수준)이고, 최대치는 1,000명당 40명에서 50명 정도다. 출산율과 사망률이 서로 독립적이지 않으므로, 양 극단이 공존하는 상황은 쉽사리 발생하지 않는다. 실제로는 장기에 걸쳐 증가율이 매년 −1%와 3% 사이에서 변화한다.

인류 역사의 대부분의 기간에 출산율과 사망률은 거의 균형을 유지해 왔음이 분명하다. 이는 인구증가율이 아주 낮은 수준이었다는 데에서 알 수 있다. 만약 서력기원 원년에 인구가 2억 5,200만 명이었고 산업혁명이 시작된 1750년에 인구가 7억 7,100만 명이었을 것이라는 추계를 받아들인다면([표 1.2]), 우리는 이 기간에 연간 인구증가율이 0.06%였다고 계산해 낼 수 있다. 만약 평균사망률이 1,000명당 40명이었다고 가정해 보면, 출산율은 1,000명당 40.6명이어야만 한다. 즉, 출산율이 사망률에 비해 겨우 1.5% 더 높은 것이다. 1960년대부터는 상황이 크게 다른 양상을 띠게 된다. 출산율이 사망률보다 200%나 높아지기 때문이다.

출산율과 사망률은 개념상의 내용을 거의 생각할 필요없이 산술적으로 계산할 수 있다. 따라서 인구증가를 유발하는 출산이나 생존과 같은 현상을 묘사하는 데에는 그다지 적합하지 않다.

3. 자코포 비치와 도메니카 델 부오노, 장 귀용과 매서린 로빈

자코포 비치는 피렌체 근방의 피에솔레(Fiesole)라는 마을 출신인 보잘것없는 소작인이었다.[8] 1667년 11월 12일에 그는 도메니카 델 부오노와 결혼을 하였다. 그들의 결혼은 자코포의 죽음으로 얼마 지속되지는 못하였지만, 둘 사이에는 안드레아, 필리포 그리고 마리아 마달레나 이렇게 세 아이가 있었다. 마리아 마달레나는 생후 몇 달 지나지 않아 죽고 안드레아와 필리포는 살아남아 결혼까지 하였다. 말하자면, 자코포와 도메니카는 인구학적 빚을 상환한 셈이다. 그들은 부모로부터 받은 양육과 그들을 출산가능연령까지 살아남을 수 있게 한 저항력과 행운이라는 빚을 지고 있었다. 그런데 그들이 두 아이를 낳고 길러 이들 역시 출산가능연령에 도달하도록 키우고 혼인도 시킴으로써, 삶의 연쇄적 세대사슬을 이어 자신들을 대체하도록 하는 데 성공하였던 것이다. 이 가문의 역사는 계속 이어져, 안드레아는 카테리나 포시와 결혼하여 네 자녀를 두었는데, 그 중 두 명은 결혼하여 가정을 이루었다. 안드레아와 카테리나 역시 자신들의 인구학적 빚을 갚은 셈이다. 그러나 이러한 상황은 필리포에게는 일어나지 않았다. 필리포의 아내 마달레나 카리는 딸 하나만을 남기고 젊어서 생을 마감하였고, 그 딸도 어려서 죽었다. 안드레아의 생존한 두 아들은 세 번째 세대를 이루었다. 지오반 바티스타는 카테리나 안지올라와 결혼하여 여섯 명의 자녀를 낳았고, 그 중 한 명만 빼고는 결혼하지 못하고 죽었다. 자코포는 로사와 결혼하여 여덟 명의 자녀를 두었는데, 그 중 네 명이 결혼하였다. 그러면 이제까지 언급하였던 다섯 번의 결혼(과 열 명의 부부)이 낳은 결과에 대해 정리를 해 보자.

8) 필자는 피에솔레 대교구의 가족재구성을 통해 다음의 사례를 제공해 준 카를로 코르시니(Carlo Corsini)에게 감사한다.

- 두 부부(자코포와 도메니카, 안드레아와 카테리나)는 각각 두 아이를 키워 결혼에 이르게 했으므로 자신의 빚을 청산하였다.
- 한 부부(자코포와 로사)는 네 명의 자식을 낳아 결혼시켰으므로 빚을 청산하고 이자까지 갚은 셈이다.
- 한 부부(지오반 바티스타와 카테리나 안지올라)는 여섯 명의 자녀를 낳았음에도 불구하고 그 중 한 명밖에 결혼시키지 못하였으므로 빚을 완전히 청산하지 못하였다.
- 한 부부(필리포와 마달레나)는 한 자녀도 결혼에 이르지 못하였으므로 완전히 파산한 셈이다.

세 세대에 걸쳐 다섯 쌍의 부부는 총 아홉 명의 자녀를 키워 결혼시켰다. 생물학적으로 볼 때, 열 명의 양육자가 아홉 명의 자녀를 출산가능 단계까지 기른 것이다. 이는 10%의 인구감소를 뜻하며, 이러한 양상이 지속된다면 결국 이 가계는 존속하지 못하게 될 것이다.

그러나 한 사회의 인구는 서로 다른 다양한 가계들과 다양한 이력들로 구성되어 있다. 같은 기간에 대해 동일한 논리를 적용할 때, 파트리아르크치가(家)의 부부 여섯 쌍은 15명의 자녀를 결혼시켰다. 동일한 시기에 팔라기가(家)의 부부 다섯 쌍은 10명의 자녀를 결혼시켰다. 즉, 파트리아르크치 가계는 빚을 갚고 이자도 지불하였지만(즉, 인구를 증가시켰지만), 팔라기 가계는 겨우 빚을 갚았다(즉, 인구를 유지시키는 일밖에 하지 못하였다). 개별 가족들의 다양한 경험들(인구흑자, 적자, 균형)이 합쳐져서 장기적인 인구의 증가, 감소 또는 정체를 낳는다.

1608년에 프랑스인들은 퀘벡(Quebéc)에 자리잡고, 이로쿼이족(Iroquois) 북아메리카 동부의 삼림지대에 거주하던 인디언–역자 주이 버려두다시피한 세인트루이스 계곡에서 본격적으로 정착생활을 시작하였다.[9] 이후 100년 동안 약 1만

9) 여기부터의 논의는 H. Charbonneau et al., *Naissance d'une population. Les Françaìs etablis au Canada au XVIIe siécle* (Presse de la Université de Montréal, Montréal, 1987)에서 비롯되었다.

5,000명의 이주자가 노르망디, 파리 인근 지역, 그리고 프랑스 중서부 지역을 출발해 이 처녀지에 도착하였다. 이들 중 2/3는 다양한 기간 거주를 한 후 프랑스로 되돌아갔다. 이 시기 이후에는 이민이 인구증가에 거의 기여하지 못하였으므로, 현재 600만 명에 달하는 프랑스 출신 캐나다인의 대부분은 이 지역에 남았던 5,000명의 프랑스 이주민의 후손이다. 캐나다의 학자들이 실시한 계보인구학적(genealogic-demographic) 재구성(reconstruction) 작업 덕택에, 이 인구에 대한 많은 정보를 알 수 있게 되었다. 예를 들어, 2명의 초기 개척자 장 귀용과 매서린 로빈은 1730년까지 2,150명의 자손을 남겼다. 이 둘을 뒤이은 세대들 -다른 혈통에서 온 부인과 남편을 포함한- 덕택으로 이 수치에 도달하게 된 것이다. 반면에, 다른 개척자인 유명한 탐험가 사뮈엘 드 샹플랭(Samuel de Champlain)[17세기에 캐나다의 식민지를 개척한 프랑스 탐험가-역자 주]의 운명은 이와는 매우 달랐다. 그는 자손을 단 한 명도 남기지 못하였다. 이 훌륭한 캐나다 자료를 통해 인구학적으로 아주 흥미로운 통계치도 구할 수 있다. 예를 들어, 프랑스에서 태어난 905명의 남녀 개척자가 1660년 이전에 캐나다로 이주하여 거기에서 결혼하고 생을 마감하였으며, 그들은 평균적으로 4.2명의 자녀를 결혼시켰다([그림 1-3]). 달리 말하면, 한 세대만에 원래 인구의 두 배에 달하는(2명의 기혼자로부터 4명의 결혼한 자녀가 생겼으므로) 출산수준을 보인 것이다. 캐나다에 정착한 프랑스인들의 출산능력이 예외적으로 높았던 이유는 여러 여건들이 기막힌 조합을 이루었다는 데 있다. 즉, 이주민의 신체적 강인함, 높은 출산율과 낮은 사망률, 충분한 공간, 낮은 인구밀도, 전염병의 부재가 상호작용한 결과이다.

이상에서 우리는 부지불식간에 인구증가 메커니즘의 핵심 사항을 고찰하였다. 우리가 보아 온 것처럼, 출산을 할 수 있는(여기서는 혼인으로 정의한다) 사람들이 다음 세대를 통해 혼인을 하는 개인의 수를 더 많게(또는 적게, 아니면 똑같게) 하는 데 성공하면 인구는 증가(또는 감소, 아니면 정체)한다. 인구가 늘던 줄던 간에 최종적 결과는 기본적으로 다음의 두 요인에 의해 결

그림 1-3 프랑스계 캐나다인 인구의 증가(17세기): 개척자와 그들의 자녀들

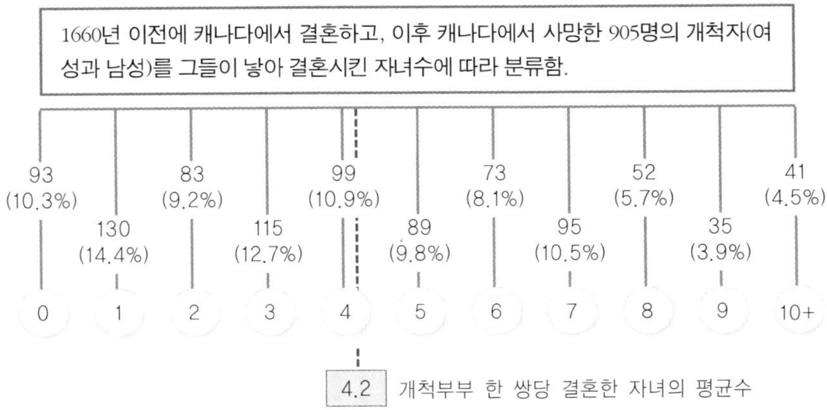

정된다. 그 하나는 개인 또는 부부가 출산하는 자녀의 수로서, 생물학적 능력, 욕구, 혼인연령, 동거기간 등의 요소에 영향을 받는다. 다른 하나는 태어나서 출산가능기가 종료할 때까지 사망력의 강도다. 다음 절에서 필자는 이 메커니즘에 대해 논의할 것이다. 이 메커니즘에 친숙해져야만 인구학적 변화를 야기하는 요소들을 잘 이해할 수 있다.

4. 출산과 생존

인구의 잠재적 증가능력은 두 변수의 함수로 표현할 수 있는데, 이 변수들의 중요성은 직관적으로 알 수 있다. 그 두 변수란 (1) 한 여성당 출산의 수 또는 태어나는 아이의 수, (2) 출생시의 기대수명이다. 이 변수들은 각각 출산력과 생존력의 종합적 척도다. 전자는 사망률이 0이라고 가정된 상태에서 출산가능기간에 한 세대의 여성이 낳는 아이의 평균수를 말한다.[10] 아래에

서 우리는 이 수준을 결정하는 생물학적 · 사회적 · 문화적 요소를 고려하게 될 것이다. 후자, 즉 출생시의 기대수명은 한 세대의 신생아의 평균수명을 말한다. 이 기대수명은 다양한 연령대별 사망률에 의해 결정되며, 다시 이 사망률은 특정 종의 생물학적 특징 및 주변 환경과의 관계에 의해 결정된다. 과거 수 세기 동안 농경 위주의 사회에서는 현대적 산아제한능력과 효과적인 의료지식이 부족하였기 때문에, 위의 두 변수가 큰 변동폭을 보였을 것이다. 여성 한 명당 자녀의 수는 5명 이하에서 8명 이상까지 광범위하였으며(산아제한이 고도로 이루어지고 있는 오늘날의 일부 서구 국가에서는 1 미만이다), 출생시 기대수명은 20세에서 40세였던 것이 보통이다(오늘날 일부 국가에서는 80세를 넘는다).

여성 한 명당 출산하는 아이의 수는 앞에서도 언급한 바와 같이 생물학적 요인과 사회적 요인에 의해 결정된다. 이 두 요인은 (1) 여성의 가임기간 내의 출산빈도와 (2) 출산이 제대로 이루어질 수 있는 기간, 즉 사춘기와 폐경기 사이의 가임기간을 결정한다.[11]

출산빈도

출산빈도는 출산간격의 역함수이다. 인구학자들은 출산의 횟수나 출산 기점을 통제하기 위해 인위적으로 피임을 실시하지 않는 전근대 사회에서의 출산율을 가리켜 자연출산율이라고 부르는데, 자연출산율이 일정하게 주어진 상태에서 출산간격은 다음과 같이 네 부분으로 나눌 수 있다.

10) 여성의 평균출산자녀수, 즉 합계출산율(total fertility rate: *TFR*)은 최저출산가능연령과 최고출산가능연령 사이에 있는 여성들의 연령특수적(age-specific) 출산율의 합이다. $f_x=B_x/P_x$, 여기서 B_x는 나이가 x인 여성의 출산아수이고, 여기서 P_x는 나이가 x인 여성 인구를 말한다.

11) 앞으로 논의되는 내용은 R. A. Bulatao and R. B. Lee, eds., *Determinants of Fertility in Developing Countries* (Academic Press, New York, 1983), 1권, 27~60쪽에 수록된 J. Bongaarts and J. Menken, "The Supply of Children: A Critical Essay"를 많이 참조하였다. 출산율을 구성하는 요소들에 대한 평가는 모든 신생아가 안정적 결합(즉, 결혼)의 산물이라는 가정에 기초하고 있다. 이 가정은 여러 문화권과 기간을 통해 보았을 때 현실과 가깝다.

1. 매 출산 이후의 불임기간. 출산 후 약 두 달 간 배란이 재개되지 않는다. 임신이 불가능한 이 배란정지기의 길이는 수유기간과 더불어 늘어난다. 수유는 종종 아이가 2살이 될 때까지, 그리고 때로는 3살 때까지 지속되기도 한다. 하지만 수유기간은 문화에 따라 편차가 상당히 크므로, 불임기간은 최소 3개월에서 최대 24개월을 한계로 볼 수 있다.
2. 대기시간은 정상적 배란이 재개된 시점부터 수태까지 걸리는 평균개월수를 말한다. 어떤 여성들은 우연적인 또는 자연적인 이유로 첫 배란주기에 임신을 하기도 한다. 그렇지만 규칙적으로 성관계를 맺음에도 불구하고 수 차례의 주기를 거치는 동안에도 임신을 하지 못하는 여성도 많다. 우리는 대기시간의 최소치와 최대치를 5개월과 10개월로 잡을 수 있다.
3. 평균적인 임신기간. 이는 모두 알고 있는 것처럼 9개월가량이다.
4. 태아사망률. 산모가 인지하는 임신 중 약 1/5은 유산으로 귀결된다. 몇몇의 신뢰성 있는 조사에 따르면, 이러한 유산의 빈도가 인구집단에 따라 크게 다르게 나타나지는 않는다고 한다. 유산 이후 정상적인 대기시간(즉, 5~10개월)이 지나면 새로 임신이 가능하다. 5번의 임신 중 한 번이 유산으로 진행되므로, 이로 인한 출산간격의 평균지연기간은 1~2개월이다.

위의 1, 2, 3, 4에서 언급한 최소치와 최대치를 종합해 보면, 출산간격은 18~45개월(즉, 대략 1.5~3.5년)이다. 하지만 실제로 최대치들끼리, 또는 최소치들끼리 조합을 이루는 경우는 거의 없으므로, 출산간격은 보통 2~3년 사이가 된다. 이상의 분석은 인구가 통제되지 않은 자연출산사회에 적용된다. 물론 산아제한이 도입되면, 자녀를 두지 않은 채 출산의 주기가 자의적으로 연장될 수 있다.

출산을 위한 가임기간

출산에 진입하는, 즉 출산을 위해 안정적인 인적 결합(결혼)을 하는 연령은 기본적으로 문화적 요인들에 의해 결정된다. 한편, 출산가능기가 종료하는 연령은 기본적으로 생물학적 요인들에 의해 결정된다.

1. 결혼연령은 낮게는 사춘기 연령(15살 정도)에서 높게는 많은 유럽 사회에서 관찰되는 25세 이상까지 다양하다.
2. 가임기가 종료되는 나이는 50세에 이르기도 하지만, 보통은 이보다 훨씬 낮다. 출산조절을 하지 않은 집단에서 막내를 출산할 때의 산모 나이를 유용한 지표로 삼을 수 있다. 이 수치는 상당히 안정적이며 통상 38세에서 41세 사이에 존재한다.

여기서도 우리는 최소치와 최대치를 결합하고 반올림을 함으로써, 사망이나 이혼을 배제하였을 경우 출산을 위한 결합의 평균기간이 15~25년 사이라고 추산할 수 있다.

좀더 단순화하면, 사망률을 고려하지 않을 때 가상적 모집단의 최소출산수준 및 최대출산수준을 우리는 추계할 수 있다. 최소출산수준을 구하기 위해서는 최소출산기간(15년)과 최대출산간격(3.5년)을 함께 고려하면 된다.

$$\frac{15\text{년의 출산기간}}{3.5\text{년의 출산간격}} = 4.3\text{명의 자녀}$$

최대출산수준은 최대출산기간(25년)과 최소출산간격(1.5년)을 통해 추계할 수 있다.

$$\frac{25\text{년의 출산기간}}{1.5\text{년의 출산간격}} = 16.7\text{명의 자녀}$$

실제로는 다양한 구성성분이 상호 독립적이지 않기 때문에 극단적 수치들(특히, 출산간격)의 조합은 당연히 일어날 수 없다. 예를 들어, 조혼에 뒤

그림 1-4 표준을 상회 또는 하회하는 출산요인의 최대변동폭이 여성당 평균자녀수에 미치는 영향(1칸 = 1자녀)

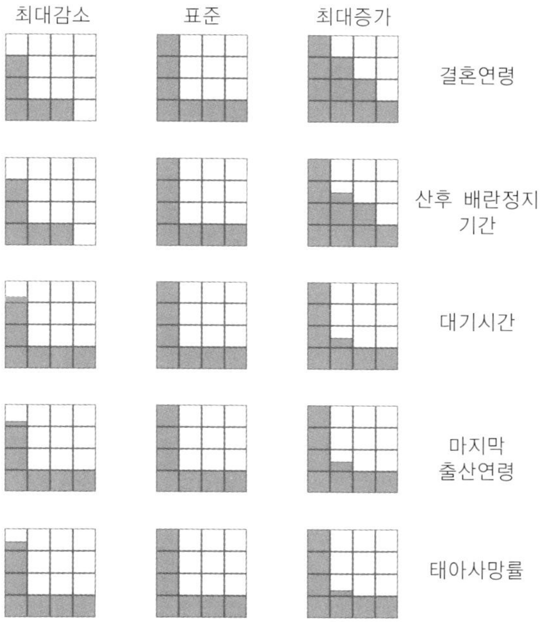

이은 반복적 출산은 생식능력의 저하나 성적 활동의 조기감퇴와 같은 병리학적 상황으로 이어져 출산간격을 늘리는 결과를 낳을 수 있다. 역사적으로, 한 여성이 평균 5명 미만이나 8명을 초과하는 아이를 낳은 경우는 드물었다.

여성 한 명당 출산하는 아이의 수는 주로 혼인연령(출산가능기간을 결정하는 핵심적 요소다)과 모유 수유기간(출산간격을 결정하는 핵심적 요소다)에 의존한다. 지금 논의하고 있는 주장의 근거가 되는 봉가츠(Bongaarts)와 멘켄(Menken)의 논문에 등장하는 [그림 1-4]를 보자. 여기서 우리는 각 구성요소가 최대치와 최소치 사이에서 얼마나 변동하느냐에 따라 여성 한 명이 출산하는 아이의 평균수가 어떻게 변할 수 있는지를 알 수 있다. 다양한 구성요소의 평균치들을 결합하여 우리는 7명을 표준자녀수로 설정하였다. 한 구성요소가 변할 때 다른 구성요소들은 고정된 것으로 보았다.[12)]

이 모형은 [그림 1-5]에서 몇몇의 역사적(또는 이론적) 사례들에 적용되었다. 생물학적 최대치를 의미하는 (1) 이외에 다양한 상황들이 존재한다. (2)는 조혼(18세)과 짧은 출산간격이 결합된 결과인 현실적 최대치를 보여 준다. (6)은 산아제한을 시행하지 않는 상황에서 만혼(25세)과 오랜 수유기간이 결합되었을 때 나타나는 현실적 최소치를 보여 준다. 그리고 이들 사이에 중간치인 (3), (4), (5)가 존재한다. 마지막으로 (7)과 (8)은 중간수준과 최고수준의 산아제한 사례를 보여 주는데, 이들은 각각 3명과 1명의 출산을 경험하게 된다. 이러한 예들이 시간적 또는 진화론적 순서를 의미한다고 이해해서는 안 된다. 대부분의 사례들이 동시대를 살아가는 인구집단에게서 발생할 수 있기 때문이다(단, 강력한 출산율 통제를 특징으로 하는 (7)과 (8)은 예외적으로 현대사회에서만 발견된다).

출산력을 결정하는 생물사회적 요소들 외에도, 인구가 증가하려면 지금까지 고려대상에 넣지 않았던 사망력의 영향력을 넘어서야 한다. 어떤 생물체에 있어서도 출산과 사망은 서로 독립적인 관계에 놓여 있지 않다. 인간도 마찬가지이다. 출생하는 개체의 수가 굉장히 많을 때, 발달의 초기 단계에서 사망위험이 증가하고 종족 내의 자원을 둘러싼 경쟁에 의해 모든 연령대에서 저항력이 낮아질 수 있다. 다른 한편으로, 장기적으로 볼 때 높은 출산율은 낮은 사망률 또는 최근에 낮아진 사망률과 양립할 수 없다. 왜냐하면, 이런 사태는 과도한 인구증가를 초래할 수밖에 없기 때문이다. 그렇

12) 이러한 다양한 가설들은 봉가츠(Bongaarts)와 멘켄(Menken)의 모형과 들어맞는다. 실제로 자녀의 수(*TFR*, 즉 사망률을 무시한 합계출산율)는 출산가능기간(막내를 출산한 시점의 나이에서 평균혼인연령을 제한 것)을 출산간격으로 나누어 구한다. 이 모형에서 혼인연령은 15세에서 27.5세까지 다양한 것으로 보았고(표준모형에서는 22.5세), 막내 출산의 평균연령은 38.5세에서 41세에 이르는 것으로 나타난다(표준모형에서는 40세). 출산간격을 계산하기 위해 사용한 구성요소들의 최소치, 최대치 및 표준치는 산후 무배란기의 불임기간(각각 0.25년, 2.0년, 0.15년)과 대기시간(각각 0.4년, 0.85년, 0.6년), 태아사망률(각각 0.1년, 0.2년, 0.15년)이다.

그림 1-5 출산력모형

	여성의 평균 출산자녀수	사용된 출산공간	특징	인구	역사적 사례(인구집단)
(1)	16	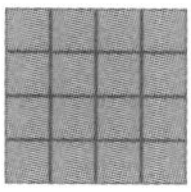	생물학적 최대	이론적	사례 없음 예외적 사례만 존재
(2)	11.4	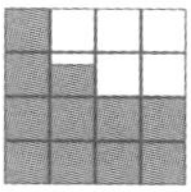	아주 이른 결합 최소출산간격	선택집단	1660년 이전에 태어난 프랑스계 캐나다인
(3)	9	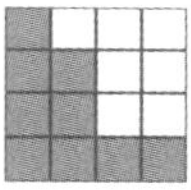	늦은결합 중간 출산간격	선택집단	캐나다의 후터파 집단 (1926~1930=8.5)
(4)	7.5	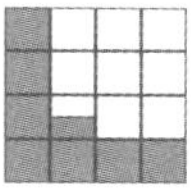	이른 결합 긴 출산간격	많은 개발도상국들	이집트 (1960~1965=7.1)
(5)	7	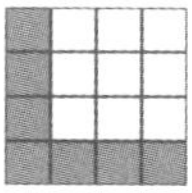	표준		
(6)	5	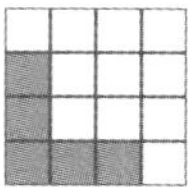	늦은 결합 긴 출산간격	많은 유럽인들 (18~19C)	잉글랜드 (1751~1800=5.1)
(7)	3	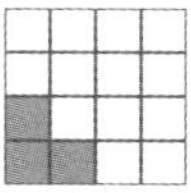	자발적 산아제한 (중간 보급률)	유럽 (20C 전반)	이탈리아 (1937=3.0)
(8)	1	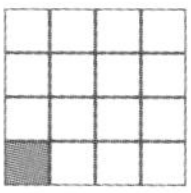	자발적 산아제한 (높은 보급률)	현재 유럽의 몇몇 인구집단	리구리아(이탈리아) (1990=1.0)

지만 크게 보자면 사망률은 인간생물학에 근거하고 있으며, 따라서 출산율 수준과는 독립적이라 볼 수 있다.

인간의 사망률은 생존함수 lx에 의해 아주 간단한 방식으로 설명될 수 있다. 이 함수는 10^n명의 개인이 태어나 그 중 최후의 생존자가 사망하는 시점까지 인구감소의 누적적 과정을 추적한다.[13] [그림 1-6]은 3개의 생존곡선(survival curve)을 나타내고 있다. 아랫부분의 곡선은 출생시 기대수명(e_0)이 20세인 경우에 해당한다. 이 수치는 매우 낮은 수준으로, 집단이 생존을 지속할 수 있는 최저치에 가깝다. 적대적인 환경에서 살고 있는 원시집단들이 아마도 이에 해당할 것이다. 윗부분에 있는 곡선은 출생시 기대수명이 83세인 경우를 보여 주는데, 선진국들이 거의 도달한 수준이다. 세 번째로 중간에 위치한 곡선(e_0=50)은 제한된 수준의 현대적 의료수준을 갖춘 나라들의 전형적인 모습을 보여 준다. [그림 1-6]에서 필자는 세 가지 경우 모두에서 인간수명의 한계를 100세라고 가정하여 최대연령을 100세로 선택하였다. 초기 세대 중 이 연령까지 생존하는 사람의 비중이 1%에 크게 미치지 못한다는 점을 고려하면 이 가정은 진실에서 벗어나지 않는다.[14] 다시 [그림 1-6]

13) 필자는 생명표(life table)에 대해 자주 언급할 것이므로, 이 시점에서 생명표가 어떻게 사용되는지를 간략히 설명하고 이 표를 보다 심층적으로 다루는 데 유용한 전문간행물들을 소개하는 것이 유익하다고 본다. 생명표는 시간의 흐름에 따른 신생아세대(또는 가상적 세대)의 점진적인 소멸을 보여 준다. 이 동일연령집단(코호트, cohort)은 전통적으로 10^n명으로 구성되어 있는데, 우리는 1,000을 사용하기로 한다.

x가 연령을 나타날 때, l_x의 값은 초기 1,000명 중 그 세대가 완전히 소멸하기 전까지 각 생일에 생존하고 있는 사람의 수를 나타낸다. 생명표에 관한 또 다른 기본적인 함수는 q_x(전통적으로 1,000명당, 또는 10의 몇 제곱명당으로 표현된다)로서, x번째 생일을 맞은 생존자가 x+1번째 생일 이전에 사망할 확률을 나타낸다. 이 확률은 1년보다 긴 기간을 나타낼 수 있고, 접두사 1, 4, 5(또는 다른 숫자)는 이 확률이 표시하는 연령간격을 가리킨다. 널리 사용되는 또 다른 함수는 기대수명, 즉 e_x(여기서 x는 또다시 구체적인 생일을 나타낸다)인데, 이 함수는 생명표에 나타난 사망률 수준을 놓고 볼 때 x세(l_x)까지 생존한 사람이 앞으로 살 수 있는 평균연수를 가리킨다. '출생시 기대수명'은 e_0로 표시된다. 여기에 명백한 역설이 존재한다. 즉, 높은 사망률을 기록한 역사적 인구체계를 보여 주는 생명표에서 기대수명은 출생 후 몇 년 동안 증가한다($e_0 < e_1 < \cdots < e_5$ 그리고 심지어 이를 넘어서까지). 이는 첫 해에 많은 수의 아기들이 사망하여 그 세대의 잔여수명에 거의 기여하지 못하기 때문이다. 따라서 기대수명의 평균치는 줄어드는 것이다. 사망률 수준에 따라 다르지만 몇 년이 지나 이런 효과가 멈추고 나면, 이제 기대수명은 연령에 따라 자연스럽게 감소하기 시작한다. 그렇지만 고사망률체제에서는, 예를 들어 e_{20}가 e_0보다 높아질 수 있다는 것을 명심해야 한다.

14) 1970년대 이래 사망률이 낮은 국가에서 최고령층(80세 이상)의 사망률 감소가 가속화되었다(연 1~2%). 만약 이 추세가 지속된다면, 100세까지 생존하는 사람의 비중은 상당히 클 것이며, 곡선 전체가 점차 오른쪽으로 이동할 것이기 때문에 생존곡선의 '직사각형화' 가설은 신빙성을 잃을

그림 1-6 출생시 기대수명의 차이(높은 수준, 중간 수준, 낮은 수준)에 따른 생존곡선

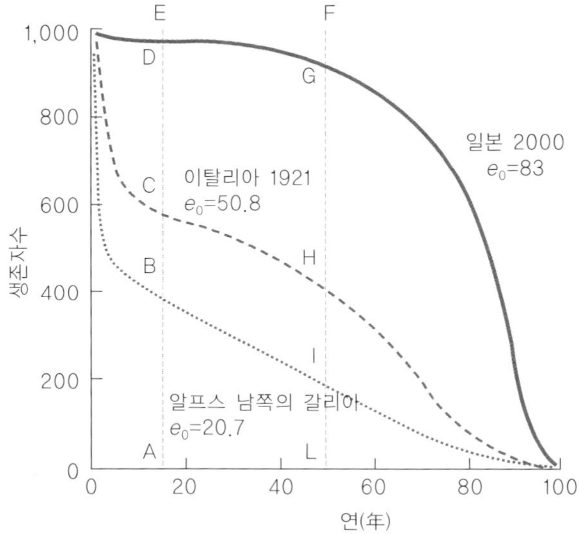

주: 생존곡선은 동시대에 태어난 1,000명의 신생아를 기준으로 나이의 변화에 따른 인구의 수적 감소를 보여 준다. 출생시 기대수명은 x축과 y축 및 생존곡선으로 둘러싸인 면적과 비례한다. AEFL 지역(35년에 해당)은 출산가능기간을 나타낸다. ADGL, ACHL, ABIL 지역은 1,000명의 여자 신생아들 세 집단의 평균적인 유효출산생애를 보여 주는데, 집단별로 각각 34.4년, 24.8년, 10.2년을 나타내고 있다. ADGL/AEFL, ACHL/AEFL, ABIL/AEFL의 비율이 각각 98.2%, 70.8%, 29.2%인데, 이는 세 집단의 평균적 출산기간을 보여 준다.

을 살펴보자. 만약 모든 사람들이 100번째 생일을 맞고 그 해에 모두 사망한다고 가정해 보면, *lx*곡선은 직사각형 모양을 나타낼 것이며(즉, 이 곡선은 100살 때까지 가로축과 평행할 것이며, 100살이 된 지점에서 수직으로 떨어져 0으로 향할 것이다), 또한 e_0는 100이 될 것이다. 다른 곡선들로 표시된 출생시의 기대

것이다. V. Kannisto, J. Lauritsen, A. R. Thatcher, and J. W. Vaupel, "Reproductions in Mortality at Advanced Ages: Several Decades of Evidence from 27 Countries," *Population and Development Review* 20:4 (1994)를 보라. 또한 J. R. Wilmoth, "The Future of Human Longevity: A Demographer's Perspective," *Science* 280 (1998. 4. 17), 395~397쪽을 참조하라.

수명은 이러한 곡선들의 아랫부분 면적과 비례한다. 생존곡선의 모양은 각 연령대에서의 사망력에 의존한다. 인간집단에서는 출생 직후와 초기 유아기에 높은 사망률이 나타나는데, 이는 처음 외부환경에 직면하였을 때 나타나는 취약성의 결과다. 사망위험은 후기 유아기 또는 청소년기에 최저치에 도달하였다가 성숙기에서부터는 신체 장기가 점차 약화되면서 기하급수적으로 증가하게 된다. 고사망률체제(e_0=20의 곡선을 보라)에서 곡선은 위로 오목한 형태가 된다. 사망률이 개선됨에 따라 유아사망률은 덜 중요한 요인이 되며 곡선은 점점 더 아래로 오목한 형태로 바뀐다. 엄밀한 유전적 관점에 따르면, 즉 특질의 유전적 전달의 관점에서 보면, 가임연령 이후(쉬운 예로 50세)의 생존은 당연히 의미가 없다. 50세 이후의 사망률은 아무리 높든 낮든 간에 한 인구집단의 유전적 전달에 아무런 영향도 끼치지 못한다. 반면에 출산기간 또는 그 이전에는 사망률이 높을수록 선택효과(selective effect)가 크게 작용한다. 생존을 하기에 적합하지 못한 특질을 갖고 있는 개인들은 제거되므로 이러한 특질이 다음 세대로 전해지지 않기 때문이다.

그렇지만 가임연령이 지난 후 생존율의 증가는 간접적인 방식을 통해 생물학적 영향을 끼칠 수 있다. 고령층이 지식을 축적하고 조직화하고 이전시키기 때문이고, 또한 자녀에 대한 투자를 증가시킴으로써 새 세대가 생존율을 높일 수 있도록 기여하기 때문이다.

[그림 1-7]은 상이한 종들에게서 전형적으로 나타나는 두 개의 생존모형을 사망률이 높은 경우와 낮은 경우의 두 인간집단과 비교하여 보여 주고 있다. 모형 A는 약탈자 종의 존재 때문에 상대적으로 지속적인 사망위험에 노출되어 있는 종들의 전형을 보여 준다. 반면, 모형 B는 *r*전략을 취하고 있는 종들, 즉 생존을 위해 다산에 의존하고 출생 후 사망력이 매우 높게 나타나 보이는 종들을 대표한다.

그럼 인간의 경우로 돌아가 보자. 인간의 출산능력을 평가하기 위해서 우리는 출산가능기간이 끝날 때까지 생존을 규정하는 법칙에 대해 이해해

그림 1-7 생존모형

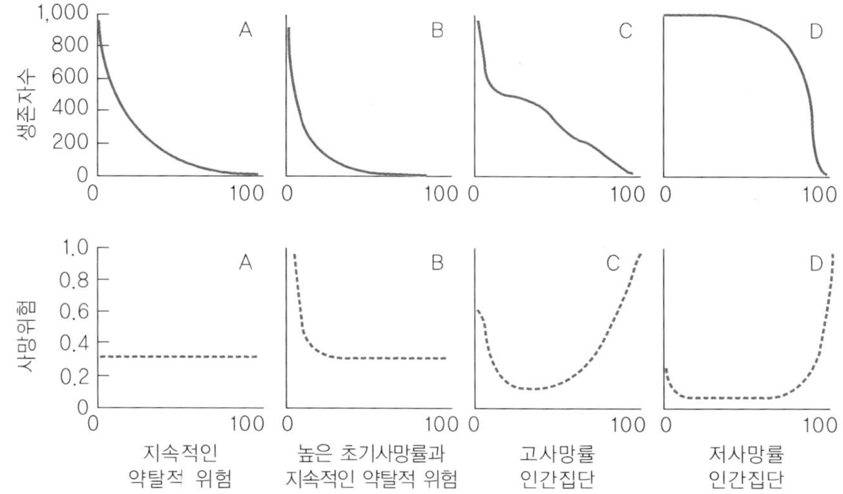

야만 한다. 그 시점 이후에 개인이 생존하는지 아닌지는 이론적으로 중요하지 않다.[15] [그림 1-6]으로부터 우리는 출생시 기대수명이 20세일 때 고사망률로 인한 인구격감에 의해 한 세대가 잠재적 가임생애의 오직 29.2%만을 살아가게 됨을 알 수 있었다. 이 비율은 기대수명의 증가(그리고 *lx*곡선의 상방이동)와 함께 점차적으로 증가한다. 주어진 예시에 따르면, e_0가 50일 때 70.8%이고, e_0가 80일 때 98.2%가 된다.

이제 한 세대의 성공적 출산(그리고 그로 인한 인구증가)은 출산가능연령에 생존한 여성에게서 태어난 아이들의 수에 의존한다는 점이 명확해졌다. 만약 우리가 사망률이 0일 때 여성 한 명당 6명의 아이들이 태어나는 상황을 상상한다면, 오직 30%의 출산공간이 사용되었을 경우(e_0=20)에 여성 한 명당

15) 이는 다분히 이론적인데, 왜냐하면 출산가능기간이 지난 후 개인의 생존은 출산에 직접적인 기여를 하지는 않지만 아이들의 생존가능성을 높여 주기 때문이다.

출산자녀의 수는 6×0.3=1.8이 된다. e_0가 50이고 70%의 출산공간이 사용되었다면 자녀의 수는 6×0.7=4.2가 되고, 99%의 공간이 사용되었다면(e_0=83) 자녀의 수는 6×0.99=5.94가 된다. 모든 아이에게는 두 명의 부모가 있으므로, 만약 우리의 계산이 자녀수 2를 도출해 냈다면 각각의 가상적 부부는 인구학적 부채를 상환하는 것이다(그리고 부모의 수와 아이의 수는 같아진다). 2 이상의 수는 인구증가를 의미한다. 만약 생존한 아이의 수가 4이면 인구는 한 세대(약 30년) 만에 두 배가 될 것이며, 평균 연간 인구증가율은 2.3%가 될 것이다.[16)]

16) 앞선 논의는 비록 단순한 형태를 띠지만 몇 가지 근본적인 인구학적 관계를 포함하고 있다. 이를 좀더 자세히 설명해 보자. 안정적인 인구, 즉 사망률과 출산율수준이 시간이 지남에 따라 변하지 않는 상태의 인구에서, 연령구조와 증가율도 다음의 공식에 따라 고정되어 있다.

$$R_0=e^{rT}$$

여기서 R_0는 순출산율, 즉 각 여성이 전체 출산가능기간에 평균적으로 낳는 여아의 수를 나타낸다. 이 식은 또한 다음과 같이 표현될 수 있다.

$$R_0=\Sigma f_x l_x$$

여기서 f_x는 연령특수적 출산율, 즉 나이 x에 여성이 낳은 여아의 수이고 l_x는 생존함수, 즉 나이 x에 생존자와 출생시 세대규모 간의 비율이다. 첫 번째 공식으로 돌아가서, T는 세대의 평균길이인데, 이는 평균출산연령에 상당히 근접하며 인간의 경우 좁은 범위(27~33년) 내에서 변동한다. r은 안정적 인구의 증가율을 말한다. 이상적으로 안정적 인구에 있어서 증가율 r은 직접적으로 R_0, 즉 한 여성당 여아수와 함께 변하며, T와는 반대로 변한다. 여기에 추가하여 순출산율이 총출산율 R과 밀접한 관계에 있다는 점도 유념해야 한다. 총출산율은 f_x의 합으로서, 사망률을 고려하지 않고 계산한 여성 1인당 평균여아수를 나타낸다. R_0와 r의 관계는 $R_0=Rl_a$(l_a는 출생에서 평균출산연령 a까지의 생존확률)와 아주 가깝다. 따라서 초기의 공식은 다음과 같이 다시 표현할 수 있다.

$$Rl_a=e^{rT}$$

만약 T가 일정하다고 가정하면(사실 거의 변화하지 않는다), 증가율 r은 사망률의 지표인 l_a와 출산율의 지표인 R의 함수로 표현될 수 있다. l_a는 [그림 1-6]에서 본 사용된 출산생애의 비율과 값이 거의 동일하다. 게다가 l_a는 출생시 기대수명 e_0와 강한 상관성을 보이므로, r은 R과 e_0의 함수로 표현될 수 있을 것이다. 마지막으로, R과 TFR(사망률을 고려하지 않고 계산한 여성 1인당 평균출산자녀수) 사이의 밀접한 관련성이 존재한다. 즉, TFR을 구하기 위해서는 단순히 R을 2.06배(총출산과 여아출산 간의 비율을 나타내는 상수)하면 된다. [그림 1-8]에서는 T의 값이 29년이라는 것을 이용하여 r이 TFR과 e_0의 함수로 표현되었다.

5. 인구증가 공간

출산율과 사망률은 동시에 작용하면서 인구의 증가양상에 객관적 한계를 부과한다. 만약 특정한 인구집단에 대해서 출산율과 사망률이 장기간 고정되어 있다고 가정해 본다면,[17] 우리는 인구증가율을 여성 1인당 자녀수(*TFR*)와 출생시 기대수명(e_0)의 함수로 표현할 수 있다.

[그림 1-8a]는 몇 개의 '등증가'(isogrowth)곡선을 보여 준다. 각각의 곡선은 동일한 인구증가율 *r*이 유지되도록 하는 기대수명(가로축)과 여성 1인당 자녀수(세로축)의 결합의 궤적이다. 이 그래프에 과거와 현재의 인구집단에 상응하는 점들이 표시되어 있다. 과거의 인구집단에서 기대수명이 15년 이하이거나 45년 이상이 되는 일은 발생하지 않는다. 왜냐하면, 기대수명이 15

그림 1-8a 과거 인구와 현재 인구에서 여성 1인당 평균자녀수(*TFR*)와 기대수명(e_0)의 관계

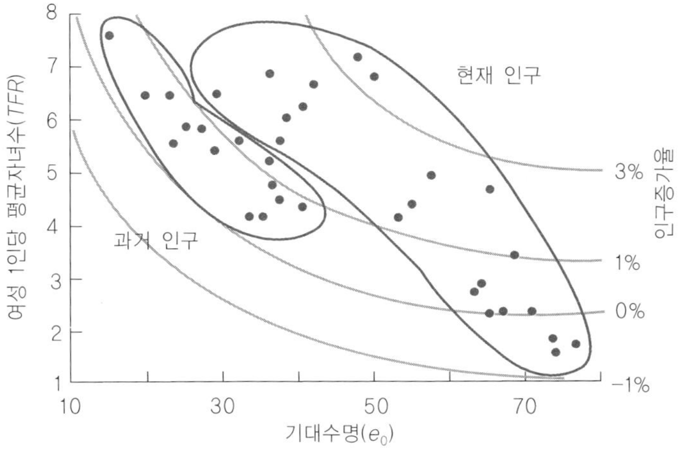

17) 주 16) 참고.

그림 1-8b 과거 인구에서 *TFR*과 e_0의 관계

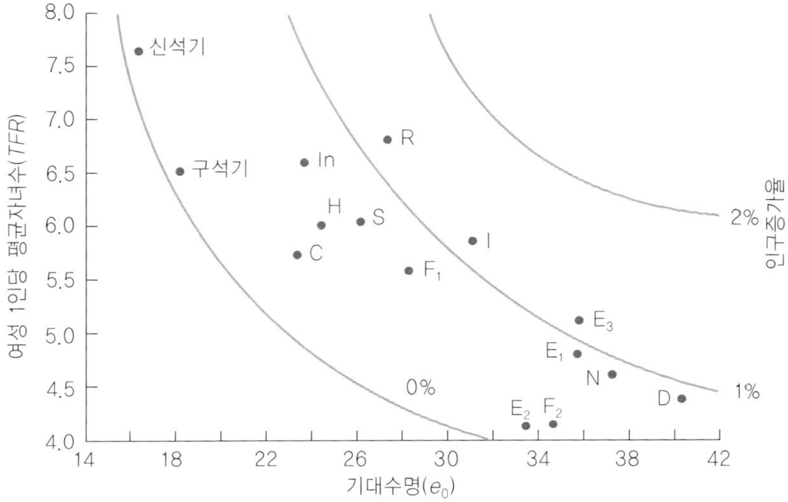

C=중국의 농촌, 1930
D=덴마크
I=이탈리아, 1862~1867
S=스페인, 1797
In=인도, 1900
E_1=잉글랜드, 1550~1600
E_2=잉글랜드, 1650~1700
E_3=잉글랜드, 1750~1800
H=헝가리, 1830
F_1=프랑스, 1750~1759
F_2=프랑스, 1800~1809
N=노르웨이, 1780
R=러시아, 1897

년 이하면 인간이 지속적으로 생존할 수 없으며, 역사적으로 기대수명이 45년 이상에 도달한 적이 없었기 때문이다. 비슷한 이유로 여성 1인당 출산하는 자녀의 수는 8명(일반적으로 구성된 인구집단에서는 거의 틀림없이 이를 넘어설 수 없다)과 4명(산아제한을 하지 않은 인구집단임을 명심하자) 사이에 있다. [그림 1-8a]에 포함된 오늘날의 인구집단에 있어서는 출산과 사망의 조절을 통해 e_0가 80이 되고 *TFR*이 1이 되는 것이 가능하다. [그림 1-8b]는 더욱 제한적인 범위에서 과거 인구집단의 특정 사례들을 보여 준다. 이 사례들의 정확도에는 차이가 있다. 일부는 직접적이고 신뢰할 만한 관찰에 의거하고 있

지만, 다른 일부는 간접적이고 불완전한 지표로부터 추정한 것이며, 또 다른 일부는 순전히 추측에 기초한 것이다. 그럼에도 이들 대부분의 인구집단은 역사적으로 전형적인 인구증가 공간인 증가율 0%에서 1%까지의 범위 안에 들어 있다. 하지만 이러한 좁은 범위 내에서 출산력과 사망력의 조합은 다양하게 나타난다. 예를 들어, 18세기 말 덴마크와 20세기 초 인도는 유사한 인구증가율을 기록하였지만, 위에서 설명하였던 전략공간 안에서는 서로 먼 거리에 존재한다. 덴마크의 경우 높은 기대수명(약 40세)과 소수의 자녀들(4명을 약간 넘는 수준)이 결합된 반면, 인도의 경우 낮은 기대수명(약 25세)과 다수의 자녀들(7명에 약간 못 미치는 수준)이 결합된 것으로 나타난다.

비록 인구증가율 면에서는 비슷하였지만, 구석기시대 인구집단과 신석기시대 인구집단도 멀리 떨어져 위치한 것으로 추정된다. 널리 받아들여지는 견해에 따르면(제2장 참고), 수렵과 채집에 종사하던 구석기인은 낮은 사망력을 보였는데, 이는 낮은 인구밀도 덕분에 감염성 질병의 발생과 확산이 방지되었기 때문이었다. 구석기인은 또한 다소 낮은 출산력을 보였는데, 이는 유목생활에 부합하는 현상이라 볼 수 있다. 정착생활과 농경활동이 특징적인 신석기인에게는 높은 인구밀도와 낮은 이동성의 결과로 출산력과 사망력이 모두 높았다.

[그림 1-8c]는 1950년대 이후 세계에서 가장 인구가 많은 국가들을 점으로 표시하고 있다. 이전까지 좁은 범위 내에서 제한되었던 전략공간은 극적으로 확장되었다. 의학적 · 위생적 진보는 기대수명의 상한선을 역사적 수준인 40년에서 현재 수준인 80년으로 이동시켰다. 한편, 산아제한의 도입으로 출산율의 하한선은 여성 1인당 자녀 한 명 수준으로 감소되었다. 이렇게 크게 확장된 공간에서 인구는 잠재적으로 가능한 연간 최고증가율 수준인 4%(많은 개발도상국에서 인구증가율이 연 3%를 넘는다)에서 최저 −1%(현재 출산율과 사망률 수준이 변하지 않고 지속된다면 많은 유럽 국가들에서 실현될 것이다) 사이에서 변하였다. 여기서 우리는 현재 상황이 얼마나 예외적 성격을 갖는

그림 1-8c 현재 인구에서 *TFR*과 e_0의 관계

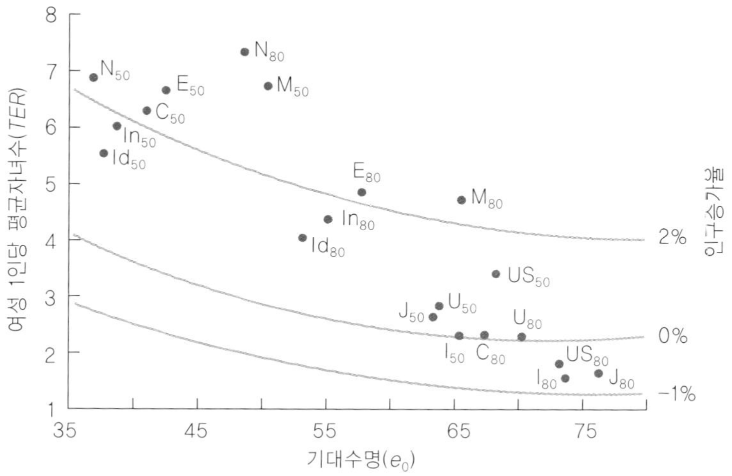

가를 파악할 수 있다. 즉, 만약에 연간 4%씩 인구가 증가하면 인구는 약 18년 후에는 지금의 두 배가 될 것이며, 반대로 연간 1%씩 감소한다면 인구는 70년 후에 지금의 절반으로 줄 것이다.[18] 이렇게 다른 인구증가율을 동일한 크기의 두 인구집단이 경험한다면, 28년(한 세대가 조금 못 되는 기간) 후에 그 수적 비율은 4 : 1로 벌어질 것이다.

[그림 1-8b]와 [그림 1-8c]에서 묘사된 두 상황은 그들이 차지한 전략공간

18) 인구가 두 배 되는 시점을 계산하는 암산법을 상기하는 것이 유용할 것이다. 대략의 시점은 70을 연간 인구증가율로 나눔으로써 구할 수 있다(%로 표현). 즉, 1%의 인구증가율로는 인구가 두 배가 되는 데 70년이 소요되며, 2%로는 35년, 3%로는 23년이 소요됨을 의미한다. 마찬가지로, 만약 인구증가율이 음수라면 인구가 절반이 되는 시점을 동일한 방법으로 구할 수 있다. 인구가 연간 1%씩 감소한다면, 70년 후에 절반이 될 것이고, 2%씩 감소하면 35년 후만에 절반이 될 것이다.

에서 차이를 보일 뿐만 아니라, 더 중요하게는 그들의 영속성에서도 차이를 보인다. 두 그림 중 첫 번째 것은 장기간 유지되는 경우를 가리키는 반면, 두 번째 것은 아주 불안정하고 급속하게 변화해야만 하는 경우를 보여 준다. 왜냐하면, 두 번째 그림에 나타난 인구증가율은 장기적으로 유지될 수 없기 때문이다.

6. 환경적 제약

인구증가의 전략공간은 넓지만 각 인구집단은 그 중 작은 부분만을 영속적으로 점유한다. 인구의 지속적인 감소는 분명히 인간집단의 생존을 불가능하게 하며, 지속적인 증가는 장기적으로 가용한 자원의 부족을 낳게 된다. 그러므로 인구증가의 메커니즘은 지속적으로 환경적 조건(이를 환경적 마찰이라고 부를 수도 있다)에 적응해야 한다. 이 환경적 조건은 인구증가의 메커니즘과 상호작용을 하지만, 인구증가율이 매우 낮았던 수천 년을 통해 입증된 것처럼 인구증가를 막는 장애물로 작용하기도 한다. 당분간 필자는 인구증가에 대한 장애물의 거시적 측면으로 논의를 한정할 것이다. 장애물이 어떻게 작동하는지에 대한 상세한 논의는 뒤로 미루기로 한다.

카를로 치폴라(Carlo Cipolla)는 저명한 논문에서 이렇게 말하였다. "산업혁명 이전까지 인간은 지속적으로 주로 식물과 동물을 통해 에너지를 만들어 왔다고 말하는 것이 타당하다. 식물은 식량과 연료를 위해서, 그리고 동물은 식량과 기계적 에너지를 위해 이용해 온 것이다."[19] 인구의 증가를 막은 것은 바로 자연환경과 자원에 대한 이러한 종속이었다. 이와 같은 상황은 수렵과 채집사회에서 특히 두드러졌다. 하루 만에 왕복할 수 있는 거리

19) C. M. Cipolla, *The Economic History of World Population* (Penguin, Harmondsworth, 1962), 45~46쪽.

그림 1-9 세계 생물군계에서 강우량과 1차 생산성의 관계

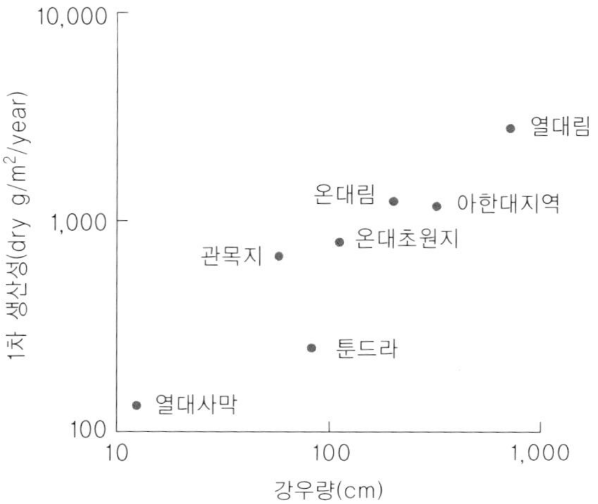

자료: F. A. Hassan, *Demographic Archaeology* (Academic Press, New York, 1981), 12쪽.

까지만 확장된 주거지역을 이용하는 인구집단을 상상해 보자. 이 곳에 이용 가능한 식량이 얼마나 많은지는 지역의 생태, 자원에 대한 접근성, 그리고 자원의 추출과 이용에 소요되는 관련비용에 의존하며, 가용한 식량의 양은 다시 주거자의 수를 제한한다. 가장 단순화하여 말한다면, 단위면적당 식물성 생물량(biomass) 생산(1차 생산성)은 강우량의 함수이고, 동물성(초식동물과 육식동물) 생물량 생산(2차 생산성)은 다시 식물성 생물량의 함수다. 따라서 강우량은 수렵 · 채집인에게 가용한 자원을 제한하고 그들의 수적 증가를 제한하는 핵심적 요인이었다.[20] [그림 1-9]는 식물성 생물량과 지구 곳곳의 강우량과의 관계를 보여 주고 있다. 한편, [그림 1-10]은 오스트레일리아 원주민의 인구밀도가 강우 강도에 의존함을 보여 준다.

20) F. A. Hassan, *Demographic Archaeology* (Academic Press, New York, 1981), 7~12쪽.

그림 1-10 연간 강우량과 인구밀도의 관계(오스트레일리아 원주민)

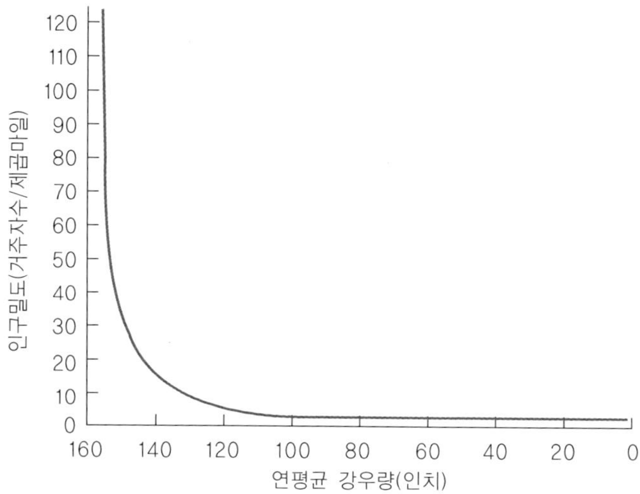

표 1-1 상이한 세계 생물군계에서 유역면적 314km^2 속의 인구밀도와 인구수 추정치

생물군계	생물량(kg/km^2)	인구밀도(인/km^2)	사람수
북극	200	0.0086	3
아열대 사바나	10,000	0.43	136
초원	4,000	0.17	54
준사막	800	0.035	11

자료: F. A. Hassan, *Demographic Archaeology* (Academic Press, New York, 1981), 57쪽.

[표 1-1]은 생물량과 강우량에 관한 가설들에 기초하여 다양한 생태적 체계에서 수렵 · 채집사회의 인구밀도 추정치를 보여 준다. 이것은 물론 모형에 불과하긴 하지만, 인구증가에 대한 이중적 억제를 잘 보여 준다. 첫 번째 억제는 식물과 동물의 생산면에서의 자연적 한계에 의해 부과된다. 생산면의 한계는 부양할 수 있는 인간의 최대수를 규정하기 때문이다. 지름이

10km인 지역에서 존속가능한 인구는 북극지역의 3명에서 아열대 사바나지역의 136명에 이르기까지 다양하다. 두 번째 억제는 매우 낮은 인구밀도(예를 들어, 북극지역과 준사막지역)가 안정적인 인구집단의 생존과 양립할 수 없다는 점과 관련이 있다. 배우자를 적절히 선택할 수 있게 하고 재난 속에서 살아남기 위해서 인구집단은 너무 작아서는 안 된다.

고고학적 및 현대적 관찰에 따르면, 수렵 · 채집인의 인구밀도는 km^2당 0.1에서 1 사이라고 한다.[21] 높은 인구밀도는 바닷가, 호숫가, 강가 등 고기잡이를 통해 농작물 수확을 효과적으로 보완할 수 있는 지역에서 발견된다. 분명 이런 생산수준에서 인구를 제약하는 요인은 강우량과 토지에 대한 접근성이다.

안정적인 경작과 가축사육으로의 신석기 전환은 생산능력의 극적인 증대를 대표한다. '혁명'으로도 불리는 이 전환은 수천 년에 걸쳐 다양한 방식과 형태를 통해 서서히 발전되고 전파되었다. 초보적인 화전(slash and burn)에서 3포제 윤작(이 경작방식은 현재까지도 다양한 경작형태로 존재한다)으로의 농업기술 진보, 점점 더 좋은 종자의 선택, 새로운 동식물 길들이기, 그리고 동물과 공기와 수력의 사용 모두가 식량과 에너지의 가용량을 엄청나게 증가시켰다.[22] 이런 결과로 인구밀도 또한 증가하였다. 18세기 중엽 유럽 주요 국가(프랑스, 이탈리아, 독일, 베네룩스)의 인구밀도는 1km^2당 40~60명으로서, 수렵 · 채집인의 인구밀도보다 100배나 높은 수준이었다. 자연스럽게 생산능력은 시대에 따라 매우 다양하게 나타났는데, 이는 생산능력이 기술적 및 사회적 진화의 함수이기 때문이다. 이 점은 이탈리아의 포 계곡(Po Valley)이나 베네룩스의 농업과 유럽대륙의 일부에서 사용되었던 아주 원시적인 방법을 비교함으로써 쉽게 나타낼 수 있다. 지구를 통틀어 혁신은 투입된 에너지당 생산력을 두드러지게 확대시켜 왔다. 예를 들어, 멕시코의 테오티우

21) 같은 책, 7쪽.
22) V. G. Childe, *Man Makes Himself* (Mentor, New York, 1951).

아칸(Teotihuacán)멕시코분지에 위치한 고대도시로 피라미드와 주거지가 대규모로 발견됨-역자 주에서 1헥타르당 생산성은 기원전 3000년대와 2000년대 사이에 다양한 옥수수 품종의 도입에 의해 3배로 증가하였다.[23] 또한 근대유럽의 다양한 기후지대에서는 수확량 대 종자의 비율이 새로운 곡물 덕분에 증가하였다.[24]

그럼에도 불구하고, 환경을 지배하는 데에 성공하느냐 여부는 언제나 에너지의 가용성에 의존해 왔다. 치폴라가 관찰한 바처럼 "인간의 근육작업 이외에 주된 에너지원이 기본적으로 식물과 동물이었다는 사실은 과거의 어떤 농경사회에서도 에너지 공급의 확장가능성을 제한해 왔다. 이런 제한을 가하는 궁극적 요인은 토지의 공급이다."[25] 산업화 이전에 유럽에서는 일정한 빈도로 환경과 가용한 기술에 의해 정해진 한계에 인구가 접근하곤 하였던 것으로 보인다. 이 한계는 1인당 가용에너지에 의해 표현될 수 있을 것이다. 다시 치폴라의 추정에 따르자면, 이러한 한계는 하루에 1만 5,000칼로리 미만 또는 심지어 1만 칼로리(오늘날 가장 부유한 국가들의 수치는 이보다 20~30배에 이른다)로, 이의 대부분은 영양과 난방을 위한 것이었다.[26]

인구의 팽창에 대한 환경적 제약은 또다시 가용에너지의 엄청난 증가에 의해 깨지게 되었다. 이러한 에너지 증가는 18세기 후반의 산업혁명, 기술혁명과 무생물 재료를 에너지로 바꾸는 효율적인 기계의 발명이 낳은 산물이었다. 세계의 석탄생산량은 1820년과 1860년 사이에 10배 증가하였고, 1860년과 1950년에 걸쳐 또 다시 10배 증가하였다. 전 세계에 걸쳐 측정된 가용에너지의 양은 1820년과 1950년 사이에 6배나 증가한 것으로 추산되었다(같은 기간에 인구는 2배 성장하였다).[27] 20세기 시작부터 1990년까지 세계 에

23) Hassan, *Demographic Archaeology*, 42쪽.
24) B. H. Slicher van Bath, *The Agrarian History of Western Europe. A.D. 500~1850* (Edward Arnold, London, 1963), 부록.
25) Cipolla, *Economic History*, 46쪽.
26) 같은 책, 47쪽.
27) W. S. Woytinsky and E.S. Woytinsky, *World Population and Production. Trends and Outlook*

그림 1-11 인구증가의 주기

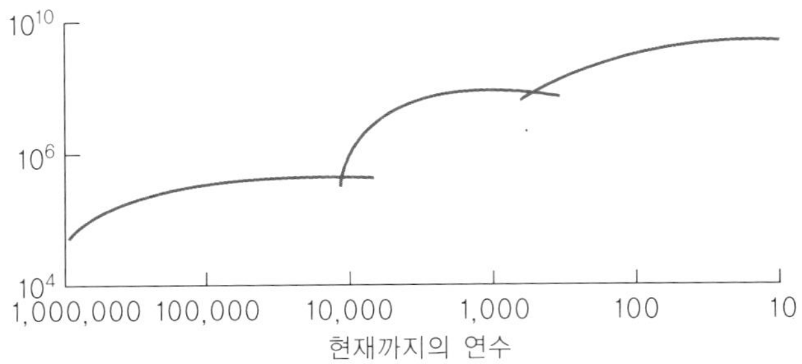

너지 총소비량은 거의 16배 증가하였고, 1인당 소비량은 5배 증가하였다. 가용에너지의 가용토지에 대한 의존 또한 다시 한 번(그리고 아마도 최종적으로) 붕괴되었고, 이로써 인구의 수적 증가에 대한 주된 방해물은 제거되었다.

[그림 1-11]은 디비(Deevey)가 발표한 논문에서 가져온 것으로,[28] 인구변화를 위에서 언급한 세 개의 거대한 기술-문화적 단계에 따라 간략한 형태로(양 축을 로그 척도로 잡고 역사적 복잡성을 극도로 단순화함으로써) 도식화하였다. 이에 따르면, 인류의 역사는 구석기시대까지의 수렵 · 채집시대, 신석기시대부터의 농업시대, 그리고 산업혁명 이래의 공업시대의 세 단계로 구분된다. 이 세 단계(우리는 현재 마지막 단계에 위치한다) 내에서, 인구증가의 한계가 점차 다가오기 때문에 인구는 시간이 지남에 따라 점차 작은 폭으로 증가한다. 이 원리는 단순히 동물생물학과 맬서스식 인구학에 공통적인 개념을 응용한 것에 불과하다. 즉, 제한된 환경에서 종(각다귀, 쥐, 인간, 코끼리 등)의 증가가 그것의 밀도와 반비례한다는 것이다. 이는 가용자원이 고정되었다고 간주할 때 인구증가가 그 자체로 향후 증가에 대한 제약을 낳기 때

(Twentieth Century Fund, New York, 1953), 924~930쪽; J. H. Gibbons, P. D. Blair, and H. L. Gwin, "Strategies for Energy Use," *Scientific American* (1988. 9), 86쪽.

28) E. S. Deevey, Jr., "The Human Population," *Scientific American* (1960. 9), 194~204쪽.

문이다. 물론 인간 종에게 환경과 가용자원은 결코 고정되어 있었던 것이 아니라, 혁신에 의해 지속적으로 확장되어 왔다. 디비가 요약한 바에 따르면, 인류사의 첫 번째 주기(1만 년 전까지 계속된)에 인구증가는 당시 영양과 난방을 위해 가용하였던 생물량, 즉 1인당 하루에 몇천 칼로리 수준에서 제한되었다. 신석기시대에서 산업혁명에 이르는 두 번째 주기에서는 가용한 토지 그리고 식물, 동물, 물, 바람이 제공하는 에너지의 한계에 의해 인구증가의 한계가 설정되었다. 현재 주기에서는 인구증가의 한계가 그다지 잘 정의되어 있지는 않지만, 아마도 그 한계는 인구학적 및 기술적 성장과 그에 따르는 문화적 선택이 환경에 남기는 부정적 영향과 밀접하게 관련되어 있을 것이다.

7. 몇 개의 수치들

2000년 11월 1일, 중화인민공화국은 혁명 이래 다섯 번째 인구센서스를 실시하였다. 잘 훈련된 1,000만 명의 인구조사원들의 도움으로 실시된 센서스 결과로, 12억 9,500만 명이 살고 있음이 밝혀졌다. 이는 지금까지 수행되었던 사회조사 중 가장 큰 규모의 것이었다. 20세기 중엽까지 세계에는 발전이 미진해서 기껏해야 파편적이고 불완전한 인구추계만이 존재하는 지역이 상당히 많았다. 서구 국가에서는 19세기에 근대적 통계의 시대가 도래하였다. 이전 세기에 몇몇 국가에서 실시되었던 인구센서스를 정기적으로 시행하는 관행이 자리를 잡으면서였다. 대규모 국가에서 행해진 근대적 인구센서스의 초기 예로는 1787년 여름 카를로스 3세의 총리 플로리다블랑카(Floridablanca)의 명령에 의해 스페인왕국에서 행해진 조사를 들 수 있다. 이때 스페인 인구는 총 1,040만 명으로 집계되었다. 또 다른 예는 미국에서 1790년에 3년 전 필라델피아에서 제정된 헌법 제1조에 의거하여 진행된 인구조사였다. 여기에서는 전체 인구가 390만 명으로 집계되었다.[29] 그 이전 세기에서도 한정된 지역과 한정된 범위에 한에서는 머릿수를 세거나 추정하는 작업이 수행되곤 하였다. 이는 종종 재정적 목적에 의해서 이루어졌다. 한정된 범위를 대상으로 한 조사의 사례로 중국의 한조에서 청조에 이르는 황족의 리스트를 들 수 있다(지난 세기까지 거의 2,000년에 달하는 기간이다).[30] 이 리스트를 평가하기 위해서는, 사료를 평가하고 통합하고 해석할 수 있는 역사학자의 작업으로 통계학자의 작업을 보완해야만 한다. 금세기 이전 세계의 많은 지역에 대해서는, 즉 중세 말 이전의 유럽이나 현대 이전의 중국에 대해서처럼, 오로지 질적 정보(도시, 마을 또는 다른 주거지의 존재나 확장, 경작지의 확대 등)에 기초하거나 또는 생태계, 기술수준, 사회조직 등에 비추어 계산한 인구밀도에 기초하여 추정할 수밖에 없다. 고생물학자와 고고학자, 인류학자의 기여가 모두 필요한 것이다.

[표 1-2]와 [표 1-3]이 보여 주는 세계인구 증가에 관한 데이터는 대부분 수량적이지 않은 정보에 기반을 둔 추측과 추론에 근거한다. [표 1-2]는 이런 추세를 종합해서 보여 준다. 장기인구증가율은 당연히 추상화된 개념이다. 왜냐하면, 현실에서는 인구가 주기적으로 변화하는 데 반해 장기인구증가율은 각 기간에 인구학적 힘이 일정하게 변한다고 상정하기 때문이다. 고(古)구석기시대(High Paleolithic era, 3만 5,000년에서 3만 년 전) 이전에 세계인구가 수십만을 넘지 않았다는 비라벤(Biraben)의 가설을 받아들인다면, 신석기시대까지 이어지는 3만 년 동안 인구는 평균적으로 연간 1,000명당 0.1명보다 작은 수치로 증가하였다. 이 수치는 인지하기 어려울 정도로 낮은 수준으로, 인구가 두 배로 느는 데 8,000년 내지 9,000년이나 걸리게 된다.[31] 서기

29) M. Livi-Bacci, "Il censimento di Floridablanca nel contesto dei censimenti europi," *Genus* 43 (1987), 3~4쪽.

30) J. Lee, C. Campbell, and Wang Feng, "The Last Emperors: An Introduction to the Demography of the Qing Imperial Lineage," in R. Scholfield and D. Reher, eds., *Old and New Methods in Historical Demography* (Oxford University Press, Oxford, 1993).

31) [표 1-2]와 [표 1-3]의 추정치들은 다음에서 인용하였다. J. N. Biraben, "Essai sur l'evolution du nom

표 1-2 인구, 총출산, 살아온 연수(기원전 1만 년에서 서기 2000년까지)

인구학적 지수	기원전 10,000	0	1750	1950	2000
인구(100만 명)	6	252	771	2,521	6,055
연간 증가율(%)	0.088	0.037	0.064	0.594	1.752
배증에 소요되는 시간(년)	8,369	1,854	1,083	116	40
신생아수(10억 명)	9.29	33.6	22.64	10.42	5.97
출산율(%)	11.4	41.0	27.6	12.7	7.3
기대수명(e_0)	20	22	27	35	56
살아온 연수(10억 명)	185.8	739.2	611.3	364.7	334.3
살아온 연수(%)	8.3	33.1	27.3	16.3	18.0

주: 출산, 기대수명, 살아온 연수 항목에서 데이터는 행 제목에 제시된 연도와 이전 행에 제시된 연도 사이의 기간에 해당함(첫째 행은 인류의 가상적인 기원 시점부터 기원전 1만 년에 이르는 기간을 뜻함).

1만 년 전 신석기문명이 근동지방과 이집트 상류지역으로부터 확산되던 시기에 인구증가율은 1,000명당 0.4명으로 증가하였고(이 수치는 인구가 두 배로 되는 데 2,000년이 채 걸리지 않았음을 의미한다), 인구는 수백만 명에서 2억 5,000만 명으로 늘었다. 이러한 인구증가율은 중간에 중요한 성장과 퇴보의 순환들이 있었음에도 불구하고 기원후 1,750년 동안 지속되었다. 인구는 산업혁명 직전까지 3배 증가하여 7억 5,000만 명에 이르렀다(전체 인구증가율이 1,000명당 0.6명). 그러나 최종적으로 지속적인 인구증가 시기의 시발점을 이룬 것은 산업혁명이었다. 그 후 2세기 동안 인구는 10배가량 증가하였고, 연간 인구증가율은 1,000명당 6명에 달하였다(두 배가 되는 데 118년이 소요됨). 이러한 증가과정은 신속한 자원의 축적, 환경의 통제, 사망률의 감소가 낳은 결과였고, 이는 20세기 후반에 절정에 달하였다. 1950년부터 40년 동안 인구는 다시 두 배로 늘었고 인구증가율은 3배가 되어 1,000명당 18명에 이르렀다. 인구증가가 더뎌지고 있다는 여러 신호에도 불구하고, 현재의 변화

bre des hommes," *Population* 34 (1979), 13~25쪽. 또한 J. D. Durand, "Historical Estimates of World Population," *Population and Development Review* 3 (1977), 253~296쪽; A. J. Coale, "The History of Human Population," *Scientific American* (1974. 9).

추세를 볼 때 세계인구는 2030년에는 80억 명, 그리고 21세기가 끝날 무렵에는 100억 명에 이를 것임이 분명하다. 인구증가율의 가속화와 배증에 걸리는 시간의 단축 추세(이는 산업혁명 이전에는 수천 년 단위로 표시되고, 현재는 수십 년 단위로 표시된다)는 과거 인구증가를 제어하였던 억제책들이 얼마나 빠른 속도로 완화되고 있는지를 알려 준다.

[표 1-2]는 얼핏 보기에 단순히 통계적 호기심으로 보이는 또 다른 질문에 대해 답을 제시한다. 얼마나 많은 수의 사람이 지구상에 살아왔을까? 이 질문에 답하기 위해서는 각 시기마다 출산의 총수를 계산해야만 한다. 부르주아-피샤(Bourgeois-Pichat)[32]의 대담한 가설을 받아들여서, 우리는 인류의 기원에서부터 현재까지 총 820억 명이 출산하였고, 그 가운데 60억 명은 1950년대 이후에 출생하였으며, 93억 명이 조금 못 되는 수가 신석기시대 이전의 수십만 년 동안에 태어났다고 추정하자. 2000년 지구에 살고 있는 인구 60억 명은 지금까지 태어났던 총인구의 7.3%에 해당한다. 다른 접근방법을 취해 오늘날 우리의 모습이 우리 조상이 축적해 온(선택하고, 중개하고, 수정하고, 우리에게 전한) 경험을 반영한다는 점을 상기한다면, 이러한 경험의 11%는 신석기시대 이전에 축적되었다는 점과 80% 이상의 경험이 1750년 산업-기술혁명 이전에 축적되었다는 점을 확인할 수 있다.

만약 우리가 출생시 예상수명의 추정치를 각 기간의 개인들에게 할당한다면(이런 추정치는 오직 마지막 기간에만 통계적인데, 그 이유는 이전 기간에 대해서는 추정치가 단편적인 증거에 기초하고 있으며, 그 이전에 대해서는 완전한 추측일 뿐이기 때문이다), 우리는 이들 각각의 집단이 살았던 총연수를 계산할 수 있다. 1950년과 2000년 사이에 태어난 이들은 (그들의 생애 마지막에) 약 3,340억 년을 살아왔을 것이다. 이것은 신석기시대 이전에 태어난 모든 이들이 살았던 총연수의 거의 두 배에 달한다. 2000년에 생존해 있는 사람들이

32) J. Brougeois-Pichat, "Du XXe au XXIe siécle: l'Europe et sa population après l'an 2000," *Population* 43 (1998), 9~42쪽.

표 1-3 대륙별 인구(기원전 400년에서 서기 2000년까지, 단위: 100만 명)

연도	아시아	유럽	소련[a]	아프리카	아메리카	오세아니아	세계
기원전 400	95	19	13	17	8	1	153
0	170	31	12	26	12	1	252
200	158	44	13	30	11	1	257
600	134	22	11	24	16	1	208
1000	152	30	13	39	18	1	253
1200	258	49	17	48	26	2	400
1340	238	74	16	80	32	2	442
1400	201	52	13	68	39	2	375
1500	245	67	17	89	42	3	461
1600	338	89	22	113	13	3	578
1700	433	95	30	107	12	3	680
1750	500	111	35	104	18	3	771
1800	631	146	49	102	24	2	954
1850	790	209	79	102	59	2	1,241
1900	903	295	127	138	165	6	1,634
1950	1,376	393	182	224	332	13	2,520
2000	3,611	510	291	784	829	30	6,055
0~1750	0.06	0.07	0.06	0.08	0.02	0.06	0.06
1750~1950	0.51	0.63	0.82	0.38	1.46	0.74	0.59
1950~2000	1.9	0.53	0.97	2.51	1.83	1.67	1.75

주: a) 2000: 구소련의 영토.

자료: J. N. Biraben, "Essai sur l'evolution du nombre des hommes," *Population* 34 (1979), 16쪽. 1950년과 2000년에 대해서는 United Nations, *World Population Prospects: The 1998 Revision* (New York, 1999).

그들의 전 생애를 거쳐 살게 될 기간인 4,200억 년은 인류의 기원 이래 인류가 살았던 연수의 1/5에 약간 미치지 못하는 수준이다.

마지막으로, 만약 에너지자원 소비량을 고려한다면 우리는 한 가지를 더 확인할 수 있다. 1990년에 연간 세계 에너지소비량은 29만 페타줄[33]에 육

33) World Resources Institute, *World Resources 1987* (Basic Books, New York, 1987), 300쪽. 1페

박하며, 1980년대의 소비량이 대략 신석기시대에 이르기까지의 수십만 년 동안 인류가 소비하였던 에너지의 총량과 같다고 추정할 수 있다. 이러한 수치들은 충격적 인상을 주기 위함이 아니라, 초기 농경사회와 비교해서 오늘날 인류가 이용가능한 자원이 얼마나 크게 확장되었는가를 보여 주기 위해 제시하는 것이다.

물론 인구는 지속적으로 증가한 것이 아니라 증가와 침체를 주기적으로 경험하였다. [표 1-3]과 [그림 1-11]은 이러한 경향을 장기적 관점에서 보여주고 있다. 유럽에 국한시켜 볼 때, 예수의 탄생과 18세기 사이에 발생한 3배의 인구증가는 점진적 과정을 통한 것이 아니라 확장과 위기를 반복적으로 거치면서 나타났다. 로마제국 말기와 유스티니아누스 황제 시기에는 야만족의 침입과 전염병의 결과로 위기가 발생하였다. 12세기와 13세기에는 확장이 있었고, 14세기 중엽에 시작된 대역병의 결과로 다시 위기가 도래하였다. 15세기 중엽에서 16세기 말까지는 강력한 회복을 보였다가, 또다시 18세기에 근대적 확장의 기운이 전면에 부각될 때까지 위기 또는 침체가 지속되었다. 이러한 주기가 상이한 지역에서 똑같이 나타나지도 않는다. 그러므로 지역 간 인구의 비중은 시기적으로 달라진다. 유럽(구소련 제외) 인구의 비중은 1500년 14.5%에서 1900년 18.1%로 증가하였다가, 다시 감소하여 2000년에는 8.4%를 기록하였다. 아메리카대륙 전체에는 17세기 초에 세계인구의 약 2%만이 살았으나, 오늘날에는 그 수치가 13.3%에 이르고 있다.

타줄=34.140 UN석탄동가표준톤(UN standard tons of coal equivalent). 이 계산은 표 1.2.8을 이용해서 1750년 이전에 살았던 사람들이 하루에 평균 1만 칼로리를 소비하였다는 필자와 치폴라의 가설에 기초해서 이루어졌다.

F. Macfarlane Burnet and D. O. White, *Natural History of Infectious Disease* (Cambridge University Press, Cambridge, 1972).

C. M. Cipolla, *The Economic History of World Population* (Penguin, Harmondsworth, 1978).

P. Demeny and G. McNicoll, eds., *Encyclopaedia of Population* (Macmillan Reference, New York, 2003).

J. D. Durand, "Historical Estimates of World Population," *Population and Development Review* 3 (1977), 253~296쪽.

F. A. Hassan, *Demographic Archaeology* (Academic Press, New York, 1981).

M. P. Hassell and R. M. May, eds., *Population Regulation and Dynamic* (Royal Society, London, 1990).

H. Léridon, *Human Fertility: the Basic Components* (University of Chicago Press, Chicago, 1977).

C. McEvedy and R. Jones, *Atlas of World Population History* (Penguin, Harmondsworth, 1985).

B. Slicher van Bath, *The Agrarian History of Western Europe*, AD 500-1850 (Edward Arnold, London, 1963).

E. A. Wrigley, *Population and History* (New York, McGraw-Hill, 1969).

Demography (Population Association of America, Silver Spring, MD)

Genus (Department of Demography, Rome)

Population (INED, Paris)

Population and Development Review (Population Council, New York)

Population Studies (Population Investigation Committee, London)

Chapter 2

인구증가: 선택과 제약 사이

1. 제약과 선택 그리고 적응
2. 사냥꾼에서 농부로: 신석기시대의 인구이행
3. 흑사병과 유럽의 인구감소
4. 아메리카 인디오의 비극: 오래된 미생물과 새로운 인구집단
5. 아프리카, 아메리카 그리고 노예무역
6. 프랑스계 캐나다인들: 인구학적 성공 이야기
7. 아일랜드와 일본: 두 개의 섬, 두 개의 역사
8. 현대 세계의 문턱에서: 중국과 유럽

Chapter

인구증가: 선택과 제약 사이 2

1. 제약과 선택 그리고 적응

지금까지 우리는 몇 가지 중요한 준거점들을 마련하였다. 우선 인구증가는 다양한 강도로서 그리고 상당히 넓은 전략적 공간 내에서 발생한다. 전략적 공간은 인구증가나 감소가 인구의 급속한 팽창이나 소멸에 이르게 할 수 있을 만큼 충분히 넓다. 전략적 공간의 상한은 출산능력과 생존력에 의해 규정되며, 따라서 인간 종의 생물학적 특질에 의해 규정된다. 장기적으로 인구증가는 가용자원의 증가와 발맞추어 변화하며, 가용자원은 인구증가에 극복할 수 없는 한계를 부과한다. 물론 이러한 자원은 고정된 것이 아니라 인류의 끊임없는 활동에 대응하여 증가한다. 새로운 땅에 사람들이 정착하고 토지를 사용한다. 지식이 증가하며, 새로운 기술이 개발된다. 이 책 뒷부분에서 우리는 자원과 인구 가운데 어떤 것이 엔진이고 어떤 것이 객차인지를 논의할 것이다. 즉, 자원개발이 인구증가를 이끄는지 아니면 그 반대인지, 식량과 에너지의 추가단위가 인간 한 명을 더 생존하게 만드는 것인지 아니면 추가적인 인구에 의해 추가적인 생산이 가능하게 되는 것인지, 그리고 역사적 상황에 따라 자원과 인구가 일부는 엔진으로 일부는 객차로 기능하는 것은 아닌지 등에 관해 생각해 볼 것이다.

우선은 제1장에서 언급하였던 한 주제에 관해 주의를 기울여 보자. 우리는 세 개의 큰 인구주기를 확인한 바 있다. 최초의 인류부터 신석기시대 개시점까지가 첫 번째 주기이고, 신석기시대부터 산업혁명까지가 두 번째 주기이며, 산업혁명부터 현재까지가 마지막 주기이다. 이러한 주기들 사이에 위치하는 이행기에는 인구와 자원 사이의 아슬아슬한 균형이 깨지게 된다. 그러나 유럽의 인구를 통해 살펴본 것처럼, 인구증가는 이러한 주기 안에서도 불규칙적으로 진행한다. 인구증가기간은 인구감소기간과 번갈아 나타난다. 그 원인은 무엇일까?

이론적인 설명을 위해서 인구증가를 제약과 선택이라는 두 가지의 강력한 힘의 체계로 이해하는 것이 필요하다. 제약의 힘은 기후와 질병, 토지, 에너지, 식량, 공간, 정착양상 등을 포함한다. 이러한 힘들은 다양한 수준의 상호의존성을 갖고 있지만, 기본적으로 두 가지 공통적 특징을 보여 준다. 하나는 인구변화와의 연관성 측면에서 이들이 중요하다는 것이고, 다른 하나는 이들이 변화하는 속도가 아주 느리다는 것이다. 먼저 인구변화에 관해서 보자면, 그 메커니즘은 직관적으로 파악되며 많은 사례들이 알려져 있다. 인간의 정착양상(밀도와 이동성)은 지리적 공간에 의존하며, 토지의 가용성도 그렇다. 식량, 천연자원, 에너지자원이 모두 땅에서 나오며, 모두가 인간의 생존을 결정하는 중요한 요인들이다. 기후는 다시 토양의 비옥도를 결정하고, 인간 정착의 한계를 결정하며, 질병의 양상과 연관성을 갖는다. 또한 질병은 영양과 연관이 있으며, 출산과 생존에 직접적인 영향을 미친다. 공간과 정착양상은 인구밀도와 연관이 있으며, 질병의 전염성과도 관련을 맺고 있다. 이렇게 살펴본 것만으로도 인구증가와 관련하여 제약의 거대한 힘들이 얼마나 서로 복잡하게 얽혀 있는지가 분명해진다.

제약의 힘들이 지닌 두 번째 공통적 특징은 그들이 인구분석의 시간 틀(한 세대 또는 인간의 평균수명) 내에서 보여 주는 영속성(공간과 기후) 또는 변화의 저속성(토지, 에너지, 식량, 질병, 정착양식)이다. 이 힘들은 상대적으로 고정된 편이라서 인간의 개입을 통해 아주 느린 속도로만 조정될 수 있다. 식량과 에너지의 공급은 분명히 새로운 경작과 새로운 기술에 의해 증가할 수 있다. 의복과 주택의 개선을 통해 기후의 영향력을 감퇴시킬 수 있다. 감염을 예방하고 전염의 확산을 막는 조치로써 질병의 영향을 한정시킬 수도 있다. 그러나 미개척지의 경작, 신기술의 개발과 전파, 개선된 주거환경의 보급, 질병 통제수단의 개발 등은 하루아침에 가능한 일이 아니라 장기간에 걸쳐 발생하는 일이다. 단기 또는 중기에(그리고 때로는 장기에서도) 인구는 반드시 제약의 힘에 적응해서 함께 살아가야 한다.

인구가 위에서 언급한 제약의 힘에 적응하여 규모와 증가속도를 조정하는 적응과정에서, 어느 정도의 행동적 유연성(behavioral flexibility)이 필요하게 된다. 이러한 행동적 변화들은 부분적으로는 자동적이고, 부분적으로는 사회적으로 결정되며, 부분적으로는 명백한 선택의 결과이다. 예를 들어, 식량부족에 직면하면 육체적 성장(키와 몸무게)의 속도는 더뎌지고 그 결과 영양을 적게 필요로 하면서도 효율성에는 차이가 없는 성인으로 성장하게 된다. 가용자원에 대한 이러한 종류의 적응은 안데스산맥 인디오들의 작은 신체 사이즈를 설명하는 데 유용하다. 물론 식량부족이 더 심각해지면 사망자가 증가할 것이고, 인구는 줄어들거나 소멸하게 되어 결국 어떠한 적응도 일어날 수 없게 된다. 이러한 현상은 매우 자연적인 것이다. 다른 유형의 적응(거의 자동적으로 발생하고, 어쨌거나 인간의 행동과는 독립적인)사례로는 천연두나 홍역 같은 특정 병원체에 감염된 사람이 보유하게 되는 영구적이거나 반영구적인 면역력을 들 수 있다.

그러나 적응은 우리가 제1장에서 길게 논의하였던 메커니즘에 따라 작동한다. 출산가능연령(혼인)과 이에 도달한 사람의 비율이 인류 역사를 통해 인구증가를 통제하는 주요 방편이었다. 일차적 인구통제수단이 된 자발적 산아제한이 확산된 18세기 이전에 몇 가지 구성요소가 부부의 출산과 신생아의 생존에 영향을 미쳤다. 성적 금기, 모유 수유기간, 낙태의 빈도, 직접적 또는 미묘한 형태의 아이 유기를 통한 유아살해의 빈도 등이 그것이다. 마지막으로, 모든 시기와 기후대에서 주변 환경과 자원에 대한 적응의 형태로 나타났던 것은 기존 상황을 벗어나거나 새 상황을 찾기 위한 이주였다.

그러므로 환경은 제약의 힘을 통해 인구증가를 억제한다. 이러한 억제력은 장기간에 걸친 인간행동에 의해 완화될 수 있고, 억제의 효과는 중·단기에 걸쳐 약화된다. 균형을 다시 찾기 위한 메커니즘은 부분적으로는 자동적으로 발생하나, 대부분의 경우에는 선택(혼인, 출산, 이주)의 산물이다. 이것은 종종 우리가 성급하게 단언하는 것처럼, 각 인구집단이 가용자원이 허용하는 범주 내에서 규모와 증가율을 규제하는 메커니즘을 가지도록 되어 있다는 뜻은 아니다. 지금까지 많은 인구집단이 소멸해 왔고, 어떤 인구집단은 다시는 균형을 회복할 수 없을 만큼 확대되었다.

2. 사냥꾼에서 농부로: 신석기시대의 인구이행

기원전 1만 년경에 "인간의 경제를 바꿔 놓고 인간에게 식량공급에 대한 통제력을 부여한" 신석기혁명이 시작되었다. 인간은 씨를 뿌리고, 재배를 하고, 식용으로 쓸 수 있는 풀과 뿌리와 나무를 선택함으로써 개선을 이루었다. 인간은 또한 특정한 동물 종에게 사료를 제공하는 대가로 그들을 길들이고 자신을 따르도록 만드는 데 성공하였다.[1] 간단히 말해서 수렵·채집인은 농부가 되었고, 시간이 지나면서 유목생활은 정착생활로 전환되었다. 당연히 이 이행은 점진적이고 불규칙적으로 진행되었으며, 수렵과 채집생활을 통해 생존해 온 몇몇 고립된 집단들은 오늘날까지 존재한다. 이행은 근동지방, 중국, 중앙아메리카에서, 수천km의 거리와 수천 년의 시간에 의해 고립된 상태에서 독립적인 방식으로 전개되었다.[2] 이런 이행의 원인은 매우 복합적인데, 우리는 그의 인구학적 측면을 아래에서 논의할 것이

1) V. G. Childe, *Man Makes Himself* (Mentor, New York, 1951), 51쪽. L. Cavalli Sforza and F. C. Cavalli Sforza and F. Cavalli Sforza, "Moderni da centomila anni," *Il Sole 24 Ore* (2000. 7. 9).
2) J. R. Harlan, "Agricultural Origins: Centers and Noncenters," *Science* 174 (1971).

다. 수량적으로 측정을 하는 데 어려움이 따르긴 하지만 인구가 증가하였다는 점은 분명하다. 인구의 확산과 인구밀도의 증가가 이를 말해 준다.[3] 비라벤의 추계에 의하면, 농업이 도입되기 이전에 인간 종의 수는 약 600만 명이었고, 현재의 주기가 시작될 무렵에는 2억 5,000만 명에 이르렀다.[4] 이 수치는 인구증가율이 1,000명당 0.37명이라는 것으로, 최근에 많은 개발도상국들이 기록한 수치의 1%에 미치지 못하지만, 또한 최초의 인간 출현과 기원전 1만 년 사이에 대한 가설적 수치보다는 몇 배 큰 값이다.[5] 그러나 한 가지 중요한 점은 (해석의 논란에도 불구하고) 명백한 사실로 남아 있다. 농업의 확산으로 인구는 지속적으로 몇 배의 규모로 증가하였고, 생태계가 수렵 · 채집인에게 가한 상한은 극적으로 높아졌다는 것이다.

선사시대 인구증가의 수량적인 특성에 대해서는 일반적인 합의가 있지만, 그 원인과 메커니즘에 대해서는 인류학자와 인구학자들이 오랜 기간 논쟁을 벌여 왔다. 어떤 해석은 원인보다 가속화가 이루어진 방식에 더 큰 관심을 둔다. 분명히 구석기시대의 세계인구 또는 넓은 지리적 범위의 인구에 대해서 논의하는 것은 별 의미가 없다. 대신에 우리는 작고, 상대적으로 자

3) 근동지방에서 기원전 약 8000년경 작물과 가축을 기르게 된 시기에 인구가 증가하였다는 간접적인 증거로 북동쪽으로의 연속적인 이주 흐름을 들 수 있다. 그리고 이주는 다시 농업기술 확산의 주요인이 되었을 것이다. "물론 농업 도입의 결과로 주어진 지역에서 살 수 있는 인원이 증가하였다. 이런 인구증가는 종종 지리적 확장과 함께 나타났다. 초기 농경은 오래된 경지에서 새 경지로의 잦은 이동을 필요로 하였기 때문에, 그 자체로 이동식 농업을 뜻하였다." 연간 평균확장거리는 대략 1km였다. 이는 카발리 스포르자(Cavalli Sforza)와 아머맨(Ammerman)에 의해 발전된 이론이다. 이들은 유럽의 다양한 지역에서 탄소-14를 이용하여 잔존하는 가장 오래된 작물의 연대를 측정함으로써 농업의 개시점을 밝혀 냈다. 위의 인용문은 L. L. Cavalli Sforza, "The Genetics of Human Population," *Scientific American* (1974. 9), 80~89쪽에서 가지고 왔다. 또한 A. J. Ammerman and L. L. Cavalli Sforza, "A Population Model for the Diffusion of Early Farming in Europe," in C. Renfrew, ed., *The Explanation of Culture Change* (Duckworth, London, 1973)을 참조하라.

4) J. N. Biraben, "Essai sur l'evolution du nombre des hommes," *Population* 34 (1979). 또한 이 책의 [표 1-2]를 참조하라.

5) 부정확한 자료를 사용하고 장기간 광범위한 지역을 대상으로 하는 이런 종류의 인구증가율 비교가 얼마나 중요한가는 다분히 관념적인 측면이 있다. 더 빠른 인구증가가 정상적인 증가율의 상승이 아닌 다른 요인, 즉 애초의 집단에서 떨어져 나오거나 이주해 가는 인구집단의 멸종빈도가 줄어든 탓일 수도 있다.

율적이고, 상당히 취약한 집단들을 다룰 것이다. 여기서 각 집단은 수백 명으로 구성되어 있고, 주변 환경과 불안정한 균형을 이루고 있다. 이런 종류의 집단에게 있어서 일정한 수준(예를 들어, 100~200명) 아래로의 인구감소는 어떤 원인 때문이든 집단의 출산과 생존을 위협한다. 이와 반대로, 수적 증가는 집단의 분할이나 새 집단의 형성을 낳을 수 있다. 따라서 전체 인구의 증가 또는 감소는 이 기초적 세포핵들의 '출생'과 '사망'의 함수인 것이다. 즉, 성공적인 기간에는 출생과 사망의 균형이 양의 값을 갖고 인구는 증가한다. 성공적이지 못한 기간에는 그 균형이 음의 값을 보이며 인구는 감소한다.

[그림 2-1]의 (a)는 세 개의 가능한 모형을 보여 준다(x축은 성공 여부를 의미하고 y축은 세포핵의 수를 의미한다). 곡선 A는 성공이 지배적인 상황을, 곡

그림 2-1 인구집단들의 실패와 성공-모형

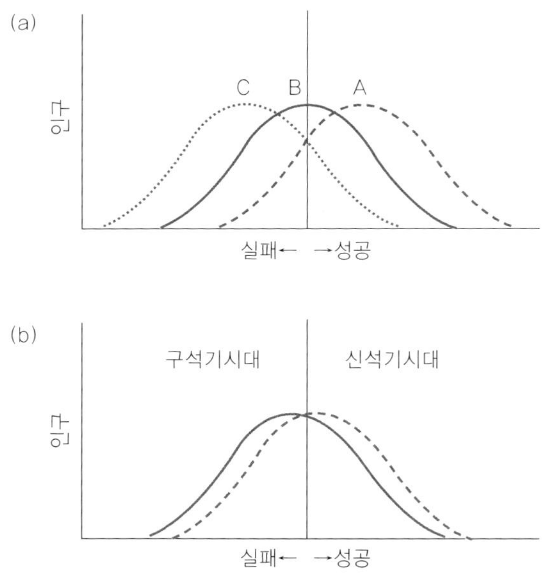

선 C는 그와 반대되는 상황을, 그리고 곡선 B는 균형을 이룬 상황을 보여 준다. 이들에 상응하는 총인구증가율은 각각 증가, 감소 그리고 0일 것이다. 기후, 환경 또는 질병의 변화는 곡선을 왼쪽이나 오른쪽으로 이동시키게 될 것이다. [그림 2-1]의 (b)는 구석기시대에서 신석기시대로의 이행으로 어떤 현상이 발생하였을 것인지를 보여 주고 있다. 생존조건의 '안정성'이 증가하여 곡선은 왼쪽에서 오른쪽으로 이동하였고, 이에 따라 인구증가율이 과거보다 높아졌다.[6)]

이러한 '기술적' 가설 이외에, 정반대의 방향에서 인구증가의 가속화 배후에 자리한 원인을 밝히려는 이론이 최소한 두 가지 존재한다. '고전적' 이론은 농업 시스템이 영양상태를 개선시킨 덕분에 사람들의 생존력이 더욱 높아져서 인구증가가 가속화되었다고 주장한다.[7)] 이보다 최근의 이론은 이와 달리 적은 종류의 작물에 의존하는 생활이 오히려 영양상태를 악화시켰고, 정착생활과 높은 인구밀도가 감염성 질병의 확산위험과 빈도를 증가시켰다고 한다. 반면에, 아이를 양육하는 비용이 감소하면서 이로 인해 출산율이 증가하였다. 다시 말하면, 농업의 도입으로 사망률이 증가하였으나 이보다 더 높은 수치로 출산율이 증가하여, 인구증가율이 높아졌다는 것이다.[8)] 이상이 두 이론이 기반으로 삼고 있는 내용을 아주 개략적으로 설명한 것이다. 이제 두 이론이 주장하는 바에 대해 각 이론의 강점에 초점을 맞추어 간략히 살펴보기로 하자.

고전적 이론은 단순하지만 설득력 있는 논의를 근거로 삼고 있다. 정착

6) 유사한 논의로는 A. J. Ammerman "Late Pleistocene Population Dynamics: An Alternative View," *Human Ecology* 3 (1975). 또한 E. A. Hammel and N. Howell, "Research in Population and Culture: An Evolutionary Framework," *Current Anthropology* 28 (1987)을 참조하라.

7) 코헨(Cohen)은 필자가 부적합하게 '고전적'이라고 일컬은 이론을 Childe, *Man Makes Himself*의 기여로 돌렸다. M. N. Cohen, "An Introduction to the Symposium," in G. J. Armelagos and M. N. Cohen, eds., *Paleopathology and the Origin of Agriculture* (Academic Press, Orlando, FL, 1984).

8) 새 이론의 주장은 다음에서 찾을 수 있다. B. Spooner, ed., *Population Growth: Anthropological Implications* (MIT Press, Cambridge, MA, 1972). 또한 Cohen, "An Introduction"을 보라. 인구학적 용어의 형성에 관해서는 A. J. Coale, "The History of Human Population," *Scientific American* (1974. 9), 40~51쪽.

과 농경 및 가축사육의 시작은 식량공급이 보다 안정적으로 이루어지도록 하였고, 생태계가 제공해 주는 과실을 향유하지 못하던 사람들을 기후의 불안정성과 계절변동에 기인한 영양부족 문제로부터 보호할 수 있게 해 주었다. 밀, 보리, 기장, 옥수수, 쌀 등 저장하기 쉽고 영양가가 높은 곡물의 재배 덕분에 가용식량이 크게 늘어났고, 곤궁기를 극복하는 데 도움이 되었다.[9)] 건강상태가 개선되고 생존가능성도 증가하였으며, 사망률이 감소하였고, 인구증가의 잠재력이 증가되고 안정화되었다.

최근 수십 년간 이 이론에 대한 의문점이 등장하였고, 문제점이 새로운 방식으로 제기되었다. 정착농업 생활에서 사망률과 출산율이 모두 증가하였으나 출산율의 증가율이 더 높았기 때문에 인구가 증가하게 되었다는 것이 새로운 주장이다.[10)] 그렇다면 사냥꾼들보다 농민들에게서 사망률이 더 높았던 이유는 무엇일까? 이 질문에 대한 답으로 크게 두 종류의 이유가 꼽힌다. 첫째 이유는 질적 측면에서(어떤 이는 양적인 측면에서도 마찬가지라고 한다) 농업으로의 이행이 영양수준을 낮추었다는 주장에 근거를 두고 있다. 수렵 · 채집인의 음식은 뿌리, 채소, 딸기류, 과일, 사냥물 등 다양하게 구성되어 있어서 아마도 정착한 농민들의 식단보다 풍부하였을 것이다. 농민의 식단은 열량은 부족하지 않았겠지만 곡물에 크게 의존하였기 때문에 빈약하고 단조로웠을 것이다.[11)] 그 당시에 살았던 이들의 유골 분석을 통해 증거가 발견된다. 신체의 크기, 키, 뼈의 굵기 모두가 사냥꾼이 정착하여 농민이 되면서 줄어든 것으로 나타난다.[12)] 아멜라고스(Armelagos)와 그의 동료들은

9) Childe, *Man Makes Himself*, 66쪽.

10) 필자는 여기서 이 논쟁을 지극히 유형화된 형태로 설명하고 있다. 농업사회로의 이행은 점진적으로 일어났음이 분명하고, 오랜 기간 낡은 방식과 새로운 방식이 공존하였다. 예를 들어, 유목사회는 두 단계 모두에게 발견되는 요소들을 모두 보여 준다는 특징을 지니고 있다.

11) Spooner, *Population Growth*. 그의 소개 중 xxiv~xxv쪽을 참조하라.

12) G. J. Armelagos and M. N. Cohen, "Editors' Summation," in G. J. Armelagos and M. N. Cohen, eds., *Paleopathology*. 하지만 골학적(骨學的) 발견의 해석은 여전히 논쟁의 대상이다. J. W. Wood, G. R. Milner, H. C. Harpending, and K. M. Weiss, "The Osteological Paradox," *Current Anthropology* 33 (1992)를 보라.

다음과 같은 결론에 도달하였다. "생존양상의 변천은 선사시대 누비아인(Nubians)지금의 수단에 해당하는 나일강 상류지역에 거주하던 고대인-역자 주의 생물학적 적응에 중대한 영향을 미쳤다. 농업의 발달은 얼굴 크기의 축소와 그에 동반하여 두개골 형태의 변화를 야기하였다. 게다가 농업의 강화가 영양결핍을 초래하였다. 뼈 성장과 발달의 양상, 철 결핍성 빈혈(다공성 골비대증(porotic hyperostosis)으로 입증되듯이)의 발병, 치아의 미세 기형, 청소년과 젊은 성인 여성에게 너무 빨리 나타나는 골다공증 등의 모든 현상은 농경에 집중하였던 후기 누비아인들이 영양결핍을 경험하고 있었다는 사실을 보여 준다."[13] 필자가 위의 글을 인용한 것은 누비아인들의 경험이 다른 모든 유형의 이행(다양한 시대를 통해 잔존한 유물들이 대표성이 있으며, 이주가 없었고, 측정에 오류도 없었다고 가정하자)에 부합하는 것이기 때문이 아니라, 영양에 관한 가설을 뒷받침하는 증거를 설명하기 위해서다.

이 이론을 지지하는 두 번째 주장은 이와는 다른 종류인데, 아마도 설득력이 더 클 것이다. 안정적인 정착생활은 기생충과 전염병이 발생하고 전파되고 생존하는 데 유리한 환경을 제공하였다. 이런 기생충과 전염병은 인간의 이동성이 크거나 밀집하여 살지 않았던 시기에는 알려지지 않았거나 아주 드물었던 것들이다.[14] 인구의 집중은 활성화될 때까지 잠재상태로 존재하는 병원체의 '저수지'로 작용한다. 육체적 접촉에 의해 전염되는 질병의 확산은 인구가 밀집될수록 더 심해지고, 인구의 밀집은 다시 토양과 물의

13) G. J. Armelagos, D. P. van Gerven, D. L. Martin, and R. Huss Hushmore, "Effects of Nutritional Change on the Skeletal Biology of Northeast African (Sudanese Nubian) Populations," in J. D. Clark and S. A. Brandt, eds., *From Hunters to Farmers* (University of California Press, Berkeley, 1984), 146쪽.

14) 전염병에 관한 일반적 이론을 위해서는 다음을 참조하라. F. Macfarlane Burnet, *National History of Infectious Disease* (Cambridge University Press, London, 1962); T. A. Cockburn, *Infectious Disease: Their Evolution and Eradication* (C. G. Thomas, Springfield, IL, 1967). 선사시대의 전염병에 관해서는 T. A. Cockburn, "Infectious Disease in Ancient Populations," *Current Anthropology* 12 (1971). 이론들과 데이터에 관한 훌륭한 요약으로는 M. N. Cohen, *Health and the Rise of Civilization* (Yale University Press, New Haven, CT and London, 1989).

오염을 심화시킴으로써 재감염을 쉽게 만든다. 유목민의 이동형 임시숙소가 영구적 숙소로 전환되면서 기생충 및 다른 감염성 질병의 매개체와의 접촉이 늘어나게 된다. 게다가 과거에는 매개체의 생애주기가 인간의 잦은 이동에 따라 끊기는 경우가 많았지만, 이제는 정착으로 인해 이 매개체가 전하는 질병의 감염력이 증가한다. 그 예로 벼룩을 들 수 있다. 벼룩의 유충은 동물이나 사람의 몸에서보다 둥지, 침대 또는 숙소에서 잘 자란다. 정착생활과 함께 길들여지거나 또는 그렇지 않은 많은 동물들이 인간의 생태학적 공간에서 안정된 자리를 차지하게 되었고, 따라서 특히 동물의 병원체로부터의 감염가능성을 높이고 기생충의 활동을 늘렸다. 농업기술의 발달도 특정 질병의 확산을 도왔을 수 있다. 예를 들어, 말라리아는 배수로와 인공적으로 조성된 연못 덕분에 확산이 용이해진다.[15] 농업사회 이전에는 치명적인 전염병이 덜 발병하였다는 주장의 근거로서 자주 인용되는 사례는 백인 인구와의 접촉이 없이 고립되었던 오스트레일리아 원주민에 대한 연구다.[16] 일반적으로 말해서, 오늘날의 수렵 · 채집인 집단의 좁은 공간과 이동성은 기생물에 대한 방어막으로 작용한 것 같다. 마치 그들의 상대적 고립이 전염병의 확산을 막는 것처럼 말이다.[17] 그러나 생태계의 생물학적 복잡성의 수준(열대지방에서는 복잡하고 극지방에서는 단순하다)이 인구에 영향을 주는 질병의 다양성과 발생빈도와 직접적으로 연관되어 있다는 학자들의 주장도 기억해야 한다.[18]

종합하자면, 더 빈약하고 덜 다양한 섭생과 감염성 질병이 발생하기 쉬운 조건이 사냥을 하던 조상들에 비해 농민들이 더 높은 사망률을 보였다는 가설을 정당화하는 것으로 보인다.[19] 그러나 만약 사망률이 농민들에게서

15) Cockburn, "Infectious Disease," 49쪽.
16) 같은 책, 50쪽.
17) Cohen, *Health*, 104쪽.
18) F. L. Dunn, "Epidemiological Factors: Health and Disease in Hunter-Gatherers," in R. B. Lee and I. De Vore, eds., *Man the Hunter* (Aldine, Chicago, 1968).
19) 이 이론에 대한 최근 평가는 Cohen, *Health*를 참조할 것. 코헨(Cohen)은 다음과 같이 신중하게

더 높았다면, 더욱 급속한 인구증가는 오직 더 높은 출산율로만 설명할 수 있을 것이다. 농업사회에서 출산율이 더 높았다는 가설은 사냥에서 농경으로의 이행에 따른 사회적 변화 속에서 그 근거를 찾을 수 있다. 드넓은 사냥터를 떠돌아다녔던 수렵 · 채집인은 높은 이동성 때문에 아이들을 데리고 다니는 것이 부담스러울 뿐만 아니라 어머니로서 위험하였다. 이런 이유로 인해, 아마도 출산간격이 상당히 길어 한 아이가 스스로를 돌볼 수 있을 시기가 되어서야만 다음 출산을 할 수 있었을 것이다. 정착사회에 들어서는 이런 필요성이 상대적으로 적어졌고, 부모의 양육투자라고 할 수 있는 아이의 '비용'이 줄어들었으며, 아이들이 집안일과 농사일을 하고 가축을 돌보는 데 경제적으로 기여하는 바는 증가하였다.[20)]

사냥에서 농경으로의 이행과 더불어 출산율이 증가한다는 가설은 단지 추측에 머무는 것이 아니다. 이는 실제로 현재 인구집단에 대한 여러 연구에 의해 확인된 바 있다. 1963~1973년에 리(R. B. Lee)가 이끄는 일군의 학자들은 수렵과 채집으로 생활하던 보츠와나(남부 아프리카) 북단의 유목민집단 쿵산(!Kung San)을 연구하였다. 그 당시 이 집단은 점차적으로 정착을 시작하는 단계에 있었다.[21)] 리의 팀은 쿵(!Kung)이 식용하고 있는 채소의 절반가량이 여성들에 의해 채집된 것임을 관찰하였다. 이들은 한 해 동안 수천km를

논의를 종합한다. "동일한 장소에서 수렵 · 채집인과 후대의 농민을 비교한 대부분의 연구는 농민이 대개 더 높은 전염병 발생률과 기생충 감염, 그리고 영양부족으로 고통을 받는다고 한다. … 자료가 불충분하긴 하지만 수렵 · 채집인이 자녀들 중 상당한 비율을 성인이 될 때까지 성공적으로 길렀음도 확인할 수 있다. 이 비율은 선사시대 후기의 인구와 대체로 유사하거나 더 높았다고 한다. 또한 선사시대 수렵 · 채집인들의 사망시 평균성인연령이 비록 역사적 기준치고는 낮지만 초기 농민들에서보다는 종종 높았음도 자료로부터 유추할 수 있다"(122쪽). 더 나아가, 구석기시대에서 신석기시대로 접어들면서 큰 먹잇감들의 멸종 때문에 고기섭취를 줄일 필요가 있었던 때의 수렵 · 채집인들 사이에서도 유사한 경향을 찾아 낼 수 있을 것이다(같은 책, 113쪽).

20) R. B. Lee, "Lactation, Ovulation, Infanticide and Women's Work: A Study of Hunter-Gatherer Population Regulations," in M. N. Conhen, R. S. Malpass, and H. G. Klein, eds., *Biosocial Mechanisms of Population Regulation* (Yale University Press, New Haven, CT, 1980). 쿵(!Kung)에 대한 매우 상세한 분석은 다음에서 찾을 수 있다. N. Howell, *The Demography of the Dobe !Kung* (Academic Press, New York, 1979). Coale, "History of Human Population."

21) 이하의 내용은 Lee, "Location, Ovulation, Infanticide"에 기초한다.

돌아다니며 채집을 하였다. 이동기간의 대부분 동안 이 여성들은 4살 이하의 자녀들을 데리고 다녔다. 쿵의 여성들에게 사춘기는 늦게 찾아와 그 시기가 15~17세이고, 사춘기 이후 오랫동안 불임기간이 이어진다. 그에 따라 이들은 18~22세 사이에 첫 출산을 경험하고, 이후 3~5년의 출산간격을 갖는다. 현대적 산아제한을 하지 않는 인구로서는 이 출산간격[22]은 매우 긴 것인데, 3~4년 동안 모유수유를 지속하기 때문에 나타나는 현상이다. 아기의 발육은 더딘데, 이는 하루 중 오랜 시간 동안 엄마가 아이를 데리고 다니기 수월하도록 환경에 잘 적응한 결과다. 결과적으로, 한 여성당 출산하는 아이의 평균수는 상당히 낮다(4.7명). 수렵 · 채집인의 습성에 의해 만들어진 저출산율은 아프리카의 피그미족(Pygmies)[23]과 같은 다른 집단의 특성이기도 하다. 더욱 흥미로운 사실은 정착과정에서 쿵산의 출산율이 증가한 것 같다는 점이다. 실제로, 정착한 여성들의 출산간격은 36개월 정도로 수렵 · 채집인들의 44개월[24]에 비해 현저히 짧다. 이는 수렵 · 채집에서 농경으로 이행하면서 출산율이 증가하였다는 이론과 일맥상통한다. 과거와 현재의 인구집단에 대한 비교는 유사한 결과를 보여 준다. 최근의 두 연구는 수렵 · 채집인(식량약탈자)의 합계출산율(*TFR*)이 5.7명과 5.6명으로, 농경사회의 6.3명과 6.6명 하고는 차이가 있음을 보여 준다.[25]

[그림 2-2]는 두 이론이 주장하는 바를 요약하고 있다. 주장을 뒷받침하는 근거는 대부분 추측에 의한 것이고, 자료수집은 느리게 이루어지며 종종 모순적인 결과를 보여 준다. 두 이론 모두 영양상태가 변하였다고 주장하

22) 출산간격에 대해서는 제1장 제4절 참조.

23) L. L. Cavalli Sforza, "The Transition to Agriculture and Some of its Consequences," in D. J. Ortner, ed., *How Humans Adapt* (Smithsonian Institution Press, Washington, DC, 1983).

24) Lee, "Location, Ovulation, Infanticide." 하지만 우리는 여기서 로즈 프리시(Rose Frisch)의 가설도 언급해야 할 것이다. 그에 따르면 쿵 여성들의 낮은 출산율은 임계치에 미치지 못한 영양부족의 결과이다.

25) K. L. Campbell and J. W. Wood, "Fertility in Traditional Societies," in P. Diggory, S. Teper, and M. Potts, eds., *National Human Fertility: Social and Biological Mechanisms* (Macmillan, London, 1988); G. R. Bentley, G. Jasienska, and T. Goldberg, "Is the Fertility of Agriculturalists Higher than that of Nonagriculturalists?," *Current Anthropology* 34 (1993).

그림 2-2 수렵 · 채집에서 농업으로의 이행에 따른 인구학적 예상 효과

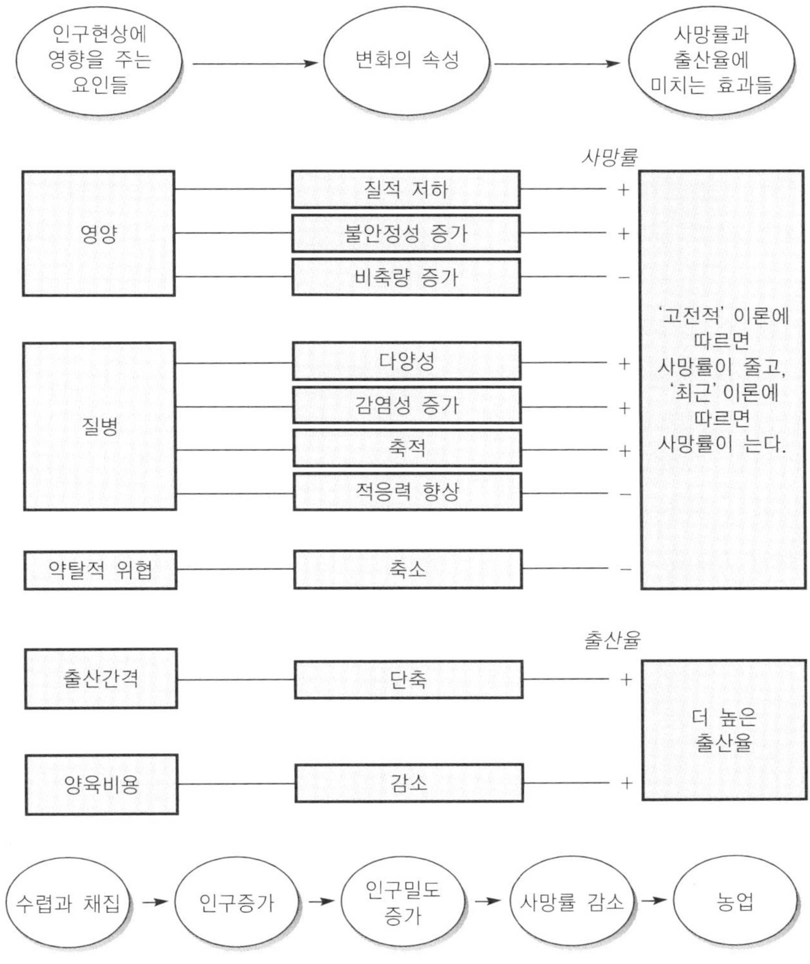

나, 변화의 방향은 서로 반대다. 비록 수렵 · 채집인이 실제로 더 다양한 음식을 섭취하였다고 하더라도(현재의 수렵 · 채집인은 좀처럼 영양부족상태에 빠

지지 않는 듯하다), 농업사회로의 이행에 따라 영양이 악화되었다고 생각하기는 어려운 일이다. 경작의 확대, 비축량의 증가, 사냥과 낚시를 통해 얻은 식량으로 농산물을 보완하는 행위, 음식준비와 저장기술 발달 등의 가능성만 생각해 보아도 그렇다. 반면에, 영양상태는 위의 이론들이 주장하였던 만큼 사망률에 영향을 미치지 않았을 수도 있다. 오직 극단적인 결핍과 영양실조하에서만 전염병에 걸려 사망할 위험이 증가하기 때문이다.[26] 비록 문제가 너무 복잡해서 단순화시키기 어렵긴 하지만,[27] 인구밀도가 높고 영속적으로 정착하여 사는 곳일수록 전염병의 빈도와 전염성이 높다는 가설은 근거가 더 탄탄하다.

출산율에 대해 보자면, 오늘날 농경 이전 단계에 있는 집단으로부터 도출한 증거는 정착 · 농경으로의 이행이 다산을 증가시켰으리라는 가능성을 강력하게 뒷받침해 준다. 더욱이 고전적 이론의 주창자인 차일드(Childe)에 따르면 농업사회에서 "아이들은 경제적으로 유용하게 쓰일 수 있다. 그러나 사냥꾼에게 있어서 아이들은 부담이 되는 존재일 뿐이다."[28]

26) 이 입장은 M. Livi-Bacci, *Population and Nutrition* (Cambridge University Press, Cambridge, 1991)에서 필자가 옹호하는 것이다. 아래(제2장 제7절)에서 이를 다루기로 한다.

27) 이에 대해 세심한 주의가 필요하다는 주장이 많다. 대부분의 선사시대 농업인구밀도는 매우 낮고 도시에서 거대집단을 이루어 사는 경우는 드물다. 이와 반대로, 만약 병원체가 농민들 사이에서 더 잘 전파된다면, 병원체와 숙주 간의 상호 적응과정이 존재하여 위험성을 줄이게 된다. 한스 진서(Hans Zinsser)는 전염병 역사에 관한 고전적이고 탁월한 저작을 통해 70여 년 이전에 다음과 같이 말하였다. "생명체의 세계에서 영원히 고정되어 있는 것은 없다. 그렇기 때문에 순전히 생물학적 근거에서 볼 때, 전염병이 지속적으로 변화한다고 생각하는 것은 아주 논리적인 것이다. 새로운 전염병이 발달과정 중에 있고, 오래된 전염병은 변화하거나 사라진다. … 그렇기 때문에 만약 유형의 기생이 —즉, 감염이— 끊임없이 발생하지 않는다면, 그리고 우리가 기록을 가지고 있는 수 세기 동안 기생물과 숙주 사이에 상호 적응 속에서 변화가 발생하지 않는다면, 그것이야말로 놀라운 일이다." H. Zinsser, *Rats, Lice, and History* (Little, Brown, Boston, 1963), 57~59쪽. 마지막으로, 우리는 선사시대 인구의 병리학에 관한 자료들이 극히 드물고 단편적으로만 남아 있으며, 여러 가설들이 전적으로 추측에 의거하고 있다는 점을 잊지 말아야 한다.

28) Childe, *Man Makes Himself*, 53~54쪽.

3. 흑사병과 유럽의 인구감소

1000년경에 유럽의 인구는 증가추세를 보이기 시작하였고, 이 추세는 이후 3세기 동안 지속되었다. 자료가 부족하고 단편적이지만, 인구증가를 확인하기에는 충분한 수준이다. 정착지가 몇 배로 증가하였고, 새로운 도시가 생성되었다. 또 버려졌던 곳에 사람이 거주하게 되었으며, 덜 비옥한 토지도 개간되어 경작이 이루어졌다. 이 기간에 유럽의 인구는 2~3배 증가하였다. 급속한 인구증가로 인해 빈번하게 발생한 위기들도 이 추세를 돌리지 못하였던 것이다. 13세기 말~14세기 초에는 이 인구증가주기가 동력을 잃어가고 있었다는 증거가 존재한다. 위기는 더욱 빈번하게 발생하였고, 정착지는 더 이상 확장되지 않았으며, 여기저기에서 인구가 정체되었다. 이러한 인구감소는 여러 복합적인 원인들의 산물이었다. 아마도 최상급 토지의 고갈과 기술발달의 중단이 관련되어 있을 것이고, 기후조건이 나빠짐에 따라 식량부족이 빈번하게 발생한 탓도 있었을 것이다.[29] 어쩌면 이 시기는 또 다른 인구증가주기를 위한 과도기, 즉 인구가 자원과 더 나은 균형을 찾기 위한 적응단계였는지도 모른다. 그 대신에 14세기 중엽에 엄청난 파괴력을 지닌 장기적 대재앙이 발생하였다. [표 2-3]의 추정치에 따르면, 이로 인해 1340~1400년에 전체 인구의 거의 1/3이 감소하였다. 뿐만 아니라 인구감소는 계속되어 다음 세기 전반에 인구가 회복되기 시작할 때까지 이어졌다. 인구가 위기 이전의 수준을 회복한 것은 16세기 중반에 이르러서였다.

그 재앙은 흑사병이었다. 이 전염병은 1347년에 시실리에서 처음 발병하여 1352년에 러시아에 다다를 때까지 유럽대륙 전역을 휩쓸었다. [그림 2-3]은 흑사병의 확산을 보여 주고 있다. 흑사병은 1348년 말에 이탈리아와 이

29) B. H. Slicher van Bath, *The Agrarian History of Western Europe, A.D. 500-1850* (Edward Arnold, London, 1963), 부록; E. Sereni, "Agricoltura e mondo rurale," in *Storia d' Italia* (Einaudi, Turin, 1972), 1권.

그림 2-3 유럽의 흑사병 전파, 1347~1353년

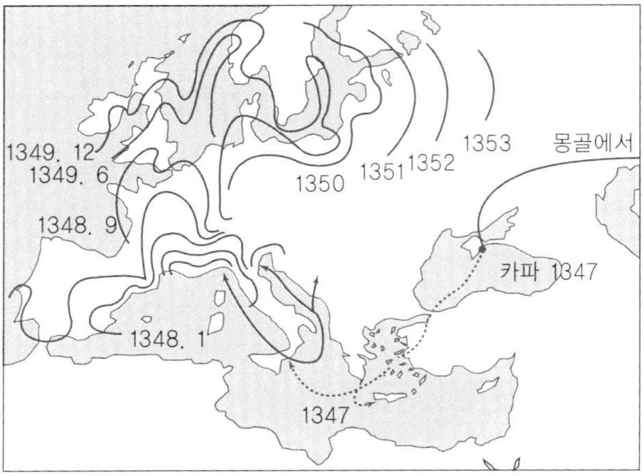

자료: C. McEvedy and R. Jones, *Atlas of World Population History* (Penguin, Harmondsworth, 1978), 25쪽.

베리아반도, 프랑스 일부분, 잉글랜드의 남부지방에까지 이르렀고, 1349년 말에는 노르웨이와 프랑스 전역, 라인강 계곡, 스위스, 오스트리아, 그리고 크로아티아의 달마티안 해변까지 확산되었다. 1350~1352년에는 흑사병이 동쪽으로 확산되어, 독일에서 폴란드를 거쳐 러시아까지 도달하였다. 인구가 약 8,000만 명이었던 유럽에서 흑사병으로 인한 사망자수는 아주 많았다. 그간 흑사병에 관한 많은 연구들이 있었는데, 첫 발병과 그 이후의 확산 모두가 연구대상이었다(아래에서 좀더 자세히 살펴보기로 하자).[30] 질문의 핵심

30) 방대한 문헌 중에서 필자는 다음을 제시하는 데 그치기로 한다. J.-N. Biraben, *Les Hommes et la peste en France et dans les pays européens et mediterranéens* (Mouton, Paris, 1974~1976), vol. 1: *La peste dans l'histoire*; vol.2: *Les hommes face a la peste*. 또한 다음을 보라. L. Del Panta, *Le epidemie nella storia demografica italiana (secoli XIV-XIX)* (Loescher, Turin, 1980); M. Livi-Bacci, *The Population of Europe: A History* (Blackwell, Oxford, 1999), 70~84쪽.

을 공략하기 위해 필자는 여기서 흑사병의 특징, 강도, 연대기와 같은 본질적인 부분으로 논의를 한정할 것이다. 초점을 두고 있는 것은 이 전염병에 대한 묘사가 아니라, 인구증가에 미친 장기효과의 평가, 인구증가를 가장 폭력적으로 제어하는 지극히 치명적인 형태로서의 흑사병의 정체, 그리고 흑사병이 촉발시킨 각종 반응과 보상 메커니즘과 같은 것이다.

흑사병의 원인균은 '예르시니아 페스티스'(*yersinia pestis*)라 불린다(1894년 홍콩에서 예르생(Yersin)이 발견하였다). 흑사병은 보통 쥐들이 옮기는 벼룩에 의해 전파된다.[31] 병원체는 벼룩을 죽이지는 않으며, 감염된 벼룩이 숙주인 쥐를 물어 병을 옮긴다. 쥐가 죽으면 벼룩은 새 숙주(쥐나 인간)를 찾아야 하는데, 이 과정에서 전염이 확산된다. 피부를 통해 전염되는 흑사병은 1~6일의 잠복기를 가진다. 벼룩에 물리면 목, 겨드랑이, 사타구니에 있는 림프선이 부풀어 오른다. 고열과 혼수상태, 심부전, 내장기관의 염증 등이 흑사병의 증상이다. 일반적으로 감염된 사람의 2/3~4/5가 사망한다.[32] 이 병은 전염성이 높고, 감염된 쥐와 벼룩을 나르는 재화들(옷, 개인 물품, 식량)과 함께 쉽게 장거리까지 전파된다.

누구도 자연적으로 흑사병에 대해 면역력을 갖고 있지 않다. 이 질병에 감염된 후 완쾌된 사람만이 단기적 면역력을 얻게 된다. 그렇지만 나중에 발생하는 흑사병이 어떤 이유에선지 이 병에 더 강한 사람들에게 점점 더 많이 전염될 가능성을 배제할 수는 없다. 하지만 이렇게 눈에 띄는 효과가 나타나려면 아주 오랜 시간 동안 진화를 거듭해야만 할 것이다.

1347년 유럽에 등장한 전염병이 전적으로 새로운 현상은 아니었다. 하지만 유스티니아누스527~565년 비잔티움을 통치한 황제로 여러 제도를 개혁하였고 동방정교회로부터 성인 칭호를 받았음—역자 주시대 이후 600~700년간에는 이런 전염병이

31) Biraben, *Les hommes et la peste*, 1권, 7~31쪽; Del Panta, *Le epidemie*, 34~40쪽.
32) 이 설명은 아주 단순화한 것이다. 보다 일반적인 선페스트뿐만 아니라 '폐페스트'라고 부르는 것도 언급되어야 한다. 기침과 재채기를 통해 사람들 간에 직접 전염되는 폐페스트의 치사율은 거의 100%다.

발생하지 않았었다. 유스티니아누스 통치기인 541~544년에 전염병은 지중해 동부 지역으로 확산되었고, 558~561년부터 599~600년까지 추가적으로 발병하여 이탈리아와 특히 지중해 연안 유럽 국가들에까지 영향을 끼쳤다. 18세기 중엽까지는 동유럽에 잔존하면서 반복적으로 발병하였기 때문에, 비록 국지적이지만 계속해서 유럽에 영향을 주었다.[33]

1347년 9월 제노바인들이 메시나(Messina)에 갤리선들을 하역하면서, 전염병 없이 오랫동안 지속되었던 평화를 깨뜨렸다. 이 선박들은 흑사병이 아시아로부터 도착하여 맹위를 떨치던 흑해의 항구에서 온 것이었다. 위에서 언급한 대로 4~5년 사이에 흑사병은 대륙 전체를 휩쓸게 되었다. 그리고 이것은 단지 일련의 흑사병 창궐 가운데 최초의 것에 지나지 않았다. 이탈리아에서는(다른 유럽 국가에서도 진행상황은 별반 다르지 않았다) 흑사병의 파도가 1360~1363년, 1371~1374년, 1381~1384년, 1388~1390년, 1398~1400년에 밀려왔다. 15세기에도 흑사병은 빈번하게 발생하였으나, 지역적으로 동시에 발생하지 않는 사례가 늘었고 질병의 강도도 덜하였다.[34] 반복적으로 발생한 일련의 전염병이 야기한 사망률의 측정은 정확한 자료가 부족한 탓에 불확실하다. 그렇지만 많은 지역에 존재하는 연간 사망자 자료를 통해 우리는 흑사병이 유행하였던 연도와 그렇지 않았던 연도의 사망률수준을 비교할 수 있다. 예를 들어, 시에나(Siena)에서는 흑사병이 유행하였던 1348년의 사망자수가 다른 해에 비해 11배나 높았다. 같은 세기에 발생한 다섯 번의 전염사례를 보면, 사망자의 증가는 평상시의 5~10배로 들쭉날쭉하였다. 평소 사망률이 1,000명당 35명이었다고 가정해 보자. 그러면 사망자가 11배 증가하였다는 것은 사망률이 1,000명당 420명이 되었다는 것을 의미한다. 다시 말해, 열 명 중 넷 이상이 죽었다는 말이다. 사망자의 10배 증가는 대략 총인구의 1/3이 사라졌음을 뜻하고, 5배 증가는 총인구의 1/6이 사라졌음을 의미

33) Biraben, *Les hommes et la peste*, 1권, 30쪽 이하.
34) Del Panta, *Le epidemie*, 118쪽.

한다.

필자의 계산으로는 토스카나의 몇몇 지역에서 1340~1400년 사이에 매 11년마다 심각한 사망위기(mortality crisis) —사망률이 평소에 비해 최소한 3배 증가하는 상황으로 정의된다— 가 발생하였다. 사망자의 평균증가폭은 최소 7배에 이르렀다. 1400~1450년 사이에는 이런 위기가 13년마다 한 번씩 발생하였고 사망자가 5배로 증가하였다. 다음 50년간(1450~1500)에는 발생주기가 평균 37년이 되었고 사망자는 평균 4배로 증가하였다.[35] 시간이 흐름에 따라, 발병의 지리적 동시성이 약해진 것처럼 위기의 빈도와 강도도 약화되었다. 토스카나는 역사적 자료가 유달리 풍부한 예외적인 경우임을 명심하자.

뒤 이은 두 세기 동안에도 흑사병의 재앙은 사라지지 않았다. 발병주기는 1522~1530년(카를로스 8세의 몰락을 뒤이은 전쟁 때문에 피해가 가중되었다), 1575~1577년(특히, 북부 지역), 1630~1631년(북중부), 1656~1657년(특히, 남중부)이었다.[36] 비록 흑사병의 충격이 끔찍하긴 하였지만(치폴라는 1630~1631년에 감염된 중북부 인구의 1/4 이상이 사망했다고 추계하였다),[37] 그 이전 수 세기 동안 점했던 대재앙의 지위는 상실하였다. 티푸스 등에 의한 다른 위기가 흑사병과 1등 자리를 놓고 경쟁하는 상황이 된 것이다. 다소간의 정도 차이는 존재하였지만, 이탈리아가 경험하였던 바는 유럽 전체에 대해서도 비슷하였다. 1663~1670년 흑사병이 잉글랜드(작가인 디포(Defoe)는 1664년 런던의 역병을 묘사하였다), 프랑스 북부, 베네룩스, 라인강 계곡을 강타한 이후, 이 질병은 유럽의 대부분 지역에서 사라져서, 1720~1722년의 프로방스(Provence)와 몇몇 제한된 지역에서만 잠시 재등장하였을 뿐이다.[38]

그럼 이제 우리의 주된 관심사로 돌아가 보자. 흑사병이 발병하였던

35) M. Livi-Bacci, *La société italienne devant les crises de mortalité* (Dipartimento Statistico, Florence, 1978), 41쪽; Del Panta, *Le epidemie*, 132쪽.
36) Del Panta, *Le epidemie*, 118쪽.
37) C. M. Cipolla, "Il declino economico in Italia," in Cipolla, ed., *Storia dell'economia italiana* (Einaudi, Turin, 1959), 1권, 620쪽.
38) Biraben, *Les hommes et la peste*, 1권, 125~126쪽.

1348년 이후 한 세기 동안, 유럽의 인구는 첫 번째이자 문학을 통해 가장 유명한 사례로 남게 된 대전염과 뒤를 이은 끔찍한 반복적 발병에 의해 감소하였다. 16세기에 이르러서야 유럽의 인구는 1340년의 수준으로 회복할 수 있었다. 그렇지만 17세기 후반에 이르러 흑사병이 실질적으로 자취를 감추기 전까지 여전히 흑사병은 인구증가를 가로막는 걸림돌 역할을 계속하였다. 1348년 이전부터 15세기 전반에 인구가 최저수준에 도달할 때까지 인구감소의 규모를 보여 주는 정확한 자료는 존재하지 않는다. 하지만 피에몬테와 토스카나,[39] 그리고 프랑스, 스페인, 잉글랜드, 독일에서 행해진 지역적 연구는 인구손실이 30~40%에 이르렀다는 것을 보여 준다. 대도시 경계 안의 텅 빈 시내, 황폐화된 마을, 방치된 시골의 모습은 이를 뒷받침하는 강력한 증거다. 또한 노동력의 부족으로 임금은 상승하였고, 가용한 토지가 늘어나면서 식량가격은 하락하였다.

흑사병은 사회인구학적 체계에 대한 외생적 또는 외부적 인구억제력이었다. 그것은 사회조직의 양식이나 발전 정도, 정착의 밀집도 등과 독립적으로 작동하였다. 흑사병의 감염력과 치사율은 개인의 건강상태, 연령 또는 영양상태와 별다른 상관이 없었다. 도시인구와 농촌인구에 동일한 피해를 입혔으며, 몇몇의 고립된 지역을 제외하고는 인구의 밀집수준이 질병확산을 막는 데 아무런 영향도 끼치지 못하였다. 사람과 재화의 이동이 이 질병을 대륙의 한쪽 끝에서 다른 쪽 끝까지 쉽사리 전파시켰다. 물론 장기적으로 볼 때 사회는 스스로를 방어하는 조치를 만들어 냈다. 감염이 되었거나 감염이 의심되는 사람과 재화를 검역하고 격리하는 것, 전염병에 희생된 사람의 가옥을 봉쇄하는 것, 그리고 몇 가지 공공의료조치를 마련하는 것 등

39) R. Comba, "Vicende demografiche in Piemonte nell'ultimo Medioevo," *Bollettino storico-bibliongrafico subalpino* 75 (1977); E. Fiumi, "Fioritura e decadenza dell'economia fiorentina, II: Demografia e movimento urbanisitico," *Archivio Storici Italiano* 116: disp. IV (1958). 피우미(Fiumi)의 다른 논문들은 프라토(Prato) 및 볼테라(Volterra)와 산기미냐노우(San Gimignanow) 지역을 다루었다. 또한 토스카나에 대해서는 D. Herlihy and C. Klapisch-Zuber, *Les Toscans et leurs families, Une étude du catasto florentin de* 1427 (EHESS, Paris, 1978).

은 유럽대륙에서 흑사병이 사라지는 데 부분적으로 도움이 되었을 것이다.[40] 그럼에도 3세기를 넘는 긴 시간 동안 흑사병은 사라지지 않고 있었다.

다른 질병에 감염되었던 이들과 달리 흑사병에 감염되었다가 회복한 이들이 갖는 면역력은 오랜 기간 유지되지 않았다. 따라서 흑사병이 점진적으로 후퇴한 이유를 오직 면역력을 가진 이들의 비중이 증가하였기 때문이라고 말하는 것은 타당하지 않다. 전염병이 다수에게 확산(*Durchseuchung*)되는 과정에서 "우연히 질병에 저항력이 강한 자들이 살아남게 되고, 여러 세대를 거치면서 기생물과 숙주의 관계에 점진적인 조정이 이루어진다."[41] 이런 확산이 어떤 영향을 끼쳤을 수도 있다. 그리고 "만일 그 질병이 계속되고, 상시적으로 존재하며, 새로운 세대가 등장할 때마다 그들 중 많은 수를 공격하였더라면, 그것은 점차 풍토병화되어 산발적으로 발생하고 치사율이 상대적으로 낮은 특성을 지니게 되었을 수도 있다."[42]

이렇게 맹렬한 질병은 반복적인 공격을 통해서 전염되었던 사람들 모두를 몰살할 수 있었을 것이다. 하지만 그런 일은 발생하지 않았고, 시간이 흐름에 따라 위기의 빈도는 (강도는 항상 그렇지 않았지만) 낮아졌다. 위에서 언급하였던 구체적 설명들(사회적 조정, 면역, 선택)이나 다른 설명들(사회적 또는 생태학적 전환) 모두가 현상을 설명하기에 충분하지 않다. 이유는 명확히 설명하기 어렵지만, 전염병은 병원체(예르시니아)와 운반체(벼룩), 숙주-희생자(인간) 사이의 상호 적응과정을 거쳐 왔던 것이다.

사망률을 급증시키는 다른 종류의 위기에서 나타나듯이, 단기와 중기 모두에 걸쳐 전염병에 대한 사회인구학적 적응과 반응의 과정이 존재하였다. 단기적으로는 갑작스런 대규모의 사망률 증가가 이중적인 영향을 끼친다. 질병의 확산으로 임신과 출산(때로는 선택에 의해, 때로는 필요에 의해, 그리

40) C. M. Cipolla, *Public Health and Medical Profession* (Cambridge University Press, London, 1976); Livi-Bacci, *La société italienne*, 95~122쪽.
41) Zinsser, *Rats, Lice and History*, 66~67쪽.
42) 같은 책, 89쪽.

고 때로는 심리생물학적 이유에 의해), 그리고 결혼의 빈도가 낮아지게 된다. 출산의 감소는 전염병이 인구에 미치는 부정적 효과를 잘 보여 준다. 게다가 높은 사망률은 결혼생활을 끝장내고, 가족단위를 파괴하거나 해체한다. 위기가 끝날 무렵에는 반등효과가 발생한다. 그리하여 그간의 사상자 증가와 출산감소를 만회하기에는 충분하지 않지만, 그 효과를 감소시키는 움직임이 발생한다. 위기의 기간에 미루어져 왔던 혼인이 새로이 성사되고 과부들의 혼인율이 증가한다. 어떤 경우에는 커플들 사이의 출산율이 눈에 띄게 증가한다. 이런 여러 요인들이 합쳐져 합계출산율이 일시적으로 증가하게 된다. 위기 직후에는 신생아와 질병에 걸렸던 이들의 사망률이 낮아지기 때문에 합계사망률도 종종 보통시기보다 낮게 된다. 출산과 사망 사이의 관계는 더욱 균형적으로 변하고 몇 년 동안 입은 손실은 메워진다. 물론 1348년 이후에 그랬던 것처럼 새로운 위기가 곧바로 다시 새 주기의 시작을 가져올 수도 있다. 혹은 16세기와 17세기에 그랬던 것처럼 시간이 한참 지나서야 새 위기가 나타날 수도 있다.[43)]

장기적으로는 다른 요인들이 개입한다. 흑사병 때문에 유럽에서 발생한 대폭의 인구감소로 엄청난 양의 가용토지와 노동력의 부족이 발생하였다. 새로운 가족단위들은 독립적인 살림을 차리는 데 필요한 자원을 손쉽게 얻을 수 있었다. 결혼에 대한 억제는 널리 완화되었고 혼인율이 증가하여 인구증가를 자극하였다. 예를 들어, 토스카나에서 15세기 초에 어린 나이에 혼인을 시작하였다는 사실을 이러한 방식으로 설명할 수 있을 것이다.[44)] 장기적 및 단기적 반응 모두가 예르시니아와 벼룩과 쥐에 의해서 사회와 인구

43) Livi-Bacci, *La société italienne*, 8쪽 이하 및 63쪽 이하. 여기에서 사망위기에 대한 반응의 다양한 측면을 논하고 있다.

44) 피렌체에서는 여성의 초혼연령이 15세기 전반에 최저점에 도달하였고, 이후 점차적으로 회복하였다. 1427년에 17.6세였던 초혼연령이 1458년에는 19.5세, 그리고 1480년에는 20.8세로 증가하였다. 프라토(Prato) 근처에서는 1327년에 16.3세, 1427년에 17.6세, 1470년에 21.1세를 기록하였다. 농촌에서의 비율도 유사한 양상을 따랐을 것임이 분명하다. Herlihy and Klapish-Zuber, *Les Toscans*를 참조하라.

가 입은 피해를 최소화하는 경향이 있다.

4. 아메리카 인디오의 비극: 오래된 미생물과 새로운 인구집단

"바다 한가운데에 떠 있는 아직 발견되지 않은 섬에 살고 있어서 백인과의 접촉을 통해 감염된 적이 없는 사람이야말로 가장 복 받은 자로다."[45] 1845년에 청년 멜빌(Melville)은 마르케사스(Marquesas)군도에서 돌아오는 길에 이렇게 글을 썼다. 유럽의 백인들(정복자이건 식민지개척자이건 탐험가이건 선원이건 간에)과 신세계, 태평양 연안, 오세아니아의 원주민들의 접촉이 초래한 비극적 결과는 초기 개척시대부터 명백하였다. 이에 대한 역사적 문서는 많지만, 우리는 선별된 예들만 살펴보기로 하자.

잘 알려진 사실대로, 콜럼버스(Columbus)는 1492년 산토도밍고(Santo Domingo)에 도착하였다. 당시 그 곳 거주민수는 물론 알려져 있지 않지만, "코르도바의 주변 지역 같았다"는 첫 방문자들의 말을 놓고 볼 때 인구가 밀집되어 있었던 것으로 보인다.[46] 약 1/4세기가 지난 후 저자들은 원래 인구가 100만 내지 그 이상이었다고 적었다. 이는 원주민들로부터 금의 공납을 강제하였던 시기인 1495년 또는 1496년에 콜럼버스 또는 그의 형제인 바르톨로메(Bartolomé)가 '헤아린' 수치라고 여겨지곤 하였다. 후에 도미니크회 수도사이자 인디오의 굳건한 수호자가 된 식민지개척자 라스 카사스(Las Casas)는 최종적으로 그 수치를 300만 또는 400만으로 올려 잡았다. 1950년대 이후 현대의 학자들이 제시하는 인구추계는 6만에서 800만까지 폭이 아주

45) H. Melville, *Typee* (New American Library, New York, 1964), 29쪽.
46) 콜럼버스의 아들이 아버지의 기록에 근거하여 보고한 내용이다. H. Colón, *Historia del Almirante* (Historia 16, Madrid, 1984). 히스파니올라(Hispaniola)에 대한 일반적인 분석과 논의는 다음에 요약되어 있다. M. Livi-Bacci, "Return to Hispaniola: Reassessing a Demographic Catastrophe," *Hispanic American Historical Review* 83:1 (2003), 3~51쪽.

넓다. 다른 분석방법(예를 들어, 섬의 수용능력을 고려하거나, 금의 생산량과 원주민 -그 중 1/3은 금광으로 보내졌음- 의 생산성 을 측정하거나, 공동체집단의 수와 마을의 분포를 조사하는 것)을 취한 근래의 예측에 따르면, 20만~30만 명이 거주하였으며 이들은 각각의 추장이 이끄는 수백 개의 공동체로 나뉘어 있었다. 1514년의 할당(Repartimiento)[미타 또는 쿠아테퀼이라고도 함-역자 주]인조사(*Repartimiento*), 즉 개인적 봉사, 농업노동, 가축사육, 황금채굴 등의 목적으로 이주민들에게 배분된 원주민에 대한 조사는, 남녀노소를 불문하고 인구가 총 2만 6,000명에 불과했다고 기록하였다.[47] 1518~1519년에 천연두가 창궐한 후, 오직 수천 명만이 살아남았고 원주민은 멸종에 가까워졌다. 16세기 중엽에 이르러 공동체는 사라지게 되었다. 일부 원주민은 스페인 사람들이나 아프리카에서 온 흑인 노예들, 그리고 다른 섬이나 본토에서 온 다른 인디오들과 피가 섞인 채 스페인 사람들의 하인으로서 살아 남았다.

타이노(Taino)[유럽인의 정복이 있기 전에 바하마와 앤틸리스제도에 살던 원주민-역자 주]의 인구는 유럽인의 정복이 있은 후 30년 사이에 급감하고 20년 후에는 실질적으로 소멸되었다. 이를 야기한 요인은 무엇인가? 앞으로 논의하겠지만, 신세계에서 발생한 급속한 인구감소의 한 원인은 원주민들이 아메리카대륙에 전파된 적이 없었던 여러 병원체에 대해서 면역체계를 갖고 있지 않았다는 사실이다. 이러한 병원체는 유라시아대륙에서는 일반적으로 퍼져 있었으며, 유럽에서 이주해 온 사람들은 이미 이 병원체에 적응한 상태였다. 유럽 이주자들에게는 상대적으로 덜 위협적이었던 이 병원체가 원주민들에게는 치명적이었던 것이다. 이런 현상을 '처녀지'(virgin soil)효과라 일컫는다. '처녀지' 인구와 새 병원체에 대한 이들의 취약성을 강조하는 패러다임은

47) 알부케르케(Alburtquerque)의 할당인조사는 아메리카 인구에 관한 최초의 수량적인 조사로서 인구센서스와 유사하다. L. Arranz Márquez, *Repartimientos y encomiendas en la isla Española* (Fundación Gracia Arevalo, Santo Domingo, 1991)을 참조하라. 원주민과 수입된 노예인구의 소멸과 대조적으로, 스페인에서 수입되어 온 말, 소, 돼지, 개의 수는 야생에서 극적으로 증가하였다. 쿠바의 첫 총독 디에고 발라스케스(Diego Valasquez)는 4년 전에 수입된 적은 수의 돼지가 3만 마리로 늘었다는 내용을 1514년 국왕에게 적어 보냈다.

확실히 효율적이고 신뢰할 만한 답을 준다. 그렇지만 히스파니올라 섬의 경우에 대해서는 두 가지의 취약점을 보인다. 첫째로 이 지역에서는 천연두가 유행하였던 1518~1519년 이전에 이미 인구가 줄어 1만 명 또는 그 이하밖에 남지 않았었는데, 거기에서 전염병이 존재하였다는 역사적 증거는 없다. 당대의 관찰자들은 아주 아슬아슬한 생존, 사람들의 허약함, 높은 사망률의 지속 등에 대해서는 일반적인 상황을 전해 주고 있지만, 맹렬하고 치명적인 전염병에 대해서는 전혀 언급하지 않고 있다. 두 번째 결점은 '처녀지' 패러다임이 인구감소의 다른 모든 요인들을 무시하는 경향이 있다는 것이다. 예를 들어, 인구가 강제로 재배치됨에 따른 심각한 사회혼란으로 출산이 방해받게 된 점을 간과하게 만든다.

원주민 인구의 감소가 섬의 경제에 부정적 영향을 미친다는 것이 확실하게 드러난 1520년대부터, 지속되는 인구감소의 원인에 대한 논쟁은 한층 격화되었다. 라스 카사스와 도미니크회 수도사들은 이 논쟁에 매우 적극적으로 참여하였고, 다른 종파의 종교인들, 여러 고위 행정관료와 공무원들, 섬에 거주하였던 오비에도(Oviedo)산토도밍고에서 총독을 지낸 바 있는 역사학자로 아메리카의 식민지화 초기 모습을 알려 주는 저작을 많이 남겼음-역자 주와 같은 유능한 역사가들 또한 마찬가지였다. 황금에 대한 탐욕과 엔코미엔다(*encomiena*: 원주민들을 계약노동자로 식민지개척자들에게 할당하는 행위)가 인구감소의 주요 원인으로 꼽혔다. 먼저 황금에 대한 탐욕에 관해 살펴보면, 너무 많은 인디오들이 너무 오래 금광에서 일하는 것(1년 중 10달에 육박), 다른 생산적 활동의 금지, 과로, 식량부족, 금광지역의 낯선 기후와 환경, 학대, 가족으로부터의 격리 등이 발생하였다. 이러한 이유들로 인해 인디오들의 사망률은 증가하였고 출산율은 감소하게 되었다. 엔코미엔다체제에 대해서 살펴보면, 인디오들은 섬의 한 지역으로부터 다른 지역으로 강제로 이주해야 하였고, 한 주인으로부터 다른 주인으로도 빈번하게 이동해야 하였다. 공동체적 생활방식은 무너졌고, 자신의 인디오 노동을 잃기 싫어하였던 주인들(*encomenderos*)

은 이들을 착취하고 일을 과중하게 부과하였다. 뿐만 아니라 인디오들을 학대하고, 여자들을 첩으로 삼기도 하였다. 이러한 상황에서 인디오들은 종종 산속으로 도망쳤는데, 그런 곳은 환경이 척박하고 생존에 필요한 물자를 구하기 어려워서 생존하기 힘들었다. 또한 그들의 자살률이 증가하였고, 반란을 일으키다 죽기도 하였으며, 주인의 폭력으로 사망하기도 하였다.

유능한(비록 편견을 가진 경우도 있었지만) 관찰자들에 의해 제시된 위의 설명들은 다음과 같이 요약할 수 있다. 스페인의 정복은 경제적 및 사회적 혼란을 야기하였다. 그리고 이에 따라 사망률이 증가하고 출산율이 감소하였다. 경제적 혼란은 스페인 주인들에게 유리하도록 원주민을 정상적인 생계활동으로부터 '조달'(procurement)하여, 새로 도착한 스페인 사람들을 위해 음식, 재화, 서비스를 마련하는 데, 그리고 나중에는 황금을 생산하는 데 고용되었다. 이렇게 금광에 고용된 인원들은 다시 농사를 짓는 원주민 노동에 의해 식량을 공급받아야 하였다. 전통적 생산과 소비에 대한 이런 이중적 '충격'은 생존을 위한 경제활동만 할 뿐 잉여를 축적하는 데 익숙하지 않았던 원주민 사회에 치명적이었다. 이 충격은 노동량의 증가와 소비감소, 그리고 생활수준의 급속한 악화와 식량부족에 대한 취약성의 증가를 의미하였다. 비록 16세기가 시작될 때까지 수백 명밖에 되지 않는 스페인 사람들이 그 섬에 살고 있었지만, 그들이 원하였던 음식, 노동, 부역의 수준은 상대적으로 소규모였던 타이노 사회가 감당하기에는 너무 벅찬 것이었다.

엔코미엔다체제로 인한 사회적 혼란은 다음과 같은 것이었다. 인디오들이 한 곳에서 다른 곳으로, 그리고 한 주인에게서 다른 주인에게로 강제로 옮겨졌다. 공동체적 안전망을 포함해서 전통적 생활체제가 파괴되었으며, 일부 여성들은 스페인 정복자의 아이를 출산하였다(1514년에 원주민 사회에서는 남자 100명당 여자 83명이 있었다). 그리고 공동체, 씨족, 가족, 부부가 분리되어 떨어져 지내야만 하였다.

이러한 일반적 원인들이 타이노의 인구에 심대한 영향을 끼쳤다. 혼인은 더욱 어려워지고 불안정해졌으며, 출산율은 감소하였다. 1514년에 14세 미만 어린이의 비율은 총인구의 10%에 불과하였다. 이는 인구가 빠르게 감소하는 사회에서 나타나는 현상이다. 생활환경은 악화되었고 생존은 힘들어졌다. 새로운 질병(천연두 유행 이전)은 비록 대규모 확산으로 이어지지는 않았지만, 분명히 섬 내의 미생물체계를 종전보다 복잡하게 만듦으로써 사망률을 증가시켰다. 타이노의 경제체제와 사회체제가 무너진 것처럼 인구체제 또한 붕괴하였던 것이다. 쿠바, 푸에르토리코, 자메이카 등 히스파니올라 섬보다 인구가 적었던 곳도 이와 똑같은 재난을 경험하였다.

아메리카대륙의 다른 곳에서는, 유럽인 침입자들과의 조우가 재앙에 가까운 결과를 가져오긴 하였지만 원주민들이 멸종하지는 않았다. 정복 이전 시기에 대한 추계는 추측에 근거하기 때문에 많은 학자들이 대륙 전체의 인구에 대해 저마다 다른 수치를 주장한다. 그 범위는 최소 800만 명에서 최대 1억 1,300만 명에 달한다. 지역별로 세분화해서 조사하여 최근에 추계한 수치는 5,400만 명이다. 아스텍문명이 존재하였고 대륙을 통틀어 가장 인구가 많았던 중앙멕시코의 경우, 쿡(Cook)과 보라(Borah)는 1548년에 630만 명의 인디오가 살았다고 주장한다. 그러다 1580년에 190만 명으로 줄었으며, 1605년이 되면 100만 명밖에 남지 않았다고 한다.[48] 잉카제국이 있었던 페루

48) 콜럼버스 이전의 아메리카 인구에 대한 논쟁이 전혀 해결되지 않았다는 점을 꼭 언급해야 하겠다. 크뢰버(Kroeber)와 로센블라트(Rosenblat)의 최저추정치(900만 명에서 1,300만 명)와 도빈스(Dobyns)의 최고추정치(9,000만 명에서 1억 1,200만 명) 사이에는 큰 차이가 존재한다. 쿡과 보라의 연구는 이 중 후자를 지지한다. 최근의 평가에 대해서는, W. M. Denevan, ed., *The Native Population of the Americas in 1492* (University of Wisconsin Press, Madison, 2nd edn, 1992). 여기에는 참고문헌이 총망라되어 있다. 중앙아메리카의 인구에 관해서 쿡과 보라는 정복 직전 시점에 2,520만 명이었다고 추정하였다. 이 추계는 주로 16세기 추세에 근거한 소급적 외삽(retrospective extrapolation)에 의해 도출되었다. S. F. Cook and W. Borah, *Essays in Population History. Mexico and the Caribbean* (University of California Press, Berkeley, 1971), 1권, 2장. 하지만 널리 받아들여졌던 쿡과 보라의 추계는 최근 들어 강력한 비판을 받고 있다. Denevan, *The Native Population*, xxi~xxii쪽을 참조하라. 그렇지만 16세기 후반의 자료들과 수많은 역사적 보고서들이 보여 주는 인구감소 추세에 대해서는 누구도 의심하지 않는다. N. Sánches Albornoz, *La población de América Latina desde los tiempos precolombinos al año 2000* (Alinza, Madrid, 1994), 53~73쪽.

표 2-1 멕시코 중부의 인구, 1532~1608년

연도	인구(천 명)			연간 인구증가율(%)[a]		
	고원	해안	합계	고원	해안	합계
1532	11,226	5,645	16,871	–	–	–
1548	4,765	1,535	6,300	−5.4	−8.1	−6.2
1568	2,231	418	2,649	−3.8	−6.5	−4.3
1580	1,631	260	1,891	−2.6	−4.0	−2.8
1595	1,125	247	1,372	−2.5	−0.3	−2.1
1608	852	217	1,069	−2.1	−1.0	−1.9
1532~1608	–	–	–	−3.4	−4.3	−3.6
1548~1608	–	–	–	−2.9	−3.3	−3.0

주: a) 직전 연도부터의 기간.
자료: S. F. Cook and W. Borah, *Essays in Population History. Mexico and the Caribbean*, 3 vols. (University of California Press, Berkeley, 1971), 1권, 82쪽.

는 대륙의 인구가 밀집하였던 또 하나의 중요 거점이었다. 1572년에 이 곳을 방문하였던 톨레도 총독(Viceroy Toledo)이 추정하고 후에 다시 추산한 바에 따르면, 130만 명의 인디오가 통치자에게 공물을 바쳐야 하였으며, 그 수는 1620년에 60만 명으로 줄어들었다([표 2-1]).[49] 샤르보노(Charbonneau)의 계산에 따르면 17세기 초에 캐나다에 존재하였던 인디언들의 수가 30만 명이나 되었는데, 이 숫자가 2세기 이후에는 1/3 이하로 떨어졌다고 한다. 손튼(Thornton)은 1500년 이후 3세기 동안 후에 미국이 된 지역에 거주하는 인디언이 500만 명에서 6만 명으로 줄었다고 주장한다.[50] 모든 집단에서 유럽인들과 접촉한 시점부터 인구가 급속히 줄어든 사실이 공통적으로 발견된다. 여기에 최근의 사례 몇 개를 추가할 수 있다. 다윈(Darwin)은 태즈메이니아

49) Sánches Albornoz, *La población de América Latina*, 65쪽.
50) H. Charbonneau, "Toris siècles de dépopulation amérindienne," in K. Normandeau and V. Piché, eds., *Les populations amérindiennes et Inuit du Canada. Aperçu démographique* (Presses Universitaires de Montréal, Montréal, 1984); R. Thornton, *American Indian Holocaust and Survival* (University of Oklahoma Press, Norman, 1987), 90쪽.

(Tasmania) 거주민의 소멸을 언급한다.[51] 마오리족(Maoris)은 쿡 선장(Captain Cook)18세기에 오스트레일리아와 뉴질랜드를 항해한 영국의 탐험가-역자 주의 항해 때부터 다음 세기 말까지 급속한 인구감소를 경험하였다.[52] 또한 오스트레일리아의 원주민들도 비슷한 운명에 처해졌다. 티에라 델 푸에고(Tierra del Fuego)라틴아메리카 남단의 군도로 칠레와 아르헨티나가 공동으로 통치하는 지역임-역자 주의 토착민 인구는 1871년에 7,000~9,000명에 이르렀는데, 현재 이들은 거의 남아 있지 않다.[53] 아마존강 유역에서는 외부와의 철저한 단절 때문에 지난 세기에야 처음으로 식민지개척자나 탐험가와 접촉한 집단들이 있다. 그 중에는 현재의 관찰자들이 보는 앞에서 전부 죽어 간 집단도 있다.[54]

지금까지의 사례만으로도 충분하다. 유럽인 집단과 접촉한 결과로 발생한 원주민들의 급격한 감소는 아메리카와 오세아니아 전역에 걸쳐 널리 발견되고 문헌에 충실히 기록되어 있는 사실이다. 물론 인구감소의 시기, 규모 및 기간은 역사적 상황에 따라 다양하지만, 그 기본 메커니즘은 아주 단순하다. 토착인구는 말하자면 자신들이 이전에 조우해 보지 못한 감염성 질병의 처녀지였던 것이다. 접촉이 초래한 반대효과, 즉 유럽 이주민들에게 토착질병이 끼친 영향을 연구하는 것도 흥미로운 일일 것이다. 이는 지금까지 관심을 제대로 받지 못하였던 주제다. 탐험가, 정복자, 식민지개척자 등을 통해 일단 병원체가 (여러 세대에 걸쳐 이 질병에 노출되었던) 원래의 인구집단으로부터 새로운 인구집단으로 옮겨 가면, 그 질병은 아래의 세 요인에 기인하는 독성을 품고 확산된다.

51) C. Darwin, *The Descent of Man* (Randome House, New York, n.d.), 543~544쪽.
52) D. I. Pool, *The Maori Population of New Zealand*, 1769-1971 (Auckland University Press, Auckland, 1977). 풀(Pool)의 추정으로는 1770년 10만~20만 명이었던 거주자가 한 세기 만에 4만 명이 조금 넘는 숫자로 줄어들었다.
53) H. F. Dobyns, "Estimating Aboriginal American Population, An Appraisal of Techniques with a New Hemispheric Estimate," *Current Anthropology* 7 (1966), 413쪽.
54) 같은 책, 413쪽.

1. 감염성 질병에 걸렸다가 회복한 사람들은 그 질병에 대해 면역력(장기든 단기든)을 얻게 된다. 그 결과 이런 질병이 유행한다고 하더라도(전염병이기 때문에 혹은 지속적으로 재발해서), 전염에 저항력이 있어서 피해를 별로 입지 않는 사람들이 어떤 비율로든 존재한다. 이와 대조적으로 한 번도 이 질병에 노출된 적이 없는 집단의 사람들은 이론적으로 볼 때 모두 감염에 취약하며, 따라서 새 질병의 유입은 초기에 엄청난 피해를 준다.
2. 이론에 따르면 질병에 노출된 적이 있는 인구집단에서는 질병이 세대를 거쳐 가면서 내성이 보다 강한 사람을 선택한다고 한다. 이러한 요인이 없다면 질병은 언제나 새로운 인구집단에게 더 맹렬한 공격력을 보인다.
3. 병원체(바이러스, 미생물, 기생체)와 숙주가 시간을 거쳐 상호 적응하는 복잡하고 완전히 이해되지 않은 과정을 통해 질병의 독성은 약화된다. 그런데 이러한 과정은 새로운 인구집단에서는 발생하지 않는다. 매독, 말라리아, 홍역, 인플루엔자 등은 시간이 흐름에 따라 독성이 약해지는 질병으로 보인다. 병원체는 자신의 생존을 위해서라도 숙주를 죽이려 하지 않고, 오히려 공생하고 큰 피해를 입히지 않으려 한다고 한다. 따라서 덜 치명적인 유전적 성질이 선택된다. 그런데 새로운 인구집단의 경우 이러한 공존이 발달할 시간이 분명 부족하다.

전 세계 '미생물의 통일'(microbian unification)과정 –보다 현대적인 방식으로 말하면 질병의 세계화– 은 아메리카대륙의 재앙적 인구감소를 낳은 유일한 요인이 아니었다. 새로운 병원체들 말고도 유럽인들은 원주민들을 월등히 앞서는 기술과 비법을 들여왔다. 정복자들을 움직인 것은 모험정신뿐만이 아니라 자신들이 감수하는 위험에 대한 보상으로서 부(富)를 추구하는 마음이었다. 대서양을 두 번째로 횡단한 콜럼버스는 10달 전 그가 섬에 남겨두고 간 39명 중 단 한 명도 생존하지 못하였음을 알게 되었다. 1493년 9월 25일 카디스(Cadiz)를 떠나 콜럼버스와 함께 두 번째 항해를 함께 한 1,500명

가운데, 그로부터 2년 반 후에 콜럼버스가 스페인으로 돌아왔을 때 오직 절반만이 생존하였다. 1502년 히스파니올라의 새 총독인 오반도(Ovando)와 함께 이 섬에 도착한 2,500명의 남녀 가운데 1,000명이 바로 다음해에 죽었다고 라스 카사스는 증언하였다. 또 멕시코 정복의 여러 단계에서 코르테스를 수행하였던 2,000명 중에서 대략 절반만이 생존하였다. 이러한 경험은 중앙아메리카, 페루, 라플라타강 유역 및 브라질에서도 반복되었다.[55]

정복의 초기 단계는 매우 잔인하게 진행되었다. 스페인 사람들은 인디오의 노동력을 동원해서 황금을 찾고, 물자를 생산하고, 자신들을 위해 개인서비스를 제공하도록 강제하는 등의 과정을 통해 부를 축적하였다. 정복자에게 주어진 보상은 인디오들의 할당(*Repartimiento*), 즉 인디오 노동력의 강제징발이었다. 히스파니올라 섬에서는 성인 원주민의 1/3가량이 황금을 찾기 위해 동원되어 자신들의 공동체를 떠나 강가로 이주해야만 하였다. 이에 따라 종종 공동체가 해체되었고 인디오들이 다른 주인에게로 보내졌다. 황금산출지역인 중앙아메리카와 안데스산맥 지역에서도 동일한 사태가 벌어졌다. 황금이 발견되지 않는 지역의 경우에도 초기 식민지개척자들의 번영은 원주민들의 풍부한 노동력을 동원하는 데 달려 있었다. 인디오들은 도로와 공관, 종교건물 등 도시기반시설을 건설하였고, 점차 수가 증가하고 있는 스페인 관료와 성직자, 상인, 기술자들이 먹을 식량을 생산하고 재화를 운반하였고, 원정군의 유지를 위해 부역을 제공해야 하였으며, 아메리카 대륙으로 이식된 이베리아 사회의 복잡한 운용이 가능하도록 온갖 뒷받침을 해야 하였다. 대륙의 곳곳에서 정복은 전쟁을 의미하였고, 전쟁은 파괴, 기근, 기아를 초래하였다. 20년 동안 페루는 정복전쟁과 스페인 이주자들 사이에서 벌어진 내전 때문에 황폐화되었다. 군대의 규모는 작아서 겨우 수백명 또는 많아야 1,000~2,000명의 군인으로 구성되어 있었지만, 그들보다 몇

55) M. Livi-Bacci, *Conquista. La distruzione degli indios americani* (Il Mulino, Bologna, 2005), 1장.

배 많은 원주민 동맹자들의 지원을 받았다.[56] 전역에서 스페인과 포르투갈에서 온 식민지개척자들이 원주민 여성들을 첩이나 아내로 맞아들였기 때문에 원주민 사회의 출산능력은 감소하였다. 또한 전역에서 강제이주와 사회적 · 경제적 혼란이 원주민 사회의 균형을 깨뜨리곤 하였다. 이처럼 유럽인들이 초래한 충격은 새로운 병원체의 확산을 훨씬 넘어서는 것이었다. 분명히 전염병이 원주민 인구감소의 유일한 원인은 아니었다. 앞에서 살펴본 것처럼, 유럽은 모든 전염병 중 가장 치명적이었던 흑사병의 대여섯 번에 걸친 공격으로 황폐화되었다. 흑사병은 아메리카대륙에 피해를 입혔던 전염병들보다 훨씬 더 치명적인 것이었다. 결국 유럽에서는 원래 인구의 1/3 정도가 목숨을 잃었지만, 흑사병이 한 번 돌고 났을 때마다 신속하게 인구를 회복시킴으로써 대재앙을 면할 수 있었다. 하지만 원주민 사회에서는 난생 처음 겪는 전염병과 사회적 파괴가 결합됨으로써 인구를 회복하게 하는 원동력을 마비시켜 버렸다. 출산을 하기 힘든 상황이 되었고, 이런 현상이 높은 사망률과 맞물려 부정적인 영향이 크게 확대되었다.

정복의 맥락이 다른 경우, 원주민 사회는 상이한 운명으로 이끌리기도 한다. 앞에서 보았던 것처럼 앤틸리스제도의 타이노 사람들은 홍역이라는 첫 전염병이 유행하였던 1518~1519년 이전에 이미 멸종의 길로 들어서고 있었다. 정복의 영향은 아주 흉폭해서 공동체의 절멸, 강제노역, 원주민 여성의 차출, 폭력의 확산 등의 현상을 동반하면서 전염병보다 더 치명적인 결과를 낳았다. 남반구에서는, 당시 파라과이라고 불리던 광대한 지역 –파라나(Paraná)강과 우루과이(Uruguay)강에 의해 형성된 분지– 에서 30예수회선교단(30 Jesuit Missions)에 참석하였던 과라니족(Guaraní)이 17세기와 18세기 초에 인구팽창을 경험하였다. 신부들은 노예를 얻기 위해 상파울로(São Paulo) 지역에서 탐험을 온 브라질 사람들로부터 원주민을 보호하였으며, 스페인

56) C. Sempat Assadourian, *Transiciones hacia el sistema colonial andino* (Colegio de Mexico y Instituto de Estudios Peruanos, Lima, 1994).

에서 온 식민지 탐험단과 맞서기도 하였다. 신부들은 과라니족에게 반유랑적이고 성적으로 문란한 생활방식을 버리도록 종용하였고, 일부일처제와 사춘기에 결혼하는 관습을 정착시켰다. 이에 따라 출산율이 최대화되었다. 반복적으로(평균 매 15년마다) 찾아오는 끔찍한 전염병에도 불구하고, 과라니족은 위기 이후 인구를 회복하였으며, 그에 따라 인구증가가 재개되었다.[57] 타이노 사람과 과라니족이 보여 주는 양 극단의 사례 사이에 아주 다양한 상황들이 존재하였다. 잉카제국의 안데스 지역(에콰도르, 페루, 볼리비아)에서는, 잉카제국이 멸망한 직후 10년간 전쟁과 분쟁이 큰 영향을 끼쳐서 인구가 감소하였다. 멕시코에서 벌어진 상황은 이와 대조를 이루었다. 이곳에서는 아스텍제국이 몰락한 후 '화해' 공작이 재빠르게 진행되었고, 정복이 원주민에게 미친 경제적 · 사회적 영향은 페루에서만큼 부담스럽지 않았다. 이런 환경에서 사망률 증가를 결정하는 주된 요인은 전염병이었다. 멕시코는 중앙의 테노치티틀란(Tenochtitlán)1325년 현재의 멕시코시티 지역에 건립된 아스텍제국의 수도로 1521년 스페인 정복자들에 의해 붕괴됨-역자 주을 기점으로 교통망이 방사형으로 뻗어 제국의 네 모서리 지역에 연결되는 지리적 구조를 갖고 있었기 때문에 새 질병이 쉽사리 전파되었을 수도 있다. 반면에 잉카제국은 안데스산맥이 등뼈를 이루고 거기서 수직으로 뻗은 깊은 계곡들이 바다를 향하는 빗 모양을 띠고 있었기 때문에 멕시코와 정반대의 결과를 낳았다.

마지막으로, 멕시코와 페루 모두에서 인구붕괴는 고지대에서보다 저지대 해변지역에서 더 강하게 나타났다. 이런 현상은 역학(疫學)적이고 사회적 원인들에 의한 것이다. 멕시코의 걸프만에서 발생하였던 말라리아의 경우처럼, 새로운 병원체는 더운 기후에서 영향이 강화되었다. 페루에서 발생하였던 것처럼, 분쟁과 한 곳에 모여 사는 스페인 사람들의 거주형태로 인해

57) 30선교단의 인구에 관해서는 다음을 참조하라. M. Livi-Bacci and E. J. Maeder, "The Missions of Paraguay: The Demography of an Experiment," *Journal of Interdisciplinary History* 35:2 (2004).

서 허약한 주거환경은 황폐화되었고 원주민들은 추방되거나 말살되었다. 어디에서건 생계형 경제에 의존하고 잉여의 창출과 투자를 할 수 없는 단순한 사회와 비교해 보면, 보다 집중화되고 체계화되어 있는 사회의 생존가능성이 더 높았다.[58] 요약하면, 새로운 미생물은 대재앙을 부분적으로밖에 설명할 수 없다. 정복의 다양한 과정, 그리고 복속된 사회의 사회적 · 문화적 · 지리적 특수성과 관련되어 있는 다른 요인들 또한 면밀히 검토해야만 한다.

5. 아프리카, 아메리카 그리고 노예무역

근거가 명확한 추정에 따르면, 1500년부터 노예무역이 마침내 폐지되는 1870년까지 950만 명의 아프리카인들이 노예로서 아메리카로 이송되었다. 이 수치는 생존자만을 추계한 것이다. 이보다 수백만 명 이상의 여성, 남성, 아이들이 마을에서 유괴되었고, 그들 가운데 많은 수가 해안가로 이동하는 도중이나, 노예선에 탑승을 기다리는 동안, 혹은 긴 바닷길 여정 중에 선상에서 죽었다. 생존자 중에 1700년 이전에 아메리카대륙으로 이송된 사람은 약 150만 명이었고, 1700~1800년 사이에 550만 명, 그리고 그 이후에 250만 명이 송출되었다.[59] 이러한 인구유출은 주로 서아프리카로부터 이루어졌는데, 이는 아랍 상인들의 무역로를 따라 북쪽 및 동쪽으로 송출된 더 큰 규모의 노예거래와 더불어 이 지역에 큰 타격을 입혔다. 이 인구유출의 결과는 여전히 연구과제로 남아 있지만, 서아프리카 인구를 압박하는 결과를 초래하였다는 것이 일반적으로 받아들여지는 주장이다. 이에 반해, 거의 모순적이라 여겨지는 한 해석은 이 강제적인 인적 자원의 송출로 인해 원주민의

58) M. Livi-Bacci, *Conquista*, 맺음말.
59) P. D. Curtin, *The Atlantic Slave Trade. A Census* (University of Wisconsin Press, Madison, 1969).

생활여건과 생존가능성이 향상되었을지 모른다고 주장한다. 그렇지만 노예무역이 정점에 도달하고 출산적령기인 젊은이들(여성보다는 남성)이 이로 인해 줄어들었던 18세기를 통해, 노예무역을 위해 엄청나게 기여한 집단들의 인구가 감소하거나 기껏해야 정체하였다는 증거가 존재한다.

노예무역이 출신지역의 인구에 어떤 영향을 미쳤는지에 대해 여전히 더 많은 연구가 필요한 반면에, 신세계의 아프리카인 공동체의 인구체제에 대해서는 훨씬 많은 것이 알려져 있다. 1800년 이전 3세기 동안에 유입된 노예의 누적 숫자를 1800년에 아메리카에 살던 아프리카계 인구 총수와 비교함으로써, 우리는 아메리카대륙의 아프리카인에 대해 종합적인 개관을 해 볼 수 있다. 1800년 기준 아메리카의 아프리카계 인구 총수는 아메리카로 이송되어 1800년에 생존하였던 이들뿐만 아니라, 그의 후손들과 이미 죽은 노예들의 후손들까지 포함한다. 이 총수와 누적유입인구의 비율이 1보다 작다면 이는 그들의 자손이 충분하지 않아 인구가 줄었다는 것을 명백하게 보여 준다. [표 2-2]를 보면, 1800년을 기준으로 아프리카계 인구의 총수와 1500~1800년까지 아메리카로 이주해 온 아프리카인들의 누적 총수를 알 수 있다. 대륙 전체에 걸쳐 전자의 수치(560만 명)는 후자의 수치(700만 명)보다 적어, 0.8의 비율을 보여 준다. 카리브해의 섬들에서는 아프리카계 인구가 170만 명으로, 그 동안 유입되었던 노예인구인 390만 명의 절반에도 못 미치는 수준이었다(비율은 0.43). 브라질에서는 아프리카계 인구가 200만 명이었지만 유입된 총노예인구는 230만 명이었다(비율은 0.87). 나머지 100만 명의 노예가 라틴아메리카와 훗날 미국이 된 지역으로 이주하였는데, 이 곳은 다른 지역에 비해 생존하고 출산하기에 훨씬 좋은 환경이었다(비율은 1).

대다수의 노예가 유입된 브라질과 특히 카리브해의 도서지역에서 아프리카 출신자들의 인구체제는 지속적인 노예유입에 의해 불이 지펴졌다. 노예유입을 통해 아주 높은 사망률과 낮은 출산율이 만들어 낸 엄청난 간극을 메울 수 있었다. 그 결과 생존한 인구와 유입된 인구의 비율은 1 아래로 떨

표 2-2 아메리카로 이송된 노예들(1500~1800년)과 1800년 아메리카에 거주하는 아프리카계 인구(단위: 1,000명)

	아메리카로 이송된 노예들(1500~1800) (1)	아메리카의 아프리카계 인구, 1800년 (2)	아메리카의 아프리카계 인구와 아메리카로 이송된 노예의 비율 (1) : (2)
미국	348	1,002	2.9
라틴아메리카 본토	750	920	1.2
브라질	2,261	1,988	0.9
카리브해	3,889	1,692	0.4
잉글랜드와 네덜란드 섬	2,060	570	0.3
프랑스 섬	1,415	732	0.5
스페인 섬(쿠바)	414	390	0.9
합계	7,248	5,602	0.8

자료: 노예무역에 대한 추계는 Philip Curtin, *The Atlantic Slave Trade. A Census* (University of Wisconsin Press, Madison), 268쪽. 1800년 아프리카계 인구에 대한 추계는 M. Livi-Bacci, "500 anni di demografia," in *Popolazione e Storia* 1 (2001), 17~20쪽.

어졌으며, 카리브해의 영국령에서는 그 수치가 최저인 0.3에 달하였다. 미국에서는 그 비율이 1을 크게 웃돌았다. 노예의 출산율이 높았고(합계출산율이 한 여성당 8명), 첫 출산연령이 평균 20세 이하였으며, 수유기간과 출산간격이 아프리카에서보다 짧았기에 가능하였다. 노예제도는 혼인과 부부간 접촉에 다소 장애가 되었을 수는 있겠지만, 과도하게 방해를 하는 존재는 아니었다. 반면에 사망률을 보면, 노예의 사망률은 비록 백인집단에 비해 높았던 것은 사실이었지만 브라질이나 카리브해 도서지역의 노예에 비해서는 낮은 수준이었다. 이 모든 것을 고려해 보면, 북아메리카의 인구체제는 높은 자연증가를 보였다는 것을 알 수 있다.

카리브해와 브라질(노예선 7척 중 6척의 목적지였다)에서 발생한 아프리카인들의 비극의 원인을 생각해 보자. 자유를 잃고 명령에 복종해야만 하였던 생활조건, 아프리카인들이 납치되어 이송된 방식, 사탕 플랜테이션에서의 무자비한 노동, 아프리카인들이 적응하기 힘들었던 새로운 환경과 기후, 식생 등 불리한 조건을 지적할 수 있다. 카리브해의 일부 도서지역에서는 미국에 비해 노예의 출산율이 현저히 낮았다는 증거를 발견할 수 있다. 이는 부부 간 만남이 덜 빈번하고 출산간격이 길고 출산가능기간이 짧았기 때문이다. 또한 끔직한 사망률에 대한 증거도 존재한다. 사망률은 적응기간에 특히 높게 나타났다. 통설에 의하면, 새로 도착한 인구의 1/5~1/3이 3년 내에 사망하였다.[60] 브라질에서는 그 당시에 젊은 노예들이 활발히 활동할 수 있는 기간이 7~15년 사이라는 믿음이 보편적이었는데, 이 수치가 반복적으로 인용되면서 논쟁의 여지가 없는 진실처럼 여겨지게 되었다. 1872년의 인구센서스는 흥미로운 결과를 보여 준다. 이 시점은 노예제가 끝난 때이지만, 인구자료가 보여 주는 상황은 이전 시기와 아주 유사하였다고 보인다. 이 인구센서스에서 노예의 기대수명은 18세로 나타나, 브라질 전체 인구의 기대수명 27세와 큰 차이를 보였다. 이 수치는 19세기 중반 미국 노예의 기대수명이 35세였다는 사실과 비교해 볼 만하다.[61]

노예인구의 높은 사망률에 대해서는 이견이 없을지 모르지만, 구체적으로 무엇이 이를 결정한 요인인가에 대한 논쟁은 열려 있다. 사탕 플랜테이션에서 행해진 노동착취에 대해서는 수많은 문서가 존재한다. 18세기 말까지 사탕수수는 주요 작물로서의 지위를 잃지 않았는데, 이런 사탕 플랜테이션에서 일한 노예들은 감독관의 엄격하고 가차 없는 통제를 받아야만 하

60) 미국과 카리브해 노예의 인구에 관해서는 다음을 참조하라. L. S. Walsh, "The African American Population of the United States," in M. H. Haines and R. H. Steckel, eds., *A Population History of North America* (Cambridge University Press, Cambridge, 2000), 203~234쪽. 또한 같은 책에 실린 R. Steckel, "The African American Population of the United States," 442~443쪽과 S. Engerman, "A Population History of the Caribbean," 509쪽을 참조하라.

61) S. B. Schwartz, "A Populaçao escrava na Bahia," in I. Nero de Costa, ed., *Brasil: História econômica e demográfica* (IPE/ USP, Sao Paulo, 1986); T. W. Merrick and D. H. Graham, *Population and Economic Development in Brazil 1800 to Present* (Johns Hopkins University Press, Baltimore, MD, 1979), 53쪽.

였다. 설탕생산은 많은 양의 노동투입을 필요로 하였다. 사탕수수를 심고 잡초를 제거하는 작업, 사탕수수를 베고 나르고 분쇄하는 작업, 당밀을 추출하는 작업, 그리고 가마를 끓이기 위해서 많은 양의 목재를 베어 먼 거리까지 옮기는 작업을 노예가 수행해야 하였다. 이러한 작업들은 1년 내내 진행되는데, 생산주기가 9개월이었으므로 남녀 할 것 없이 사탕수수를 분쇄하고 끓이는 작업을 해가 뜰 때부터 질 때까지 쉬지 않고 해야 하였으며, 일이 밀릴 때에는 야간작업도 해야 하였다.[62] 비록 노예라는 귀중한 인적 자본을 소모하는 것이 노예주에게 이익이 되는 것은 아니었지만, 2년만 노동을 시키면 노예를 사는 데 소요한 투자금을 회수할 수 있었으며, 5년 이내에 초기 투자금의 두 배에 달하는 수익을 얻을 수 있었다고 한다.[63] 노예주들이 노예노동으로 최소의 기간에 최대의 이익을 얻으려 한 것은 당연하였다. 음식은 양호하게 제공되었던 반면, 노예수용소인 센잘라(*senzala*) –남녀가 분리되어 잠을 잔 커다란 직사각형 숙소– 의 위생상태는 끔찍해져 갔다. 또한 노예주는 병이 들거나 장애를 가지게 된 노예를 대부분 보살피지 않고 방치하였다.

높은 사망률로 줄어드는 인구를 낮은 출산율로 보상할 수는 없는 것이었다. 아프리카에서 데려온 노예는 남성이 여성의 2배에 달하였는데, 이러한 성비 불균형 때문에 출산율은 높아지기 어려웠다. 노예주, 성직자, 여행가, 관찰자들의 증언은 모두 신생아수의 부족을 애석하게 바라보았다는 점에서 일치한다. 생존과 출산이 어려워진 데에는 브라질과 카리브해의 사탕 플랜테이션에서 행해진 것과 같은 노동착취만이 아니라 혼인과 부부 간 만남을 제약하였던 환경도 원인이 되었다. 훗날 '안토닐'(Antonil)로 개명한 이

62) S. B. Schwartz, *Sugar Plantations in the Formation of the Brazilian Society. Bahia, 1550-1835* (Cambridge University Press, Cambridge, 1985); K. M. Mattoso de Queirós, *To be a Slave in Brazil 1550-1888* (Rutgers University Press, New Brunswick, NJ, 1986).

63) S. B. Schwartz, *Segredos internos, Engenhos e escravos na sociedade colonial, 1550-85* (Companhia de Letras, São Paulo, 1988), 41~42쪽.

탈리아 출신의 예수회 수도사 지오반니 안토니오 안드레오니(Giovanni Antonio Andreoni)는 18세기 초 브라질에 대한 아주 명민하고 통찰력 있는 관찰자였다. 그는 이렇게 기술하였다. "많은 노예주가 자기 노예들의 결혼에 반대하였다. 하지만 그들은 노예들의 동거에 반대하지 않았을 뿐만 아니라 공개적으로 이를 지지하기도 하였다. 심지어 노예주는 동거를 독려하기까지 하였는데, '너 주앙은 때가 되면 마리아와 결혼할 것'이라고 말하면 그때부터 그들이 마치 부부인 것처럼 같이 사는 것이 허용되었다. … 다른 노예주는 자기 노예들이 결혼한 후에 그들을 갈라놓아 오랫동안 떨어져 살게 만들었다. 이러한 일은 우리의 양심과는 반대로 계속 행해졌다."[64] 문제는 노예주들이 자기 노예들이 자유로이 동거를 하거나 심지어 임시로 동거하는데 찬성하기도 하였지만, 노예들의 결혼을 조장하지는 않았고 종종 반대하기도 하였다는 점이다. 이에 따라 부부의 안정성과 출산이 어려워졌는데, 이것이 출생과 사망의 균형을 깨뜨린 중요한 요인이 되었다. 그 다음 세기에 생-힐레르(Saint-Hilaire)는 다음과 같이 진술하였다. "브라질에서 노예무역 폐지 움직임이 시작되었을 때, 정부는 농장주들에게 노예들의 결혼을 허용하라고 넌지시 권유하였다. 몇몇은 이를 따랐으나, 다른 이들은 아이를 키우지 못할 아프리카 여성들에게 남편을 짝지어 주는 것은 의미가 없다며 반대하였다. 여성 노예들은 출산하고 얼마 되지 않아 사탕 플랜테이션에 나가 찌는 듯한 태양 아래에서 노역을 해야만 하였고, 하루 중 상당한 시간을 아이와 떨어져 있다가 다시 만나게 되면 젖의 양이 부족하기 십상이었다. 노예주들의 탐욕 때문에 생기는 이런 끔찍한 참상 속에서 불쌍한 아이들이 어떻게 생존할 수 있겠는가?"[65] 시장에 공급되는 노예의 수가 충분하고 그 가격이 낮게 형성되는 상황이 계속되는 한, 노예의 출산과 자녀양육에 드는

64) Andrea João Antonil, *Cultura e opulencia do Brasil por sus drogas e minas* (Companhia Editora Nacional, São Paulo, 1922), 160~161쪽.
65) J. Gorender, *O escravismo colonial* (Atica, São Paulo, 1978), 342쪽에서 인용.

비용을 부담하는 것보다 노예를 구매하는 것이 훨씬 간편한 방법이었다. 다른 요인들도 영향을 끼쳤다. 노예주가 여성 노예들의 성생활에 개입하고(그리고 그 결과로 태어난 혼혈인 물라토(mulatto)들은 여전히 노예신분을 유지한다), 이들이 결혼생활로 돌아가 다시 출산할 수 없도록 만들었다는 것이 한 예다. 다른 예로, 상이한 주인을 모시는 노예들 간의 접촉을 금지 또는 방해함으로써 성적 선택을 제한하였다는 사실을 들 수 있다. 또한 일부일처제에 익숙하지 않은 아프리카의 전통 때문에 노예들이 보다 안정적인 결합 대신에 단기적 동거를 추구하기도 하였다고 한다.

6. 프랑스계 캐나다인들: 인구학적 성공 이야기

지금까지 우리는 전염병과 관련된 재앙에 가까운 사망률 증가의 두 사례 –흑사병과 인디오족의 실질적 멸종– 를 살펴보았다. 이제 이와는 정반대로 인구학적 성공사례에 대해 알아보자. 17세기에 수천 명의 개척자들이 캐나다의 퀘벡(Quebec)에 도착하였다. 퀘벡은 세인트로렌스(St. Lawrence) 분지의 중앙에 위치하며 이탈리아의 다섯 배에 달하는 면적을 보유하고 있다. 현재 인구가 650만 명에 달하는데, 이들 대부분의 계보를 추적하면 위에서 언급한 초기 정착자들이 나온다. 몇몇의 용감한 사람들은 가혹하고 사나운 기후에 직면해서 이에 빠르게 적응하였고, 풍부한 자원과 토지 덕분에 빠르게 인구를 늘릴 수 있었다. 1776년 애덤 스미스(Adam Smith)는 이렇게 썼다. "어떠한 국가에서건 번영의 가장 결정적 징표는 거주민수의 증가이다. … 북아메리카의 영국 식민지에서는 20년 또는 25년에 인구가 두 배씩 증가한다는 사실이 밝혀졌다. 오늘날 이러한 인구증가는 새로운 인구의 지속적 이입이 아니라 거주민들의 대규모 증식에 주된 원인이 있다. 오래 산 노인들은 자신으로부터 나온 후손이 50~100명 또는 그보다 더 많은 수에 달하는 상황을 종종 접하였다고 전해진다."[66] 벤저민 프랭클린(Benjamin Franklin)이나 토머스 맬서스(Thomas Malthus)와 같은 사람들도 이와 유사한 상황을 목격하였다. 우리는 그들의 주장이 본질적으로 옳다는 것을 보게 될 것이며, 18세기에서 19세기 말에 이르는 기간에 북아메리카에서 수만 명의 이주민들이 점차 증가하여 8,000만 명에 달하게 되는 거대한 인구증가를 설명할 것이다.

개척자들과 이주민들의 활기와 함께, 지속적인 인구유입은 북아메리카와 오세아니아의 대부분 유럽인 집단들의 인구학적 성공에 기여하였다. 1840~1940년에 인구유입은 아르헨티나 인구증가의 거의 40%를 설명하며, 미국 인구증가의 거의 30%, 그리고 브라질과 캐나다 인구증가의 15% 이상을 설명한다.[67] 반면에 같은 시기 프랑스계 캐나다인들의 경우 유입인구보다 유출인구가 지속적으로 더 많았다.[68]

우리의 사례로 프랑스계 캐나다인들을 선택한 이유는 크게 두 가지다. 첫째, 18세기 이래 유입은 인구증가에 거의 영향을 끼치지 못하였다. 둘째, 캐나다의 사료가 놀라울 정도로 풍부하고 솜씨 좋게 이용되어서, 아메리카 대륙에서 프랑스인들이 성공한 인구학적 이유를 분석하는 데 효과적이다.

1534년에 자크 카르티에(Jacques Cartier)가 세인트로렌스를 탐험하였고, 바로 다음 세기 동안 프랑스인들의 정착이 진행되었다. 1608년에 퀘벡이 설립되었고, 1627년에 100인조합원회사(Company of 100 Associés)가 식민지화를 목표로 창립되었다. 1663년에는 왕실이 식민지화 과정에 대한 통제권을 넘겨받았다.[69] 1680년까지 세인트로렌스 제방 위에서 정착이 순조롭게 이루어져 만 명이 14개 교구에 나뉘어 거주하게 되었다. 이후 100년 동안 초기의 소그룹은 11배로 증가하였다. 1684년 1만 2,000명에서 1784년에는 13만 2,000명

66) A. Smith, *The Wealth of Nations* (J. M. Dent & Sons, London, 1964), 1권, 62쪽.
67) J.-C. Chesnais, *La transition demographique* (PUF, Paris, 1986), 180쪽.
68) H. Charbonneau, "Essai sur l'évolution démographique du Québec de 1534 à 2034," *Cahiers québécois de démographie* 13 (1984), 13쪽.
69) 이 절은 다음에 의존한다. H. Charbonneau et al., *Naissance d'une population. Les Français établis au Canada au XVIIe siècle* (Press de l'Université de Montréal, Montréal, 1987).

으로 증가하여, 연평균증가율이 2.4%나 되었던 것이다. 이 증가는 거의 모두 자연증가에 의한 것이었다.[70]

퀘벡이 설립된 1608년부터 1700년까지 총유입자수는 1만 5,000명에 달하였는데, 이는 당시 프랑스 인구의 아주 작은 부분에 불과하였다(프랑스 인구 100만 명당 이민자가 8명이 채 되지 않는 수준). 이와 대조적으로, 프랑스 인구의 1/3에 불과하였던 인근 잉글랜드에서는 1630년부터 1700년까지 38만 명이나 되는 이주민을 신세계로 내보냈다.[71] 면밀하게 이루어진 조사에 의하면, 1700년 이전에 이주해 온 프랑스인 중에서 겨우 1/3(4,997명)만이 성공적으로 식민지에서 가정을 이루었다. 다른 이들은 프랑스로 돌아가거나, 결혼 전에 죽었거나, (극소수는)결혼하지 않은 채 살아갔다. 1680년 이전에 가족을 이룬 진정한 생물학적 '개척자'만을 세어 보면(이들 중 대부분은 이민 후에 결혼하였지만, 몇몇은 결혼한 후에 이민을 왔다) 3,380명(이 중 여자는 1,425명)이고, 위에서 언급한 것처럼 현존하는 프랑스계 캐나다인의 대부분은 이들의 후예다. 개척자집단과 그 후손에 대한 분석(제1장의 제3절 참조)을 통해 프랑스계 캐나다인의 인구학적 특성을 파악할 수 있고, 거기서 이들의 성공요인도 찾아 낼 수 있다. 성공요인은 본질적으로 세 가지다. (1) 높은 혼인율, 특히 젊은 나이의 혼인, (2) 높은 자연출산율, 그리고 (3) 상대적으로 낮은 사망률이 그것이다.

[표 2-3]은 개척자들과 프랑스에 남아 있는 이들에 대한 몇몇 인구변수들을 측정한 것이다. 누벨프랑스(Nouvelle France)카르티에가 세인트로렌스를 탐험한 1534년부터 스페인과 영국에게 통제권을 넘긴 1763년까지의 시기에 북아메리카의 프랑스인 정착지를 일컬음–역자 주로 이주한 여성들은 프랑스 여성들보다 평균적으로 2년 먼저 혼인하였다. 게다가 누벨프랑스에서 재혼의 빈도도 훨씬 높았으며, 높은 사망률을 생각해 보면 어린 나이에 과부가 되는 것도 드문 일이 아니었다.

70) Charbonneau, "Essai sur l'évolution demographique," 13쪽.
71) Charbonneau et al., *Naissance d'une population*, 21쪽.

표 2-3 프랑스계 캐나다인과 당시 프랑스인의 인구학적 행태 비교

인구학적 지수	개척자	프랑스인	개척자/프랑스인 비율
초혼시 평균연령(남)	28.8	25.0	1.15
초혼시 평균연령(여)	20.9	23.0	0.91
재혼의 비율(남)[a]	70.0	67.8	1.03
재혼의 비율(여)[a]	70.4	48.8	1.44
출산율(%)[b]	6.88	6.39	1.08
20세 때의 기대수명	38.8	34.2	1.13

주: a) 50세까지 혼인한 과부와 홀아비의 비율.
b) 25세 이전에 혼인한 25~50세 여성의 적출(摘出)출산율.

자료: H. Charbonneau et al., *Naissance d'une population. Les Français établis au Canada au XVIIe siècle* (Press de l'Université de Montréal, Montréal, 1987).

일찍 그리고 빈번하게 결혼하는 환경에서 캐나다의 여성들은 더 높은 출산율을 보였고, 그리하여 더 많은 자손을 갖게 되었다. 출산율이 높았던 데에는 출산간격이 더 짧았다는 점(캐나다의 25개월 대 프랑스의 29개월)이 작용하였다. 마지막으로, 20세에 측정한 개척자들의 기대수명은 프랑스에 남아 있는 이들에 비해 훨씬(거의 5년) 더 길었다.

이러한 현상에 대해 완벽한 설명을 하기는 어렵지만, 위와 같은 행동의 차이를 야기한 선택적 요소들을 지적할 수 있다. 고향을 떠나 멀고 험한 여정 끝에 척박한 환경에 맞닥뜨린 이들은 분명히 굳은 용기와 진취성, 그리고 강한 기질을 보유하였다. 대서양을 가로지르는 장기간의 고된 항해는 또 다른 선택적 과정을 강요하였다. 항해 도중에 나타나는 높은 사망률을 극복해야 하였기 때문이다. 이민의 과정에서 나타나는 이와 같은 선택이 캐나다인의 낮은 사망률과 그리고 어쩌면 높은 출산율까지 설명해 준다. 최소한 초기 단계에서는 낮은 인구밀도도 전염병의 발생을 억제하기 때문에 사망률을 낮게 하는 한 요인이었다. 여성들의 조혼(15세 또는 16세)[72]과 높은 빈도

72) H. Charbonneau, *Vie et mort de nos encêtres* (Press de l'Université de Montréal, Montréal, 1975), 166쪽.

의 재혼은 남성 이주민수가 훨씬 많아서 발생한 불균형적 성비에 기인하였다. 애덤 스미스는 이에 대해서도 언급하였다. "4명이나 5명의 자녀를 둔 젊은 과부는, 유럽에서 중간계층 또는 하위계층에 속하였다면, 재혼의 기회를 갖기가 매우 어려웠을 것이다. 그러나 거기(북아메리카)에서는 이런 여성이 쉽게 구애를 받는다. 결혼을 유도하는 요인 중에서 아이들의 가치가 가장 중요하다."[73)]

개척자들이 처한 유리한 환경 덕분에 개척자 부부는 평균적으로 6.3명의 자녀를 출산하고 그 중 4.2명이 혼인에 이를 수 있었다. 이에 따라 30년이 채 걸리지 않은 기간에 인구가 두 배로 증가할 수 있었다.[74)] 4명 조금 넘는 개척자 부부의 자녀는 다시 28명의 아이를 낳게 되므로, 각 개척자는 자녀와 손자를 합쳐서 평균 34명의 자손을 보았다. 개척자들의 약 1/3이 50명 이상의 자녀와 손자를 보았는데, 이는 스미스가 위에서 인용한 문장에서 말한 그대로였다.[75)]

뒤이은 세대들도 계속해서 높은 수준의 출산율과 빠른 인구증가를 유지하였다. 왜냐하면, 사회가 점점 자리를 잡아 감에 따라 여성들의 결혼연령이 천천히 상승하기는 하였지만,[76)] 이와 동시에 개척자의 딸들은 자신이 태어난 캐나다 사회에 완벽하게 동참하고 있어서 자신의 어머니들보다 훨씬 높은 출산율을 보였기 때문이다(어머니들의 출산율은 프랑스에 남은 여성들에 비해서는 높았다). 몇 개의 산술적 사례를 보자. 프랑스 북서부(대부분의 개척자가 이 지역 출신이었다)에서 15~19세에 혼인한 여성은 평균 9.5명의 자손을 두었다. 개척자 여성의 평균자손수는 10.1명이었고, 캐나다에서 태어난 여성의 평균자손수는 11.4명이었다. 20~24세에 혼인한 여성의 경우, 각 인구집단에서 낳은 평균자손수가 7.6명, 8.1명, 9.5명씩이었다. 25~29세에 혼인한

73) Smith, *The Wealth of Nations*, 63쪽.
74) 제1장 제3절 참조.
75) Charbonneau et al., *Naissance d'une population*, 113쪽.
76) Charbonneau, *Vie et mort*, 165쪽.

여성의 경우 자손수가 각각 5.6명, 5.7명, 6.3명이었다.[77] 18세기 내내 캐나다인의 출산율은 높게 유지되었으며, 이 수치는 역대 최고 수준이었다. 사망률을 고려해 보면, 18세기보다 17세기의 상황이 더 나았던 것으로 보인다.[78] 아마도 인구밀도가 증가하고 이주에 있어서 선택의 영향력이 줄어든 것이 원인이었을 것이다. 그렇지만 캐나다인의 사망률은 프랑스 북서부의 사망률에 비해 조금 더 나은 상태로 남아 있었던 것으로 보인다.[79]

초기의 선택 메커니즘, 사회적 응집력, 그리고 호의적 환경이 프랑스에서 캐나다로 이주한 사람들의 인구학적 성공의 기초가 되었다. 17세기 초에 수천 명이었던 개척자들은 반 세기 만에 5만 명으로 증가하였는데,[80] 이것이 [표 2-4]에서 나타난 인구증가의 시작이었다. 프랑스계 캐나다인의 인구가 급속히 증가한 반면, 인구규모가 몇 배 큰 프랑스의 인구는 천천히 증가하거나 침체되었으며, 토착민 인디언의 인구는 전염병 및 식민지 팽창에 의한 지리적 강제이주 때문에 줄었다는 사실은 매우 흥미롭다. 기계적 해석은 바람직하지 않지만, 이러한 인구학적 적응에는 동물의 인구학적 적응과 유사한 점이 존재한다. 개체수가 포화된 지역으로부터 이주하여 새로운 환경에서 경쟁자들을 물리치면서 입지를 탄탄히 다진다는 면에서 그렇다. 원주민들과 식민지개척자들이 다른 운명 –원주민들의 인구위기와 개척자들의 성공적 인구증가– 을 맞게 된 것은 낯선 질병 때문만이 아니라 사회적 그리고 기술적 조직의 수준차이 때문이기도 하였다. 유럽인들은 에너지자원(말, 동물의 견인력, 돛)과 기술(철기와 강철 도구, 무기, 바퀴, 폭약)을 이용하는 능력

77) Charbonneau et al., *Naissance d'une population*, 90쪽.

78) H. Charbonneau, "Les régimes de fécondité naturelle en Amérique du Nord: bilan et analyse des observations," in H. Leridon and J. Menken, eds., *Natural Fertility* (Ordina, Liège, 1979), 450쪽.

79) Charbonneau, *Vie et mort*, 147쪽.

80) Charbonneau et al., *Naissance d'une population*, 163쪽. 이 연구에서 저자는 개척자들이 프랑스계 캐나다 인구의 유전자 풀에 기여한 정도를 측정하고자 하였다(107~125쪽). 그는 1680년 이전 개척자들이 18세기 말 유전자 풀의 70%를 차지했다고 계산하였다. 이 시점 이후로는 이입이 소규모에 불과하였기 때문에 이 비율은 현재까지 거의 변화하지 않았다.

표 2-4 프랑스계 캐나다인의 이주와 인구, 1608~1949년

기간	정착 이주민	평균인구 (천 명)	평균인구 중 이주민의 비율(%)	시기 말 기준 개척자의 기여분(%)[a]
1608~1679	3,380	–	–	100
1680~1699	1,289	13	10.0	86
1700~1729	1,477	24	6.0	80
1730~1759	4,000	53	7.5	72
1760~1799	4,000	137	3.0	70
1800~1899	10,000	925	1.0	69
1900~1949	25,000	2,450	1.0	68

주: a) 이 열의 자료는 각 시기 말에 개척자들이 전체 프랑스계 캐나다인의 유전자 풀에 끼친 기여분의 추정치라고 이해해야 한다.

자료: H. Charbonneau et al., *Naissance d'une population. Les Français établis au Canada au XVII*[e] *siècle* (Press de l'Université de Montréal, Montréal, 1987), 1쪽.

이 원주민보다 월등히 뛰어났다. 그들은 더 나은 옷을 입었고, 더 나은 집에서 거주하였으며, 애당초 추운 기후나 온화한 기후에 더 익숙하였다. 게다가 그들이 가져온 말, 소, 양, 염소 등의 가축은 놀랍도록 쉽게 새로운 환경에 적응하고 빠르게 번식하였다. 그들이 가져온 식물 역시 수월하게 뿌리를 내렸다.[81]

7. 아일랜드와 일본: 두 개의 섬, 두 개의 역사

장기간에 걸쳐 보면 인구와 자원은 대체로 병행하면서 같은 방향으로

81) 이런 논평들은 크로스비(A. W. Crosby)의 아주 독창적인 연구인, *Ecological Imperialism: The Biological Expansion of Europe* (Cambridge University Press, Cambridge, 1986)에서 나왔다. 아르헨티나의 대초원(Pampas)에서 소의 성공적 증식은 놀라운 일이었다. 크로스비는 18세기의 여행자 펠릭스 드 아자라(Felix de Azara)의 추정이 믿을 만하다고 여겼다(178쪽). 이 여행자는 위도 26도선과 41도선 사이에 4,800만 마리의 소가 살고 있으며, 이들은 불과 한 세기 전에 수입된 몇 마리의 소가 낳은 후손들이라고 말하였다. 이 숫자는 미국 대평원에서 엄청나게 번식한 적이 있는 버펄로에 비견될 수 있다.

움직인다. 그러나 만약 몇 세기를 우리의 시간단위로 보지 않고 대신에 다수의 단기간들로 나누어 보면, 이런 병행적 발전의 모습이 언제나 나타나지는 않는다. 그 이유는 인간의 적응력이 극도로 높기 때문에, 궁핍의 시기를 견뎌 내는 것도 엄청난 양의 자원을 축적하는 것도 모두 가능하기 때문이다. 인과관계가 뚜렷이 드러날 만큼의 단기간에는 인구의 변동이 가용자원의 변동을 항상 반영하는 것도 아니다(우리는 여기에서 편의상 가용자원이 인간의 개입과 독립적이라고 간주한다). 더 나아가, 인구학적 변화에 영향을 주는 요인 중 일부(이 장의 제3절과 제4절에서 언급하였던 사망률이 대표적이다)는 자원의 가용성과 독립적이다. 하지만 어떤 경우에는 자원과 인구의 상호관계가 분명하게 나타나기도 한다. 만약 우리가 권위 있는 설명을 받아들인다면, 17세기와 19세기 사이의 아일랜드와 일본 –문화적으로 그리고 공간적으로 서로 멀리 떨어져 있는 두 섬나라– 의 사례는 이 상호관계를 아주 잘 대변한다고 볼 수 있다.

아일랜드는 언제나 서유럽에서 가장 못 사는 나라 중 하나였다. 잉글랜드에 복속되어 있었던 아일랜드의 국민은 주권의 독립과 자치권을 박탈당하였고, 부재지주가 주도하는 농업경제체제하에서 공납을 바쳐야만 하였다. 아일랜드인들은 낙후된 생활을 영위할 수밖에 없었다. 이런 빈곤 속에서도 아일랜드의 인구는 급속도로 증가하였다. 심지어 유럽의 대국들 가운데 가장 역동적인 인구증가세를 보였던 이웃의 잉글랜드보다도 더 높은 증가율을 보였다. 17세기 말부터 아일랜드 인구에 극적인 변화를 일으킨 대기근(Great Famine)이 일어나기 조금 전이었던 1841년까지의 기간에, 아일랜드 인구는 200만 명을 조금 넘은 수준에서 800만 명 이상으로 크게 증가하였다([표 2-5]). 비록 외국의 영향이 단절되어 있었던 곳이었지만, 일본은 17세기 초 무렵 도쿠가와시대의 개막과 함께 내부적으로 엄청난 변화를 겪고 있었다. 120년 동안 인구는 3배 증가하였고, 그 이후 19세기가 2/3를 지나기 전까지는 정체기를 경험하였다. 양국에서 이처럼 급속한 인구증가를 경험할 수 있었던 이유는 무엇일까? 그리고 그 이후 아일랜드에는 대기근이, 그리고 일본에서는 인구정체가 일어났던 이유는 무엇일까?

아일랜드의 사례는 40여 년 전에 코넬(Connell)이 연구를 하였는데,[82] 그의 분석은 이후의 수많은 면밀한 연구들이 밝혀 낸 바와 놀랍게도 유사하다. 코넬의 주장은 기본적으로 아일랜드인에게 일찍 결혼하는 자연적 경향이 있었는데, 이것이 가옥을 짓고 가계를 꾸려 갈 땅을 획득하기 힘들어지면서 제약을 받았다는 것이다. 이러한 제약요인이 18세기 후반을 지나면서 복합적인 요소들(그 중 하나가 감자 경작의 큰 성공이다)에 의해 제거되어, 경작이 확대되고 경지가 잘게 분할되는 현상이 발생하였다. 그 결과로 혼인율이 증가하였고, 이것이 높은 자연출산율과 별로 높지 않은 사망률과 결합하여, 높은 인구증가율을 경험하게 되었던 것이다. 그리하여 지나치게 높은 인구증가로 인해 인구균형이 점차 불안정하게 되어 갔는데, 이때까지의 인구질서를 영구히 깨뜨린 것이 1846~1847년에 발생한 대기근이었다.

[표 2-5]의 자료는 아일랜드의 급속한 인구증가를 보여 준다. 1845년 이전 세기에 영국의 인구증가율이 연평균 1%이었던 데 비해 아일랜드에서는 연평균 1.3%씩 인구가 늘어났다. 코넬의 해석은 바로 이 자료에 근거한 것이었다. 이 자료는 1821~1841년에 대해서는 신뢰도가 높은 인구센서스에 기초해서 계산된 것이며, 그 이전의 수치들은 일종의 가계세인 '난로세'(hearth money)17세기에 부과된 세금으로 가내의 난로수에 따라 과세됨-역자 주를 수취할 때 작성된 보고서에 의해 추정되었다.

코넬은 이렇게 말하였다. "18세기 말과 19세기 초에는 아일랜드인들이 일찍 결혼하라고 재촉을 받았고 또 실제로도 조혼을 위해 부단히 애를 썼음

82) K. H. Connell, *The Population of Ireland (1750-1845)* (Clarendon Press, Oxford, 1950). 또한 다음도 참조하라. K. H. Connell, "Land and Population in Ireland," in D. V. Glass and D. E. C. Eversly, eds., *Population in History* (Edward Arnold, London, 1965). 코넬의 뒤를 이은 연구들에 대한 검토로는 J. Mokyr and C. Ó Gráda, "New Developments in Irish Population History, 1700-1850," *Economic History Review* 27 (2nd ser., 1984).

표 2-5 아일랜드와 일본의 인구, 17~19세기

연도	인구(백만 명)	연간 증가율(%)
아일랜드		
1687	2.167	–
1712	2.791	1.01
1754	3.191	0.32
1791	4.753	1.08
1821	6.882	1.19
1831	7.767	1.33
1841	8.175	0.51
1687~1754		0.58
1754~1841		1.08
일본		
1600	10~18	–
1720	30	0.92~0.43
1875	35	0.10

자료: 아일랜드에 대해서는 K. H. Connell, *The Population of Ireland (1750-1845)* (Clarendon Press, Oxford, 1950). 1687~1791년에 대해서는 추정치를 사용하였고 1821~1841년에 대해서는 센서스자료를 사용함. 일본에 대해서는 A. Hayami, "Mouvement de longue durée et structures japonaises de la population à l'époque Tokygawa," *Annales de démographie historique 1971* (Mouton, Paris, 1972).

이 분명하다. 비참하고 희망이 없던 그들의 생활환경, 장래에 대해 별다른 대비를 하지 않는 기질, 미혼으로 남아 있어 보아야 어떤 이득도 없었던 상황, 그리고 정신적 지도자들의 설교 등이 모두 아일랜드인들을 조혼으로 이끄는 요인으로 작용하였다."[83] 그러나 이른 결혼을 가능하게 하는 물질적인 수단이 존재하였을까? 당시 많은 유럽인들은 자본을 축적하고 더 나은 생활수준에 도달할 때까지 혼인을 미룰 수 있다는 생각에 동조하고 있었다.[84] 그

83) Connell, *Population of Ireland*, 81~82쪽.
84) 같은 책, 82쪽; 또한 다음도 보라. R. N. Salaman, *The Influence of the Potato on the Course of Irish History* (Browne & Nolan, Dublin, 1933), 23쪽.

러나 아일랜드의 가난한 농촌 사람들은 이런 생각에 동의할 수 없었다. 대토지소유자들은 자신의 소작농이 생계수준을 벗어나지 못하도록 지대를 조정하였기 때문에, 소작농의 생활환경이 어떤 식으로든 개선되기는 힘들었다. 결혼에 소요되는 비용은 매우 작았다. 신혼집은 대개 판잣집과 다를 바 없었고, 친구와 가족의 도움이 있으면 불과 며칠 만에 지을 수 있었다. 또한 가구는 단순하고 소박하였다.[85] 소작농의 사회가 겪는 진짜 심각한 문제는 새로운 가계를 꾸릴 만한 땅을 구하는 일이었다. 토지를 구하기 힘든 이상(예를 들어, 부모한테 유산으로 물려받는 수밖에 없다든가 하는), 혼인은 제약을 받을 수밖에 없었다. 그러나 18세기 말에 이르면서는 이러한 상황이 바뀌었다. 아일랜드 의회의 개혁과 프랑스와 교전 중이던 잉글랜드의 식량수요에 자극을 받아 목초지가 농장으로 전환되고 늪지나 산이 개간되어 새로운 경작지로 편입되면서 이러한 제약은 제거되었다.[86] 감자는 빠르게 핵심 작물로 자리잡았고 아일랜드인의 거의 유일한 식량이 되었다.[87] 이러한 감자의 유입과 전파의 결과로 토지분할은 더욱 확대되었다. 감자는 16세기 말경에 월터 롤리 경(Sir Walter Raleigh)엘리자베스 1세의 총신으로 아메리카의 초기 식민개척자로 명성을 떨침-역자 주이 들여온 것으로 추측된다. 이후 점차 확산된 감자가 특별한 역할을 수행하게 된 데에는 두 가지 결정적 이유가 있었다. 첫째로 감자는 생산성이 아주 높았다. 사람들이 점점 더 감자에 의존하면서 "오직 한 가족의 생계만을 겨우 유지하는 데 사용하였던 토지가 이제는 분할되어서 그 아들들이나 재소작인들까지 부양할 수 있게 되었다."[88] "이는 1에이커에서 재배된 감자만 있으면 6명의 식구와 가축을 먹이기에 충분하였기" 때문이다.[89] 둘째 이유는 감자가 함유한 높은 영양가였다. 감자는 식단에서 놀라울

85) Connell, *Population of Ireland*, 89쪽.
86) 같은 책, 90쪽 이하.
87) 같은 책, 130쪽.
88) 같은 책, 90쪽.
89) Salaman, *The Influence of the Potato*, 23쪽. 또한 동일한 저자가 집필한 *The History and Social Influence of the Potato* (Cambridge University Press, London, 1949)도 참조하라. 살라만

만큼 큰 비중을 차지할 수 있고, 특히 상당량의 우유와 함께 섭취하면 영양가 높은 식사를 할 수 있었다.[90] 킹스 카운티(King's County)1800년까지 존속하였던 아일랜드의 하원선거구–역자 주를 여행하였던 아서 영(Arthur Young)18세기 말에 활동한 농업가로 영국, 프랑스 등의 농업지역을 돌아보고 새 농업기술과 경영방식을 보급하는 데 힘을 쏟았음–역자 주은 이렇게 말하였다. "그들의 음식은 10달 동안 감자와 우유였고 남은 2달 동안은 감자와 소금이었다."[91] 280파운드(127kg)어치 감자 한 통 묶음은 1주일 동안 유아와 아동을 포함한 5인 가족이 소비하는 양이었다. 1일 평균소비량이 8파운드(3.6kg)에 해당하는 셈이다. 코넬은 1780년에서 대기근까지 1일소비량이 10파운드라고 추계하였고, 살라만(Salaman)은 18세기 말에 성인이 12파운드를 소비하였고 "그 다음 세기에는 소비량이 더 늘었다"[92]고 추정하였다. 4kg의 감자와 우유 1/2l를 먹으면 성인 남성이 필요로 하는 열량과 영양보다 더 많이 섭취하는 것이다.[93] 그렇기 때문에 감자가 아일랜드 소작인들을 가난하게 만든 주범이라고 주장할 수는 있지만, 감자 때문에 그들의 사망률이 높아졌다고 비난할 수는 없다. 가용한 새 토지의 등장과 감자경작으로 인해 생산성이 증가된 기존 토지의 분할을 통해 아일랜드인들의 이른 결혼과 높은 혼인율이 가능해졌다. 이러한 요인들은 높은 자연출산율[94]과 그리 높지 않은 사망률과 함께 대기근에 이르기까지의 높은 인구

(Salaman)의 분석 중 상당 부분은 코넬의 분석과 일치한다. 하지만 코넬은 감자가 18세기 후반에 아일랜드인의 주식이 되었다고 주장하였던 반면, 살라만은 그 이전에 감자가 널리 보급되었다고 믿었다. 두 사람 모두 아일랜드의 사회인구학적 역사에서 감자가 지배적 역할을 했다고 주장하였다. 이들과 다른 관점의 논의로는 L. M. Cullen, "Irish History Without the Potato," *Past and Present* 40 (1968).

90) Connell, *Population of Ireland*, 149쪽.

91) 영의 관찰내용은 살라만의 보고서에 실려 있다. *Influence of the Potato*, 19쪽.

92) 같은 책.

93) 만약 우리가 1일소비량을 감자 10파운드(3,400Cal)와 우유 1파인트(400Cal)라고 본다면 하루에 총 3,800Cal를 섭취하는 것이며, 이는 오늘날 강도 높은 육체적 활동을 하는 성인 남성의 표준이라 생각하는 열량보다 높은 수준이다. 이러한 식단은 또한 단백질, 비타민 그리고 무기질을 충분히 함유하고 있다. 하지만 혹자는 이렇게 엄청난 양의 음식을 섭취하는 것이 적당한지에 대해 의문을 제기할 수도 있을 것이다.

94) 1840년경에 혼인한 부부의 출산율은 1,000명당 약 370명으로, 1851년 잉글랜드와 웨일즈의 1,000명당 307명보다 20% 높은 수준이었다. 합법 출산율의 표준화된 지수인 I_g는 아일랜드의 경

증가율을 유발하였다.[95)]

농촌사회의 지속적인 인구증가(1781~1841년 사이에 두 배가 되었다)가 무한정 지속될 수는 없었다. 감자의 유입으로 토지의 생산성이 증가하였다고는 하지만 토지는 생산을 제약하는 요소임이 분명하였기 때문이다. 1841년 이전의 10년 동안에 이미 혼인연령의 점차적인 상승과 이민의 증가가 있었다는 증거가 존재한다. 그러나 이러한 변화가 대재앙을 피하게 해 주지는 못하였다. 감자마름병(*phytophtora infestans*)이 1845년에 감자수확에 커다란 해를 입혔고, 1846년에는 감자농사를 완전히 망치게 되었다.[96)] 이 때문에 1846~1847년 겨울에는 기근, 빈곤, 절망적인 상황에 쫓긴 대량이민, 그리고 열병과 티푸스 같은 전염병의 유행이 있었다. 대기근과 이런 전염병으로 인해 사망한 사람의 수는 평상시보다 110만~150만 명이나 더 많았던 것으로 추정된다.[97)] 이민은 대탈출로 확대되어 1847~1854년에 연 20만 명의 아일랜드인들이 조국을 떠났다.[98)]

대기근으로 하나의 인구체제가 막을 내리게 되었다. 감자는 인구가 급속히 증가하는 데 기여하였지만, 영양상의 필요 때문에 감자 한 가지에만 의존하게 된 사람들의 식단을 매우 불안정하게 만들었다. 대기근 이후 수십 년 동안 새로운 토지이용과 소유체제, 대지주와 성직자들의 지지를 받은 새로운 혼인질서(늦은 결혼, 노처녀와 노총각의 증가), 대량이민 등이 인구의 지

우 0.82였고, 잉글랜드와 웨일즈의 경우 0.65였다. Mokyr and Ó Gráda, "New Developments," 479쪽을 참조하라.

95) 나폴레옹의 워털루전쟁에서의 패배와 대기근 사이의 30년 동안 150만 명의 아일랜드인들이 잉글랜드와 북아메리카로 이주하였다. 같은 책, 487쪽 참조.

96) 대기근에 관해서는 R. D. Edwards and T. D. Williams, eds., *The Great Famine* (New York University Press, New York, 1957). C. Ó Gráda, *Black '47 and Beyond: the Great Irish Famine in History, Economy and Memory* (Princeton University Press, Princeton, NJ, 1999). J. Mokyr and C. Ó Gráda, "Famine Disease and Famine Mortality: Lessons from the Irish Experience," *University College Dublin Center for Economic Research*, Working Paper, no. 12 (1999).

97) J. Mokyr, *Why Ireland Starved: A Quantitative and Analytical History of the Irish Economy, 1800-1850* (Allen & Unwin, London, 1983).

98) M. R. Davie, *World Immigration* (Macmillan, New York, 1936), 63쪽.

속적인 감소를 불러왔다. 평균초혼연령은 1831~1841년 사이에 23~24세(이미 이전보다 높은 수준)였던 것이 19세기 말에는 27~28세로 증가하였다. 가임연령의 기혼여성 비율은 1841년에서 19세기 말 사이에 급속히 떨어졌다.[99] 19세기 말에 50세 여성의 약 1/5이 결혼을 한 번도 하지 않았던 것이다. 아일랜드의 인구는 1841년에 820만 명에서 1901년에는 450만 명으로 급속하게 감소하였다.

일본의 인구학과 사회사부문의 권위 있는 한 학자가 설명한 바에 따르면,[100] 배경면에서의 차이에도 불구하고 일본의 사례가 아일랜드의 초기 단계와 닮았다고 한다. 1603년에서 메이지시대 근대화가 시작되는 1867년까지 2세기 반 이상 동안 계속되었던 도쿠가와체제는 국내적 평화, 외부세계 및 기독교의 침투에 대한 폐쇄, 유교주의의 부활, 그리고 정치적 안정을 특징으로 하였다. 하지만 이 긴 기간에 "사회는 근대화를 준비하였고, 경제적 동기에 따른 행동이 사람들의 생활양식을 점차 변화시켰다. … 생산은 조세납부와 개인적 필요의 해결에 도움을 주었다. 처음에는 생산이 불가피하게 빈곤을 동반하였지만 … 판매가 생산의 주요 목표가 되자, 개인의 번영과 삶의 수준 고양의 수단이었던 노동은 고통으로 변모하였다."[101] 경작지는 두 배로 증가하였고, 농업기술은 외연적 확장이 아니라 내적 강도를 증대시키는 방향으로 나아갔다. 전통적 사회구조도 변하였다. 많은 친척과 일반적으로 혼인을 할 수 없었던 머슴들을 포함하던 대가족집단은 붕괴되었고, 소규

99) 지수 I_m, 즉 가임기 기혼여성의 가중평균치는 1841년경 0.45에서 1901년 0.324로 28% 감소하였다. J. Mokyr and Ó Gráda, "New Developments," 479쪽; M. S. Teitebaum, *The British Fertility Decline: Demographic Transition in the Crucible of the Industrial Revolution* (Princeton University Press, Princeton, NJ, 1984), 103쪽.

100) A. Hayami, "The Population at the Beginning of the Tokugawa Period. An Introduction to the Historical Demography of Pre-Industrial Japan," *Keio Economic Studies* 4 (1966~1967); A. Hayami, "Movements de longue durée et structures japonaises de la population à l'époque Tokugawa," in *Annales de Démographie Historique 1971* (Mouton, Paris, 1972). 또한 다음도 참조하라. S. B. Hanley and K. Yamamura, eds., *Economic and Demographic Change in Preindustrial Japan 1600-1868* (Princeton University Press, Princeton, NJ, 1977).

101) Hayami, "Movements," 248~249쪽.

모의 가족이 폭넓게 형성되었다. 예를 들어, 수와(諏訪)혼슈의 나가노현에 위치한 도시-역자 주에서는 평균가족규모가 1671~1700년의 7명에서 1751~1800년에는 4.9명으로 줄어들었다.[102] 머슴계급인 게닌(下人)[103]의 경우 오직 소수만이 결혼하였는데, 이들은 이제 소작농으로 전환되어 다른 이들과 유사한 인구학적 행태를 보이게 되었다.

경제적 자원(새로운 토지, 새로운 농업기술)이 풀리면서 지속적인 인구증가가 발생하였다. 하야미(Hayami)는 17세기 초에 인구가 1,000만 명에 지나지 않았다가 1720년까지 급속히 증가하여 3,000만 명에 달했다고 추정하였다(그는 자료의 불확실성을 감안해서 오차범위를 ±500만으로 두었다). 한 세기 이상 연평균 인구증가율이 0.8%에서 1%로 유지되었던 것이다.[104] 이렇게 질주하던 추세는 이후 한 세기 반 동안에는 속도가 늦추어졌다. 도쿠가와체제가 무너진 직후인 1870년에 일본 인구는 약 3,500만 명이었는데, 이는 1720년 이후 연평균 인구증가율이 0.2%로 낮아졌음을 말해 준다. 이런 침체의 원인과 메커니즘은 뜨거운 논쟁의 대상이다. 단순히 혼인을 미루는 것이 아니라 낙태나 유아살해를 통해 신생아의 '생산'을 의도적으로 통제하였다는 분명한 증거가 존재한다. 또한 농촌의 과잉인구에 대해 도시들이 행한 '파괴적' 역할에 대한 증거도 많다(현재의 도쿄인 에도는 19세기 초에 세계 최대의 도시였다). 도쿠가와시대의 여러 마을에 대한 상세한 연구는 문어적인 보고서와 법적 보고서의 부족한 면을 보완하는 기록을 제공해 준다. 이로부터 낙태와 유아살해의 관습이 사회의 모든 계층에서 광범위하게 퍼져 있었음을 확인할 수 있다.[105] 예를 들어, 요코우치라는 마을에서는 1700년 이전에 태어나서 20세에 결혼한 여성이 평균적으로 5.5명의 아이를 낳았다. 그 반면에,

102) 같은 책, 254쪽.
103) Hayami, "Population of the Tokugawa Period," 16쪽.
104) Hayami, "Movements," 249~251쪽.
105) T. C. Smith, *Nakahara. Family Forming and Population in a Japanese Village, 1717-1830* (Stanford University Press, Stanford, CA, 1977), 11쪽.

1750~1800년 사이에 태어나서 똑같이 20세에 결혼한 여성은 자녀를 평균적으로 3.2명도 채 낳지 못하였다.[106] 유아살해와 낙태 이외에도, 도쿠가와시대 말기와 메이지시대의 완만한 인구증가율에 대한 흥미로운 설명이 존재한다. 많은 기록이 보여 주는 바와 같이 경작방법의 엄청난 강화를 낳은 농업변화가 당시에 발생하였다는 점이 그것이다. 농업변화는 농촌의 일반적인 생활환경을 개선시켰으나, 또한 남성은 물론이고 특히 여성의 노동량을 눈에 띄게 증가시켰다. 이런 추세는 "혼인출산율에 부정적인 영향을 미쳤을 뿐만 아니라 영아와 임산부의 사망률에도 영향을 미쳤음이 분명하다. 따라서 장기간에 걸친 농업발달이 유발할 인구증가의 효과를 이와 같은 부정적 영향이 분명히 상쇄를 하였을 것이다."[107] 인구침체의 원인에 대한 설명이 무엇이든 간에, 경작의 확대는 결국 자연적이고 극복할 수 없는 한계에 봉착하게 되어 있기 때문에 일본 사회는 점차적으로 인구증가를 제한하는 메커니즘을 경험하게 되었다.

일본의 인구체제는 가용자원에 가해진 점진적인 압력에 어떻게 반응하였는가라는 측면에서 아일랜드의 경우와 다르다. 아일랜드에서는 인구체제가 대기근과 대규모 이민과 더불어 붕괴하였고, 이 이중충격은 혼인관습에 큰 변화(혼인연령의 상승과 미혼자의 증가)를 가져왔는데, 이는 덜 고통스런 적응방식이었다. 일본의 경우에는 대응이 점진적으로 이루어졌으며, 이 대응은 충격적 사건이 발생한 결과로 나타난 것이 아니었다.

106) 같은 책, 13쪽; A. Hayami, "Demographic Aspects of a village in Tokugawa Japan," in P. Deprez, ed., *Population and Economics* (Acts of the fifth section of the Fourth Congress of the International Association of Economic History, University of Manitoba Press, Winnipeg, 1968). 도시의 낮은 출산율에 관해서는, Y. Saaki, "Urban Migration and Fertility in Tokugawa Japan: The City of Takayama, 1773-1871," in S. B. Hanley and A. P. Wolf, eds., *Family and Population in East Asian History* (Stanford University Press, Stanford, CA, 1985).

107) O. Saito, "Infanticide, Fertility and Population Stagnation: the State of Tokugawa Historical Demography," *Japan Forum* 4 (1992); O. Saito, "Gender, Workload and Agricultural Progress: Japan's Historical Experience in Perspective," Discussion Paper Series A, no. 268 (Institute of Economic Research, Hitotsubashi University, 1993); O. Saito, "Infant Mortality in Pre-Transition Japan. Levels and Trends," in A. Bideau, B. Desjardins, and H. Perez Brignoli, eds., *Infant and Child Mortality in the Past* (Oxford University Press, Oxford, 1997).

8. 현대 세계의 문턱에서: 중국과 유럽

18세기에 이르러 세계의 많은 지역에서 인구증가의 가속화가 시작된 듯이 보인다. '보인다'라고 쓰는 이유는 유럽과 아메리카를 제외하면 거의 대부분 지역에 대해 양적 정보가 부족하기 때문이다. 그러나 우리가 [표 1-3]에 나와 있는 측정값을 신뢰한다면, 세계인구는 1700~1800년 사이에 40% 증가하였다고 볼 수 있다. 이와 비슷한 증가가 1700년 이전의 두 세기 동안에도 이미 발생하였다. 아프리카에서는 인구가 정체하고 있었던 반면, 아메리카에서는 인구가 두 배로 증가하였다고 추정되고, 유럽과 아시아에서도 실질적인 인구증가(각각 54%와 46%)가 발생하였다. 무엇이 이런 가속화를 낳았을까? 어떻게, 그리고 어떤 이유로 인구학적 체제가 변화를 경험한 것인가?

우리는 여기서 유럽과 중국에서 발생한 유사한 사건을 살펴볼 것이다. 18세기 동안 중국의 인구는 상당히 증가하였으나 −1700년 1억 6,000만 명에서 두 배 이상 증가하여 1800년에는 3억 3,000만 명에 달함− 다음 세기, 특히 1850년 이후에 이러한 동력이 약화되었다는 주장에 여러 학자들이 동의하고 있다. 18세기의 인구증가는 토지가치와 농업생산의 증대에 의한 경제확장, 그리고 인구에 대한 재정적 압력의 약화 덕분에 가능하였다고 이들은 지적한다.[108]

결과적으로, 생활수준이 널리 개선되면서 인구팽창을 자극하였다. 이는 맬서스적인 성격을 띤 축약된 설명이다. 그리고 인구학적 행위가 생활여건에 의해 형성된다고 암묵적으로 가정을 하고 있다. 당대의 일부 저술자들은 중국의 인구체제가 외부제약에 대해 다양한 메커니즘을 통해서 적응할 수 있는 유연성을 지녔다고 강조하였다.[109] 우선 유아살해는 가족단위에서

108) Ping-Ti Ho, *La Cina. Lo sviluppo demografico* (UTET, Turin, 1972), 373~378쪽. 18세기와 19세기에 유럽과 중국에서 발생하였던 사회적 · 경제적 상황에 대한 현대적 평가에 대해서는 다음을 보라. K. Pomeranz, *The Great Divergence: China, Europe and the Making of the Modern World Economy* (Princeton University Press, Princeton, NJ, 2000).

아이들의 수와 성별을 규제할 수 있게 만들었다. 유아살해의 대상은 주로 여자아이들이었는데, 그 발생빈도는 매우 높았다. 황실의 핏줄을 이은 여성이 낳은 아이 중에서 10%가 살해되었으며, 낮은 계층에서 그 수치는 더욱 높았다. 1774~1873년 사이에 태어난 영세농민의 사례를 보면, 여아의 1/5~1/4이 희생되었다고 추정되었다.[110] 유아살해가 생활여건의 변동에 대한 반응이었다는 것이 이에 대한 해석이다.

선택적 유아살해, 그리고 방치에 의해 높아진 여아의 사망률 때문에 여성인구가 줄어 혼인시장에 왜곡이 발생하였다. 여성인구의 부족을 더 심각하게 만든 것은 일부다처제가 드물지 않게 존재하였다는 사실과 젊은 과부의 재혼이 빈번하지 않았다는 사실이었다. 그 결과 모든 여성이 어린 나이에 결혼하는 반면에 남성의 결혼은 훨씬 늦어졌고 미혼으로 남는 남성의 비율 또한 높았다. 15~50세 사이의 여성 중 기혼자의 비율은 유럽에 비해 매우 높았다. 유럽에서 이 비율이 60%를 밑돌 때 중국에서는 보통 90%를 기록하였다. 여성 대부분이 혼인하는 이와 같은 체제는 그 자체로 상이한 환경에 적응할 수 있는 다양한 제도적 형태에 반영되었다. 즉, 신혼부부가 남편의 가족과 함께 살아가는 시집살이 형태 이외에도, 처가살이 형태나, 아주 가난한 집안에서 형이 죽으면 동생이 형수를 취하는 형태, 아주 부유한 집안에서 주로 유지된 일부다처제의 형태, 그리고 훗날 며느리로 맞이할 여자아이를 입양하는 형태 등 다양한 대안들이 존재하였다.

중국에서 여성 기혼자의 높은 비율이 낳은 효과는 유럽보다 낮았던 혼인출산율의 효과에 의해 상쇄되었다. 20세에 결혼하여 50세까지 혼인상태를 유지한 여성은 평균적으로 총 6명가량의 아이를 낳았다. 반면에, 유럽 여

109) 중국 인구가 적응성이 높은 인구학적 행동을 보였다는 주장은 다음에 의해서 강력히 지지되었다. James Z. Lee and Wang Feng, *One Quarter of Humanity* (Harvard University Press, Cambridge, 1999). 또한 J. Z. Lee and C. Campbell, *Fate and Fortune in Rural China* (Cambridge University Press, Cambridge, 1997).

110) Lee and Wang, *One Quarter*, 50~51쪽. 랴오닝(Liaoning)에서의 유아살해에 대한 추계는 Lee and Campbell, *Fate and Fortune*, 67쪽을 참조하라.

성의 경우에는 7.5명 또는 그 이상의 아이를 낳았다.[111] 출산간격은 유럽 여성보다 길었고 막내를 출산한 연령은 유럽 여성보다 낮았다. 아마도 부부 간의 성적 절제를 강조하는 철학적 및 종교적 전통이 부부의 낮은 혼인출산율과 무관하지 않았을 것이다. 마지막으로, 입양은 중국 가족체제의 중요한 일부였다. 실제로 적지 않은 비율(10%에 육박하였다)의 아이들이 입양되어 자랐다. 입양은 청소년은 물론이고 성인에 대해서도 이루어졌다. "따라서 중국의 인구체제에는 로맨스와 중매결혼, 부부 간의 열정과 부부 간의 제약, 부모의 사랑과 아이의 살해나 유기, 그리고 남의 아이를 입양하는 것까지 아주 다양한 선택이 존재하였다는 특징을 지녔다. 중국의 개인들은 집단의 효용을 최대화하는 집단적 환경에 따라 끊임없이 자신의 인구학적 행위를 조정해 갔다."[112]

19세기 전반기에 중국 인구는 이전보다는 증가율이 낮았지만 여전히 높은 증가세(3억 3,000만 명에서 4억 3,000만 명으로)를 유지하였다. 반면에, 폭동과 피비린내 나는 분쟁(1851~1864년에 발생한 태평천국의 난이 특히 파괴적이었다), 그리고 기근의 고통이 19세기 제3분기에 격렬한 인구감소를 야기하였고 이후 회복은 더디게 진행되었다. 19세기 동안 토지의 부족과 농산물 수확의 감소, 혁신의 부족과 진보된 기술의 수용 지연 등 때문에 곤궁해진 사람들은 인구증가를 억제하는 예방적 및 억압적 수단을 받아들였다.[113] 어떤 저자들은 끔찍한 유아살해의 관습에 기반을 둔 중국 인구체제의 유연성이 18세기에는 인구증가의 '가속기' 역할을 하였고, 19세기에는 인구를 감소시킨 '제어기' 역할을 하였다고 말한다. 다른 이들은 이러한 해석에 동의하지 않고, 19세기 후반기가 생존위기와 지속적인 높은 사망률의 파괴적 영향이 만연한 시기라고 주장한다. 이들은 인구의 내생적인 자기조절기능이 별로 중

111) Lee and Wang, *One Quarter*, 86쪽.
112) 같은 책, 9쪽.
113) Ping-Ti Ho, *La Cina*, 321~336쪽.

요하지 않았다고 본다. 19세기 말의 중국은 분명히 근대성(近代性)과는 거리가 멀었다. 인구 측면에서도 마찬가지였다.

18세기에 가속화되고 19세기에 다시 강화되었던 유럽의 인구증가는 동시대의 중국과는 다른 요인들에 의해 발생하였다. 초기 단계에서는 인구를 제약하는 힘이 여전히 강하였다. 산아제한은 프랑스처럼 아주 특별한 경우를 제외하고는 거의 사용되지 않았으며, 의료와 위생조치들은 높은 사망률에 영향을 주기에는 너무 미미하였다. 그러다가 1750~1850년 사이에 유럽의 인구증가가 가속화되었다. 1600~1750년 사이에 0.15%도 채 되지 않던 연평균증가율이 1750~1850년 사이에는 0.63%로 올라갔다([표 1-3]). 이러한 가속화는 비록 잉글랜드와 같은 국가에서는 프랑스와 같은 국가보다 그 강도가 더 셌지만, 모든 주요 국가들에서 발생하였다([표 2-6]). 하지만 전염병의 퇴치와 천연두 치료의 성공(제너가 1797년에 백신을 개발)에도 불구하고, 18세기 중엽에서 19세기 중엽에 이르는 기간에 문제가 없었던 것은 아니다. 프랑스혁명과 나폴레옹전쟁을 거치면서 유럽은 20년 동안 황폐화되었다. 또한 1816~1817년에 티푸스의 발생을 동반한 기근 때문에 유럽 전역은 최후의 대규모 생존위기를 맞게 되었다.[114] 과거에 알려지지 않았던 전염병과 콜레라 역시 유럽대륙 전역을 초토화시켰다. 그럼에도 불구하고 인구는 맹렬한 기세로 증가하였고, 대양항해를 통해 대규모 이민의 시대가 열리면서 미국으로 많은 수가 흘러나갔다.

18세기 중엽부터 진행된 인구증가의 가속화를 낳은 원인에 대해서는 여전히 논쟁이 진행중이다. 이는 인구 메커니즘 그 자체가 완벽하게 이해되지 못하고 있는 데에 부분적으로 기인한다. 어떤 경우에는 혼인의 증가에 따른 출산의 증가 때문에 인구가 증가한 반면, 더 많은 경우에 사망률의 감소가 인구증가의 주요인으로 작용하였다.

114) J. Post, *The Last Great Subsistence Crisis in the Western World* (Johns Hopkins University Press, Baltimore, MD, 1977).

표 2-6 유럽 일부 국가의 인구증가, 1600~1850년

국가	인구(백만 명)			지수화된 증가율			인구밀도 (km²당 주민수) (1750)	분포(%)		
	1600	1750	1850	1750 (1600=100)	1850 (1750=100)	1850 (1600=100)		1600	1750	1850
잉글랜드	4.1	5.8	16.6	141	286	405	48	7	8	14
네덜란드	1.5	1.9	3.1	127	163	207	63	3	3	2
독일	12.0	15.0	27.0	125	180	225	42	21	21	22
프랑스	19.6	24.6	36.3	126	148	185	45	34	34	30
이탈리아	13.5	15.8	24.7	117	156	183	52	24	22	20
스페인	6.7	8.6	14.8	128	172	221	17	12	12	12
	57.4	71.7	122.5	125	171	213		100	100	100

주: 추정치는 현재의 국경을 기준으로 함. 프랑스, 이탈리아, 스페인의 경우 각 연도의 추정치는 필자가 산출한 것이며, 인용된 연구물에서 주어진 일시와 가장 가까운 시점을 택하였음.

자료: 잉글랜드는 E. A. Wrigley and R. Schofield, *The Population History of England 1541-1871* (Edward Arnold, London, 1981, 재출간 Cambridge University Press, 1987), 532~534쪽; 네덜란드는 B. H. Slicher van Bath, "Historical Demography and the Social and Economic Development of the Netherlands," *Daedalus* (Spring, 1968), 609쪽; 독일은 C. McEvedy and R. Jones, *Atlas of World Population History* (Penguin, London, 1978), 67~70쪽; 프랑스는 J. Dupâquier and B. Lepetit, "La Pueplade," in J. Dupâquier, ed., *Histoire de la population Française*, vol. 2: *de la Renaissance à 1789* (PUF, Paris, 1988); 이탈리아는 L. Del Panta, M. Livi-Bacci, G. Pinto and E. Sonnino, *La populazione Intaliana dal Medioevo a oggi* (Laterza, Roma-Bari, 1996); 스페인은 J. Nadal, *La población Española* (Ariel, Barcelona, 1984).

이 기간에 가장 빠른 인구증가를 경험한 나라는 잉글랜드였다. 최근의 연구[115)]는 18세기 후반에 인구증가가 가속화된 데에 사망률의 감소보다 출산율의 증가(혼인율의 증가에 힘입은)가 큰 기여를 하였음을 보여 준다. 산업혁명이 노동에 대한 수요를 눈에 띄게 증가시켰고, 이것이 다시 혼인과 출산(아직은 부부들이 '통제'하지 않았다)을 촉진하였다는 것은 분명한 사실이다. 그러나 사망률 또한 감소하였고, 출산율 증가와 사망률 감소의 복합적인 효과는 지속적인 인구증가로 나타나 불과 한 세기 만에 인구가 3배나 증가하

115) E. A. Wrigley and R. S. Schofield, *The Population History of England, 1541-1871* (Edward Arnold, London, 1981).

게 되었다. 우리는 인구와 경제체제의 관계를 살펴볼 제3장에서 잉글랜드의 사례를 다시 한 번 돌아볼 것이다.

유럽의 많은 나라는 18세기에서 19세기로 넘어가면서 사망률의 감소를 경험하였다. 이런 개선은 특히 전염병이나 때때로 발생하는 기근과 궁핍으로 인한 사망위기의 빈도가 낮아졌다는 데에서 두드러지게 나타났다. 예를 들어 잉글랜드의 404 교구를 대상으로 한 연구를 보면, 사망률이 높았던 달은 18세기 전반기에는 1.3%였는데, 후반기에는 0.9%를 기록하였고 19세기의 제1분기에는 0.6%가 되었다.[116] 이는 위기의 빈도가 급속히 낮아졌음을 의미한다. 프랑스에서는 심각한 위기의 발생이 18세기 전반과 후반 사이에 극적으로 줄어들었다. 너무 급속히 줄어들어서 누군가는 이 시기를 구체제적 위기(*ancien régime* crisis)의 종말이라고 일컫기도 한다. 즉, 혹독한 추위로 평상시보다 100만 명이 더 죽었던 1709년 겨울이나 또는 이와 마찬가지로 심각하였던 1693~1694년과 1739~1741년의 상황이 더 이상 발생하지 않게 되었다는 것이다.[117] 독일, 이탈리아, 스페인 등 유럽의 다른 지역에서는 사망률이 이보다 뒤에 그리고 덜 갑작스럽게 감소하였다.

대규모 사망위기를 약화시킨 원인은 생물학적이자 경제적이고 사회적이었다. 인구밀도가 높아지고 이동이 증가할수록 병원체와 숙주(제3절과 제4절 참조) 사이의 상호 적응이 더 활발히 일어나는데, 이러한 상호 적응의 생물학적 효과가 특정 질병의 독성을 줄인 원인 가운데 하나다. 사회적 원인은 이와 달리 개인과 공공의 위생이 개선되면서 전염병의 전파력이 줄어들었다는 점을 포함한다. 마지막으로 경제적 원인으로는 농업발달뿐만 아니라 교통체계의 개선, 풍족한 지역과 궁핍한 지역 간의 재화분배 시스템의 향상 등을 들 수 있다.

그러나 위기상황을 맞는 해가 없어졌다는 것만으로 유럽의 사망률 감

116) 같은 책, 650쪽.
117) Livi-Bacci, *Population and Nutrition*, 50~55쪽.

소를 설명하기에는 무리가 있다. 예를 들어, 출생시 기대수명이 영국에서 1740~1749년과 1840~1849년 사이에 33세에서 40세로 증가하였고, 프랑스에서는 같은 기간에 25세에서 40세로 증가하였다. 스웨덴에서는 1750~1759년에서 1840~1849년까지 37세에서 45세로 증가하였으며, 덴마크에서는 1780~1789년에서 1840~1849년까지 35세에서 44세로 증가하였다.[118] 따라서 '위기'건 '평시'건 상관없이 사망률의 감소는 분명히 인구증가 가속화의 중요한 요인이었다. 근래에 각광을 받고 있는 이론 가운데 하나는 맥키언(McKeown)이 주창하는 '영향학적' 이론이다.[119] 이에 따르면, 18세기 인구증가의 가속화는 사망률의 감소 때문에 발생하였다. 그러나 사망률의 감소는 의학적 진보(천연두 백신을 제외하고는 19세기 말까지 효과가 미미하였다)에 의해서도, 개인위생 및 공공위생의 변화(아마 대도시와 같은 곳에서는 악화되었을 것이다)에 의해서도, 그리고 다른 요인에 의해서도 잘 설명할 수 없다. 맥린(McLean)에 따르면, 진정한 원인은 사람들의 영양수준이 향상되어 질병에 대한 '저항력'이 커진 사실에 있었다. 이런 개선은 옥수수에서 감자에 이르기까지 수확이 많은 새로운 농작물의 도입으로 농업생산성이 증가한 결과로 일어났다.

이 이론은 몇 가지 측면에서 비판을 받는다. 그리고 이 비판은 우리에게 다른 원인들에도 눈을 돌리도록 주의를 상기시킨다. 무엇보다도, 영양과 전염에 대한 저항력 사이의 연관성은 주로 심각한 영양부족의 상황에서 잘 들어맞는다. 식량부족 시기에는 이러한 영양부족이 빈번하게 발생하였지만, 평상시에는 유럽인들의 식사가 충분하였던 것으로 보인다.[120] 둘째로, 사망률의 '변천'이 시작된 18세기 후반과 19세기 초반은 그다지 행운이 넘치는

118) 같은 책, 70쪽.
119) T. Mckeown, *The Modern Rise of Population* (Edward Arnold, London, 1981).
120) 이 의견은 브로델(Braudel)의 권위 있는 연구에 의해 지지를 받고 있다. 필자는 Livi-Bacci, *Population and Nutrition*, 제5장에서 그 의견을 옹호한 바 있다. 논쟁을 최근에 정리한 저서로는 C. Ó Gráda and T. Dyson, eds., *Famine Demography: Perspectives from the Past and Present* (Oxford University Press, Oxford, 2001).

시기가 아니었던 것으로 보인다. 새 작물들이 보급된 것은 분명하다. 18세기 후반에 감자는 그간 유럽에 팽배하였던 감자에 대한 불신을 딛고 널리 확산되었다. 특히, 1770~1772년에 유럽 중북부에서 발생하였던 심각한 기근이 감자의 확산을 자극하였다. 감자를 심은 경작지에서는 곡물경작지에 비해 두세 배 많은 인구를 부양할 수 있었다. 또 겨울작물의 작황이 좋지 않으면 메밀처럼 다용도의 작물을 나중에 심을 수도 있었다. 옥수수는 17세기에 스페인으로 전해졌고, 그 후 프랑스 남서부, 이탈리아 북부의 포 계곡, 그리고 발칸반도까지 전해졌다. 옥수수는 감자와 더불어 1816~1817년의 생존위기를 극복하기 위해 전파되었다.[121] 그러나 많은 경우에 새로운 작물의 유입은 1인당 소비를 증가시키지는 못하였다. 아일랜드의 감자처럼 종종 새로운 작물은 추가적 인구를 부양하였지만, 대신 밀과 같이 인기가 더 좋았던 식량이 식탁에서 사라지게 되었다. 결국 감자는 질이 낮은 식량이 된 것이다. 아일랜드를 여행하면서 코벳(Cobbett)19세기 초에 활동한 영국의 급진주의적 정치가–역자 주이 내뱉은 독설은 아주 유명하다. "내가 할 수 있는 어떤 방법을 동원해서라도 이 저주받은 뿌리작물을 재배하지 말도록 하는 것이 나의 기쁨이자 의무다. 왜냐하면, 이 작물은 칼과 전염병을 합친 것이 인류에게 끼친 해악보다 더 큰 해를 끼친다고 확신하기 때문이다."[122] 잉글랜드와 플랑드르에서는 감자소비량이 증가하면서 곡물소비량이 감소하였다는 자료가 있다. 옥수수재배가 대성공을 이루었던 지역들, 특히 이탈리아에서는 옥수수가 주식이 되었는데, 이 옥수수로 인해 펠라그라니코틴산의 결핍에 의해 생기는 병으로 옥수수를 주식으로 하는 지역에서 잘 발병함–역자 주의 끔찍한 확산이 발생하였다.[123]

121) 새로운 작물의 확산과 그 효과에 대해서는 다음을 보자. F. Braudel, *Civilisation materielle, economie et capitalisme, XVe-XVIIIe siècle* (Colin, Paris, 1979), vol. 1: *Les structures du quotidien: le possible st l'impossible*; W. Abel, *Congiuntura agraria e crisi agrarie* (Einaudi, Turin, 1976).

122) "Letters of William Cobbett to Charles Marshall," in G. D. H. Cole and M. Cole, eds., *Rural Rides* (Peter Davis, London, 1930), 제30권, 900쪽.

123) Livi-Bacci, *Population and Nutrition*, 95~99쪽.

다른 간접적인 근거들도 영양학적 가설에 의문을 제기한다. 무엇보다도 유럽 전역에서 18세기와 19세기 초반에 실질임금이 전반적으로 낮아졌다.[124] 실질임금의 감소는 봉급자(아마도 다른 집단도 마찬가지였을 것이다)의 구매력 감소를 의미한다. 당시 봉급자는 임금의 4/5를 식비로 지출하고 있었다. 평균신장이 변하였다는 사실은 또 다른 지표가 된다. 영국과 합스부르크제국, 스웨덴에서 이 기간에 평균신장이 감소하였던 것으로 보인다. 신장은 영양수준에 상당히 민감하게 반응하기 때문에, 신장의 감소나 정체는 영양면에서 개선이 이루어지지 않았음을 말해 준다.[125] 마지막으로, 사망률 감소의 효과는 주로 젊은이와 유아에게 이득이 된다. 사망률 감소가 전염병(고령자에게는 상대적으로 덜 중요한 사망요인)에 기인한 사망률이 줄어들어 발생하였다면 이득은 언제나 연소자에게 더 많이 돌아가기 때문이다. 젖을 떼기(보통 1~2세 사이) 전까지는 아기들이 모유를 먹기 때문에, 그들의 영양상태는 일반적으로 농업생산이나 소비수준과 무관하다. 하지만 유아사망률 역시 낮아졌는데, 이는 영양상태가 개선되었기 때문이라기보다 양육수단이 개선되고 주변 환경으로부터 아이를 더 잘 보호하게 된 때문이었다.

사망률의 감소는 여러 요인에 의해 발생하였고(제4장 제2절 참조), 어떤 요인도 단독으로 영향을 미치지는 않았을 것이다. 그러나 호의적으로 평가를 해 준다 하더라도 영양학적 가설은 다른 주장에 비해 비판에 취약한 게 사실이다. 그렇지만 심지어 영양수준이 눈에 띄게 증가하지 않았다고 하더라도, 농업생산의 증가가 유럽의 인구팽창(한 세기에 거의 2배로 증가)을 동반하였다는 것은 분명하다. 새 토지(과거 목초지, 늪지 또는 불모지였던 곳)의 경작과 기술진보, 새 작물의 도입 등이 사망률의 감소를 낳은 것이 아닐지 모르지만, 이 요인들이 농업인구의 확대를 가능하게 하였고 새로운 거주중심지를 형성하게 하였으며 혼인율을 높인 것은 분명하다. 공업부문의 확대와

124) Abel, *Congiuntural agraria*.
125) Livi-Bacci, *Population and Nutrition*, 107~110쪽.

도시화, 비농업노동에 대한 수요의 전반적 증가는 이런 과정을 촉진하였으며, 농촌구의 배출구를 만들어 냈다.

참고문헌

A. J. Ammerman and L. L. Cavalli Sforza, *The Neolithic Transition and the Genetics of Population in Europe* (Princeton University Press, Princeton, NJ, 1984).

V. G. Childe, *Man Makes Himself* (Mentor, New York, 1951).

K. H. Connell, *The Population of Ireland(1745-1850)* (Clarendon Press, Oxford, 1950).

W. Crosby, *Ecological Imperialism: The Biological Expansion of Europe, 990-1900* (Cambridge University Press, London, 1986).

P. D. Curtin, *The Atlantic Slave Trade. A Census* (University of Wisconsin Press, Madison, 1969).

A. Hayami, "Population Change," in M. Jansen and G. Rozman, eds., *Japan in Transition from Tokugawa to Meiji* (Princeton University Press, Princeton, NJ, 1986).

J. Z. Lee and Wang Feng, *One Quarter of Humanity* (Harvard University Press, Cambridge, MA, 1999).

M. Livi-Bacci, *Population and Nutrition* (Cambridge University Press, Cambridge, 1991).

M. Livi-Bacci, "The Depopulation of Hispanic America after the Conquest," *Population and Development Review* 32 (2006).

T. McKeown, *The Modern Rise of Population* (Academic Press, London, 1976).

W. H. McNeil, *Plagues and Peoples* (Anchor Press/Doubleday, Garden City, NY, 1976).

N. Sánchez-Albornoz, *The Population of Latin America. A History* (Berkeley, University of California Press, 1974).

Demography (Population Association of America, Silver Spring, MD)

Genus (Department of Demography, Rome)

Population (INED, Paris)

Population and Development Review (Population Council, New York)

Population Studies (Population Investigation Committee, London)

Chapter 3

토지, 노동 그리고 인구

1. 수확체감과 인구증가
2. 역사적 확증
3. 인구압력과 경제발전
4. 인구압력과 경제발전에 대한 추가적 논의: 석기시대에서 현재까지의 사례들
5. 공간, 토지 그리고 발전
6. 인구규모와 번영
7. 수확체증인가 수확체감인가?

Chapter

토지, 노동 그리고 인구 3

1. 수확체감과 인구증가

인구증가가 농업사회의 경제발전에 미치는 효과에 관한 질문은 아직도 풀리지 않은 채 논쟁거리로 남아 있다. 이 질문에 대해서 두 개의 서로 상충하는 강경한 입장이 존재한다. 첫째 입장은 인구증가를 본질적으로 부정적 힘으로 이해한다. 인구증가는 고정적이거나 한정된 자원(토지와 광물)과 인구 사이의 관계를 긴장시키기 때문에 장기적으로 빈곤을 증가시킨다는 것이다. 둘째 입장에 따르면 인구가 증가할수록 인간의 재능은 자극을 받기 때문에, 한정된 자원으로 인해서 생기는 불이익을 없애거나 또는 오히려 장점으로 바꾸게 된다. 인구가 많을 경우 규모의 경제가 생기고, 생산과 잉여가 증대되며, 이것이 다시 기술진보를 촉진한다.

첫째 입장은 즉각적 또는 단기적인 실증자료를 통해 타당성을 주장한다. 인구밀도의 증가는 많은 사람들이 사용하고자 하는 한정된 자원을 쟁취하기 위한 경쟁을 유발한다. 그러나 역사적 관찰에 따르면 이 입장에 대해 명백한 반례가 존재한다. 경제발전이 일반적으로 인구증가와 함께 이루어졌다는 것이다. 인구가 커지면 조직의 개선과 업무의 전문화가 가능해진다. 한정된 자원을 대체할 만한 방법들을 찾아 내기 쉬워지며, 소규모 집단 또는 인구밀도가 낮은 집단은 유지할 수 없는 시스템을 만들어 낸다. 단기적 관찰과 장기적 관찰의 상충을 해소하는 것은 쉬운 일이 아니다.

이와 정반대인 둘째 입장은 또 다른, 어쩌면 더욱 심각한 모순을 해결해야만 한다. 비록 인구증가가 인간 정신의 혁신과 창의력(경제학자들이 '기술진보'라고 일컫는 것)을 자극한다고 인정한다고 하더라도, 어떻게 그 정신이 인간의 생존과 번영에 필수적인 한정된 자원(토지, 공간 및 다른 본질적 천연요소들)을 확장시킬 수 있는지 상상하기 매우 어렵다.

깊은 계곡에 사는 고립된 농업인구를 생각해 보자. 출생과 사망의 차이는 더딘 인구증가를 낳고 그렇기 때문에 인구는 매 두 세기마다 두 배씩 증가한다. 처음에는 더 비옥하고 물을 대기 쉽고 접근이 용이한 땅을 경작하는데, 강을 따라 평원을 이룬 곳이 이에 가장 잘 부합한다. 인구가 증가하면 그에 따라 식량수요가 늘기 때문에 경작하기 좋은 토지들을 모두 이용하게 될 것이다. 그리고 결국에는 물을 대기 어렵고 덜 비옥한 땅, 즉 주거지와 멀리 떨어진 계곡의 경사진 부분까지 이용해야만 하게 된다. 인구증가가 지속되면 생산성이 이보다도 더 낮은 토지, 예를 들어 계곡의 더 높은 지대와 침식작용에 더 노출된 땅에도 작물을 심어야 한다. 모든 토지가 다 이용되고 나서는 더욱 집약적인 경작을 통해 수확량의 증가를 도모할 수 있다. 하지만 이런 이득에는 한계가 있다. 왜냐하면, 궁극적으로 노동을 추가적으로 투입하더라도 더 이상 수확을 효과적으로 늘릴 수 없는 지점에 이르게 되기 때문이다. 이와 같은 방식으로, 고정된 환경(기술수준도 고정되어 있다고 가정하자) 속에서 발생하는 인구증가는 점점 덜 비옥한 토지를 점점 더 많은 노동투입으로 경작하게 만든다. 그러면서도 토지 한 단위당 또는 노동 한 단위당 수확은 줄어들게 된다.

수확체감의 개념은 맬서스(Malthus)와 리카도(Ricardo)[1)]의 사상 모두에서

1) 맬서스는 『인구론』의 서두에서 수확체감의 개념을 소개하였다. "비옥한 모든 토지가 경작될 때까지는 새로운 필지가 추가될 때 연간 식량증가는 기존에 경작되고 있는 토지의 개선에 의해서만 가능하다. 토양의 속성에 의해 이 수익은 점차 늘어나는 것이 아니라 줄어들게 된다." T. R. Malthus, *Essay on the Principle of Population* (Dent, London, 7th edn., 1967), 8쪽. 리카도는 위의 개념을 다음의 방식으로 설명하였다. "따라서 비록 가장 좋은 환경에서는 생산의 힘이 인구의 힘보다 훨씬 강하지만, 이러한 상황이 오래 지속되지는 않을 것이다. 왜냐하면, 토지는 양적으로 한계가 있고, 질적으로도 차이가 나기 때문이다. 토지에 투여되는 자본이 한 단위씩 증가할 때마다 생산의 비율은 줄어든다. 그러나 인구의 힘은 여전히 일정하게 유지된다." D. Ricardo, *The*

필수적인 요소이며, 이 개념은 또한 비농업시대에도 적용될 수 있다. 추가적인 노동자 각각이 자본스톡에 기여하는 바(노동자들이 한 대의 기계를 작동한다고 생각하자)는 전체 생산량을 증가시킬 것이지만, 노동력의 추가적 투입이 유발하는 생산량 증가는 점차적으로 감소할 것임을 상상하기는 어렵지 않다.

그렇기 때문에 수확체감의 법칙은 인구의 증가 및 토지와 자본의 제한된 공급이라는 상황이 주어졌을 때 1인당 생산이 감소하는 현상을 말하는 것으로 보인다. 하지만 노동자의 생산성은 일정한 것이 아니어서, 인간 역사를 통해 혁신과 발명이 생산성을 꾸준히 증가시켜 왔다. 농업에서는 금속제 도구가 나무로 만든 도구를 대체하였고, 괭이질 대신 쟁기질이 등장하였으며, 인력 이외에 축력이 사용되게 되었다. 이와 유사한 진보가 생산의 기술적 혁신의 내용을 이룬다. 윤작과 종자 선별, 시비법의 개선 등이 바로 이런 진보에 해당한다. 간단히 말해서, 기술혁신의 도입은 그것이 단위토지당 생산을 늘리든, 아니면 단위노동당 생산을 늘리든 상관없이 가용자원의 증가를 낳는다. 하지만 가용자원 증가의 긍정적 효과는 일시적인 것에 불과하기 십상이다. 지속적인 인구증가가 이렇게 얻은 이득을 상쇄시킬 것이기 때문이다. 또한 어떠한 수준의 진보도 토지와 같이 한정된 자원의 생산성을 무제한적으로 향상시키지는 못한다는 것을 알아야 한다.

1798년 맬서스는 유명한 『인구론』의 초판에서 위에 언급된 관계를 설명하였다. 그는 "기하급수적으로 빨라지는" 잠재적 인구증가와 "산술급수적으로만 늘어나는" 생존에 필요한 자원(특히, 식량)이 양립불가능하다고 주장하였다. 인간이 음식을 먹어야 하는 것은 자연의 법칙이기 때문에, "지구상에서 인구와 생산의 두 힘 간에 자연적 불균등이 존재한다는 점과, 위대한 자연법(自然法)이 두 힘의 효과를 늘 동일하도록 요구한다는 점이, 내가 보기에 극복할 수 없는 중대한 난점을 만들어 낸다."[2] 인구증가는 자원과 인

Principle of Political Economy and Taxation (Dent, London, 1964), 56쪽.

구 사이의 긴장을 고조시키고, 마침내 더 이상의 인구증가를 막는 억제요인이 개입하게 된다. 맬서스는 이를 '적극적'(positive) 억제라고 불렀다. 즉, 기근, 질병, 전쟁 등은 인구규모의 감소를 가져오고 –중세 흑사병의 창궐이나 30년전쟁처럼– 자원과 인구 간에 보다 적절한 균형을 새로 찾아 낸다. 그렇지만 새 균형점은 다음 번 부정적 주기가 도래하기 전까지만 유효하다. 그렇지 않으려면 사람들이 출산력을 제한할 다른 방법을 찾아 내야만 한다. 이런 바람직한 '예방적'(preventive) 억제는 독신생활이나 혼인의 지연과 같은 형태로 존재한다. 이런 관행이 현명하게도 이와 같은 대안을 선택하는 사람들의 출산을 줄이는 것이다. 인구집단의 운명은 적극적 억제와 예방적 억제, 부주의한 행위와 책임감 있는 행위, 제약의 희생물이 되는 것과 능동적인 선택을 하는 것 사이의 투쟁에 의해 결정된다.

맬서스 모형은 수 년에 거쳐 수정되고 갱신되었지만, 여전히 기본적으로 처음에 제시된 공식을 따른다. 이는 다음과 같이 요약해 볼 수 있다.

1. 주요 자원은 식량이다. 식량의 부족은 사망력을 증가시키고 인구증가를 늦추며(또는 감소시키며) 새로운 균형을 만든다.
2. 수확체감의 법칙은 피할 수 없다. 인구증가에 대한 반응인 새 토지의 경작과 노동강도의 상승은 추가적 단위의 토지나 노동당 생산증가폭의 점차적 감소를 낳는다.
3. 발명이나 혁신에 의한 생산량 또는 생산성의 증가는 오직 일시적 도움만을 준다. 그 동안 도달한 어떠한 이익도 인구증가에 의해 무효화될 수 있기 때문이다.
4. 인구증가와 적극적 억제의 악순환을 인식한다면, 혼인을 줄여서 출산율(그리고 인구증가)을 낮출지도 모른다.

2) T. R. Malthus, *An Essay on the Principle of Population* (1798) (Norton, New York, 1976), 20쪽.

[그림 3-1]은 인구와 자원의 관계를 보여 준다. 인구증가나 감소가 발생한 이후에는 이 관계에 기초해 균형이 다시 만들어진다. 두 경우 모두에 대해 그림은 예방적 억제가 작동하는지 아닌지에 따라 두 가지 경로를 제시한다. 인구가 증가하면 식량수요가 증가하고 그에 따라 가격이 상승한다. 동시에 노동공급이 증가하기 때문에 노동자는 이전보다 적은 임금을 받게 된다. 가격상승이 임금감소와 결합함으로써 실질임금은 더 큰 폭으로 하락하게 되는데, 이는 생활수준의 악화를 뜻한다. 이러한 악화가 무기한 지속될 수는 없으며, 궁극적으로는 예방적 억제(경로 1)라는 현명한 선택, 이를 거부함으로써 얻게 되는 결과 즉 사망률 증가(경로 2), 또는 이 둘의 결합에 의해 새로운 균형을 이끌어 내게 될 것이다. 어느 경로를 따르든 생활수준의 악화는 사망률의 증가 또는 혼인율과 출산율의 감소를 통해 인구감소(또는 낮은 인구증가)를 낳는다. 그리고 이로 인해 인구와 자원 사이의 새로운 균형이 생성된다.

혁신과 발견은 재안정화 메커니즘의 기본적 기능을 바꾸지는 못한다. 다만 단절을 도입함으로써 재안정화 메커니즘의 작동을 지연시킬 뿐이다. 위의 모형은 인구증가가 가용자원에 의해 제약되는 농업경제와 소득의 상당 부분을 식량구입에 지출하는 가난한 인구집단에게 특히 잘 적용된다. 맬서스와 산업혁명의 시대 이전까지는 세계의 거의 대부분 국가가 위의 범주에 속하였으며, 오늘날에도 여전히 많은 국가들이 이에 속한다.

맬서스 모형을 산업사회에 적용하는 작업(1970년대에 로마클럽(Club of Rome)[1972년 『성장의 한계』라는 보고서를 출간하여 경제성장이 환경에 미치는 영향을 강조한 국제적 연구기관으로, 자원이 머지 않아 고갈될 것이라고 주장하여 이후 뜨거운 논쟁을 불러일으킴-역자 주]의 시도는 비과학적이었는지는 몰라도 대중적으로는 성공하였다)에는 어떠한 논리적 문제도 존재하지 않는다. 하지만 맬서스의 강력한 논리는 기술혁신이 계속 일어나고 재사용이나 대체가 가능한 자원을 사용하는 공업생산과정을 다룰 때에는 설득력을 잃기 쉽다.

그림 3-1 인구팽창과 감소 시기의 맬서스체제: 적극적 억제와 예방적 억제

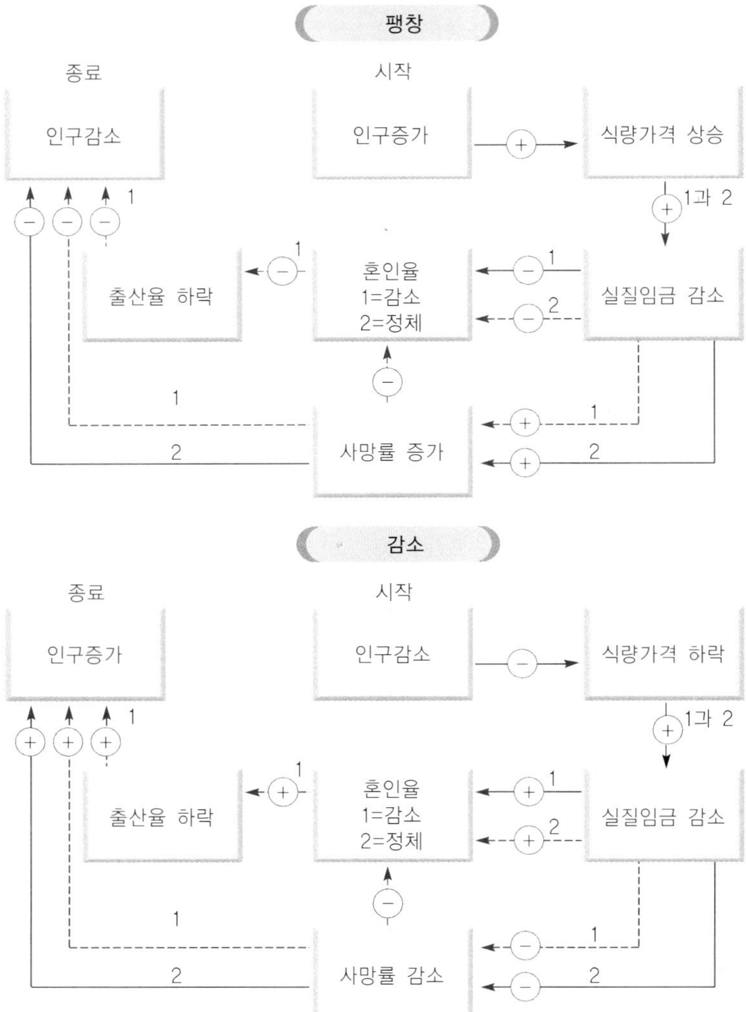

화살표는 예상되는 인과성의 방향을 보여 준다. +와 – 표시는 다음 단계에 대한 효과가 긍정적인지 부정적인지를 나타낸다. 점선은 실선보다 관계가 약하다는 의미다. 출산율의 역할은 경로 1에서 강하고 경로 2에서 약하다.

2. 역사적 확증

맬서스의 이론체계에 따르면, 생활수준이 악화되면 효과적인 예방적 억제가 없는 한 주기적인 사망률 증가를 겪게 된다. 하지만 예방적 억제가 작동한다면 인구증가는 조절될 수 있고, 부의 축적과 생활수준의 전반적 개선이 동시에 일어날 수 있다.[3] 맬서스에 따르면, 예방적 억제는 고대 유럽에서보다 그가 살던 시대에 더 강력하게 작용하였다고 한다. 그리고 그는 이것이 인류의 진보를 보여 주는 암묵적 증거라고 여겼다. 그렇지만 예방적 억제는 느리게 작동하고, 또한 고도로 문명화된 사회에서만 작동한다. 불행하게도 적극적 억제가 역사적으로 훨씬 광범위하게 작동하였던 것으로 보인다. 대재앙과 사망위기의 빈도와 강도가 이를 시사한다. 분명히 사망위기는 생활수준과는 무관한 전염병의 주기에 의해서(제2장 제3절의 흑사병부분 참조) 종종 발생하였다. 그러나 근대에 이르러서는 생존위기가 종종 사망위기를 동반하였다. 사망률이 크게 증가하고서 몇 달이 지난 후에 곡물(산업화 이전 사람들의 열량섭취 중 2/3를 차지하였다)가격이 평상시보다 2배, 3배, 4배, 또는 그 이상으로 상승하곤 하였다. 흉년 또는 연속된 흉년은 일반적으로 기후조건 때문에 일어났는데, 이것이 곡물가격을 상승시킨다. 곡가상승을 부채질한 것은 저장시설의 부족, 대체식량의 부재, 무역을 저해하는 요소들, 흉작으로 타격을 입은 사람들의 심각한 빈곤 등이었다. 위기시마다 과잉인구가 주기적으로 청산되었다는 것이 맬서스 모형을 지지하는 근거로 자주 인용되어 왔다. [그림 3-2]는 몇몇 시기에 대해 시에나(및 토스카나의 일부 다른 지역)의 밀가격과 사망자수를 보여 준다. 선별된 시기들은 16세기 중반에서 18세기 초반에 이르는 시기 가운데 대폭의 가격상승과 사망률의 정점이 일치하여 발생하였던 연도를 전후한 것들이다.[4] 이와 유사하게 식량

3) T. R. Malthus, *A Summary View of the Principle of Population* (1830) (Penguin, Harmondsworth, 1970), 251~252쪽.

4) M. Livi-Bacci, *Population and Nutrition, Essay on the Demographic History of Europe*

그림 3-2 시에나의 사망자수와 곡물가격지수, 16~17세기

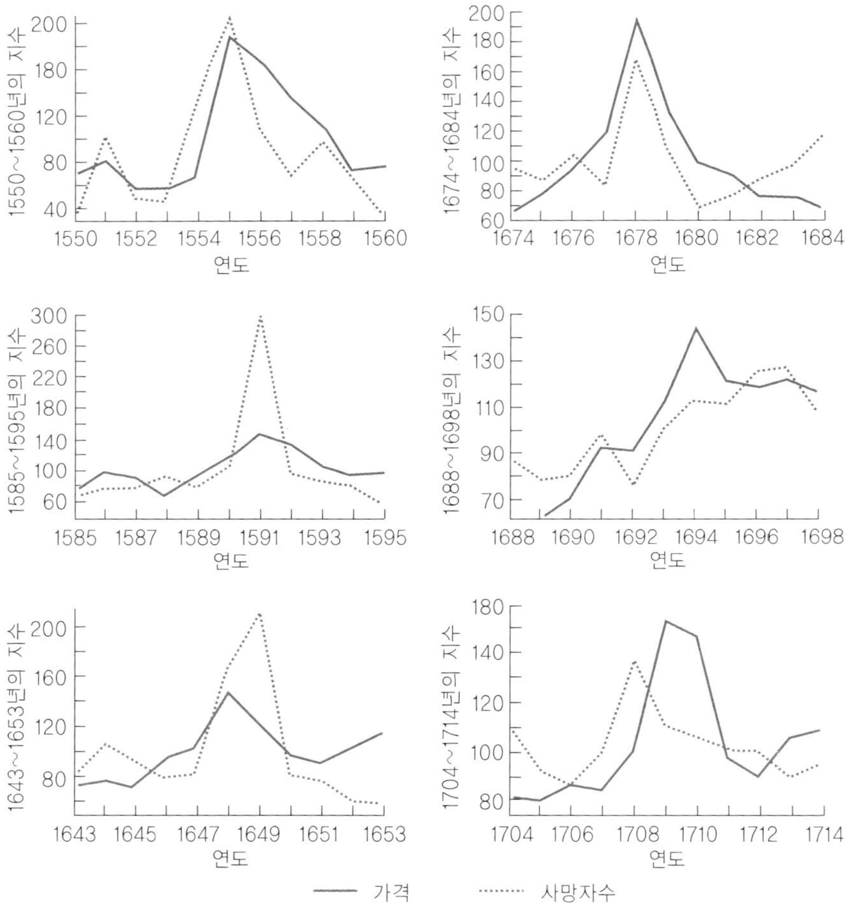

자료: 가격에 대해서는 G. Parenti, *Prezzi e mercato a Siena (1546-1765)* (Cya, Florence, 1942), 27~28쪽. 사망자수에 대해서는 Department of Statistics, University of Florence의 미출간 논문.

(Cambridge University Press, Cambridge, 1991), 51~54쪽. 19세기와 20세기에 기근이 사망률에 끼친 영향에 대한 평가를 보려면 C. Ó. Gráda and T. Dyson, eds., *Famine Demography: Perspectives from the Past and Present* (Oxford University Press, Oxford, 2001).

부족이 심하였던 연도에 혼인율의 감소가 발생한 경우도 많았다. 이는 상황이 개선될 때까지 혼인을 연기하는 사례가 많았기 때문이며, 이 때문에 출산율 또한 일시적으로 하락하였다.

유럽 여러 지역의 상황도 시에나와 별반 다르지 않았다. 16세기와 17세기, 18세기 초엽에는 생존위기가 발생하였고, 인구감소라는 부정적 결과가 뒤따랐다. 생존위기는 한 세기에 2회, 3회, 4회, 또는 그보다 더 자주 발생하였다.[5] 1693~1694년과 1709~1710년에 발생한 대위기 때에 프랑스에서는 여느 해에 비해 사망자수가 두 배로 늘어났으며, 인구구조와 피해자의 기억에 두고두고 남을 상처가 생겼다.[6]

생활수준의 퇴보가 미친 부정적 영향은 보다 오래 지속되며, 맬서스 모형의 작동은 단기보다 장기에 더 분명하게 나타난다. 만약 우리가 식량부족과 무관한 전염병위기(흑사병, 천연두 등)의 효과를 무시한다면, 사실 생존위기의 인구학적 효과는 증가와 감소가 번갈아 반복되는 인구의 주기를 적절하게 설명해 내지 못하게 된다. 이러한 주기는 적극적 억제와 예방적 억제라는 덜 일시적인 행동에 의해 더 잘 설명될 것이다. 즉, 생활수준의 향상시기나 악화시기에 대한 반응으로 사망률과 혼인율이 장기적으로 어떻게 조정되는가가 설명력이 높다는 것이다. 임금과 가격의 시계열자료는 인구와 경제 사이의 관계를 보여 주는 중요한 단서다. 왜냐하면, 임금과 가격은 장기간 맬서스 모형에 부합하여 변화하는 모습을 보여 주기 때문이다([그림 3-3] 참조). 부정적인 인구학적 주기 동안 –예를 들어, 흑사병을 뒤이은 세기나

5) 잉글랜드에 대해서는 A. B. Appleby, "Grain Prices and Subsistence Crises in England and France 1590-1740," *Journal of Economic History* 39 (1979), 865~887쪽. 프랑스에 대해서는 F. Lebrun, "Les crises démographiques en France au XVIIème et XVIIIème siècles," *Annales ESC* 35 (1980). 이탈리아에 대해서는 L. Del Panta, *Le epidemie nella storia demografica italiana (secoli XIV-XIX)* (Loescher, Turin, 1980). 스페인에 대해서는 V. Pérez Moreda, *Las crisis de mortalidad en la España interior, siglos XVI-XIX* (Siglo Veintiuno, Madrid, 1980). 독일에 대해서는 W. Abel, *Massenarmut und Hungerkrisen in vorindustriellen Europa* (Paul Parey, Hamburg, 1974).

6) Livi-Bacci, *Population and Nutrition*, 55쪽.

그림 3-3 유럽의 인구와 곡물가격, 1200~1800년(1721~1745=100)

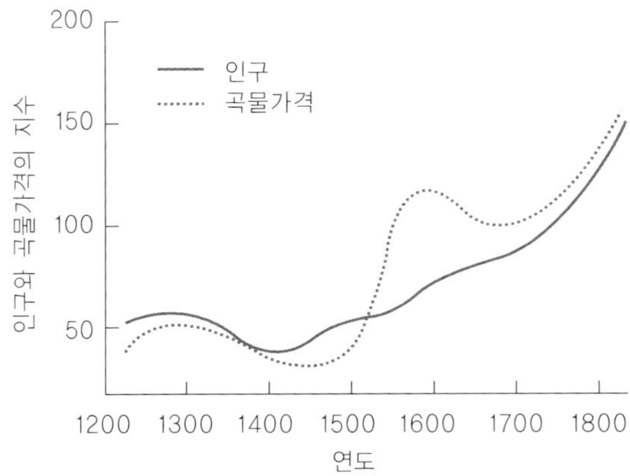

자료: B. H. Slicher van Bath, *The Agrarian History of Western Europe, A.D. 500-1850* (Edward Arnold, London, 1963), 103쪽.

17세기– 인구의 감소나 정체, 그리고 이에 따른 식량수요의 감소나 정체가 물가하락에 기여하며, 또한 노동수요의 증가에 기여하여 결국 임금을 상승시킨다. 예를 들어, 14세기 초반과 15세기 후반 사이 프랑스와 영국에서 밀 가격이 절반 이하로 떨어졌다가 이후에 양국 모두 다시 올랐다. 슬리허 반 바스(Slicher van Bath)가 말한 것처럼, "그리고는 14세기와 15세기의 경기침체가 도래하였다. 인구가 전염병에 의해 줄어들었고 경작지는 이제 사람들의 생존을 위해 필요한 양보다 늘어났기 때문에 곡물가격은 하락하였다. 인구가 감소함에 따라 노동은 부족하였고, 따라서 화폐임금과 실질임금 모두 크게 증가하였다."[7] 16세기에 인구가 뚜렷한 회복세를 보이자 상황은 역전되었다. 식량수요가 증가하면서 곡물과 다른 식량의 가격이 상승한 반면 실질

7) B. H. Slicher van Bath, *The Agrarian History of Western Europe, A.D. 500-1850* (Edward Arnold, London, 1963), 106쪽.

그림 3-4 잉글랜드의 인구와 실질임금, 1551~1851년

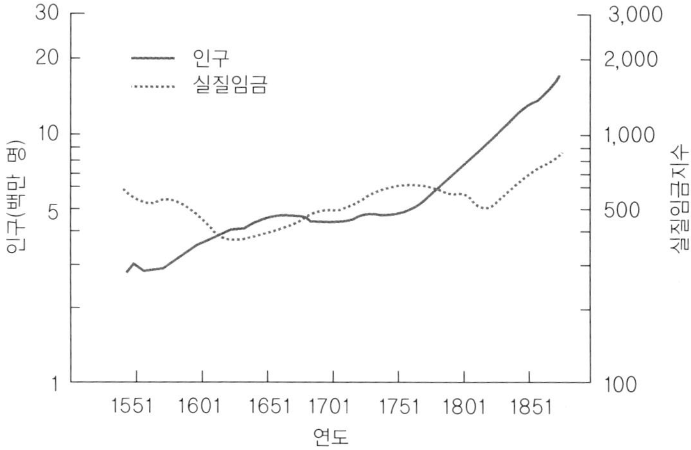

자료: E. A. Wrigley and R. S. Schofield, *The Population History of England, 1541-1871* (Edward Arnold, London, 1981), 408쪽.

임금은 줄어들었다.[8] 이 추세는 17세기 초에 임계치에 도달하였다.[9] 17세기의 인구감소와 30년전쟁의 결과로 발생하였던 독일 인구의 대규모 감소는 주기를 새롭게 역전시켰다(식량수요의 감소와 물가하락, 그리고 임금상승을 동반하였다). 새 주기는 인구증가로 상황이 다시 정반대로 바뀌게 되는 18세기 중반까지 지속되었다.

16~18세기 잉글랜드의 사례는 맬서스 모형과 잘 들어맞는 것으로 보인다. 인구의 변화와 실질임금지수가 [그림 3-4]에 표시되어 있다.[10] 통계치를 통해 나타나는 인구와 가격 간의 명확한 직접적 연계는, 인구의 증가나 감

8) 같은 책, 107쪽.
9) 같은 책, 108~109쪽.
10) E. A. Wrigley and R. S. Scholfield, *The Population History England, 1541-1871* (Edward Arnold, London, 1981), 10장.

그림 3-5 잉글랜드의 실질임금, 합계출산율(*TFR*) 및 기대수명(e_0), 1551~1801년

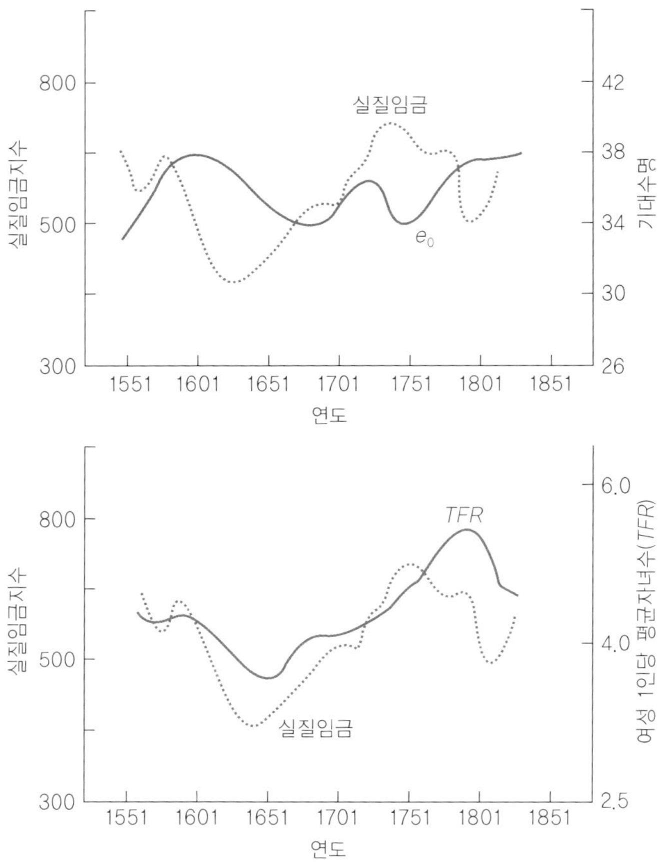

자료: E. A. Wrigley and R. S. Schofield, *The Population History of England, 1541-1871* (Edward Arnold, London, 1981)에서 응용함.

소가 가격의 인상이나 인하를 낳는다는 견해와 잘 부합한다. 특히, 17세기 중반과 18세기에 발생한 두 번의 역관계에 대해 주목할 필요가 있다. 전환시점에 대해서는 의견이 일치하고 있지 않지만, 그림에서 인구와 임금의 움직

임 간에 역관계는 뚜렷이 나타나 있다. 마지막으로 [그림 3-5]는 인구변화의 두 가지 요소, 즉 출생시의 기대수명(e_0)에 의해 표현되는 사망률과 합계출산율(*TFR*)에 의해 표현되는 출산율을 나타낸다. 사망률은 실질임금으로 표현되는 생활수준과는 무관하게 변동하는 반면, 혼인율의 변화에 반응하는 출산율은 단기간의 지체 이후 생활수준의 변동을 따라 변화하는 것으로 보인다.

잉글랜드의 사례는 맬서스 모형의 경로 1([그림 3-1])을 확인시켜 주는 것으로 보인다. 인구와 자원의 균형을 복구시키는 것이 사망률의 음울한 억제가 아니라 혼인율과 출산율의 변동이라는 것이 경로 1이 제시하는 바이기 때문이다.

제한된 자료에도 불구하고, 장기간을 다룬 다른 연구들 역시 이와 유사한 해석을 내놓는다. 프랑스 남부 랑그독(Languedoc)에서의 사회생활을 들여다보면 경제 · 인구학적 주기가 두드러지게 나타난다.[11] 첫 주기는 1348년의 흑사병 발발 이전에 완결되었다. 유럽의 여러 지역에서 그랬던 것처럼 여기에서도 인구가 팽창하였고, 척박하고 비생산적인 한계지가 점차적으로 개간되었다. 기근이 빈번하게 발생하고 인구성장이 더뎌지는 징조는 13세기 후반과 14세기 전반에 뚜렷해졌고, 그 뒤를 이어서 흑사병 발발과 인구감소가 나타났다. 인구감소는 몇 가지 중요한 사회인구학적 효과를 낳았는데, 예를 들어 핵가족들이 재결합하여 확대가족을 구성한 것과 토지가 재분배된 것은 모두 갑자기 토지가 풍부해지고 노동이 부족해진 농업체제에 적합하였다. 하지만 우리의 목적에 맞는 가장 중요한 경제적 효과는, 가격하락과 임금상승이 발생하여 이 추세가 16세기에 인구회복이 시작되고 가속화될 때까지 계속되었다는 점이다. 또다시 토지가 부족하게 되자, 점점 더 척박한 토지까지 새로이 경작되었고 실질임금은 하락하였으며 사회는 더 곤궁해졌다. 17세기부터 18세기에 이르는 기간에 인구는 다시 감소하였다.

11) E. Le Roy Ladurie, *Les Paysans de Languedoc* (SEVPEN, Paris, 1969).

르 로이 라뒤리(Le Roy Ladurie)는 인구증가와 감소주기의 반복을 맬서스식 용어로 설명하였다. 인구는 자원의 증가속도보다 더 빠르게 증가하였고, 장기적으로 기술진보가 없을 때는 적극적 억제가 이를 조절하였다. 랑그독의 사례는 잉글랜드의 사례와 달리 [그림 3-1]의 경로 2를 따랐다. 즉, 규제의 핵심적 메커니즘이 사망률을 매개로 한 것이었다.

이와 유사한 해석이 남부 유럽과 북부 유럽의 다른 지역에 대해서도 존재한다.[12] 이 모든 지역에서 공통적인 점은, 인구증가와 수확체감의 과정이 1인당 생산을 감소시켜 빈곤을 심화시켰으며, 이런 나선형의 '덫'은 피할 수 있거나 적어도 혁신과 인구증가의 조절을 통해 약화시킬 수 있다는 것이다.

3. 인구압력과 경제발전

수확체감의 논리는, 만약 인구가 산아제한에 의해 조절되어 부의 축적과 후생의 개선이 일어나지 않는다면, 자원증가와 인구증가 간에 끊임없는 경쟁이 있다는 것을 의미한다. 어떤 경우라도 인구증가는 경제발전을 저해하는 요인으로 작용한다.

맬서스의 이론과 상반되는 이론, 즉 인구증가가 경제발전을 촉진한다는 주장은 훨씬 긴 역사를 가지고 있다. 17세기와 18세기 전반의 경제학자들은 여러 국가(특히, 스페인과 독일)에서 발생한 인구감소의 부정적인 경제적

12) 카탈로니아에 대해서는 J. Nadal, "La població," in J. Nadal, I. Farreras, and P. Wolff, eds., *História de Catalunya* (Oikos-Tau, Barcelona, 1982); J. Nadal and E. Giralt, *La population catalane de 1552 à 1717* (SEVPEN, Paris, 1960). 프로방스에 대해서는 R. Baehrel, *Une croissance: La Basse Provence rurale* (SEVPEN, Paris, 1961). 이탈리아에 대해서는 A. Bellettini, "La popolazione italiana dall'inizio dell'era volgare ai nostri giorni. Valutazioni e tendenze," in *Storia d'Italia* (Einaudi, Turin, 1973), 제5권으로, 맬서스 모형을 따른 수 세기에 걸친 장기연구이다. 또한 M. A. Romani, *Nella spirale di una crisi* (Giuffrè, Milan, 1975). 베네룩스에 대해서는 B. H. Slicher van Bath, "Historical Demography and the Social and Economic Development of the Netherlands," *Daedalus* (1968년 봄). 일반론에 대해서는 D. Grigg, *Population Growth and Agrarian Change: A Historical Perspective* (Cambridge University Press, Cambridge, 1980).

효과를 우려하였고, 자원이 풍부한 여러 국가들이 겪는 빈곤은 인구의 부족과 관련이 깊다고 확신하였다. 이들은 인구증가를 긍정적으로 바라보았다. "거의 예외 없이 그들은 '대인구'와 급속한 수적 증가를 열망하였다. 사실 18세기 중반까지 그들은 다른 무엇보다도 '인구주의자'(populationist)의 입장과 거의 의견을 같이하였다. 많은 수의 인구, 그리고 증가하는 인구는 부를 나타내는 가장 중요한 '징조'였고, 부를 낳은 중요한 '원인'이었으며, 부 그 '자체'였다. 따라서 어떤 국가에서든 이는 최고의 자산이었다."[13] 발전이 제한되고 인구밀도가 낮았던 당시의 맥락에서 보면, 인구증가는 자원의 증식을 의미하였고, 따라서 개인소득의 상승을 의미하였다.[14] 이러한 의견은 필자가 언급하였던 것처럼 널리 퍼져 있었고, 18세기 말이 되어서야 산업혁명의 초기 단계와 관련된 부정적 효과가 부각되어 맬서스와 그의 지지자들로 하여금 이와 반대되는 주장을 피력하게 하였다.

인구증가가 경제발전을 유발할 수 있는가? 만약 '고정된' 자원이 충분하거나 다른 것으로 대체될 수 있다면, 그렇지 못할 이유도 없다. 사회사와 경제사가 이를 잘 보여 준다. 인구가 적은 곳에서 어떻게 발전이 억제되거나 아예 이루어지지 못하는지를 알아보는 것은 쉽다. 이러한 곳은 낮은 인구밀도, 제한된 무역, 분업과 전문화 가능성의 제약, 대규모 투자의 부재 등의 특징을 보인다. 역사적으로, 인구가 감소하였던 지역이나 또는 인구를 잃는 과정에 있었던 지역은 거의 대부분 낙후된 경제를 경험하였다. 17~18세기에 유럽의 여러 정부들이 인적이 드문 지역이나 인구감소로 생활수준이 악화된 지역의 인구를 늘리기 위한 조치를 취하였다(일부는 실패하였다).[15]

경제발전과 인구증가를 연계하는 논리를 이해하는 일은 중요하다. 증가하는 인구압력과 그에 따른 가용자원에의 압박이 어떻게 발전의 전제조

13) J. A. Schumpeter, *History of Economic Analysis* (Oxford University Press, Oxford, 1954), 251쪽.
14) 같은 책, 251~252쪽.
15) 예를 들어, 18세기에는 카를로스 3세 때 안달루시아 지방을 식민지화하려는 시도가 있었고, 로렌 통치기에는 이탈리아 서부 해안습지(Maremma)를 식민지화하려 하였다.

그림 3-6 인구와 농업 집약화

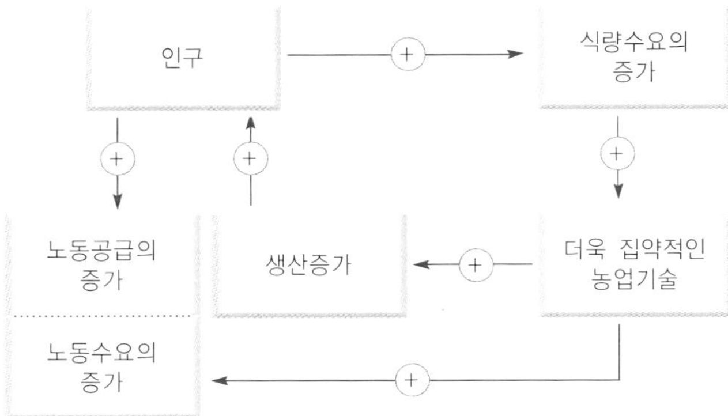

건을 만들어 낼 수 있을까? 근래에 에스터 보서럽(Ester Boserup)이 주창한 이론은 농업경제와 관련하여 이들의 관계를 설명한다.[16]

농촌지역의 인구밀도 변화는 자연히 토지의 비옥도와 관련되기 마련이다. 물을 공급하기 용이한 비옥한 토지에서는 높은 인구밀도가 나타나고, 경작하기에 좋지 못한 토지에서는 인구밀도가 낮아진다. 하지만 해석은 반대가 될 수도 있다. 인구증가가 점차 더 집약적인 경작수단을 사용하는 환경을 창출하는 것으로 볼 수 있는 것이다. 이 경우 인구압력은 농업혁신의 결과가 아니라 원인이 된다.

토지경작체제는 폭넓은 스펙트럼을 따라 다양하게 펼쳐져 있다. 한 극단에는 삼림-휴한지체제(forest-fallow system)(화전농업, 1~2년간의 재배, 그리고 숲의 재건과 토양비옥도의 회복을 위한 20~25년간의 휴한기간으로 이어진다)가 있고, 다른 극단에는 동일한 땅에 수 년간 연속적으로 재배를 하는 체제가 있다. 양 극단의 사이에 존재하는 체제들 가운데 관목-휴한지경작법(brush-

16) E. Boserup, *The Conditions of Agricultural Growth* (Allen & Unwin, London, 1965).

fallow cultivation)은 삼림-휴한지체제와 재배방법은 동일하지만, 관목이 새로 지표를 덮는 데에 6~8년이면 되기 때문에 주기가 상대적으로 짧다. 단기-휴한지체제(short-fallow system)(1~2년)에서는 지표를 덮었던 풀이 다시 회복하는 시간만이 필요하며, 매년 반복되는 작물재배에서 토양의 휴식을 위한 시간은 수 개월이면 충분하다. 인구증가는 점차 집약도가 높고 휴한기간이 짧은 경작체제로 이행하도록 압박한다. 이 새로운 경작체제하에서는 고정된 면적으로부터 점점 더 많은 인구를 부양할 수 있게 된다. 그러나 이러한 집약화 과정은 노동에 대한 더 많은 수요와 노동생산성의 감소를 동반한다. 예를 들어, 화전농법체제에서 땅을 정리하고 씨를 뿌리는 작업은 지극히 초보적이다. 나무를 쳐내고 불을 놓으면 숲이 정리되고, 거기서 발생하는 재가 토양을 비옥하게 만들고, 씨를 뿌리고 토질을 부드럽게 하는 데에 날카로운 막대기면 충분하며, 노동시간당 생산성은 높다. 휴한기간이 단축되면, 토지를 정리하는 것이 더욱 힘들어지며, 불을 피우는 단순한 작업은 괭이나 쟁기를 이용한 작업으로 대체되어야만 한다. 비료를 주고 잡초를 뽑고 물을 대는 작업이 모두 반드시 필요하다. 삼림-휴한지체제에서는 "불이 대부분의 일을 하며, 영구적인 농지로 개간하는 데에 필수적인 뿌리 제거와 같이 많은 시간을 소요하는 작업은 필요가 없다. 삼림-휴한지체제에서 지표면을 청소하는 데 드는 시간은 완전한 청소에 드는 시간의 일부(아마 10~20%)에 지나지 않는다."[17] 또 다양한 단계에 따라 도구도 바뀐다. 화전농법체제에서는 파종을 위해서 끝이 뾰족한 막대기만 있으면 충분하지만, 휴한기간이 짧아지면 관목이 자라던 토양을 청소하기 위해서 괭이가 필요하며, 휴한기간이 더 짧아지면 잡초를 제거하기 위해서 쟁기가 필요해진다. 쟁기질을 위해 가축의 힘을 사용하기 시작하자, 가축이 퇴비를 생산해 내기는 하였지만 동시에 가축을 먹이고 보살피기 위해 추가적인 노동을 해야 하였다. 동일한 수확을 내기 위해서 농부는 더 오래 일을 해야만 하였다. 다시 말해, 기술적

17) 같은 책, 30쪽.

진보가 없다면 노동시간당 생산성은 떨어지는 경향을 보인다. 가용한 토지에 비해 인구가 너무 많아지면, 농부는 노동투입을 늘려 단위토지당 생산을 늘리는 종류의 새 기술을 사용해야만 하였다. 이 논리에 따르면, 어떤 인구집단들은 집약도를 높이는 기술을 도입하지 않았는데, 그 이유는 그들이 이런 대체기술을 모르고 있었기 때문이 아니라 토지가 풍부해서 대체기술이 해만 끼치기 때문이었다. 사실 기술의 집약화는 단위노동당 생산을 줄이게 된다.

이러한 농업혁신의 과정은 오늘날 우리에게 익숙한 공업부문의 혁신과 다르다. 후자에서는 노동력 절감효과가 있기 때문에 혁신과 발견이 '즉각적으로' 받아들여진다. 농업혁신의 경우, 혁신은 인구증가의 결과이며 일정한 수준의 인구밀도를 확보해야 한다는 사실의 결과다. 공업혁신의 경우에는 혁신이 인구학적 요소와 독립적이다.

농업체제와 인구밀도 사이의 관련성은 위에서 본 농업혁신의 과정이 인구가 감소하였던 시기(제2장에서 설명하였던 몇몇 경우)에는 역전되었다는 사실에 의해서도 지지된다. 인구밀도가 낮아지면 덜 집약적인 체제로의 회귀가 유리하게 되는 것이다. "전쟁이나 전염병의 유행 이후에 버려졌던 영구적 농지 중 상당수가 … 그 후 수 세기 동안 경작되지 않은 채 남아 있었다. 노동집약적인 시비법은 프랑스에서 수 세기 동안 사용되지 않았다가, 인구가 다시 조밀해지자 같은 지역에서 부활하였다."[18] '기술적' 퇴보에 대한 더욱 최근의 사례는 개발도상국에서 발견할 수 있다. 라틴아메리카에서 관찰할 수 있는 "기술수준이 높은 인구조밀지역에서 인구가 희박한 곳으로 … 와서 정착한 사람들"이 여기에 속한다.[19] 적도 부근의 밀림지역에서 –아마존 지역처럼– 식민지개척자들이 화전농법을 실행하였다는 사실은 이러한 현상을 보여 주는 불운한 현대적 사례이다.

18) 같은 책, 62쪽.
19) 같은 책.

보서럽의 모형([그림 3-6]에 요약되어 있는)은 점진적인 인구증가의 압력하에서 일반적으로 과거 사회집단의 변천이 느리게 일어나는 상황을 묘사한다. 인구증가는 이 모형에서 외생적인 독립변수로 간주된다.[20] 그런데 이 모형은, 아래에서 살펴보게 되겠지만, 혼합경제 또는 현대적인 인구가속화를 경험하고 있는 개발도상국에 적용할 때 설명력을 크게 잃게 된다. 이 모형은 다른 요인들의 작용을 배제하지는 않지만, 경제적 변환을 이끄는 원동력의 하나로 인구증가를 꼽고 있다. 인구는 경제발전에 종속된 변수가 아니라 스스로 경제발전을 유발하게 되기 때문에, 이 모형은 맬서스의 모형을 뒤집어 놓은 셈이다.

4. 인구압력과 경제발전에 대한 추가적 논의: 석기시대에서 현재까지의 사례들

인구압력에 관한 실증주의적 이론은 앞서 언급한 바 있는 수렵 · 채집에서 농업으로의 '신속한' 이행에 적용되어 왔고, 거기에서 흥미로운 결과들이 도출되었다. 인류는 수십만 년 동안 생태계가 자연적으로 제공한 동식물에 의존해 왔는데, 이 이행은 인류가 단지 수천 년 만에 스스로 자원을 생산하는 체제를 발전시킬 수 있게 만들었다.

전통적 이론에 따르면, 이 이행은 경제발전 그리고 혁신과 발명의 보급에 의해 설명된다. 가축을 길들이고 파종하고 수확하는 기술의 새로운 발명이 생산의 증가와 안정화를 낳았고, 그에 따라 인구증가의 가속화가 촉진되었다.[21] 다시 말해, 사람들이 환경에 변화를 가해서 인구증가에 필요한 조건

20) 보서럽 모형의 구성요소들은 현대의 많은 저자들에게서 찾을 수 있다. 예를 들어, C. Clark and M. Haswell, *The Economics of Subsistence Agriculture* (Macmillan, London, 1964), 제1장 및 제2장.

21) V. G. Childe, *Man Makes Himself* (Mentor, New York, 1951).

들을 창출해 낸 것이다. 보서럽과 마찬가지로 마크 코헨(Mark Cohen)은 이 과정을 정반대로 돌려놓았다.[22] 1만 1,000년 전 내지 1만 2,000년 전 수렵·채집사회가 당시에 가용한 모든 토지에 자리를 잡았을 때, 인구증가로 인해서 사람들은 채집의 범위를 넓혀 영양분이 적고 맛이 없는 질 낮은 음식까지 모아야 하였다. 그러다 9,000년 전부터 수렵·채집인은 음식의 범주를 더욱 넓혀야만 하였다. 그래서 그들은 맛은 좋지 않지만 쉽게 재생산되는 작물을 재배하였는데, 이로써 농업으로의 이행이 시작되었다. 이 주장은 두 개의 핵심적 주장과 일련의 부수적 추론을 근거로 하고 있다.

첫 번째 주장에 따르면, 농업은 일련의 경험과 기술로 이루어지는데, 이 경험과 기술은 수렵·채집인들이 이미 알고 있었지만 필요가 없어서 사용하지 않았던 것이다. "어느 정도 식물에 의존하고, 인간으로서의 기초적 지능을 보유하고, 생활의 기반이 되는 간단한 주거구조를 가지고 있는 인간집단이라면 … 씨나 싹이 자라나 성숙한 식물이 되는 기본 과정을 자연스럽게 터득할 수 있었을 것이다. … 농업은 … 다음과 같은 여러 가지 행동들의 결합이다. 즉, 땅을 깨끗이 정리해서 식물이 잘 자랄 수 있게 하기, 토양을 비옥하게 만들기, 파종하기, 식물에 물대기, 경쟁적 종을 제거하기, 보존조치를 취하기, 원래의 생태학적 경계를 넘어 종을 보내기, 선호하는 유형을 선택하기 등이다. 이 행동 중에서 어느 것도 단독으로는 농업이 되지 못한다. 이 모든 행동이 합쳐져야 비로소 농업이 되는 것이다."[23]

두 번째 주장은 농업으로의 이행기에 영양의 수준과 이 수준을 충족시키기 위해 필요한 작업량과 관련된다. 우선, 이 이행은 음식의 질과 다양성이 모두 떨어지는 상황을 수반한다. 낚시, 사냥, 채집을 통해 얻은 음식이 정착하여 수확한 단조로운 곡물에 비해 영양과 맛에서 우월하였던 것이다. 결

22) M. N. Cohen, *The Food Crisis in Prehistory. Overpopulation and the Origin of Agriculture* (Yale University Press, New Haven, CT, 1977).
23) 같은 책, 22~23쪽.

과적으로 이 이행은 이행을 낳았던 인구증가가 없었더라면 유용하지 않았을 것이다. 게다가 정착농부가 하는 일은 수렵·채집인이 하는 일에 비해 상당히 부담스러웠다. 수렵·채집인에게는 식량을 찾는 일이 노동의 한 형태라기보다 자연스런 생활방식이었던 것이다.

이 이론은 주로 현재까지 생존하는 수렵·채집인 집단에 대한 관찰을 바탕으로 한다. 수렵·채집인이 수행한 일의 부담이 낮았다는 이러한 생존 모형의 가설은 칼라하리사막의 부시맨(Bushman)과 아넘랜드(Arnhem Land)의 원주민(Aborigine), 탄자니아의 부족 등의 사례와 일맥상통한다. 성인 남성인 부시맨은 하루에 평균 2~3시간을 사용하고, 안햄랜드의 원주민은 평균 3~5시간을 사용하며, 탄자니아의 부족은 겨우 2시간 정도밖에 사용하지 않는다.[24] 이와 유사한 상황을 19세기에 그레이(Grey)도 관찰한 바 있다.[25] 초기의 농부와 그들의 선조인 수렵·채집인을 비교해 보아도 아마 수렵·채집인이 식량확보를 위해 상대적으로 적은 노력을 쏟은 것으로 나타날 것이다. 결론적으로, "농업은 밀집된 인구와 확대된 사회단위를 부양하도록 식량을 집약적으로 생산할 수 있게 하였다. 하지만 그 대가로 음식의 질 저하, 수확에 대한 안정성의 하락, 그리고 단위식량의 생산을 위해 비슷하거나 더 많은 노동을 감수해야 하였다."[26] 그런데 인구증가로 인해 단위토지면적당 산출증가가 필요해졌기 때문에 농업이 확산되었다. 어떤 지역에 과잉인구가 있을 경우 이를 분산시키는 재균형작용(이민)이 존재해서 인구압력을 줄일 수 있었다는 점을 염두에 두고 보면, 왜 농업으로의 이행(인구증가가 이끈)이 인류의 역사와 비교할 때 상대적으로 짧은 기간에 이루어졌는가를 이해할 수 있을 것이다.

24) 같은 책, 30~31쪽.
25) M. Sahlins, *Stone Age Economics* (Aldine, Chicago, 1974)에서 인용하였다. 살린스(Sahlins)는 더 나아가 당대의 수렵·채집자들의 제한된 작업량에 대해 상세한 사례를 제공해 준다.
26) Cohen, *Food Crisis in Prehistory*, 39쪽. 또한 다음도 참조하라. Clark and Haswell, *Economics of Subsistence Agriculture*, 33쪽과 46쪽.

코헨의 접근법은 격렬한 논쟁을 유발하였고, 이를 증명하기 위한 많은 시도들이 있었다. 특히, 농업이행이 발생하기까지의 기간에 생활수준과 영양수준이 저하되었다는 가설이 집중적인 주목을 받았다. 하지만 이를 확증하기에는 아직 많은 부분들이 불분명하게 남아 있고, 고고학과 고병리학적 연구 모두 이 점에 대해 확정적 결론을 제시하지 못하고 있다.[27)]

최초로 알려진 인구혁명이 농업에 혁신적 변화를 불러왔다는 이론은 인구가 발전을 자극한다고 인식한다는 면에서 보서럽의 이론과 공통점이 있다. 나중에 발생한 인구증가 -예를 들어, 중세 유럽에서 흑사병 발발 이전에 인구가 증가한 것- 도 위의 모형이 시사하는 바와 같이 생산조직의 변화를 촉진하였다. "9세기와 14세기 사이에 확산된 새로운 체제는 마을의 모든 경지를 셋으로 구분하는 윤작으로, 농지에 두 종류의 곡식을 2년간 경작하고 이후 1년은 휴한지로 남겨 두는 방식이었다. 작물의 밑동만 남은 경지와 휴한지는 마을 주민들이 보유한 가축을 일정한 감독하에 풀어 키우는 장소로 이용되었다. 가축의 배설물은 토질을 개선시키는데, 이것이 단기간만 휴한을 할 경우 발생하는 토양비옥도의 저하나 경지확장에 의한 자연적 초지의 감소를 보상해 주었다. 비록 그렇다고 하더라도 농작물 수확량이 휴한기간을 오래 두었던 시기보다 줄어들었을 것이다. 그리고 인구의 증가가 계속되면서 식습관이 동물성 음식을 줄이고 식물성 음식을 늘리는 방향으로 변화하였을 것이다. 후에 흑사병의 창궐로 인구가 줄어들자, 경작지가 남아돌게 되어 목초지로 되돌리는 사례가 늘어나면서 식물성 음식을 덜 먹게 되는 반대 방향으로의 움직임이 일어났다."[28)] 유럽에서 인구밀도가 가장 높았던 저지대국가들에서는 농업체제가 유럽의 다른 지역에서 전형적으로 발생하던 기근과 기아의 재발을 피할 수 있었다. 보서럽에 따르면, 단기간의 휴

27) M. N. Cohen and G. J. Armelogos, eds., *Paleopathology and the Origin of Agriculture* (Academic Press, Orlando, FL, 1984). 두 편집자가 쓴 마지막 장을 보라.

28) E. Boserup, *Population and Technological Change* (University of Chicago Press, Chicago, 1981), 95~96쪽.

한방법과 단위토지당 열량이 높은 뿌리작물 재배 등의 주요 혁신이 처음 도입된 곳이 바로 이런 저지대국가들이었다고 한다.

현재까지 전통적인 기술을 사용하고 있는 농업사회에서 발견되는 증거도 인구증가가 발전의 견인차 역할을 하였다는 이 이론을 지지해 주고 있다. 예를 들어, 1962~1992년 사이에 개발도상국에서는 노동/토지 비율(일반적으로 상승)과 토지생산성(역시 상승) 간에 양의 상관관계가 관찰되었다. 토지에 대한 인구압력은 대부분의 국가에서 증가하였으며, 이는 토지수확량의 증대라는 보서럽식의 반응을 낳았다. 한 영향력 있는 연구는 1962~1992년에 라틴아메리카, 아프리카 및 아시아에서 발생한 일련의 사례에 주목한다.[29] 이 지역에서는 인구증가율이 높았기 때문에 인구압력의 수준이 과거에 비해 훨씬 높다. 거기서 분석된 사례는 인구증가율이 연 2~3%에 달할 때 농업사회의 반응을 보여 준다. 거의 대부분의 경우 도시의 성장이 농촌의 과잉인구의 일부를 흡수하며, 어떤 경우에는 비농업부문이 농업보다 실제로 우세하게 된다.

동등한 기술수준이 주어졌을 때, 경작체제가 집약적이 될수록 주어진 단위토지에서 주어진 작물을 경작하는 데 더 많은 양의 노동이 필요하다. 예를 들어, 삼림-휴한지 경작법(화전농법과 긴 휴한기를 특징으로 하는)을 가축을 이용하는 경작법과 비교하면, 1헥타르당 연간 총노동시간이 카메룬에서 770시간에서 3,300시간으로 급상승한 것을 알 수 있다.[30] 노동수요의 증가는 경작의 각 단계(토양정리, 잡초 제거 등)에서 필요한 노동량이 증가한 탓이기도 하고, 단계 자체가 많아진(관개, 시비 등) 탓이기도 하다. 화전농법에서는

29) 인구증가와 농업 간의 관계에 대한 개괄적 조사와 1962~1992년의 자료들의 출처는 N. Cuffaro, "Population Growth and Agriculture in Poor Countries: A Review of Theoretical Issues and Empirical Evidence," *World Development* 25:7 (1997)이다. 또 다음도 참조하라. P. L. Pingali and H. R. Binswagen, "Population Density and Agricultural Intensification: A Study of the Evolution of Technologies in Tropical Agriculture," in D. G. Johnson and R. D. Lee, eds., *Population Growth and Economic Development* (University of Wisconsin Press, Madison, 1987).

30) 같은 책, 38쪽.

세 개의 작업이면 충분하다. 불을 놓아 토지를 준비하는 작업은 코트디부아르와 라이베리아의 경우 헥타르당 300~400시간이 소요된다. 불에 의해 부드러워진 토양에 막대기나 괭이를 이용해 씨를 뿌리는 작업이 그 다음이고, 마지막 작업으로 수확을 하게 된다. 퇴비를 주거나 잡초를 뽑거나 물을 대는 작업이 필요하기 않기 때문에, 파종에서 수확에 이르는 기간에는 실질적으로 어떠한 작업도 수행되지 않는다. 그런데 농업이 집약적이 되면서 시비 · 제초 · 관개작업이 필수적이 되고 더욱 고된 노동이 요구된다. 핑갈리(Pingali)와 빈스바겐(Binswagen)의 연구에서 다루어진 52건의 사례를 모두 고려해서 경작집약도지수와 노동집약도지수를 계산해 보면,[31] 두 변수 사이에 양의 상관성이 있음을 발견할 수 있다. 경작집약도가 10% 상승하면 헥타르당 노동시간이 4.6% 증가한다. 이 연구는 또한 경작집약도가 10% 증가하면 헥타르당 생산이 3.9% 증가한다는 것도 보여 준다. 따라서 노동시간당 생산성은 약간 떨어지지만, 만약 순전히 경작을 위해 소요되지 않은 느동시간까지 고려한다면(가축 기르고 돌보기, 관개시설 관리하기, 장비 관리하기 등) 노동시간당 생산성 감소의 폭은 더 크다고 볼 수 있다. 생산성의 감소(혁신이 없다는 전제하에 계산된)는 물론 충분한 투자와 새로운 기술을 통해 보상될 수 있다.

개발도상국의 경험은 많은 측면에서 이 이론에 타당성을 부여해 준다. 농업의 집약화는 동일한 경작지단위에서 보다 많은 일이 요구됨을 의미하며, 또한 일정한 기술수준을 놓고 보면 동일한 생산량을 얻기 위해서 더욱 많은 노동력이 필요함을 의미하기도 한다. 이러한 추세는 최근의 역사에서는 기술혁신에 의해 강력한 제어를 받았다. 하지만 혁신의 속도가 훨씬 느리거나 정체되어 있었던 과거에는, 새로운 재배방법의 도입이 필요에 의해

31) 경작집약도지수는 단위토지당 연간 수확횟수다(삼림-휴한지 경작을 하는 토지는 24년 동안의 휴한기와 1년 동안의 경작기의 대상이 되는데, 이 경우 지수는 0.04로 최소치에 해당한다. 1년에 2번씩 수확하는 토지의 지수는 2이다). 노동집약도지수는 단위토지당 연간 노동시간을 추계한 것이다.

불가피하게 발생한 결과였고, 또한 새 재배법 도입으로 더 무거운 근로부담을 대가로 치러야 했다고 생각해 볼 수 있다.

5. 공간, 토지 그리고 발전

인류의 장구한 역사를 통해 인간의 복지는 주거공간과 토지를 얼마나 확보할 수 있는지, 그리고 이런 자원의 결여나 공급부족이 얼마나 큰 제약으로 작용하는지에 달려 있었다. 인구집단이 혁신과 적응을 수단으로 해서 이러한 제약을 극복하거나 회피하는 데 어떤 방식으로 성공해 왔는가가 생존과 인구증가를 이끄는 결정적 요인이었다. 앞에서 설명하였던 모형들은 맬서스식 모형이건, 보서럽식 모형이건 상관없이 모두 공간을 주요 요소로 보고 있다. 맬서스식 모형에서는 기본적으로 공간을 인구변화의 결정요인으로 보며, 보서럽식 모형에서는 공간을 인구의 증가 또는 감소에 반응하고 또한 그에 의해 변화되는 범위라고 보았다. 인구의 역사를 통해 위의 모형들이 번갈아 일어나기도 하였고, 중복되어 발생하기도 하였으며, 서로 교차해서 일어나기도 하였다. 각 모형이 미친 영향을 따로따로 파악하는 것도 쉬운 일이 아니다. 장기간의 인구증가를 연구하기 위해서 우리는 반드시 '공간'에 대해 고려해야 한다. 공간은 토지, 토지에서 생산되는 산출물(식량, 공산품, 에너지), 그리고 정착양태를 결정짓는 토지의 특성을 의미하기도 한다. 인구학은 이와 같은 주제를 너무 오랫동안 무시해 왔고, 그래서 유용한 설명수단을 갖추지 못하였다. 사실 인구추세를 이해하기 위해 공간을 연구해야 한다는 점은 이 책을 통해 직접적 · 간접적 측면에서 모두 분명하게 나타난다. 이는 신석기혁명에 관한 것이든, 신대륙에의 정착에 관한 것이든, 또는 아일랜드와 일본에서 발생한 사건에 관한 것이든 마찬가지이다.

유럽대륙 –또는 좀더 정확하게는 거대한 유라시아대륙의 서쪽 돌출

부– 의 사례를 분석해 보도록 하자. 이 지역은 공간과 인구의 관계를 연구할 수 있게 해 주는 정보를 아주 풍부하게 보유하고 있다. 유럽은 최소한 세 가지의 기본적 특징을 지닌 대륙이다. 첫째 특징은 접근이 상대적으로 용이하다는 것이다. 이 지역은 거의 대부분이 바다로 둘러싸여 있고 수많은 물길이 대륙 내부로 뻗어 흐르며, 또한 산악지형은 교통을 제한하기는 하지만 완전히 가로막지는 않는다. 둘째 특징은 기후가 온화하다는 것이다. 대륙의 대부분은 온대지역이며, 다양한 범위의 작물을 재배할 수 있다. 셋째 특징은 환경적 조건이 매우 가변적이라는 것이다. 인구집단은 이런 조건에 적응을 해야 하기도 하지만 동시에 특화가 요구되기도 한다.

유럽의 면적은(우랄산맥과 카스피해, 코카서스산맥까지) 960만km^2이고, 이 면적의 절반은 러시아에 속한다. 공간과 인구 사이의 복잡다단한 관계를 이렇게 광활하고 다채로운 지역을 대상으로 다루는 것은 너무 피상적일 수 있다. 그렇지만 흥미로운 점들을 많이 찾아 낼 수 있는 것도 사실이다. 카발리 스포자(Cavalli Sfoza)와 애머맨(Ammerman)에 따르면, 가용한 공간이 존재하였기 때문에 농업인들이 소아시아를 떠나 북서쪽 방향을 따라 유럽으로 점차 이동해 갔다. 이 이주민들이 새로운 정착과 경작기술을 전파시켰고, 새 정착지역에서 신석기혁명을 유발 또는 촉진하였다. 마찬가지로, 로마제국의 동쪽 경계에서 유목민들이 가하였던 압박은 공간과 자원의 정복이 있었기 때문에 가능하였음이 분명하다.

공간과 인구변화 사이의 관계를 더욱 잘 이해하기 위해서 최소한 세 줄기의 분석이 필요하다. 첫 번째 분석은 정착지 내에서 사람이 거주하지 않거나 인구가 산재된 지역을 점유하는 행위에 관한 것이다. 두 번째는 삼림의 벌채, 토지의 개간, 늪지대의 배수와 같은 작업을 통해 기존 공간을 변환시키는 행위에 관한 것이다. 그리고 세 번째는 이민과 새 영토의 식민지화를 통해 정착지 영역 밖으로 확장해 가는 행위에 관한 것이다. 이들 세 과정은 긴밀하게 연결되어 있으며, (비록 모두가 동시에 발생할 수 있을지라도) 개념적으로 시간순으로 열거할 수 있다. 이때의 기준은 각 과정이 필요로 하는 경제적 · 사회적 · 인적 비용의 크기다.

비거주지 또는 인구밀도가 낮은 지역의 점유

이러한 종류의 확장은 11~13세기에 중세 유럽에서 발생한 인구증가에서 찾아볼 수 있다. 그 기간에 유럽의 인구는 2~3배로 증가하였다. 그리그(Grigg)에 따르면, "900년에는 유럽의 많은 지역이 숲으로 뒤덮여 있었다. 하지만 다음 수 세기에 산림이 제거되고 경작을 위해 사용되었다. 1000~1300년 사이에 중앙유럽과 서유럽의 저지대 숲의 대부분이 제거되었고, 경작이 산악지역으로까지 확장되었다. 대표적으로 보주산맥(Vosges)프랑스 북동부에 위치한 산맥-역자 주과 알프스산맥, 피레네산맥 등이 있다."[32] 이미 사람이 정착하였던 토지가 신규 토지의 경작에 의해 확장되면서 이런 추세가 광범위하게 진행되었다. 종종 읍내와 성곽, 새로운 도시를 중심으로 인구가 밀집되는 현상이 수반되기도 하였다.[33] 경지의 확장은 다양한 방식으로 진행되었다. 가장 흔한 방식은 소농 개인이 기존 경작지에 접한 개활지 또는 숲을 개간한 땅에 새로 쟁기질을 하는 것이었다. 지주가 새로운 정착을 기획한 경우도 있었다.[34] 이런 과정은 이탈리아와 스페인, 프랑스, 독일 등의 지역에서 문서를 통해 상세히 기록되어 있다. 분명히 인구증가로 인해 발생한 자원에 대한 수요증가는 어느 정도는 토지개간과 고지대의 점유, 비용이 많이 드는 토지전환(가용한 기술의 한계 내에서, 그리고 통상 우리가 이미 논의한 농업의 집약화를 통해서) 등을 통해 충족시킬 수 있었다. 그렇지만 쉽게 획득할 수 있는 땅이 풍부하지 않았더라면 중세시대의 확장이 그렇게 역동적으로 이

32) D. Grigg, *The Transformation of Agriculture in the West* (Blackwell, Oxford, 1992), 13쪽.
33) H. Dubois, "L'essor médiéval," in J. Dupâquier, ed., *Histoire de la population française*, vol. 1: *Des origines à la Renaissance* (PUF, Paris, 1988).
34) G. Pinto, "Dalla tarda antichità alla metà del XVI secolo," in L. Del Panta, M. Livi-Bacci, G. Pinto, and E. Sonnino, eds., *La popolazione italiana dal Medioevo a oggi* (Laterzam, Rome and Bari, 1996).

루어질 수는 없었을 것이다.

토지의 변환과 개간

위의 경우보다 더 높은 비용이 드는 것이 토지개간인데, 이것이 중세 인구증가를 유지하는 데 도움이 되었다. 강물을 통제하고 하천과 바다에 의한 저지대의 홍수를 방지하기 위해 댐이 건설되었다. "해안지역에서 개간이 많이 행해졌고 바닷가 부근과 강어귀의 저지대 침수를 예방하기 위해서 링컨셔(Lincolnshire)와 노퍽(Norfolk), 링컨셔와 노퍽은 저지대가 많은 잉글랜드 동부 지역임-역자 주 엘베강(Elbe)북해로 흘러드는 독일의 강-역자 주 부근, 루아르강(Loire)프랑스 중부를 관통해 대서양으로 흐르는 강-역자 주 부근, 플랑드르 해안지대, 그리고 가장 눈에 띄는 곳으로 조이데르해(Zuiderzee)네덜란드 북부 해안의 얕은 만-역자 주 근처에 제방이 건설되었다."[35] 이와 유사한 물관리공사는 포 계곡 부근에서 행해졌다. 이 공사는 롬바르디아(Lombardy), 에밀리아(Emilia) 및 로마냐(Romagna)의 도시들과 베니치아평원의 도시들의 재정지원을 받아 추진된 여러 프로젝트를 포함한 것이었다.[36]

토지개간은 14세기와 15세기의 위기 이후 인구가 회복되는 기간에 더욱 큰 규모로 이루어졌다. 잉글랜드의 습지들, 즉 랭카셔(Lancashire)와 펜랜드(Fenlands)잉글랜드 남동부의 저지대-역자 주 등의 내부 지역과 서섹스(Sussex), 노퍽(Norfolk), 에섹스(Essex) 등 해안을 낀 지역이 모두 배수되었다.[37] 이와 유사한 사업이 프랑스에서도 진행되었는데, 북부 해안지방은 네덜란드 노동자들의 도움을 받아 개간이 이루어졌고, 남부에서는 말라리아와 습지가 널리 퍼져 있는 프로방스와 랑그독의 해안을 따라서 개간이 진행되었다.[38] 그리고

35) D. Grigg, *Transformation*, 13쪽.
36) G. Pinto, "Dalla tarda antichità."
37) D. Grigg, *Population Growth and Agrarian Change: an Historical Perspective* (Cambridge University Press, Cambridge, 1980), 90~91쪽.
38) 같은 책, 106쪽.

이탈리아에서는 개간활동이 다시 한 번 이루어졌는데, "포 계곡의 모든 저지대는 16세기의 대대적인 개간공사에 의해 영향을 받았다. 서쪽으로는 노바라(Novara)와 베르셀리(Vercelli) 사이의 피에몬테(Piedmont) 동부 지역에서 최초로 쌀재배를 위해 논이 조성되었다. 하지만 훨씬 대대적인 농사는 동쪽에서 이루어졌다. 포 강의 양안 모두에서 대규모의 놀라운 변환이 일어났다. 베네치아의 테라 피르마(*terra firma*) 및 파르마(Parma), 레기온(Reggion), 만투아(Mantua), 페라마(Ferrara)의 공작령, 그리고 에밀리아가 이런 대변환을 경험하였다."[39] 하지만 이보다 더 큰 변환은 네덜란드에서 진행되었다. 15세기 후반과 17세기 중반 사이에 발생한 인구증가와 곡물가격의 상승에 대한 대응으로, 둑과 수로와 펌프작업을 통해 바다와 늪으로부터 땅을 개간하는 작업이 엄청난 규모로 진행되었다. "1540년과 1565년 사이에 12만 5,000헥타르의 간척지에 둑이 설치되었다. 이 중 1/2이 젤란드(Zeeland)현재 네덜란드 남서부에 있는 주-역자 주와 북브라반트(North Brabant)현재 네덜란드 남부에 있는 주-역자 주에 위치하였고, 1/3은 네덜란드에 속하였으며, 나머지 1/6은 프리즐란드(Friesland)네덜란드 최북단의 주-역자 주와 흐로닝언(Groningen)네덜란드 북부의 주-역자 주에 있었다."[40] 이 나라의 내륙에도 개간지가 존재하였다. "경작할 수 있도록 변환된 토지면적은 놀라웠다. 1550년과 1650년 사이에 네덜란드의 인구는 60만 명가량 증가하였지만 개간지의 면적은 16만 2,000헥타르에 달하였다."[41] 만약 1헥타르가 평균적으로 2명 또는 3명의 사람을 부양할 수 있다고 가정한다면, 증가한 토지는 증가한 인구의 1/2~3/4을 부양할 수 있는 양이었다. 네덜란드에서는 토지개간이 인구증가를 빠르게 따라잡았다. 다른 지역, 즉 잉글랜드와 아일랜드, 푸아투(Poitou)프랑스 서부에 위치한 지역-역자 주와 프로

39) M. Aymard, "La fragilità di un'economica avanzata: L'Italia e la trasformazione dell'economia europa," in *Storia dell'economia italiana*, vol. II: *L'età moderna verso la crisi* (Einaudi, Turin, 1991), 26쪽.
40) Grigg, *Population*, 150쪽.
41) 같은 책, 151쪽.

방스, 슐레스비히-홀슈타인(Schleswig-Holstein)독일 북부의 주-역자 주과 프러시아, 카탈루냐, 그리고 이탈리아의 마레마(Maremma)이탈리아 서부의 해안지대로 늪이 많음-역자 주에서도 18세기 후반 인구의 새로운 증가추세가 개간 프로젝트들의 부활을 이끌었다.

외부로의 팽창

공간과 인구의 복잡한 관계에서 중요한 세 번째 요소는 기존 정착지 외부에 접근이 쉬운 공간이 있는가 하는 것이다. 유럽은 이런 면에서 인구의 수용자이자 공급자였다. 중세 이전에는 인구가 동쪽의 스텝지역으로부터, 그리고 남쪽의 지중해 지역으로부터 유입되었다. 중세에 들어서면, 유럽의 인구와 사회의 발전을 이해하기 위해서는 서쪽과 동쪽으로 사람이 살 수 있는 공간이 존재해서 이주와 식민지화라는 현상이 발생하였다는 점을 반드시 고려해야만 한다. 공간에 대한 접근성과 이것이 발휘한 유인의 힘은 대이동을 낳은 주요 두 요소 가운데 하나이다. 나머지 하나의 요소는 유럽 국가들이 겪은 경제적 어려움 때문에 발생한 배출의 힘이었다. 우리는 19세기에 행해졌던 대양횡단 이민에 대해 아래에서 상세히 살펴볼 것이다. 이 대이주는 당시 경제와 산업의 급속한 변화와 관련된다. 하지만 우리는 우선 중세와 산업혁명 사이의 유럽에 국한하여 살펴볼 것이며, 특히 세 차례에 걸친 큰 움직임에 초점을 맞출 것이다. 첫 번째는 11~14세기 사이에 진행된 독일의 엘베강 동쪽 지역의 식민지화였다. 두 번째는 16~18세기까지 이베리아인들이 중앙아메리카와 남아메리카로 이주한 것과 영국인들이 북아메리카로 이주한 것, 그리고 상대적으로 규모가 작았던 네덜란드인과 프랑스인의 식민지 이주를 포함한다. 이 움직임들은 19세기 대이주의 전주곡이라고 볼 수 있다. 세 번째는 러시아의 변경이 동쪽 및 남쪽으로 확장된 것이다.

동방질주(*Drang nach Osten*)전통적으로 독일이 추구한 동방으로의 팽창정책-역자 주는 많은 사람들이 엘베강 동쪽의 광활한 지역으로 이동하고, 점차로 폴란드, 수데텐란트(Sudetenland), 보헤미아에 인접한 지역-역자 주 트란실베니아(Transylvania) 루마니아 북서부 지역-역자 주 등으로까지 정착해 간 현상을 일컫는다. 이 이주는 12세기에 네덜란드와 플랑드르의 개척자들에 의해 시작되었다. 부분적으로는 조직적 노력에 의해, 그리고 부분적으로는 자발적 방식으로 진행된 식민화 과정을 통해 그들은 슬라브족이 드문드문 살고 있었던 인구밀도가 낮은 지역으로 이주해 갔다. 12세기에 20만 명이 이민행렬에 동참하였다고 추정되는데, 그들은 엘베강과 오데르강(Oder) 사이 지역에 정착하였다. 그리고 13세기에 실레지아(Silesia) 폴란드 남서부 지역-역자 주 와 포메라니아(Pomerania) 발트해 연안의 옛 독일의 주-역자 주 로 향하였던 이주민들도 이와 규모가 비슷하였다. 이 이주의 흐름은 상대적으로 규모가 크지 않았지만, 장기적으로 보면 상당히 중요한 흐름이었다고 할 수 있다. 19세기 말엽 엘베-사알(Elbe-Saale)의 동쪽 지역에 거주한 독일인은 약 3,000만 명가량이었다.[42] 18세기에 러시아의 예카테리나대제(Catherine the Great) 18세기 후반에 통치한 예카테리나 2세를 가리킴-역자 주 는 국경을 남쪽으로 확장하기 위한 정책의 일환으로 수만 명의 독일 식민지개척자들에게 볼가강 계곡지역으로 이주해 오도록 요청함으로써 새로운 이주의 흐름을 형성하였다. 1764~1768년 사이에 볼가강의 제방에 104개의 개간지가 구축되어 2만 7,000명의 유입인구를 수용하였다. 이어서 크리미아(Crimea), 북코카서스(North Caucasus), 카자흐스탄, 시베리아 등에서도 새로운 정착촌이 생겨났다.[43] 인구학적 관점에서 관심을 끄는 것은 이주민들의 규모 그 자체가 아니었다. 이주규모는 절대적으로든 상대적으로든 그다지 크지 않았다. 진짜 흥미로운 것은 가족구성면에서 그들이 지닌 특징이다. 이주민들은 대부분 젊은 노동자였고, 그들 중 많은 수는 가족이 없었다. 그들 중 대다수가 출산가능연령의 인구였기 때문에, 그들의 이주는

42) C. Higounet, *Les Allemands en Europe centrale et orientale au Moyen Age* (Aubier, Paris, 1989).
43) R. Caratini, *Dictionnaire des nationalités et des minorités en URSS* (Larousse, Paris, 1990).

인구증가의 배출구 역할을 하였다. 그들은 많은 자손을 두었다. 프랑스계 캐나다인들이 그랬던 것처럼(제2장의 제5절 참조) 그들도 높은 출산율을 보였다. 이주의 선택적 효과가 있었던 데다가, 풍부한 가용자원은 대가족이 개발하기가 더 수월하였기 때문이었다. 따라서 수십만 명의 독일 식민지개척자들이 불과 몇 세기 이후에는 수천만 명이 되었으며, 러시아로 이주하였던 수만 명이 마련한 초기의 식민정착지는 19세기 말엽에는 대규모 정착지로 확장되었다.

두 번째 대이주의 대상지는 아메리카대륙이었고, 이보다 작은 규모로 해외의 다른 지역으로도 이주가 이루어졌다. 18세기 말엽에는 식민지체제가 붕괴함에 따라 아메리카대륙이 유럽인들에게 규모가 크지는 않지만 작지도 않은 보금자리가 되었다. 약 400만 명이 라틴아메리카에 정착하였고, 450만 명이 북아메리카에 정착하였다고 추정된다.[44] 스페인과 영국, 그리고 이보다 규모는 작지만 포르투갈에서 온 이주민집단들에 의해 형성된 이 정착지들은 대륙의 거대한 크기에 비하면 작았지만, 전체 인구의 1/3을 차지하였다. 유럽의 인구(러시아 제외하고)와 비교하면 겨우 1/5 수준밖에 되지 않았다.

해상운송으로부터 유추해 낸 간접적인 추정을 근거로 볼 때, 17세기 중반까지의 150년 동안 스페인에서는 매년 3,000~5,000명이 이주해 나간 것으로 보인다. 그들은 거의 대부분 카스티야(Castile)스페인 중부 지역-역자 주에서 왔는데, (최대 추정치에 따르면) 매년 1,000명당 1명 꼴로 유출이 이루어진 셈이 된다. 그들이 젊은 나이였고 당시 인구증가가 크지 않았다는 점을 고려한다면 이 수치는 상당히 높다고 볼 수 있다. 1630년 이후 일반적 위기(인구위기를 포함해서)의 발생과 함께 해외 이주는 줄어들었고, 1700~1720년 사이에 최저치에 도달하였다.[45] 잉글랜드로부터의 인구유출은 규모가 더 컸다. 잉글랜

44) C. McEvedy and R. Jones, *Atlas of World Population History* (Penguin, Harmonsdworth, 1978), 279쪽.

드의 인구는 17세기가 시작될 무렵에 400만 명 정도였는데, 그 세기에 연간 순이민자수가 7,000명에 달하였다.[46] 네덜란드로부터의 이주도 잉글랜드의 이주에 필적하였다. 17세기 초에서 18세기 말 사이에 23만 명에 달하는 순이주민이 아시아의 여러 지역으로 떠났고, 추가로 1만 5,000명이 라틴아메리카와 카리브해 연안으로, 그리고 1만 명이 미국으로 이주하였다.[47] 유럽에서 가장 인구가 많았던 프랑스(제2장 제5절 참조)가 이러한 이주에 기여한 바는 상대적으로 적었다. 16세기 초부터 18세기 말까지 적지 않은 수의 대양횡단 이주가 이루어졌는데, 이는 19세기에 진행될 대이주를 준비하는 인구학적이고 정치적인 기반이 되었다. 따라서 초기의 이주는 궁극적으로 유럽이 대서양이라는 장벽을 넘어 엄청난 공간확장을 할 수 있게 만들었고, 장기간에 걸친 엄청난 인구학적 영향을 남겼다.

세 번째 움직임은 러시아 국경이 남쪽과 동쪽으로 확장된 사건을 일컫는다. 19세기 시베리아에 정착지가 늘어난 것 –이 절의 시기적 범위를 넘어서지만– 은 아메리카대륙의 사례와 닮았다. 맥닐(McNeil)은 다음과 같이 말하였다. "그래서 1796년 여제 예카테리나 2세가 사망하였을 때 한때 무시무시하였던 타타르족(Tartar) 사회는 러시아로부터의 물결에 휩쓸리게 되었다. … 크리미아반도 북쪽과 돈강 서쪽의 광활한 스텝지대는 모두 영주와 정착민이 차지하였고, 그들의 정치적 · 사회적 제도들은 러시아제국에서 널리 퍼져 있던 제도들을 따랐다. … 하지만 새로운 도회지들이 형성되었고(헤르손(Kherson) 1778년, 니콜라예프(Nikolaev) 1788년, 오데사(Odessa) 1794년현재 우크라이나에 위치한 지역들임–역자 주), 이들이 행정중심지와 곡물개항장으로서 번성하였다. 또한 도시생활이 형성되면서 곧 고급문화도 표현이 되기 시작하였다. 그리

45) J. Nadal, *La población española (siglos XVIa XX)* (Ariel, Barcelona, 1984), 73~76쪽.
46) E. A. Wrigley and R. Schofield, *The Population History of England, 1541-1871* (Edward Arnold, London, 1981), 219쪽.
47) J. Lucassen, *Dutch Migrations*, paper presented at the XVII International Congress of Historical Sciences (Madrid, 1990).

스인, 불가리아인, 폴란드인, 유태인 등이 뒤섞여서 창출해 낸 아주 코스모폴리탄한 색깔이 이 고급문화에 묻어났다.[48)]

지금까지 간단히 설명한 내용은 엄청나게 복잡하고 잘 알려지지 않은 이야기 -대륙을 다양한 방향으로 가로지른 여러 이주와 관련된- 에 관한 것이었다. 이러한 내용은 인구변화와 그 인구집단의 내부적 및 외부적 공간의 접근성 사이에 존재하는 밀접한 관계에 대해 여러 시사점을 제공한다. 이를 통해 우리는 1,000년 동안 정치적 경계로는 엄밀하게 규정할 수 없는 새로운 공간으로의 접근성이 어떻게 인구변화를 형성하는 데 엄청나고 다양한 역할을 하였는지를 다소간 이해하게 되었다. 결국 공간이 유럽 경제가 더 넓은 세계로 확장할 수 있도록 만들었던 것이다.

6. 인구규모와 번영

앞에서 필자는 인구와 경제발전 사이에 있을 수 있는 몇 가지 역동적 관계를 살펴보았다. 여기서 거주자의 단순한 '숫자'가 사회의 후생에 미치는 영향을 잠시 생각해 보는 것도 의의가 있을 것이다. 필자는 이미 지나가는 말로 이 주제에 대해 언급한 바가 있다. 하지만 이 주제는 사회조직의 복잡화 수준도 수량적 규모의 함수라고 하는 관찰에 그치지 않고, 그보다 더한 무엇인가를 이야기해 준다. 많은 학자들이 '최적'인구규모라는 것이 존재하는지에 대한 답을 찾아 내기 위해 씨름해 왔다.[49)] 하지만 이런 학술적 작업은 인구증가의 역사적 이유를 이해하는 데 특별한 도움이 되지 못하였다.

48) W. McNeill, *Europe's Steppe Frontier, 1500-1800* (University of Chicago Press, Chicago, 1964), 199~200쪽.

49) A. Sauvy, *Théorie générale de la population* (PUF, Paris, 1956), vol. 1: *Economie et population;* P. Guillaumont, "The Optimum Rate of Population Growth," in A. J. Coale, ed., *Economic Factors of Population Growth* (John Wiley, New York, 1976).

최적인구라는 개념은 이론적으로 보면 개인의 후생이 최대화되는 지점에서의 인구규모라고 정의될 것인데, 이것은 본질적으로 정태적인 개념이기 때문에 역동적인 인구변화에는 적용하기가 쉽지 않다.

인구규모는 고전파 경제학자들에게 잘 알려진 두 메커니즘에 의해 작동한다. 첫째 메커니즘은 분업의 원칙과 연관되어 있고, 따라서 개인의 능력을 보다 효율적으로 사용하는 것과 관련된다. 둘째 메커니즘은 사회조직의 복잡성이 절대적 및 상대적 단위면적에 대한 인구규모(밀도)의 함수라는 관찰에서 도출된다.

분업의 이익에 대해서는 애덤 스미스가 탁월하게 설명을 하였고, 그 이전에는 윌리엄 페티(William Petty)사회와 경제현상을 수량적 분석을 통해 파악하고 법칙성을 모색한 학자로 고전파경제학의 선구로 평가됨-역자 주가 적절하게 논의하였다. 대도시의 장점을 참조하여 페티는 다음과 같이 기술하였다. "시계를 제작할 때 만약 한 명이 톱니바퀴를 만들고, 다른 이는 스프링을 만들며, 또 다른 이는 시계판에 숫자를 새겨 넣고, 또 다른 이는 포장상자를 만든다면, 한 사람이 모든 작업을 혼자 할 때보다 시계의 품질이 더 좋아지고 가격은 저렴해질 것이다."[50] 스미스는 핀을 만드는 대장장이를 예로 설명하였다. 핀을 만들기 위해 필요한 여러 과정을 분업화함으로써 얻게 되는 이득에 대한 그의 설명은 고전이 되었다. "한 사람은 철사를 뽑아 내고, 다른 사람은 이를 펴고, 세 번째 사람은 이를 자르고, 네 번째 사람은 끝을 날카롭게 만들고, 다섯 번째 사람은 머리를 붙이기 위해 끝을 간다. 못의 머리를 만들기 위해서는 두세 가지의 개별 작업이 필요하다. 머리를 다는 것이 독립적인 과정이고, 핀을 하얗게 만드는 것이 또 다른 독립적 과정이다. 심지어 핀을 종이에

50) W. Petty, *The Economic Writings*, ed., C. H. Hull (A. M. Kelley, New York, 1963), 473쪽. 페티(Petty)의 인용에 관해서 필자는 J. L. Simon, *Theory of Population and Economic Growth* (Blackwell, London, 1986)에 감사한다. 사이먼(Simon)은 인구증가와 발명/혁신 수준의 향상 사이에 양의 인과관계가 있다고 가장 강력한 지지를 표명한다. 이 책의 처음 네 장은 이런 논의에 대해 다룬다.

끼우는 것도 그 자체로 독립적인 작업이다. 이런 식으로 핀을 제작하는 작업은 총 18개의 개별 작업으로 나누어지며, 일부 제작소에서는 이 모든 과정이 개별 노동자에 의해 행해진다."[51] 개별 노동자가 하루에 기껏해야 20개의 핀을 만들 수 있는 반면, 10명으로 구성된 팀을 고용한 공장에서는 하루에 12파운드, 즉 4만 8,000개의 핀을 생산해 낸다. 즉, 개인당 4,800개를 생산하는 셈이 된다. 하지만 분업은 시장 크기의 함수다. 만약 시장이 작다면 분업을 통해 얻을 수 있는 이득이 작기 때문에 분업도 조금만 진전된다. 스미스는 고향인 스코틀랜드의 하이랜드(Highland)에 주목하였다. 여러 가족들이 흩어져 살고 있는 그 곳에서는 각자가 푸주한, 제빵사, 양조자의 일을 모두 떠맡았다. 대장장이와 목수, 석공은 매우 적었고, 그들로부터 8마일 또는 10마일 떨어져 사는 가족들은 대부분의 일을 스스로 처리해야만 하였다.[52]

적절하게 분업을 행할 수 없었던 지역에서는, 이런 상황 때문에 분산해서 살아가는 집단들이 낙후되는 현상이 생겼다. 작고 고립된 집단들은 전문화를 통해 발전하기 어려웠고, 식민지 개척은 소규모 가족집단이 추진하다가는 실패하기 십상이었으며, 환경이 좋았을 때조차도 작은 섬나라의 인구집단은 불안정하였다. 이 공식에 따라 볼 때, 비효율성이 극대화되는 경우는 로빈스 크루소 혼자만이 살고 있는 사회다.

인구규모 또는 인구밀도에서 얻을 수 있는 둘째 이점은 인구가 증가할 경우에 기대할 수 있는 규모의 경제다. 자원을 활용하고 생산하는 데 더욱 좋은 체제를 갖추려면 영토에 비해 인구가 어느 정도 밀집되어 있어야만 가능하다. 우리는 이미 농업의 집약화 과정이 인구증가에 의해 유발된 사례를 살펴보았다. 오늘날의 캐나다와 같은 나라는 정부를 놓고 보든 시민을 놓고 보든 너무 '비어 있어서' 넓은 영토와 자연적 풍요가 유지할 수 있는 수준의 발전을 유지하지 못한다. 다른 고전적 사례로는 관개시설의 발전, 도시의

51) A. Smith, *The Wealth of Nations, Everyman'* Library (Dent, London, 1964), 제1권, 5쪽.
52) 같은 책, 15쪽.

건설, 통신의 발달을 들 수 있다. 보다 일반적으로 말하면, 기반시설에 대한 투자는 자원과 수요가 임계치에 도달해야만 이루어질 수 있는데, 이러한 수준은 작은 집단과 한정된 시장에서는 얻을 수 없는 것이다. 반대로 이런 기반시설은 인구가 많은 지역에서는 1인당 비용을 적게 들여서 확충할 수 있다.

메소포타미아의 관개시설 발전은 기원전 8000년에 자그로스산맥(Zagros)이란의 남부와 서부를 잇는 산맥-역자 주에 살고 있던 소수의 수렵 · 채집인이 수천 년이 지난 후에는 평지에 사는 대규모 인구집단으로 변모할 수 있도록 만들었다. "이러한 밀집된 인구는 관개망에 기초한 집약적 농업체제를 사용하였고, 여러 곡식을 함께 재배하는 다작(multicropping)방식도 도입하였다. 흙밀이판(moldboard)과 철제 날을 갖춘 쟁기로 경지를 갈았고, 소가 이를 견인하였다. 주요 강보다 높은 곳에 위치한 밭에는 수차를 이용하여 강물을 끌어 올려서 공급하는 방식의 관개시설을 갖추었다. 약 8,000년에 걸쳐서 메소포타미아는 점점 인구가 밀집한 지역으로 변모하였다. … 점차적으로 초보적인 식량채집자에서 고대 세계에서 가장 정교한 식량생산체제를 갖춘 인력으로 바뀌었다."[53] 이탈리아에서 중세 인구감소를 동반해서 마레마가 습지대로 변환된 것은 수리통제체제의 퇴보에 따른 후퇴과정의 결과였다.

도로망의 발달에도 이런 종류의 고려가 적용되었다. 도로망은 인구밀도와 긴밀하게 연관되어 있다.[54] 도로가 얼마나 이롭고 유용한가는 그 도로가 얼마나 많이 사용되는가에 따라 결정된다. 일단 도로가 건설되면, 교통의 속도를 높이고, 교역을 돕고, 시장규모의 확대를 가져오는 등 도로는 경제발전에 다양한 영향을 끼친다. 원시사회에서 발생하였던 기본적 물품의

53) Boserup, *Population and Technological Change*, 51쪽.

54) Clark and Haswell, Economics of Subsistence Agriculture. 제9장은 원시경제에서 교통과 통신의 역할에 대해 논의한다. J. L. Simon, *The Economics of Population Growth* (Princeton University Press, Princeton, NJ, 1977). 사이먼에 따르면 인구밀도와 도로망의 밀집도 사이에는 매우 강한 연관성이 있다고 한다. 이것이 바로 인구증가로 누릴 수 있는 규모의 주된 이점 중 하나인 것이다.

가격차이는 대부분 운송의 곤란함과 불확실한 교통체계로 인해 발생하는 것으로 볼 수 있다.

도시의 성장도 인구와 밀접하게 연관되어 있다. 필자는 도시의 생성이 더욱 높은 수준의 전문화와 더욱 효율적인 경제조직을 가능하게 만든다고 분명히 믿는다. 오늘날에는 이러한 이점이 거대도시에서 뚜렷하게 발생하는 규모의 '불경제'에 의해 상쇄될 수 있지만, 우리가 지금 논의하고 있는 초기의 농촌경제에서는 상황이 완전히 달랐다. 식량생산에 직접 종사하지 않는 인구가 집중된 형태로 유지된다는 것은 분명히 농촌인구에 의해 잉여농산물이 생산되고 있음을 의미하였다. 농촌인구가 더 부유해질수록 가용한 자원은 증대되는 것이다. 메소포타미아, 인도 북부, 중국 등에서 도시가 초기에 성장할 수 있었던 데에는 비옥한 토지와 풍부한 농산물에 의해 증가한 인구의 덕택이 확실히 컸다. 이러한 상황에 대해 보서럽은 또다시 독자적인 설명을 제시하였다. 그가 제시한 인과성의 사슬은 다음과 같다. 인구증가는 집약적 농업을 유발시키지만, 도시의 탄생에 필요한 잉여자원을 창출하는 것은 1인당 생산량수준(경작의 집약도 증가에 따라 높아지는)이라기보다 인구밀도의 증가다. 도시로부터 주어진 반경 내에 농부가 더 많이 있다면 이는 더 많이 생산된다는 것, 그리고 더 많은 도시인구를 부양할 수 있도록 더 많은 잉여가 산출된다는 것을 의미한다. "심지어 고대 세계에 존재하였던 최고의 기술을 사용하고 최고의 토지에서 경작을 하였다고 해도 한 가족이 농사를 지어서 많은 비농업가족에게 충분한 식량을 공급하는 것은 불가능하다. … 도시에 식량을 공급할 수 있는 농업인구가 얼마나 많은지가 한 명의 농업노동자가 얼마만큼의 음식을 배달하고 판매할 수 있는지보다 훨씬 중요하였다."[55)]

분업, 규모의 경제, 그리고 인구규모 사이의 연계는 수많은 역사적 사례를 통해 쉽게 파악되고 입증될 수 있다. 일부 학자들이 지지하는 또 하나의

55) Boserup, *Population and Technological Change*, 65쪽.

주장은 아래와 같은 논리적 흐름을 갖는데, 이것은 앞의 경우보다는 입증하기가 더 어렵다. 자원이 풍부할 때 경제발전은 쿠즈네츠(Kuznets)가 '검증된 지식'(tested knowledge)[56]이라고 일컫는 것에 의해 결정된다. 제한적 가설을 사용하자면, '새로운 지식'의 '창조자'(발명가, 혁신가)는 인구규모의 일정한 비율만큼 존재한다. 하지만 '새로운 지식'을 창조하는 일은 규모의 요소(이미 획득된 지식의 효율성과 새로운 지식을 창조할 기회 모두를 증폭시키는 학교, 대학, 학계 등의 존재)에 의해 촉진될 것이다. 그렇기 때문에 새로운 지식은 인구가 증가함에 따라 수확체증을 기대할 수 있다. 다른 모든 것이 일정하다면, 이런 방식에 의해 인구의 증가는 1인당 생산의 증가로 이어지게 된다.

쿠즈네츠 자신이 고백한 것처럼 이는 매우 과감한 주장이다.[57] 하지만 이런 주장을 쿠즈네츠 혼자만 하였던 것은 아니다. 사실 페티도 이를 지지하면서 다음과 같이 언급하였다. "그리고 한 명의 천재적이고 호기심 많은 사람을 400만 명 중에서 찾아 내는 것이 400명 중에서 찾는 것보다 더 쉬울 것이다."[58]

7. 수확체증인가 수확체감인가?

지난 1만 년 동안 인류는 1,000배나 늘어났고, 동시에 1인당 가용자원도 증가시켜 왔다. 수확체감이 필연적으로 일어난다는 주장에 반대하는 이들은 한정된 자원의 한계는 절대 도달할 수 없기 때문에 그렇다고 논한다. 그 이유는 새로운 토지가 경작되고 사람이 조금 살던 대륙에 거주인구가 증가

56) S. Kuznets, "Population Change and Aggregate Output," in *Demographic and Economic Change in Developed Countries*, Report of the NBER (Princeton University Press, Princeton, NJ, 1960), 328~330쪽.
57) 같은 책, 329쪽.
58) Petty, *Economic Writing*, 474쪽.

하면서 자원의 한계가 반복적으로 뒤로 밀려났기 때문이거나, 혁신과 발견 덕분에 자원이 더욱 생산적으로 사용되도록 되었기 때문이라고 한다. 그렇지만 오랜 역사를 통해 수확체감의 매운 맛은 인간의 반응능력을 엄격하게 시험해 왔다. 게다가 어떤 자원은 제한적일 뿐만 아니라 다른 자원으로 대체될 수 없는 것처럼 보이기도 한다. 따라서 장기적으로 볼 때 혁신이나 발명도 수확체감과 궁핍화의 도래를 막지 못한다.

이와 반대되는 시각에서 보면, 수확체감의 도래가 불가피하다고 볼 이유가 없다. 쿠즈네츠는 이러한 상황을 역사적 용어로써 잘 설명하였다. 그는 다음과 같이 물었다. "과거의 경제적 · 사회적 성장의 설계자가 인간이었다면, 그리고 지식과 기술적 · 사회적 동력에 엄청난 기여를 한 것이 인간이었다면, 왜 인간의 수가 더 많아졌다고 반드시 1인당 생산의 증가율이 낮아져야만 한단 말인가? 더 많은 인구는 더 많은 창조자와 생산자를 의미할 것이다. 이들이 기존의 생산양상을 따라서, 그리고 새 지식과 혁신을 통해서 재화를 증산할 것이다. 왜 근대 초기에 작은 인구가 성취하였던 바, 즉 총산출을 충분히 늘려 당시의 인구증가를 부양할 뿐만 아니라 빠르게 증가하는 1인당 공급량까지 감당하였던 것을, 현재의 큰 인구는 이룰 수 없다는 말인가?"[59] 다시 말해, 한정된 자원에서 나오는 수확체감의 문제를 인간의 창의력에 의한 수확체증과 인구증가가 조성하는 과거 어느 때보다 우수한 여건이 상쇄하고도 남을 수 있다는 것이다.

우리가 복잡한 현상에 대해 이를 설명하는 확고하고 간단한 규칙성만을 찾겠다고 고집하는 한 이 딜레마는 해결할 수 없다. 시간이 가장 중요한 요인이다. 수확체감의 압박은 단기와 중기에는 절대 넘을 수 없는 장애물이 될 수 있다. 이 장애물은 몇십 년 또는 몇 세대에 걸쳐 지속될 수 있다. 이러한 장애물 때문에 발생하는 비용은 쉽게 추산할 수 없다. 이 비용은 또한 사

59) S. Kuznets, *Population, Capital and Growth* (Norton, New York, 1973), 3쪽.

망률의 변동에 잘 반영되지도 않는다. 왜냐하면, 인구는 궁핍에 대해 높은 수준의 저항력을 보여 왔고, 역사적으로 전염병이라는 구성요소는 인간의 조건과 대체로 독립적이었기 때문이다. 하지만 이 비용은 일반적으로 빈곤이 얼마나 증가하였는가에 반영된다. 장기적으로 빈곤은 오직 혁신에 의해서 억제되거나 역전될 수 있다. 인간의 고통으로 지불한 대가는 컸겠지만, 역사적으로는 부정적인 추세를 역전시키는 사회의 능력이 우리에게 더 깊은 인상을 남긴다. 만약 우리가 이 딜레마를 현재로 옮겨 온다면, 그것은 아주 극적인 모습을 띠게 된다. 급속한 인구증가는 장기적으로 예상을 뛰어넘는 발전을 야기할지도 모르지만, 당분간은 중기적인 문제가 부상한다. 심지어 혁신에도 비용이 있기 마련이다. 인도에서 일어난 녹색혁명이 좋은 사례다. 1960년대에 높은 수확량을 내는 종자가 도입되었다. 이로써 주로 도시의 중산층이 주식으로 먹던 비싼 식량인 밀의 생산이 증가하였다. 반면에 빈민층은 쌀이나 낮은 품질의 빵을 먹었다. 빈민들은 쌀을 보충하기 위해 단백질이 풍부한 달(dhal)인도에서 널리 먹는 콩의 일종-역자 주을 먹었다. 하지만 밀의 수익률이 더 높았기 때문에 농부들은 콩 대신에 밀을 기르기 시작하였다. 1960~1980년 사이에 곡류의 생산은 72% 증가하였다. 같은 기간에 총인구는 57% 늘었으며, 달의 생산은 17%가 감소하였다. 따라서 빈민들의 식단은 악화되었다. 그렇지만 장기적으로 녹색혁명은 빈민층에게 더 많은 일자리와 더 높은 소득을 의미하였고, 이것이 식생활 악화라는 초기의 부정적 효과를 상쇄하였다.[60)]

그렇기 때문에 시간단위는 중요하다. 중기적으로는 나쁘게 여겨졌던 것들이 장기적으로는 좋은 영향을 미칠 수도 있고, 그 반대가 될 수도 있다. 역사적 판단을 내릴 때 우리는 한 세대, 한 세기 또는 1000년 중 어떤 단위를 기준으로 삼아야 할까? 아니면 우리가 살아가는 현재에 예견할 수 있는 즉

60) N. Cook, *Principles of Population and Development*, ed., I. Timaeus (Oxford University Press, Oxford, 1997), 27~29쪽.

각적 문제에 더 큰 관심을 기울여야 하는 것일까?

참고문헌

E. Boserup, *The Conditions of Agricultural Growth* (Allen & Unwin, London, 1965).

E. Boserup, *Population and Technology* (Blackwell, Oxford, 1981).

R. Cassen, ed., *Population and Development: Old Debates, New Conclusions* (Transaction Publishers, Oxford, 1994).

M. N. Cohen, *The Food Crisis in Prehistory. Overpopulation and the Origin of Agriculture* (Yale University Press, New Haven, CT, 1977).

N. Cook, *Principles of Population and Development* (ed., I. M. Timaeus) (Oxford University Press, Oxford, 1997).

P. Demeny and G. McNicoll, eds., *The Reader in Population and Development* (St Martin's Press, New York, 1998).

T. R. Malthus, *An Essay on the Principle of Population* (Penguin, Harmondsworth, 1970).

T. R. Malthus, *A Summary View of the Principle of Population* (Penguin, Harmondsworth, 1970).

J. Simon, *The Ultimate Resource 2* (Princeton University Press, Princeton, NJ, 1996).

Demography (Population Association of America, Silver Spring, MD)

Genus (Department of Demography, Rome)

Population (INED, Paris)

Population and Development Review (Population Council, New York)

Population Studies (Population Investigation Committee, London)

Chapter 4

질서와 효율성을 향해: 유럽과 선진국의 최근 인구

Chapter 4

질서와 효율성을 향해: 유럽과 선진국의 최근 인구

1. 낭비에서 절약으로

1769년 제임스 와트(James Watt)는 응축기가 따로 부착된 증기기관을 제작하였다. 그 이전에 탄광에서 물을 퍼낼 때 사용하였던 뉴커먼(Newcomen)의 기관과 비교하면, 와트의 디자인이 효율성을 훨씬 높였다. 같은 크기의 동력을 생산하기 위해서 와트의 기관은 이전의 기관이 사용하였던 연료의 1/4만 소비하였다. 각 피스톤이 왕복한 후 실린더를 다시 데우기 위해 사용되던 에너지를 절약하게 된 것이다. 이러한 절약이야말로 증기기관이 경제 전반에 걸쳐 중대한 역할을 하게 만든 결정적 요인이었다.[1)]

19세기와 20세기 동안 서구의 인구는 유사한 과정을 경험하였다. 이전에는 느린 인구증가가 상당한 수준의 인구낭비를 동반하였다. 단순히 다음 세대에 인구가 줄어들지 않도록 하기 위해서 여성은 여섯 명가량이나 되는 자녀를 낳아야 하였다. 신생아 중에서 1/3 내지 절반이 출산가능연령에 도달해 아이를 갖기 전에 사망하였다. 인구학적 관점에서 본다면, 구체제의 사회는 비효율적이었다. 낮은 수준의 인구증가율을 유지하기 위해서 많은 연료(출산)가 필요하였고, 많은 양의 에너지가 낭비(사망)되었다. 구(舊)인구체제는 비효율(inefficiency)만 두드러졌던 것이 아니라 무질서(disorder)도 두드러졌다. 자연적인 시간적 위계가 역전되는 —즉, 아이가 부모나 조부모보다

1) D. S. Landes, "Technological Change and Development in Western Europe 1750-1914," in H. J. Habakkuk and M. Postan, eds., *Cambridge Economic History* (Cambridge University Press, Cambridge, 2nd edn., 1965), vol. 6, pt. 1, 274~661쪽.

일찍 사망하는- 확률이 상당히 높았다. 높은 수준의 사망률과 빈번한 재앙으로 인해 개인의 생존에 기초한 어떤 장기계획도 불안정하게 되었다.

서양의 근대적 인구주기는 19세기와 20세기를 통해 주기의 궤도를 따라 모든 단계를 거쳤다. 유럽의 인구는 4배 증가하였고, 기대수명은 25~35세 수준에서 75~80세 수준으로 증가하였다. 한 여성이 출산하는 아이의 평균수는 5명에서 2명 이하로 감소하였고, 출산율과 사망률은 모두 보통 1,000명당 30~40명 수준에서 10명가량으로 줄었다. 이 심대한 변화는 18세기 사회적 변화의 핵심적 부분으로서, 일반적으로 '인구변천'(demographic transition)이라고 불린다. 이 용어는 '산업혁명'만큼이나 널리 사용된다. 인구변천은 혼란이 질서로, 그리고 낭비가 절약으로 바뀌는 복잡한 과정이다. 우리가 다음 장에서 다룰 주제인 개발도상국에서는 이런 변천이 현재 진행중에 있다. 이보다 더 뒤쳐진 국가에서는 변천이 막 시작되었다. 반면 다른 국가들에서는 변천이 거의 완성된 상태다. 역사적 차이에 따라 조정이 필요하다는 점을 염두에 둔다면, 유럽 또는 서구 일반의 경험은 현재 변천이 일어나고 있는 다른 국가에게 유용한 길잡이가 될 수 있을 것이다. 우리는 이제 이러한 서구의 경험에 대해 개괄적으로 살펴볼 것이다. 즉, 특별한 사회나 문화에만 국한된 사안보다는 공통점을 찾아 내는 데 주력할 것이다. 개별 사회와 문화에 대해 축적된 풍부한 연구결과를 무시한다는 면에서는 아쉬움이 있지만, 필자가 제안하는 종합적 취급방식에 이들을 포함시키기는 어렵다.

앞선 언급하였던 전략적 공간(제1장의 제5절, [그림 1-8] a~c 참조)을 [그림 4-1]에 다시 옮겨놓았다. 그 공간에 '등증가'곡선이 자리하고 있다는 점을 떠올려 보자. 각 곡선은 같은 인구증가율을 유지하게 하는 기대수명(e_0)과 여성 1인당 자녀수(*TFR*)의 결합을 나타내는 점들의 궤적이다. 역사적으로 인구집단들은 0~0.5% 사이의 공간을 차지해 왔다. 이 위치에서는 기대수명이 낮고 아이의 수가 많다. 우리는 또한 이 공간이 현재의 개발도상국에서는 엄청나게 확장되어 왔다는 것을 관찰하였다. 급속한 사망률 감소가 종종 비슷

그림 4-1 17개 유럽국들의 전략적 공간, 19세기와 20세기

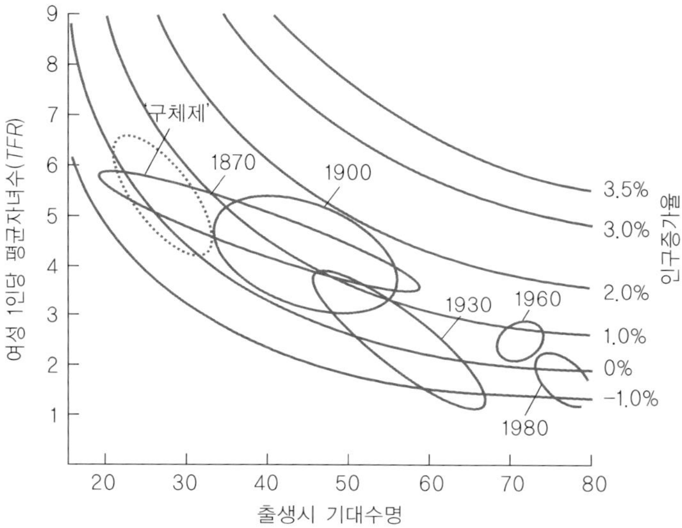

자료: A. J. Coale, "The Decline of Fertility in Europe since the Eighteenth Century," in A. J. Coale and S. C. Watkins, *Human Demographic History* (Princeton University Press, Princeton, 1986), 27쪽.

한 수준의 출산율 감소에 의해 발생하지 않기 때문에 이와 같은 결과는 이런 국가의 경우 많은 수가 2%와 4% 곡선상에 위치한다는 것을 말해 준다.

이와 달리 유럽 국가들에서는 1800년대부터 진행된 인구변천이 증가율의 '폭발'을 동반하지 않았다. 이 곳에서는 사망률과 출산율이 점진적으로 그리고 어느 정도 동시적으로 변하였고, 이에 따라 대부분의 인구집단이 0% 곡선과 1.5% 곡선 사이의 제한된 공간에 위치하였다. [그림 4-1]은 19세기와 20세기의 다양한 시점에 17개 유럽 국가들이 차지하였던 전략적 공간을 보여 준다. 하나하나의 타원이 각 연도에 대해 이 국가들이 위치하였던 영역을 나타낸다. 이 타원들은 아주 가는 띠 안에 위치하면서 왼쪽 상단(고출산-

고사망)에서 오른쪽 하단(저출산-저사망)으로 점진적으로 이동한다. 1870년과 1900년의 타원은 대부분 1~2% 영역을 차지하는데, 이것이 출산율과 사망률의 거리가 최대가 되는 인구변천의 시기를 의미한다. 이와 대조적으로, 1930년과 1980년의 타원들은 대부분 0% 곡선의 아래에 위치한다. 출산율이 인구를 유지하기에 부족한 시기라는 뜻이다.

앞에서 언급한 대로 인구변천은 몇 단계를 거쳐 진행된다. [그림 4-1]에 간단하게 묘사된 움직임을 보다 잘 설명하기 위해서 다음과 같은 측면들을 살펴보는 것이 유용하다. 사망률과 출산율 하락의 시작지점, 이 비율들의 하락추세 기간과 종료지점, 그리고 두 비율 사이의 최대 및 최소거리가 그것이다.

[그림 4-2]는 인구변천의 추상적 모형을 보여 준다. 보통 사망률 하락이 출산율 하락보다 일찍 시작된다. 그리고 이 단계에서 두 구성요소 간의 이격(인구의 자연증가율)은 최대치에 이르게 된다. 출산율의 하락이 가속화되고 사망률의 하락이 점차 느려짐에 따라 두 곡선은 다시 한 번 가까워지고 인구의 자연증가율은 낮은 수준(인구변천이 시작될 때의 수준)으로 되돌아온다. 이 모형은 일단 출산율과 사망률의 하락이 시작되면 이들이 낮은 수준에 도달할 때까지 변화의 과정이 지속된다는 가설을 암묵적으로 깔고 있다. 이 가설은 유럽의 경험에 비추어 볼 때 지지할 만하다.

인구변천에 소요되는 시간, 두 곡선의 경사도, 두 곡선 간의 거리 모두가 나라마다 상당한 차이를 보인다. 변천단계, 즉 인구증가가 가속화되는 단계에서 인구증가는 이 파라미터들의 함수이다. 변천이 시작될 때의 인구규모와 변천이 종료될 때의 인구규모의 비율을 '승수'(multiplier)라고 부를 수 있다.[2] 예를 들어, 프랑스에서는 변천이 18세기 말에 시작되어 150년 이상

2) [표 4-1]의 데이터, 승수의 개념, 변천모형에 대한 설명은 다음에서 가져왔다. J.-C. Chenais, *La transition démographique* (PUF, Paris, 1986), 33쪽; J.-C. Chenais, "Demographic Transition Patterns and Their Impact in Age Structure," *Population and Development Review* 16 (1990).

그림 4-2 인구변천모형

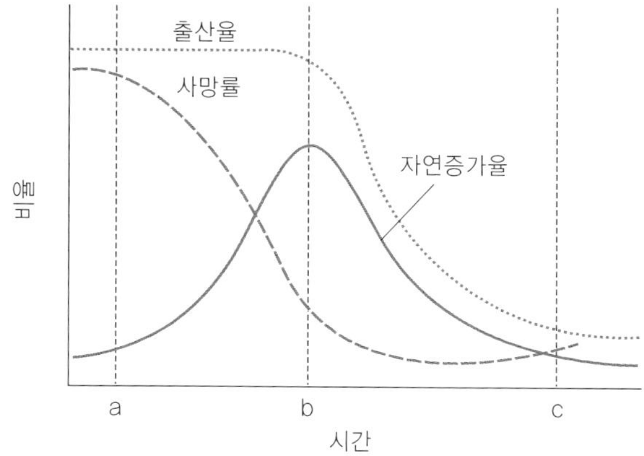

a=변천의 시작
b=출산율과 사망률 사이의 최대차이
c=변천의 종료

지속되었다. 사망률과 출산율이 거의 비슷하게 감소해서 시간적으로 별 차이를 보이지 않았고 승수는 1.6에 불과하였다. 이와 달리 스웨덴에서는 사망률 하락이 출산율 하락에 앞서서 진행되었으며 변천은 더 짧았다. 스웨덴의 승수는 3.8로 프랑스의 승수보다 두 배 이상 컸다. 유럽의 경험을 오늘날의 개발도상국과 비교하고자 한다면, 우리는 멕시코를 선택해 볼 수 있다. 이 나라에서 인구변천이 2000년에 완료되었다고 본다면 변천에 80년이 소요된 것이다. 사망률 하락이 출산율 하락보다 훨씬 앞서서 진행되었고, 자연증가율은 매우 높은 수준에 도달하였으며, 승수는 약 7이었다. [표 4-1]은 셰내(Chesnais)의 연구에 기초해서 유럽국들과 (외삽법을 통해 얻은) 개발도상국들의 인구변천기간과 승수의 값을 제시해 주고 있다. 가혹한 인구정책에 의해 인구가 통제된 중국의 경우를 예외로 한다면, 유럽국들의 승수에 비해 개발도상국들의 승수가 상당히 높은 경향이 있다.

표 4-1 인구변천의 시작, 종료, 기간 그리고 '승수'

국가	변천의 시작과 종료	기간(연수)	승수
스웨덴	1810~1960	150	3.83
독일	1876~1965	90	2.11
이탈리아	1876~1965	90	2.26
소련	1896~1965	70	2.05
프랑스	1785~1970	185	1.62
중국	1930~2000	70	2.46
대만	1920~1990	70	4.35
멕시코	1920~2000	80	7.02

자료: J.-C. Chesnais, *La transition démographique* (PUF, Paris, 1986), 294, 301쪽.

지금까지 필자는 변천의 기계적 측면에만 초점을 맞추고, 변천의 원인에 대해서는 논의를 미루어 왔다. 18세기 후반에 시작된 사망률의 하락은 일반적으로 다음과 같은 요인에 의해 촉발되었다고 한다. 우선 전염병주기의 빈도 감소나 흑사병의 소멸과 같은 외생적 요인을 들 수 있고, 경제조직의 개선에 따른 기근의 감소도 들 수 있으며, 전염병의 확산을 막고 생존력, 특히 유아의 생존력을 개선시킨 사회문화적 관습들도 들 수 있다. 사망률의 하락은 인구증가를 자극하였고, 이에 따라 가용자원에 대한 압력은 커졌다. 그리고 이것은 다시 혼인율의 감소와 의도적인 산아제한 시도의 확산을 통해 출산율의 감소로 이어졌다. 출산율 감소의 과정이 끝나는 시점에 되면 새 균형에 도달하게 된다. 이 시점은 여러 인구집단에서 변화가 얼마나 진행되었는가에 따라 결정된다. 여기까지 말한 것은 맬서스 모형의 응용사례인 셈이다. 맬서스 모형은 출산을 억제함으로써 가용자원에 대응하여 인구의 조정이 이루어진다고 본다. 그런데 출산은 생물학적 요인에 점점 덜 좌우되며 개인의 산아제한에 의해 점점 더 좌우된다. 맬서스는 이 가능성을 예견하지 못하였었다.

다양한 견해에도 불구하고, 산업혁명과 관련된 사회변동이 부부의 출산 선택에 변화를 야기하였다는 데에는 대체로 의견이 일치되고 있다. 특히, 도시 산업사회의 성장은 자녀양육의 '비용'을 증가시켰다. 아이는 농업사회에서보다 훨씬 늦은 나이에 독립적인 임금소득자 및 생산자가 되었으며, 물질적 양육, 건강관리와 교육이라는 측면에서 더 많은 '투자'를 필요로 하였다. 그리고 이에 따라 어머니는 고용기회를 박탈당하였다. 아동의 비용 증가는 산아제한의 자극제가 되었다. 유럽 사회에서 전통과 제도와 종교에 의해 강제된 사회통제가 경제적 및 사회적 발전과 더불어 점차 느슨해지면서 산아제한이 확산되었다. 교통과 통신이 개선되면서 이런 관습이 도시에서 농촌으로, 상류계층에서 하류계층으로, 그리고 중심지에서 주변 지역으로 널리 퍼져 갔다.

다음 절에서 우리는 사망률과 출산율의 하락에 대해 더 자세히 살펴볼 것이다. 여기에서의 결론은, 유럽의 전통적 인구체제에 의해 낭비되었던 에너지가 와트의 증기기관의 등장에서 시작하여 20세기 중반까지 엄청나게 감소하였다는 것이다. 현재의 '경제적' 인구체제하에서는 사망이 적기 때문에 소수의 출산만으로도 충분히 보상이 된다. 더욱이 새 천 년에 들어서는 시점에서 보면, 이 사회들에서는 인구균형을 유지하기 위해 필요한 소수의 출산조차도 더 이상 일어나지 않는 것으로 보인다.

2. 무질서에서 질서로: 수명의 연장

18세기 후반에 사망률이 하락의 징후를 보이기 시작하였다. 수명이 길어졌고 사망의 위계적 순서가 안정적으로 뿌리를 내려갔다. 무작위적이고 예측불가능한 사망 때문에 발생하였던 초기의 무질서가 줄어들고 사람의 생애에 질서가 자리잡았다. 초기에 사망이 불규칙하였던 이유는 두 개의 상호 연관된 요인으로 설명할 수 있다. 첫째 요인은 사망위기가 빈번하고 불규칙하게 발생하였다는 점이다. 사망위기는 다양한 원인에 의해 생겨나서, 모든 연령대와 계층에게 타격을 주었으며, 사회의 생명력을 저해하였다. 대역병이 초래한 참변(1630년의 대역병으로 밀라노 인구의 거의 절반이 사망하였고, 1656년의 대역병은 제노바와 나폴리 인구의 절반을 죽음에 이르게 하였다[3])은 논외로 치더라도, 이미 연간 사망자수가 많은 상황(자주 발생한 상황이다)에서 사망자수가 두 배로 늘게 되면 그 사회는 큰 충격을 받을 수밖에 없었다. 둘째 요인은 자연적인 연령에 따른 시간적 순서가 역전될 위험이었다. 유아기 사망(너무 빈번해서 정상적이라고 여겨질 정도인)을 무시한다 하더라도, 아동이나 청소년이 부모보다 먼저 죽을 확률이 높았다. 예를 들어, 18세기 프랑스의 사망률(1740~1790년에 출생시 기대수명이 25~28세)을 놓고 보면, 40살인 어머니가 향후 20년 동안 10살인 아들보다 오래 살 확률은 1/4이었다고 우리는 추정할 수 있다. 현재의 낮은 사망률을 놓고 추정해 보면, 이런 확률은 거의 미미한 것으로 나온다.[4]

필자가 질서와 규칙성의 도입이 중요하다고 강조한 것은(수명연장에 관해서는 아래에서 논의할 것이다) 이것들이 발전을 위한 전제조건이기 때문이다. "갑작스런 죽음이 가져오는 물질적 · 정신적 결과뿐만 아니라 갑작스런 죽음에 대한 공포로부터도 자유로운 사회만이 높은 수준의 지적 · 기술적 진보를 이룰 수 있으며, 이런 진보가 있어야 인구증가가 유지될 수 있는 것

3) L. Del Panta, *Le epidemie nella storia demografica italiana (secoli XIV-XIX)* (Loescher, Turin, 1980), 160, 168쪽.

4) 콜(Coale)과 드미니(Demeny)의 모형생명표에 따르면(A. J. Coale and P. Demeny, *Regional Model Life Table and Stable Populations*, Princeton University Press, Princeton, NJ, 1966), 예를 들어 여성의 기대수명을 27.5세, 그리고 남성의 기대수명을 25.3세로 잡고 있으므로(서구 모형) 우리는 다음과 같은 결과를 도출할 수 있다. 40세 여성이 60세까지 생존할 확률은 0.536이고, 10세 소년이 30세까지 생존할 확률은 0.764이다. 20년 동안, 40세인 어머니와 10세인 아들은 다음의 네 가지 가능성을 지니고 있다. (1) 둘 다 생존하는 경우로, 이 확률은 0.536×0.764=0.410, (2) 어머니가 아들보다 오래 생존하는 경우로 확률은 0.536×(1-0.764)=0.126, (3) 아들이 어머니보다 오래 생존하는 경우로 확률은 0.764×(1-0.536)=0.354, (4) 둘 다 사망하는 경우로 (1-0.536)×(1-0.764)=0.110이다. 네 확률의 합은 1이 된다. 어머니가 생존한다면(확률 0.536), 네 번 중 한 번꼴로 그녀가 아들보다 오래 산다(0.126 : 0.536=0.235). 현재의 사망률하에서 이러한 일이 일어날 확률은 약 1/60이다.

그림 4-3 스웨덴의 사망률 변동의 약화, 1735~1920년

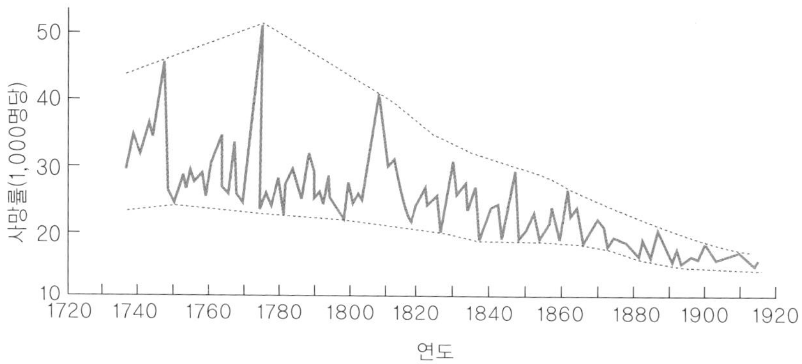

이다."[5]

사망위기, 즉 사망률이 갑작스럽게 단기간(몇 주로부터 심각한 전염병의 경우 2~3년 내)에 상승하는 사태의 강도와 빈도가 하락하는 것이 사망변천의 첫 번째 측면이다. '위기'라는 범주에는 아주 다양한 사건들이 속한다. 전쟁의 파괴, 기근, 반복적으로 발생하는 감염성 질병 등이 이에 속한다. [그림 4-3]은 위기의 약화를 보여 주는 사례를 담고 있다. 실선은 1735~1920년 스웨덴의 조사망률(Crude death rate)인구 1,000명당 사망자의 비율-역자 주의 추이를 나타낸다. 점선은 최고치와 최저치를 (다소 자의적으로) 연결하고 있다. 여기서 변동폭이 점차 줄어드는 모습, 그리고 추세적으로 하락하는 모습을 쉽게 확인할 수 있다. [표 4-2]는 18세기 중반부터 1975년까지 매 25년 동안 프랑스와 스웨덴의 조사망률이 보여 준 최대치와 최소치, 그리고 두 수치 간의 차이를 보여 준다. 변동범위의 점차적 축소추세가 명확히 나타난다. 19세기 말까지 보

5) K. F. Helleiner, "The Population of Europe from the Black Death to the Eve of the Vital Revolution," in *The Cambridge Economic History of Europe* (Cambridge University Press, Cambridge, 1967), vol. 4: *The Economy of Expanding Europe in the Sixteenth and Seventeenth Centuries*, eds. by E. E. Rich and C. Wilson.

표 4-2	프랑스와 스웨덴에서의 사망률(1,000명당)의 최대치와 최소치, 18~20세기					
기간	스웨덴			프랑스		
	최대	최소	차이	최대	최소	차이
1736~1749	43.7	25.3	18.4	48.8	32.3	16.5
1750~1774	52.5	22.4	30.1	40.6	29.5	11.1
1775~1799	33.1	21.7	11.4	45.2	27.1	18.1
1800~1824	40.0	20.8	19.2	34.4	24.0	10.4
1825~1849	29.0	18.6	10.4	27.7	21.1	6.6
1850~1874	27.6	16.3	11.3	27.4	21.4	6.0
1875~1899	19.6	15.1	4.5	23.0	19.4	3.6
1900~1924	18.0	11.4	6.6	22.3	16.7	5.6
1925~1949	12.7	9.8	2.9	18.0	15.0	3.0
1950~1974	10.5	9.5	1.3	12.9	10.5	2.4

통 10~20이었던 것이 마지막 시기에 오면 1/10으로 줄어 1~2가 된다. 18세기와 19세기 초에 서유럽에서 사망위기가 줄었다는 사실을 보여 주는 기록이 많이 존재한다.[6] 19세기에는 사회적 및 경제적 조직의 개선이 이루어졌는데, 이는 종두법(제너(Jenner)의 발견은 1798년에 공표되었고 19세기 초에 급속히 보급되었다)을 포함한 감염성 질병에 대한 통제력의 증가와 치명적인 전염병을 일으키는 병원체의 확인에 힘입은 바 크다.[7] 그러나 진보의 길은 험난하였다. 19세기에 감염성 질병(천연두와 같이 오래된 것과 콜레라와 같이 유럽에 새로이 알려진 것)이 여전히 많은 희생자를 낳았다. 제1차 세계대전 직후에

6) 이 주제에 대한 문헌은 방대하다. 필자는 다음 자료만을 언급하고자 한다. 이탈리아에 대해서는 Del Panta, *Le epidemic*; 잉글랜드에 대해서는 E. A. Wrigley and R. S. Schofield, *The Population History of England, 1541-1871* (Edward Arnold, London, 1981); 스페인에 대해서는 V. Pérez Moreda, *Las crisis de mortalidade en la España interior, soglos XVI-XIX* (Siglo Veintiuno, Madrid, 1980); 프랑스에 대해서는 G. Cabourdin, J.-N. Biraben, and A. Blum, "Les Crises demographiques," in J. Dupâquier, ed., *Histoire de la population française* (PUF, Paris, 1988), vol. 2: *De la Renaissance à 1789*.

7) 19세기 미생물학의 대발견에 관해서는 다음을 보라. G. Penso, *La conquista del mondo invisibile* (Feltrinelli, Milan, 1973).

발생한 인플루엔자의 대유행이 대표적 사례이다. 이보다 더 심각한 생명의 파괴가 두 세계대전, 소련과 스페인의 내전, 대규모 강제이송, 그리고 홀로코스트에 의해 진행된 것은 두 말할 나위도 없다.

그렇지만 사망률은 하락하였다. 이는 위기의 빈도와 강도가 약화되었기 때문이기도 하였지만, 또한 평상시에 여러 연령대에서 사망확률이 낮아진 때문이기도 하였다. [표 4-3]은 18세기 중반부터 현재까지 일부의 주요 선진국에서 기대수명(e_0, 남성과 여성)의 증가추이를 보여 준다. 몇몇의 국가에서 30세에도 이르지 못하였던 초기값이 점차적으로 증가하여 이번 세기 초에는 약 80세를 기록하였다. 몇몇 국가들에서는 18세기 중엽부터 눈에 띄는 증가가 나타났다. 그리고 거의 대부분의 국가들은 의학적 발견의 영향력이 나타나기 전에 이미 상당한 진보를 경험하였다.[8)]

우리에게는 사망률 감소에 관한 두 가지 측면이 특히 중요하다. 첫째는 다양한 연령대에서 사망확률이 줄어든 것이 기대수명의 증가에 미치는 영향이다. 신생아에 대한 관리가 개선되고 전염병이 신생아에게 옮는 것을 방지하는 조치가 취해졌기 때문에 한 살 이하인 유아의 사망률이 가장 크게 감소하였다. 둘째도 이와 관련성이 있는데, 사망의 다양한 원인, 특히 주원인이라고 할 수 있는 전염병의 감소에 의해 사망률의 하락이 나타나는 측면이다.

사망률 감소에 관한 이와 같은 개괄적 설명에 대해 카셀리(Caselli)의 연구도 동조한다. [표 4-4]는 1871~1951년 사이에 잉글랜드와 웨일스에서(40.8에서 68.4로), 그리고 1881~1951년 사이에 이탈리아에서(33.7에서 66.5로) 늘어난 기대수명을 요인별로 구분하고 있다.[9)] 그들 사회의 역사가 다른데도 두 국가에서 발생한 결과는 비슷하다. 두 경우에서 모두 기대수명 연장치의 약

8) T. McKeown, *The Modern Rise of Population* (Edward Arnold, London, 1976).
9) G. Caselli, "Health Transition and Cause-Specific Mortality," in R. Schofield, D. Recher, and A. Bideau, eds., *The Decline of Mortality in Europe* (Oxford University Press, Oxford, 1991).

표 4-3 일부 서구 국가에서 나타난 기대수명, 1750~2002년

국가	1750-9	1800-9[a)]	1850-9[b)]	1880[c)]	1900[d)]	1930[e)]	1950	2002
잉글랜드	36.9	37.3	40.0	43.3	48.2	60.8	69.2	78.3
프랑스	27.9	33.9	39.8	42.1	47.4	56.7	66.5	79.4
스웨덴	37.3	36.5	43.3	48.5	54.0	63.3	71.3	80.1
독일	-	-	-	37.9	44.4	61.3	66.6	78.6
이탈리아	-	-	-	35.4	42.8	54.9	65.5	80.0
네덜란드	-	32.2	36.8	41.7	49.9	64.6	71.8	78.3
러시아연방[f)]	-	-	-	27.7	32.4	42.9	64.0	65.4
미국[g)]	-	-	41.7	47.2	50.8	61.7	69.4	77.3
오스트레일리아	-	-	-	49.0	55.0	65.3	69.6	80.2
일본	-	-	-	35.1	37.7	45.9	59.1	81.9

주: a) 네덜란드의 경우는 1816~1825년.
b) 네덜란드의 경우는 1850~1851년과 1851~1860년의 평균; 미국의 경우 1850년.
c) 스웨덴, 독일, 네덜란드의 경우는 1871~1880년과 1881~1890년의 평균; 잉글랜드의 경우는 1876~1880년; 일본의 경우는 1891년.
d) 잉글랜드, 스웨덴, 독일, 네덜란드, 오스트레일리아의 경우는 1891~1900년과 1900~1901년의 평균; 러시아의 경우는 1891년.
e) 스웨덴의 경우는 1926~1930년과 1931~1935년의 평균; 독일의 경우는 1932~1934년; 소련의 경우는 1926~1927년; 네덜란드의 경우는 1921~1930년과 1931~1940년의 평균.
f) 소련의 경우는 1930년과 1950년.
g) 1950년 이전의 경우는 백인 인구.

자료: L. I. Dublin, A. J. Lotka, and M. Spiegelman, *Length of Life* (Ronald Press, New York, 1949), 61, 346~351쪽; 미국에 대해서는 또한 A. J. Coale and M. Zelnick, *New Estimates of Fertility and Population in the United States* (Princeton University Press, Princeton, 1963), 8~9, 56~57쪽; 일본에 대해서는 Z. Nanjo and K. Kobayashi, *Cohort Life Tables*, NUPRI Research Paper, no. 20 (Tokyo, 1985); 2002년 자료는 United Nations, *World Population Prospects. The 2004 Revision* (New York, 2005).

2/3가 전염병(특히, 유아에게 많은 홍역, 성홍열, 디프테리아), 호흡기질환(기관지염, 폐렴, 인플루엔자) 그리고 장질환(설사, 장염)을 통제할 수 있게 된 덕택이었다. 연령의 관점에서 본다면, 연장된 기대수명의 약 2/3(잉글랜드에서는 이보다 조금 적고, 이탈리아에서는 이보다 조금 많다)는 15세까지의 사망률이 감소하였기 때문에 나타난 것이다. 40세 이상의 연령대에서 나타난 사망률의 개선은 전체 기대수명 연장치의 1/6~1/7에 지나지 않았다.

표 4-4 잉글랜드(1871~1951)와 이탈리아(1881~1951)에서의 기대수명의 증가: 사망원인에 따른 분류

사망원인	잉글랜드 e_0의 연장		이탈리아 e_0의 연장	
	연수	%	연수	%
전염병	11.8	42.9	12.7	40.1
기관지염, 폐렴, 인플루엔자	3.6	13.1	4.7	14.8
순환계 질병	0.6	2.2	0.8	2.5
설사, 장염	2.0	7.3	3.4	10.5
유아 질병	1.8	6.5	2.3	7.3
사고	0.7	2.5	0.5	1.6
종양	0.8	2.9	0.4	1.3
다른 질병	7.8	28.4	7.7	24.3
합계	27.5	100.0	31.7	100.0

주: 기대수명은 잉글랜드에서 1871년에 40.8세였으며 1951년에 68.4세였다. 이탈리아에서는 1881년에 33.8세였고, 1951년에 65.6세였다.
자료: G. Caselli, "Health Transition and Cause-Specific Mortality," in R. Schofield, D. Reher, and A. Bideau, eds., *The Decline of Mortality in Europe* (Oxford University Press, Oxford, 1991).

선진국에서 사망률 변천은 상대적으로 느리게 진행되었다. 예를 들어, 여성의 기대수명이 50세에 도달한 시점(이때 한 연령집단이 출생 이후 출산가능연령 도달 이전에 사망으로 인해 입게 되는 손실은 20~25%로 여전히 높은 수준이었고, 출산잠재력의 '낭비'는 약 30%에 이르렀다)은 다양하게 나타났다. 노르웨이에서는 1861년이었고, 불가리아, 포르투갈, 소련에서는 1930년대였다. 유럽 국가들의 중앙값에 해당하는 시기는 1903년이다.[10)]

기대수명의 증가는 20세기 중반까지 가속화되었다. 1750~1850년 사이에 잉글랜드와 프랑스, 스웨덴에서는 매년 1개월 이하만큼 기대수명이 연장되

10) e_0의 값이 50이라는 것은 다양한 국가들에 대한 자료에 선형내삽법(일부 경우에는 외삽법)을 적용해 구할 수 있다. 이 국가들은 다음에서 찾을 수 있다. L. I. Dublin, A. J. Lotka, and M. Spiegelman, *Length of Life* (Ronald Press, New York, 1949). 스웨덴, 덴마크, 벨기에, 네덜란드, 스위스, 오스트레일리아, 미국에서는 여성의 기대수명이 50세가 된 시점이 1880~1900년 사이였다. 잉글랜드, 프랑스, 독일의 경우에는 1900~1910년 사이였고, 핀란드, 오스트리아, 이탈리아에서는 1910~1920년 사이, 그리스, 헝가리, 소련에서는 1920년 이후였다.

었다. 이 세 국가와 네덜란드, 미국은 1850~1859년과 1880년 사이에 매년 기대수명이 2개월가량 연장되었다. [표 4-3]에 들어 있는 10개국이 이어지는 네 시기에 경험한 연간 기대수명의 증가치는 3.3개월(1800~1900), 4.6개월(1900~1930), 5.8개월(1930~1950), 그리고 2.5개월(1950~2002)이었다. 증가폭이 최대였던 시기는 1930~1950년이었다. 이 시기에는 제2차 세계대전의 재앙이 있었음에도 1930년대와 1940년대에 진행된 약리학분야의 발전(설파제(sulpha drug)와 페니실린)이 끼친 영향을 상쇄하지는 못하였다. 그 이후 변천속도는 현저히 낮아졌지만, 아직도 변천이 완전히 끝난 것은 아니다.

1850년대 이후 사망률 감소는 경제적 및 사회적 발전(이 모호한 표현은 생존을 향상시킨 물질적 · 기술적 · 문화적 자원의 확장을 포함한다)과 발맞추어 전개되었다. 과연 언제 그리고 어디에 사망률 감소를 유발한 지배적 요인들이 있었는지 알아내는 일은 사회사학자와 인구사학자에게 남겨진 과제이다. 이러한 지배적 요인들은 아마도 변천의 첫 단계에서는 사회적 · 문화적 요인들(아이 양육법, 개인위생, 시장조직의 개선 등)을 포함하고, 둘째 단계에서는 경제적 요인들(물질적 생활수준의 향상, 기반설비의 확충 등)을 포함하며, 마지막 단계에서는 의료 · 과학 · 행동분야의 요인들을 포함할 것이다. 물론 매 단계에서 여러 요인들은 복합적으로 함께 작용해 왔다.

[그림 4-4]는 서구 16개국의 기대수명 증가치([표 4-3] 참조)와 물질적 후생의 지수 사이의 관계를 단순화한 것이다. 물질적 후생을 나타내는 지수는 생산된 재화와 서비스(실질GDP)의 1인당 가치를 측정한 것으로, 1990년 국제달러 기준으로 계산되었다. 이 수치는 최근 표준화된 방법을 이용하여 소급적으로 재계산되었다.[11)] 이 그래프는 1870년, 1913년, 1950년, 2000년의 네 시점

11) A. Maddison, *Monitoring the World Economy 1820-1992* (OECD, Paris, 1995). 이 장과 다음 장에서 사용된 GDP(국내총생산)와 1인당 GDP는 '1990년 국제달러'(또는 1990년의 Geary-Khamis Dollars 기준, 이 기준은 방법론을 개발한 학자의 이름을 딴 것이다)를 기준으로 한다. 이는 PPP(구매력평가)달러라고도 불린다. PPP달러는 물가가 시간과 공간에 따라 변한다는 점을 감안하여, 후생의 동일한 부분을 '구입'함으로써 역사적 · 지리적으로 동일한 가치를 갖도록

그림 4-4 산업화된 16개국에서의 1인당 실질GDP와 기대수명(e_0)의 관계, 1870년, 1913년, 1950년, 2000년

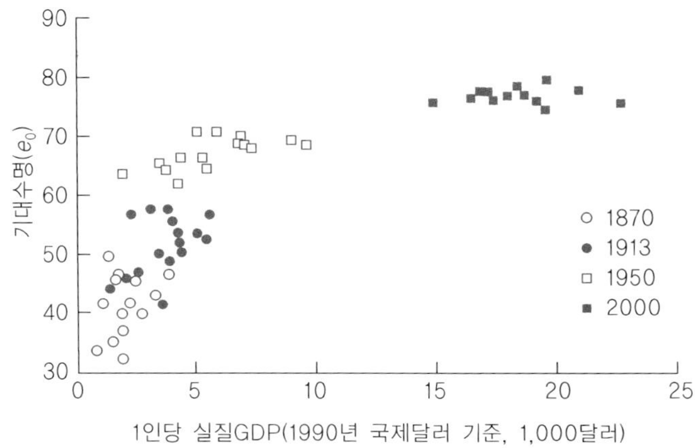

에 각국의 e_0와 1인당 GDP를 비교하여, 기대수명과 물질적 후생 사이의 장기적 관계를 보여 주는 64개의 점(국가당 4개)을 표시하고 있다. 필자는 이 그래프의 기초가 되는 단순화 작업에 관한 논의를 생략하고,[12] 그래프가 보여 주는 결과에만 관심을 집중하기로 한다. 결과는 놀라울 정도로 명료하다. 변천의 첫 번째 단계에서는 생산의 증가가 기대수명의 향상과 상당히 잘 조응한다. 기대수명의 향상은 점차 약화되어서, 결국 마지막 단계에 이르러서는 부가 크게 증가하여도 e_0가 조금밖에 증가하지 않게 된다. 변천의 마지막 단계에서 1인당 생산수준이 다른 국가들이 거의 비슷한 수준의 e_0를 보인다

만든 추상적인 측정단위다. 실제적으로, '국제달러'는 많은 한계를 지니고 있다. 가용한 수량적 자료의 제한 때문에 내재적으로 한계가 있기도 하고, 또한 생산과 소비의 대상이 되는 재화와 서비스의 범위가 끊임없이 변화하기 때문에 한계를 갖기도 한다. 매디슨(Maddison)의 책 162~169쪽을 참조하라.

12) 이들 가운데 가장 중요한 점은 두 변수가 서로 독립적이지 않다는 것이다. 사망률이 부분적으로 후생에 의존한다는 것이 사실인 반면, 사망률의 감소 없이는 물질적 진보가 일어날 수 없었을 것이라는 점도 사실이다.

는 사실은, 일정한 한계를 넘어서면 재화의 가용수준이 생존에 실질적으로 아무런 영향을 끼치지 못함을 시사한다. 2000년에 미국의 1인당 GDP는 이탈리아보다 50% 높았지만, 기대수명은 77세로 이탈리아의 79세보다 낮은 수준이었다. 물론 더 부유한 삶이 기대수명을 연장시키지 못한다는 뜻은 아니다. 하지만 이러한 기대수명의 연장은 아마도 '비물질적인' 것의 개선과 관련이 있을 것이다. 예를 들어, 인간행동의 변화 또는 전에는 상상할 수도 없던 지평을 열어 주는 과학적 발전 등이 이 범주에 포함된다. GDP로 측정되는 생산량의 단순한 증가는 최소한 이 역사적 단계에서는 더 이상 어떠한 역할도 하지 못하게 되었다. 변천의 첫 단계에서 생산의 증가가 생존력을 크게 향상시키는 이유는 분명하다. 더 많은 음식, 더 나은 옷, 더 좋은 집, 개선된 의료서비스는 영양실조에 걸린 사람들, 제대로 된 옷을 입지 못한 사람들, 부실한 집에 사는 사람들, 질병에 걸리면 운명에 맡겨야 하는 사람들에게 커다란 영향을 끼치기 때문이다. 반면에 생산의 증가가 이미 넉넉한 생활을 하고 있는 사람들에게 미치는 영향은 과식이나 환경악화처럼 부정적인 것까지는 아니더라도 분명히 미미하거나 전혀 없을 것이다.

3. 높은 출산율에서 낮은 출산율로

사망률의 감소와 마찬가지로 출산율의 감소도 점진적이며 지역에 따라 편차가 큰 과정이었다. 필자는 앞에서 아이의 '생산'을 규제하는 복합적 요인들, 즉 생물학적 요인(이는 출산간격을 결정한다)과 사회적 요인(이는 출산가능기간 가운데 얼마의 비율을 출산에 쓸 것인가, 즉 혼인연령, 혼인비율 등을 결정한다) 등을 이미 논의하였다(제1장의 제4절 참조).[13] 이미 언급한 대로 이러한 요

13) 물론 혼외출산 -일반적으로 사생아 출산이라는 적절하지 않은 용어로 부르는- 도 존재한다. 역사적으로 보면 (최소한 지난 수십 년 동안에는) 대다수의 출산이 혼인의 테두리 안에서 일어났기 때문에, 서구에서 혼외출산율의 수준은 무시해도 상관없을 정도였다.

인들은 출산율에 중대한 영향을 끼칠 수 있었고, 그렇기 때문에 인구변천이 시작되기 전에 유럽 국가들의 출산율수준이 1,000명당 최저 약 30명에서 최고 45명 이상에 달하였던 것이다. 그럼에도 불구하고 자발적인 산아제한[14)]은 출산율 감소에 결정적 영향을 미쳤다. 이것이 모유 수유기간의 연장, 늦은 혼인, 또는 미혼으로 남아 있기 등의 방법보다 분명히 더 효율적인 방법이었다.

[그림 4-5]는 출산율 감소가 시작되었던 시기에 유럽에서 혼인과 관련된 억제가 얼마나 효과적이었는지를 보여 준다. 낮은 혼인율을 보이는 여성 인구집단은 그래프의 왼쪽 상단을 차지한다. 이들의 특징은 초혼연령이 높고(스위스와 벨기에, 스웨덴, 노르웨이에서 27세 이상), 출산가능기간이 끝나기 전에 결혼하는 여성의 비율이 낮았다(80%를 조금 넘은 수준). 그래프의 오른쪽 하단에는 높은 혼인율의 인구집단(루마니아와 불가리아)이 위치한다. 이들은 초혼연령이 낮으며(20세가량), 혼인하는 여성의 비율이 높았다(95% 이상). 그래프를 통해서 확인할 수 있듯이, 근대 이전의 시기에는 혼인율의 두 구성요소 사이에 상당히 강한 (역의) 상관관계가 존재하였다.

[그림 4-5]는 인구변천 이전 혼인율의 변동성에 대해 보여 주며, 간접적으로는 그것이 출산을 어느 정도 조절하였는지를 알 수 있게 해 준다. 조절은 상당한 수준이었긴 하였지만, 급속한 사회변동이 있었던 19세기에 출산율을 규제하기에는 충분하지 않았다. 더욱 효과적인 조절방법은 자발적인

14) 이것은 산아제한을 자발적인 것과 비자발적인 것을 구분하는 미묘한 개념이다. 인구학자들은 출산력이 자발적으로 조절되지 않는 경우를 '자연출산력'(natural fertility)이라고 부른다. 이것의 수준은 부부나 어머니의 행동(성적 금기, 성교횟수, 모유 수유기간 등, 제1장 제4절을 참조)에 따라 상당히 다르게 나타난다. 그러나 이런 행동유형은 아마도 '구조적'인 것이어서, 특정한 가족규모를 갖기 위한 부부의 의지를 반영하지 못한다. 출산과 관련된 행위는 이미 태어난 아이들의 수에 따라 변하는 것이 아니다. 이와 달리 피임법과 중절성교에 의한 자발적인 산아제한은 계획된 자녀수만 갖기 위해 시행된다. 이러한 조절은 이미 원하는 자녀를 모두 낳은 사람들에 의해 행해지기 때문에, 출산행위는 이미 태어난 아이에 의해 달라지는 경향이 있는 것이다. 막내 출산시 산모의 평균연령 감소, 또는 가장 어린 나이 때의 출산력 감소는 그 인구집단에서 산아제한이 실시되고 있다는 신호다. 두 상황 모두 연령에 따른 출산력곡선의 '모양'이 바뀌도록 만든다.

그림 4-5 평균혼인연령과 출산가능기간 종료시점의 기혼여성 비율 간의 관계, 일부 국가들에서 19세기 후반에 태어난 세대들

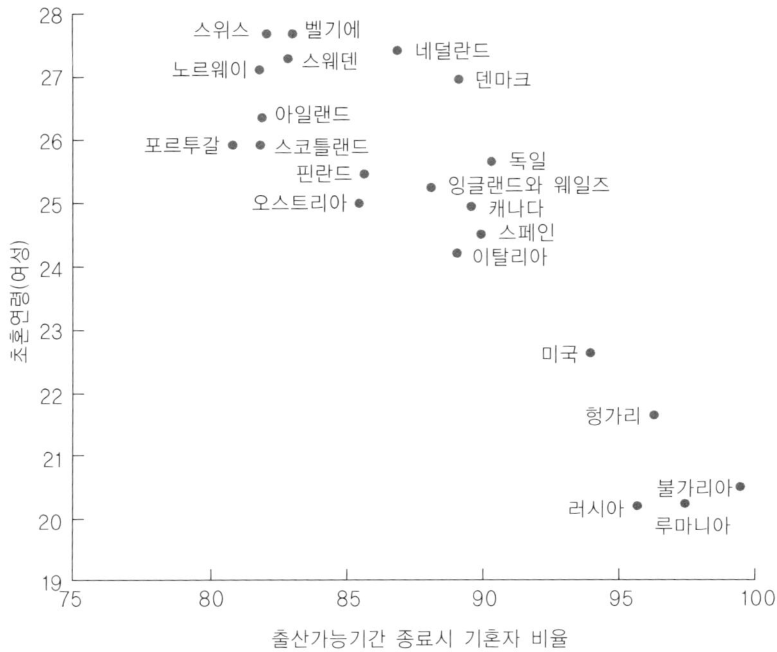

자료: P. Festy, *La fécondité des pays occidentaux de 1870 à 1970* (PUF, Paris, 1979), 29쪽.

산아제한이었다. 산아제한은 몇몇 선택적 집단(귀족과 도시의 부르주아)을 제외하고는 거의 알려지지 않았는데,[15] 이 산아제한이 18세기 말에 도달할 즈음 프랑스와 몇몇 제한된 지역에서 등장하였고,[16] 19세기 중반과 후반을 거

15) M. Livi-Bacci, "Social-Group Forerunners of Fertility Control in Europe," in A. J. Coale and S. C. Watkins, eds., *The Decline of Fertility in Europe* (Princeton University Press, Princeton, NJ, 1986).

16) 도시의 출산력은 보통 농촌보다 낮은데, 이는 부분적으로 도시인구의 특별한 구성과 높은 사망력 때문이기는 하였다. 하지만 농촌지역에서 출산력 감소가 더 느렸다는 모형과 달리 헝가리의 일부 지역에서는 18세기 말부터 출산력이 하락하기 시작하였다. R. Andorka, "La prévention

그림 4-6 유럽 16개국의 일반출산율(I_f), 혼인내출산율(I_g), 혼인율(I_m) 사이의 관계, 1870년, 1900년, 1930년, 1960년

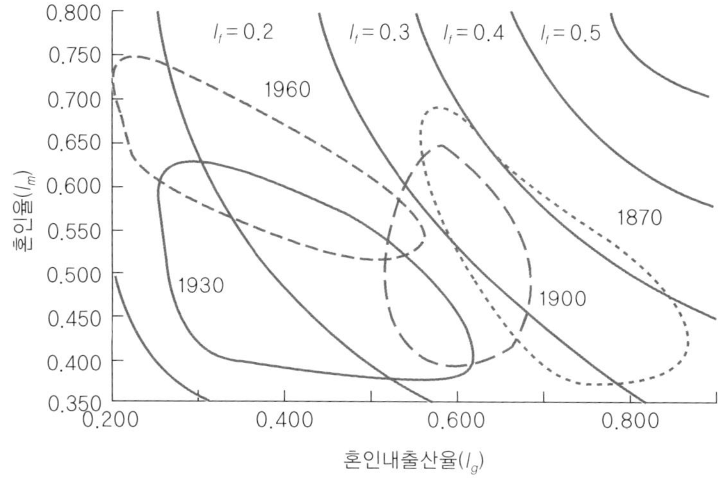

치면서 유럽 전역에 급속도로 확산되었다. 하지만 일부 농촌과 주변부 지역에서는 20세기 중반이 되어서야 이 방법을 수용하게 되었다.

[그림 4-6]은 1870년에서부터 1960년까지 유럽의 출산력 변천을 보여 준다. 이 그래프는 유럽의 출산력 감소에 관해 최근에 행해진 국제적 연구를 바탕으로 한다.[17] 우리는 앞에서 이런 형식의 그래프를 사용한 적이 있다([그림 1-8]과 [그림 4-1]). 그러나 여기서는 그래프의 축이 다르며 곡선은 '등출

des naissances en Hongrie dans la région Ormansag depuis la fin du XYIII siècle," *Population* 26 (1971), 63~78쪽을 보라.

17) 이 연구는 앤슬리 콜(Ansley Coale)이 주도하고 프린스턴에 있는 인구연구소(Office of Population Research)의 협조를 받아 진행되었다. 연구의 일반적 목표, 특징 그리고 결과는 다음에 요약되어 있다. Coale and Watkins, *Decline of Fertility*. [그림 4-6] (a~e)의 그래프들은 다음 국가들의 자료를 담고 있다. 벨기에, 덴마크, 잉글랜드와 웨일즈, 핀란드, 프랑스, 독일, 헝가리, 아일랜드, 이탈리아, 네덜란드, 노르웨이, 포르투갈, 스코틀랜드, 스페인, 스웨덴, 스위스.

산'(isofertility)곡선을 나타낸다. 각 곡선은 '일반출산율'(자녀출산율의 지수로서 여성 1인당 출산자녀의 수인 *TFR*과 강한 상관성을 가진다)을 일정하게 해 주도록 혼인내출산율(x축)과 혼인율(y축)을 결합시킨 점들의 궤적을 보여 준다. 각 주에 설명되어 있는 혼인내출산율(I_g)과 혼인율(I_m)이라는 지수들[18]은 다음에 서술하는 내용을 알려 준다.

1. 혼인내출산율지수는 혼인 중인 부부의 출산강도를 나타낸다. 왜냐하면, 이 지수는 정상적으로 구성된 인구에서 찾아볼 수 있는 출산의 최대치와 (그 값은 1이다) 관련되기 때문이다. 자발적 산아제한이 확산되기 이전에 I_g의 값은 출산간격을 결정하는 요인들(모유 수유기간과 제1장의 제5절에서 언급하였던 다른 요인들)에 의해 정해지므로, 일반적으로 0.6~1 사이에 존재한다. 산아제한의 확산은 보통 혼인내출산율의 '지속적인' 감소의 모습으

18) I_m(출산가능기간 여성 중 기혼자의 비율), I_f(일반출산율), I_g(혼인내출산율) 등의 지수와 I_h(여기서는 논의하지 않은 혼외출산율을 나타내는 지수)는 아래의 방법에 의해 계산된다. f_i, g_i, h_i는 각각 연령간격이 *i*인 여성 1인당 총출산과 혼인내출산, 그리고 혼외출산을 나타낸다. 이와 유사하게 w_i, m_i, u_i는 같은 연령간격에서의 총여성, 기혼여성, 미혼여성을 가리킨다. F_i는 1921~1930년에 혼인중인 후터족(Hutterite) 여성들을 모형인구로 삼아 계산한 출산율 상관계수다. 이들은 정규적으로 구성된 인구집단 가운데 가장 높은 출산율을 기록한 것으로 유명하다. 위의 정보가 주어지면 지수들은 다음과 같이 계산될 수 있다.

일반출산율 $$I_f=\frac{\Sigma f_i w_i}{\Sigma F_i w_i} \quad (1)$$

혼인내출산율 $$I_g=\frac{\Sigma g_i m_i}{\Sigma F_i m_i} \quad (2)$$

혼외출산율 $$I_h=\frac{\Sigma h_i u_i}{\Sigma F_i u_i} \quad (3)$$

기혼여성의 비율 $$I_m=\frac{\Sigma F_i m_i}{\Sigma F_i w_i} \quad (4)$$

(1), (2), (3)의 분자는 각각 총출산, 혼인내출산, 혼외출산을 말한다. F_i의 값은 다음과 같다. 연령대 15~19=0.300, 20~24=0.550, 25~29=0.502, 30~34=0.447, 35~39=0.406, 40~44=0.222, 45~49=0.061이다. 네 지수들의 관계는 방정식 $I_f=I_g\times I_m+I_h(1-I_m)$를 따른다. 전통적으로 모든 서구 국가들에서 그러하였던 것처럼 I_h가 매우 낮을 때, 예를 들어 0.05(또는 5%) 이하일 때, 일반출산율의 지수는 $I_g\times I_m$에 접근한다. 모든 지수들은 1보다 낮은 값을 가진다. I_g의 경우에는 지수값이 연구대상이었던 인구의 혼인내출산율과 후터족의 이론적 최대치 간의 비율을 나타낸다. 지수값이 0.6 이하이면 일반적으로 자발적 산아제한이 실시되고 있음을 시사한다.

로 나타난다. 위의 연구에서 초기의 안정적 수준에 비해 10% 감소한 수치는 통제가 작동하였다는 강력한 신호로 여겨진다. 0.5 내지 이보다 낮은 값을 보인 국가들은 분명히 산아제한을 시행하고 있는 국가라고 볼 수 있다.

2. 혼인율지수는 단순히 출산가능기간 내에 여성 중 혼인한 자의 비율의 측정치(연령대에 따라 잠재적 출산력에 가중치를 두었음)이다. 따라서 이 지수는 [그림 4-5]에 표시된 혼인연령과 기혼자의 비율(과부의 비율도 포함. 당시 사망률 감소에 따라 과부의 비율은 하락하고 있었다)을 결합해 놓은 것이다.

[그림 4-6]은 유럽에서 일어난 일반출산율의 점진적인 감소를 보여 주는데, 이 추세는 위에서 설명한 지수들의 함수다. 1870년에 출산율은 상당히 다양하였다. 프랑스(산아제한이 이미 시행되고 있었던)에서는 0.3 이하로 아주 낮은 수준이었고, 혼인율과 혼인내출산율이 높았던 동유럽 국가들에서는 약 0.5 정도로 높은 수준이었다(그래프에는 표시하지 않았다). 프랑스를 제외하면, 당시에 각국이 차지하였던 위치가 달랐던 데에는 혼인내출산율의 차이보다 혼인율의 차이가 더 중요하게 작용하였다. 이 점들을 포함하는 영역은 수직방향으로 길게 뻗어 있다. 반면에 뒤이어 발생한 일반출산율의 감소는 주로 산아제한의 확산을 통해 혼인내출산율이 하락함으로써 나타났다. 이 영역은 점차 수평적으로 뻗어 갔으며, 1960년에는 일반출산율이 0.2에 이르렀다. 혼인내출산율의 하락이 혼인율의 증가를 동반하였던 사례가 적어도 하나 이상 존재한다. 이런 현상은 산아제한을 위한 효율적인 수단(피임)이 가용해짐에 따른 사람들의 반응으로 설명할 수 있다. 즉, 인구억제를 위해 혼인을 삼가할 필요가 없어지고 그래서 결혼을 막는 장벽이 완화되었다는 것이다.

혼인내출산율이 이전의 안정된 수준에 비해 10% 하락(그리고 후차적인 증가로 이어지지 않는 경우)한 시점은 되돌릴 수 없는 감소가 시작되었음을 나

그림 4-7 혼인내출산율(I_g)의 10% 감소를 경험한 유럽 지방의 숫자, 10년 단위

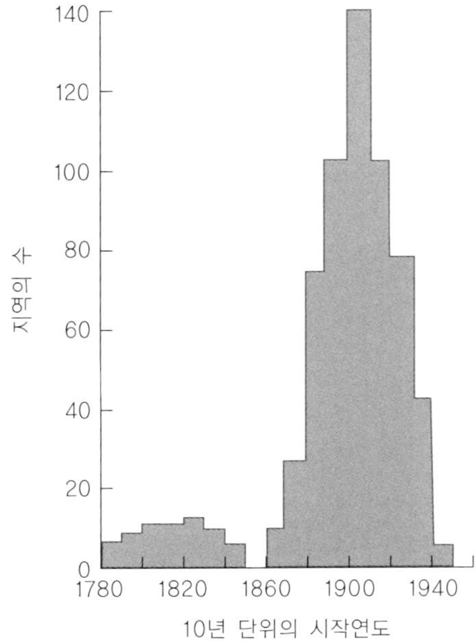

자료: A. J. Coale and S. C. Watkins, eds., *The Decline of Fertility in Europe* (Princeton University Press, Princeton, 1986), 38쪽.

타내는 실증적 지표다. 이 시점은 인구변천에서 매우 중요한 순간이며, 출산율 조절의 전통적 방법(혼인)을 대신해서 새 출산율 조절방법(피임)이 등장하였다는 신호라고 볼 수 있다. 이런 신호는 1827년에 프랑스에서 최초로 나타났고, 그로부터 거의 한 세기 지난 1922년에는 러시아의 유럽부분과 아일랜드에서 나타났다. 벨기에, 덴마크, 영국, 독일, 네덜란드, 스위스에서는 이런 신호가 1880~1900년 사이에 나타났고, 스웨덴, 노르웨이, 오스트리아, 헝가리에서는 1900~1910년 사이에, 그리고 이탈리아, 그리스, 핀란드, 포르투갈, 스페인에서는 1910~1920년 사이에 나타났다. 혼인내출산율의 10% 감

소가 나타난 시기에 대한 조사는 또한 대략 700개의 유럽지방에 대해 이루어졌다. [그림 4-7]은 이 지방들의 시기적 분포를 10년 단위로 보여 준다. 그림에는 본질적으로 두 개의 분포가 존재한다. 왼쪽에 있는 분포는 프랑스의 지방들을 나타낸다. 이 곳에서는 1780년과 1850년 사이에 출산율의 감소가 시작되어 유럽의 나머지 지역보다 시기적으로 크게 앞섰다. 오른쪽의 분포는 유럽의 나머지 지방들을 나타낸다. 전체 가운데 60%의 지방에서 감소가 발생한 기간은 1890~1920년 사이였으며, 가장 집중적으로 감소가 발생한 기간은 1900~1910년까지였다. 가장 늦은 지방에서는 결정적인 감소가 1940년대에야 시작되었다.

혼인내출산율 변천의 지리적 추이에 관한 연구, 예를 들어서 프린스턴 연구진의 상세한 분석에 따르면, 감소는 프랑스에서 시작되어 유럽의 선진 지역 –남부의 카탈루냐, 피에드몽, 리구리아(Liguria),이탈리아 북부의 주-역자 주 토스카나와 중북부의 잉글랜드, 벨기에, 독일, 스칸디나비아– 으로 확산되었다. 그 후 유럽의 남부와 동부 지역으로까지 확산이 이어졌다. 가장 주변적인 지역(지중해 연안의 몇몇 지역, 발칸반도, 아일랜드)과 지리적으로는 중심부이지만 문화적으로는 전통적인 곳(알프스산맥의 일부 지역)이 높은 출산율을 가장 마지막까지 유지하였던 지역이다. 하지만 이 지역도 20세기 중엽에는 점차적으로 변천을 받아들이게 되었다.[19]

이제 출산력 변천에 대한 일반적이고 장기적인 설명에서 벗어나, 당시 출산력의 지수와 그 이후에 이것이 어떻게 진화해 갔는지를 살펴보기로 하자. 가장 적합한 지수는 *TFR*(여성 1인당 평균자녀수)이다. 일부 국가에서는 25년 간격으로 이 지수를 측정해 왔다([표 4-5]). 이 지수의 범위를 보면, 1850년

19) 프린스턴의 연구결과물 중 하나는 19세기 후반에서 1960년까지 출산율과 혼인율 추세를 보여주는 지도다. Coale and Watkins, *Decline of Fertility*를 보라. 다음 국가들에 대한 더 상세한 '지리'를 알기 위해서는 프린스턴대학교 출판부에서 발행한 국가별 책자를 참조하라. 프랑스(E. van de Walle), 영국(M. Teitelbaum), 독일(M. Knodel), 구소련(B. Anderson, A. J. Coale, and E. Harm), 이탈리아(M. Livi-Bacci), 벨기에(R. Lesthaeghe), 포르투갈(M. Livi-Bacci).

표 4-5 서구 국가의 세대들이 보여 준 여성 1인당 평균자녀수(*TFR*), 1750~1965년[a)]

국가	1750	1775	1800	1825	1850	1875	1900	1925	1950	1965
스웨덴	4.21	4.34	4.68	4.40	4.28	3.51	1.90	2.05	1.98	1.98
잉글랜드와 웨일즈	5.28	5.87	5.54	5.05	4.56	3.35	1.96	2.15	2.06	1.90
독일[b)]					5.17	3.98	2.08	2.06	1.72	1.53
프랑스				3.42	3.27	2.60	2.14	2.59	2.11	2.02
네덜란드					4.98	3.98	2.86	2.76	1.85	1.77
스페인						4.64	3.38	2.51	2.15	1.61
이탈리아[c)]					4.67	4.50	3.14	2.27	1.88	1.49
미국					4.48	3.53	2.48	2.94	1.96	2.01
오스트레일리아						3.22	2.44	2.98	2.30	2.05

주: a) 각 시기는 표시된 연도를 중심으로 한 시기임. 네덜란드의 경우 1850년은 1841~1850년을 나타내며, 오스트레일리아의 경우 1875년은 1876~1885년을 나타냄.
b) 독일의 경우 1925년과 1950년의 수치는 서독만을 포함함.
c) 이탈리아의 1850년과 1875년 수치는 1931년 출산조사에 기초함.

자료: P. Festy, *La fecondité des pays occidentaux de 1870 à 1970* (PUF, Paris, 1979). J.-P. Sardon, "Le remplacement des générations en Europe depuis le début de siècle," *Population* 45 (1990). 잉글랜드에 대해서는 E. A. Wrigley and R. Schofield, *The Population History of England, 1541-1871* (Edward Arnold, London, 1981). 1950년과 1965년의 세대에 대해서는 Conseil de l'Europe, *Evolution démographique recente en Europe* (Strasbourg, 2005).

경 또는 그 전에 태어난 잉글랜드와 웨일즈, 독일, 네덜란드의 여성들은 평균 5명 내지 그 이상의 아이를 낳았고, 반대로 1950년경에 태어난 여성들은 출산가능기간이 끝날 때까지 겨우 2명가량의 아이만을 낳았다. 독일과 이탈리아, 스페인과 같은 국가에서 1960년대 초에 태어난 여성은 기존 인구를 유지하기에 턱없이 부족한 수의 아이만을 낳았다. 따라서 이러한 여성들의 출산가능기간이 종료하였을 때, 아이가 없거나 오직 한 명의 자녀만 둔 여성의 수가 2명 내지 그 이상의 자녀를 둔 여성보다 더 많게 될 것이다. 러시아와 다수의 구(舊)사회주의 국가들, 그리고 일본은 위협적으로 낮은 출산율을 기록하는 나라의 명단에 합류하였다. 이는 점차 큰 문제점으로 부각되었다. 우리는 지금 유럽 사회의 발전을 위협할 수 있는 극히 낮은 출산율의 시기의 연장선상에 서 있는가? 아니면 단순히 주기의 저점에 위치하고 있으

그림 4-8 16개 공업국에서의 1인당 실질GDP와 여성 1인당 평균자녀수(*TFR*)의 관계, 1870년, 1913년, 1950년, 2000년

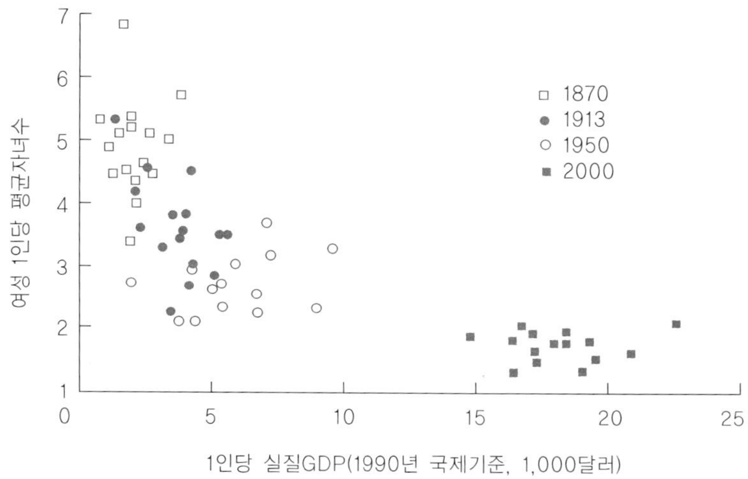

며, 앞으로 출산율 상승을 보게 될 것인가?[20)]

우리가 기대수명에 대해 살펴보았던 방식으로, *TFR*[21)]과 1인당 GDP를

20) 몇몇 저자들은 장기적으로 출산율이 2명 내외를 맴돌 것이라 믿는다. 이는 여러 조사를 통해서 반복적으로 보여진 여성과 부부가 원하는 자녀수, 즉 그들이 기대하거나 이상적이라 여기는 수치를 고려한 값이다. 이 양상에서 상당히 벗어난 것은 주로 이행기적 요인에 의해 출산율의 '박자'가 변화한 결과일 것이다. 이런 관점에 대해서는 J. Bongaarts, "Fertility and Reproductive Preferences in Post-transitional Societies," *Population and Development Review* 27 (2001), 260~281쪽. 이와 다른 의견을 갖고 있는 저자들은 사회가 구조적으로 매우 낮은 출산율 양상에 장기적으로 적응할지 모른다고 주장하며, 독일과 이탈리아의 사례를 든다. '대체출산율'(replacement fertility)에 관해서는 설명이 조금 더 필요할 것이다. 여성의 각 세대가 정확하게 이전 세대의 인구수준이 유지되도록 출산할 때 출산율이 '대체수준'(replacement level)에 있다고 말한다. 즉, 딸아이 한 명이 생애동안 평균 한 명의 여아를 낳는 것을 말한다. 대체출산율은 2를 넘는데, 그 이유는 남아가 여아보다 많이 태어나기 때문(출생시 성비가 여아 1명당 남아 1.05~1.06)이며, 또한 출산가능연령에 도달하지 못하고 죽는 아이들 수만큼 추가적인 출산이 보충되어야 하기 때문이다. 사망률이 증가할수록, 대체출산율 역시 증가한다. 선진국에서는 이 값이 2.1보다 약간 낮고, 개발도상국에서는 2.4로 유지되고 있다. 제1장의 각주 16) 또한 참조하라.

21) 여기서 사용된 *TFR*의 값은 [표 4-6]에서 사용된 '연령집단'(cohort) 비율과 대조를 이루는 '기간'(period) 비율이다. 기간 비율은 동일한 날짜를 기준으로 다양한 연령의 여성들(그래서 이른 날짜에 태어나고 다른 출산력의 역사를 가진)의 출산율을 합하여 계산한다. 따라서 이 비율은 경제적 요인들의 일시적 영향력을 강조한다.

비교해 보면 흥미로울 것이다. 공업화된 16개 국가를 대상으로 하고, 비교연도는 1870년, 1913년, 1950년, 2000년의 네 해를 잡기로 하자([그림 4-8]). 이들의 관계는 1인당 생산과 e_0 사이의 관계와 정반대다. 초기에 1인당 GDP의 증가는 출산율의 감소와 함께 나타난다. 그 후에 GDP가 증가할수록 출산율의 감소폭은 점점 더 작아지게 되며, 결국에는 현재의 경제적 성숙도에 도달하고 출산율이 본질적으로 변하지 않는 상태에 이르게 된다. 우리는 향상된 후생이 자발적 산아제한의 확산과 짝을 이루는 역사적 기간을 대상으로 관찰된 관계를 '법칙'으로 받아들여서는 안 된다. 오늘날 출산율과 소득수준 사이에 상관관계가 없다는 사실은 다른 복합적인 동기(물질적 재화의 가용성과 매우 약하게만 연결되어 있는)가 부부의 출산결정을 좌우함을 시사한다.

19세기와 20세기에 발생한 사회적 · 경제적 변혁은 출산율 감소를 가져온 중요한 요인이었다. 주변부와 후진 지역에서 일반적으로 출산율 감소가 느리게 진행되었다는 사실이 이를 뒷받침한다. 그러나 사회과학분야에서 종종 발생하듯이, 몇몇 주요한 예외의 존재는 복잡한 문제에서 단순한 해결책을 찾으려는 학자들을 좌절시켜 왔다. 여러 문헌을 통해 제시된 일부 사례는 아래와 같다. (1) 출산율 감소는 산업혁명을 경험하고 있던 더 부유하고 더 발전된 국가였던 잉글랜드보다 농업이 지배적이었던 프랑스에서 먼저 발생하였다. (2) 많은 국가에서 출산감소율은 사회적 · 경제적 지수들, 예를 들어 교육, 농촌스러움, 공업화, 도시화 등의 수준에 의해 극히 부분적으로만 설명이 된다. (3) 적지 않은 경우에 문화적 요인들 –어느 언어집단이나 인종집단에 속하는지, 또는 종교적 · 정치적 소속은 어떠한지– 이 경제적 요인보다 출산율 감소에 더욱 중요한 영향을 끼친 듯하다.

그러나 만약 우리가 전체 과정을 주시한다면, 우리는 어떤 인구집단도 후생의 향상과 사망률의 감소에 직면해서 장기적으로 높은 수준의 출산율을 유지하지 않았음을 알 수 있다. 인구변천은 유럽 사회의 변혁에 없어서는 안 될 핵심적 요소임이 분명하다.

4. 유럽인의 이민: 유일무이한 현상

필자가 여기서 전개하고 있는 인구변천에 대한 통합적 설명은 거대한 이민의 흐름에 관한 언급 없이는 불완전할 것이다. 이민으로 인해 두 대륙에는 사람이 들어찼고, 또한 동시에 유럽의 인구압력이 완화되었다. 필자는 공간(그리고 토지)의 가용성이 산업혁명 이전 유럽의 인구증가를 창출해 내는 데 중요하였다고 이미 언급한 바 있다. 18세기 말에 800만 명 이상이 유럽을 떠나 남북아메리카에 절반씩 나뉘어 정착해 살았다. 이전 3세기에 걸쳐 유럽은 이베리아와 영국의 제국주의를 통해 앞으로 오게 되는 대규모 이민을 위한 정치적 · 경제적 · 인구학적 기반을 마련하였다. 이민의 원인은 경제적이기도 하였고 인구학적이기도 하였다. 산업혁명과 기술진보가 생산을 증대시켰고 이로 인해 다수의 노동력이 특히 농촌지역에서 불필요하게 되었으므로 경제적이었고, 인구변천이 엄청난 인구 '승수'를 창출해 인구증가를 가속화시킴으로써 경제적 변화가 야기한 문제들을 더욱 악화시켰다는 점에서 인구학적이었다. 북아메리카와 남아메리카, 그리고 이들보다는 덜하지만 오세아니아에서의 토지와 공간의 가용성은 새로운 사회의 노동수요와 합쳐지면서 대량이민의 조건을 마련하였다.

이제 1846년과 1932년 사이에 유럽의 주요 출발국들에서 얼마나 많은 인구가 대양횡단 이주를 하였는지 그 추정치를 살펴보자. 영국과 아일랜드로부터 1,800만 명, 이탈리아에서 1,110만 명, 스페인과 포르투갈에서 650만 명, 오스트리아-헝가리에서 520만 명, 독일에서 490만 명, 폴란드와 러시아에서 290만 명, 스웨덴과 노르웨이에서 210만 명이 이 대열에 합류하였다. 이러한 이민의 흐름은 주로 미국(3,420만 명), 아르헨티나와 우루과이(710만 명), 캐나다(520만 명), 브라질(440만 명), 오스트레일리아와 뉴질랜드(350만 명) 및 쿠바(90만 명)를 향하였다. 물론 이들 중에서 일부는 고국으로 되돌아오는 귀환이민자가 되었다. 20세기의 초기 15년 동안 유럽인의 연간 이민율은

3/1,000을 초과하였다. 이는 자연증가율의 약 1/3에 해당하는 수준이었다.[22)]

1861년부터 1961년까지 이탈리아에서 해외이민에 의한 인구의 순손실은 800만 명에 달하였다. 이민자들이 이탈리아에 남아 있었고 이탈리아에 살던 이탈리아인들과 동일한 비율로 인구가 증가하였다고 보면(상당히 제한적인 가설이다), 1981년에 그 수는 1,400만 명에 달하였을 것이며, 이것은 전 인구의 약 25%를 차지하는 수준이다.[23)]

이상의 간략한 서술을 통해 우리는 유럽의 인구체제에서 이민이 얼마나 중요한 것인지를 상상할 수 있다. 간단히 말하면, 총경제성장의 관점에서 볼 때 이민은 유익하였음이 분명하다. 이민은 이주지역에서 급속한 경제발전을 가능하게 만들었고, 노동이 가장 생산성이 높은 지역에서 사용되도록 하였으며, 유럽과 해외 모두에서 자원을 일반적으로 증가시켰다.

셰내(Chesnais)의 연구를 참조한 [그림 4-9]는 유럽대륙의 인구증가를 약 25년 후의 이민강도와 비교하고 있다. 이 기간은 이민자의 평균연령과 대체로 유사한 수준이다. 인구증가율의 증가와 감소는 25년 후의 이주 추세와 놀라운 관련성이 있다. 이민은 국내에서 많은 수의 노동자들이 노동시장에 유입되어 발생한 인구압력을 낮추어 주는 역할을 한다.[24)] 물론 노동력에 대한 해외수요의 존재는 이민을 자극하는 보완적 역할을 하여 과잉인구의 수출과정을 돕는다. 유럽의 인구발전이란 관점에서 볼 때, 이민이 내포하는 의미는 단순히 수량적인 측면에 머물지 않는다. 그러나 여기서 함축하고 있는 내용들은 주로 이민의 선택과정이 지니는 속성과 관련되며, 이는 이 책이

22) Chesnais, *La transition démographique*, 164쪽.

23) 미국의 이민자 통계와 인구센서스(조사된 사람들의 국적을 물었다) 결과를 통합하여, 필자는 1880~1950년 사이에 이탈리아 출신 이민자 중에서 50.2%가 다양한 기간 거주한 후에 본국으로 돌아갔다는 사실을 밝혀 낼 수 있었다. M. Livi-Bacci, *L'immigrazione e l'assimilazione degli italiani negli Stati Uniti* (Giuffrè, Milan, 1961), 34~35쪽. 1861~1961년까지의 기간에 미국에 들어온 이탈리아 출신 순이입자들로부터 이어진 현재의 후손들을 추계하기 위해서, 필자는 매 10년간의 이탈리아 인구증가율을 동일한 기간의 순이입자에 적용하였다. 즉, 인구증가율이 1981년까지 유지(첫 이민자들과 그들의 후손 모두에게)되었다고 가정하였다.

24) Chesnais, *La transition démographique*, 169~172쪽.

그림 4-9 유럽대륙의 해외이민과 자연증가

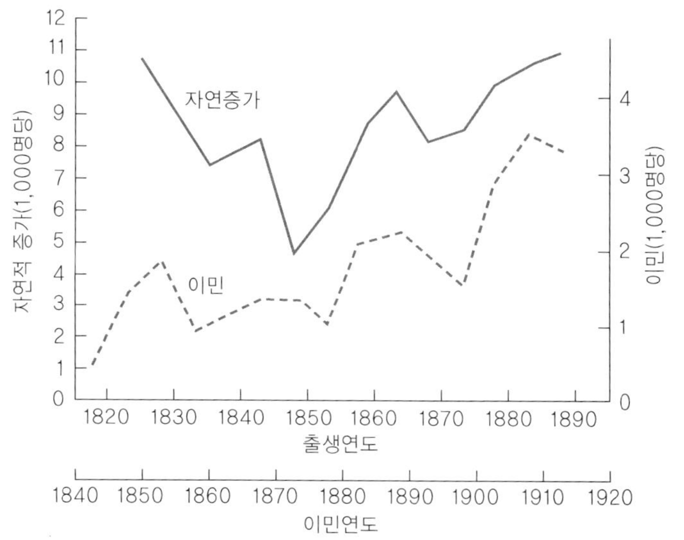

초점을 맞추는 범위를 넘어선다.

하지만 유럽발 이민의 원인에 대해 한마디쯤 하는 것이 적절한 순서다. 우리는 이미 일반적인 수준에서는 이에 대해 살펴본 바 있다. 즉, 유럽의 경제체계가 흡수할 수 없었던 과잉인구의 형성([그림 4-9]), 아메리카가 지닌 가용토지와 자본 및 이와 맞물린 커다란 노동수요, 유럽국과 정착지 간의 소득격차, 점차 값싸고 쉽고 빨라지는 교통수단이 이끈 세계의 '축소' 등을 원인으로 꼽았다. 그러나 거대한 인구이동의 배후에 존재하는 이유를 더 잘 이해하기 위해서는 위의 분석을 더 심화할 필요가 있다. 특히, 3개의 복합적 현상과 그들 사이의 상호 연관성이 확실히 밝혀져야 한다. 첫째는 농촌인구의 증가, 유럽과 외부지역에서의 토지가용성, 그리고 농업생산성 등의 현상이고, 둘째는 농촌인구의 변동현상이며, 마지막으로 셋째는 당대의 비농업활동의 증가현상이다.

첫째 현상에 대해 살펴보자. 18세기 후반, 당시에 급속히 산업화되고 있던 영국을 제외하면 유럽 국가들 전체 인구 중 약 3/4이 농업에 종사하고 있었다. 19세기 동안 이 비율은 일률적이지는 않았지만 아주 급속하게 줄어들었다. 1850년에는 약 1/2로, 그리고 20세기 초가 되면 약 1/3로 감소하였다. 그럼에도 불구하고 급속한 유럽 인구의 증가 때문에 농업인구의 규모는 19세기 전반 동안 증가(세기 중에 2배로 증가)하였다가 19세기 후반이 되어서 안정화되었다.[25] 인구의 확대는 식량수요를 증가시켰고, 이 수요는 주로 경작지의 확대에 의해 충족되었다. 북유럽과 엘베강 동쪽에 새로운 토지가 마련되었다. 다른 지역에서는 통상적인 휴한기가 점차 사라졌다. 하지만 생산성은 여전히 낮은 수준이었다. 19세기 중반에 1헥타르의 면적에서 나오는 밀의 수확량은 대략 1톤 정도였다. 20세기가 시작될 때까지 이 수치는 겨우 20% 상승하였다.[26] 토지의 희소성은 자신의 땅을 소유하고 있지 못한 소작농의 수를 급속히 증가시켰는데, 이러한 상황이 생산성의 느린 증가와 결합하였다. 이로써 유럽 이외의 지역으로 경작지가 엄청나게 확대되지 않았더라면 인구에 대해 새로운 '맬서스식' 한계가 부과될 상황에 처하게 되었다. 그리그(Grigg)의 추계에 의하면, 1860~1910년 사이에 유럽의 경지는 1억 4,000만 헥타르에서 1억 4,700만 헥타르로 증가하였다. 같은 기간에 러시아의 경작지는 4,900만 헥타르에서 1억 1,400만 헥타르로 확대되었으며, 미국에서는 경지가 6,600만 헥타르에서 1억 4,000만 헥타르로 증가하였다. 또한 캐나다와 아르헨티나의 경작지는 미미한 수준에서 3,300만 헥타르로 증가하였다.[27] 유럽 이주민들이 정착한 새 지역의 낮은 생산비용과 하락하고 있는 해

25) P. Bairoch, *International Historical Statistics*, vol. 1: *The Working Population and its Structure* (New York, 1969).
26) D. Grigg, *The Transformation of Agriculture in the West* (Blackwell, Oxford, 1992), 표 4.2, 35쪽.
27) 같은 책, 표 2.2, 19쪽.

상운송비용은 사실 농작물의 가격하락을 유발한 요인들이었는데, 이 때문에 1870년대부터 유럽의 농촌은 위기에 빠지게 되었다. 마지막으로, 비록 토지생산성은 느리게 증가하였지만, 농촌에 투입된 자본과 기계화의 진전이 결합하면서 노동생산성을 향상시켰다. 그리고 소유한 것이 별로 없는 소농의 대규모 존재와 증가된 노동생산성은 잉여노동을 빠르게 증가시켰고, 이에 따라 노동자들은 전통적 활동과 생활방식에서 떨어져 나와 위기상황을 맞게 되는 경우가 빈번하게 발생하였다. 결과적으로 잠재적 이민자집단이 성장하게 된 것이다.[28)]

두 번째는 농촌지역 인구의 역동적 변화에 대한 것이다. 농촌지역에서는 산아제한이 도시지역에 비해 상당한 시간적 격차를 두고 확산되므로, 인구변천기간에 자연증가율을 높게 유지시킨다. 어떤 경우에는 변천의 첫 단계와 이를 수반하는 위생조건의 개선이 출산율의 하락이 아니라 상승을 가져오기도 하였다.[29)] 이는 많은 개발도상국의 상황에 비유될 만하다.

세 번째는 새로운 비농업활동이 유럽에서 빠르게 등장하여 농촌 과잉인구의 배출통로가 된 현상이다. 이 현상은 당연히 농업의 발달과 독립되어 있지 않다. 실제로 이 둘은 밀접하게 관련되어 있다. 즉, 도구, 기계, 비료 등 이전에 농업부문 자체의 관심에 의해 생산되었던 것들이 점차 공업체제를 통해 더욱 효율적으로 만들어지게 되었다. 하지만 이러한 공업체제와 도시의 서비스활동의 성장이야말로 일자리가 없는 농촌노동력에게 새 기회를 창출해 주었다. 이 과정이 상대적으로 일찍 진행된 지역에서는 이민율이 낮

28) D. S. Massey, J. Arango, G. Hugo, A Kouaouci, A. Pellegrino, and J. E. Taylor, *Worlds in Motion: Understanding International Migration at the End of the Millennium* (Oxford University Press, Oxford, 1998). D. J. Hatton and J. G. Williamson, *The Age of Mass Migration: Causes and Economic Impact* (Oxford University Press, Oxford, 1998).

29) 전형적인 사례가 1920년대에 베네치아에서 발생하였다. 이 지역은 이탈리아 중북부에서 산아제한을 가장 마지막으로 시행한 지역이었다. 혼인내출산율(I_g)은 인구감소가 시작되기 직전에 상당히 증가하였다(1881~1911년 사이에 거의 20% 증가). 증가를 가져온 요인들은 개선된 생활환경과 펠라그라(pellagra: 비타민결핍과 관련된 질병으로 옥수수에 지나치게 의존하여 발병함)의 소멸 등이었다. M. Livi-Bacci, "Fertility, Nutrition and Pellagra: Italy during the Vital Revolution," *Journal of Interdisciplinary History* 16 (Winter, 1986)을 참조하라.

게 나타나거나 아주 잠깐 동안만 이민이 발생하였다. 이와 대조적으로 이 과정이 상대적으로 늦게 진행된 지역에서는 이민의 규모가 매우 큰 경향이 있었다. 제조업에 종사하는 인구와 농업에 종사하는 인구의 비율이 상황변화를 보여 주는 지수로 채택될 수 있다([그림 4-10]). 이 비율이 1보다 높으면(즉, 제조업 종사자의 수가 농업 종사자의 수보다 많으면), 이민의 압박은 약해지고 마침내 사라지게 된다. 왜냐하면, 근대적 경제부문 –초기에는 제조업에 국한되었지만 점차로 교통, 서비스, 건설 등의 분야로 확산되었다– 이 점차로 중요해져서 농촌에 잔류하는 잉여인구를 흡수할 수 있게 되기 때문이다. 영국에서는 대규모 해외이민이 오래 전에 없어졌지만, 이민이 활발하였던 19세기 후반에는 비율이 1:1을 훨씬 넘었다. 제1차 세계대전 이전에 이 비율을 넘은 국가들은 급속한 산업화가 진행되고 있던 곳이었다. 즉, 대규모 해외이민이 멈춘 적이 없었던 벨기에를 비롯해서 이민행렬이 멈춘 독일과 스위스와 같은 곳이었다. 산업화가 늦게 진행된 이탈리아, 스페인 등의 지중해 국가에서는 대규모 해외이민이 막을 내린 1960년대와 1970년대에 이르러서야 그 비율을 넘어섰다. 양차 대전 사이에 제조업이 국가경제를 주도하게 된 다른 국가들(덴마크, 스웨덴, 네덜란드)에서는 해외이민이 두 번에 걸쳐 중단되었다. 처음에는 이민자를 받는 국가들이 제약을 가하였기 때문이며, 두 번째는 경제위기가 발생하였기 때문이었다.

19세기와 20세기의 대부분 기간을 통해 해외에서 '신(新)유럽'을 만들어 인구를 내보낸 유럽의 경험은 오늘날의 상황에 간단히 적용할 수 있는 사안이 아니다. 가난한 국가에서 부유한 국가로 이민을 촉진하는 인구압력의 현재 상황은 이민자에게 '텅 빈' 공간이 열려 있었던 과거와는 근본적으로 다르다. 국가정책도 이민의 가능성을 크게 제한하고 있다. 다른 한편으로, 경제적 세계화가 국가 간의 불균등을 확대시키는 경향을 보이며, 가난한 국가와 부유한 국가의 소득격차가 더욱 커지면서 이민의 유인을 증대시키고 있다. 하지만 세계화는 경제성장을 촉진할 수도 있는데, 이에 따라 개도국에

그림 4-10 제조업 종사자와 농업 종사자의 비율, 1870~1987년: (a) 영국, 벨기에, 독일, 프랑스, 이탈리아; (b) 스페인, 덴마크, 네덜란드, 스웨덴, 스위스

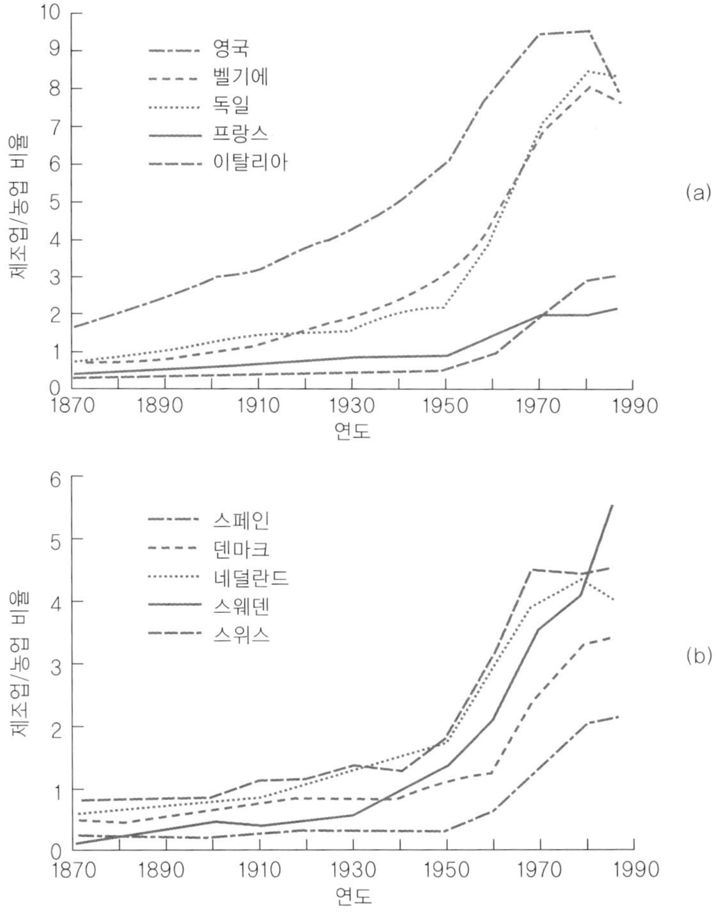

서 점점 더 높은 비율의 인구가 양호한 수준의 후생을 누리게 될 수도 있다. 만약 이러한 후생개선이 달성된다면, 이민의 비용 –특히, 사회적 및 문화적

비용– 은 더욱 급속히 증가하는 경향이 나타날 것이므로 조국을 떠나는 경향은 감소할 것이다.

5. 요약: 인구변천의 결과

인구변천 그리고 이와 관련된 이민을 통해 유럽의 인구는 동태적으로도 구조적으로도 모두 심대한 변화를 경험하였다. 높은 수준의 인구효율성을 달성하면서 발생한 변화들은 몇 개의 지수로 설명할 수 있다. [표 4-6]은 1881년과 1981년, 즉 인구변천이 대체로 시작되고 끝난 시점의 이탈리아를 대상으로 이러한 지수들을 나열한 것이다. 약간의 조정을 염두에 둔다면 이탈리아의 사례는 유럽 전체의 전형적 사례라고 볼 수 있다.

[표 4-6]에 대해서 간단한 언급이 필요할 것 같다. 출산율과 사망률은 우리가 이미 앞에서 논의하였던 것들을 반복한다. 즉, 출산율과 사망률 모두 기존의 2/3 수준으로 줄어들었고, 이와 동시에 생존확률이 크게 높아짐에 따라 기대수명은 두 배 이상으로 연장되었다. 1981년에 각 세대의 98%가 출산가능연령(15세)에 이르렀고 42%가 80세까지 살았다. 1881년에는 이 지수들이 각각 58%와 6%를 기록하였었다. 이러한 엄청난 진전이 사회에 중대한 변화를 가져왔으리라는 점은 두 말할 나위가 없다.[30)]

혼인율과 가족구조의 측정치는 안정성과 변동성을 동시에 나타내므로

30) 하지만 20세기에 증가한 생존력이 인구의 고령화, 즉 고령인구 비율의 증가를 야기하였다는 것은 일반적으로 인정된다. 이런 고령화는 사실 출산율의 점차적 감소로 인구구조상의 젊은 연령대가 충분히 대체되지 못하였다는 점에만 기인한다. 게다가 생존력의 향상은 고령인구집단보다 젊은 인구집단에게 더 큰 비율로 영향을 끼친다는 것을 보일 수 있다. 따라서 다른 모든 조건이 동일하다면, 고령인구보다 젊은 연령의 인구가 더 많이 증가하게 된다. 연령구조는 사실상 점점 어려지는 것이다. 하지만 오늘날 그리고 가까운 미래에는 상황이 다르다. 생존력의 향상은 거의 고령인구에게만 이익을 다져다 줄 것이다(젊은 연령에서는 더 이상 향상될 여지가 거의 없다). 결과적으로 추가적인 사망률의 하락은 고령화를 초래할 것이다. 하지만 역사적으로 이런 일은 일어나지 않았다.

표 4-6 인구변천의 결과: 이탈리아의 인구지수들, 1881년과 1981년

인구지수	1881년경	1981년경
출생(인구 1,000명당)	36.5	11.0
사망(1,000명당)	28.7	9.6
자연증가(1,000명당)	7.8	0.4
기대수명(출생시, 남성과 여성)	35.4	74.4
15세 때 생존(1,000명당)	584	982
50세 때 생존(1,000명당)	414	936
80세 때 생존(1,000명당)	65	422
초혼연령(여성)	24.1	24.0
출산시 평균나이	(30.0)	27.6
마지막 출산시 평균연령	(39.0)	30.0
50세 때 미혼(여성)(%)	12.1	10.2
여성의 평균자녀수	4.98	1.58
순출산율	1.26	0.76
내재적 자연증가율(%)	0.77	0.99
0~14세 인구(%)	32.2	21.4
15~64세 인구(%)	62.7	65.3
65세 이상 인구(%)	5.1	13.3
기혼여성 1인당 자녀수	5.6	1.7
평균가족규모	4.5	3.0

이것이 보여 주는 그림은 덜 분명하다. 혼인연령과 출산가능연령 종료시까지 미혼으로 남는 여성의 비율은 안정적인 수준을 보였다. 서양에서 혼인과 관련된 억제는 그 당시 발생하였던 엄청난 변화에 대해 최소한의 역할만을 하였던 것이다. 출산율이 감소한 반면, 출산공간의 사용은 훨씬 크게 감소하였다. 이는 평균출산연령과 막내 출산의 평균연령의 감소(막내 출산연령은 거의 10세나 낮아졌다)로 나타났다. 결과적으로, 근대적 인구체제에서 막내는 어머니(또는 아버지)가 상대적으로 젊고(약 50세) 여전히 살아갈 날이 많이 남아 있을 때 어른이 된다. 이와 대조적으로 구체제에서는 막내아이는 부모가

약 60세, 즉 당시의 낮은 기대수명을 놓고 볼 때 상당히 나이가 들었을 때 어른이 된다. 마지막으로, 출산율의 하락이 가족규모를 축소시키는 데 커다란 영향을 끼친다(한 가족은 1981년에 3.0명이었는데, 100년 전에는 4.5명이었다).[31)]

연령구조와 관련된 마지막 지수들은 특히 많은 것을 보여 준다. 출산율 하락은 젊은 집단의 상대적 규모를 축소시켰고(15세 이하 인구의 비율이 32.2%에서 21.4%로 감소), 고령층의 상대적 규모는 증대시켰다(60세 이상의 비율이 5.1%에서 13.3%로 증가). 이로써 '인구고령화'를 촉진한 것이다. 더욱 흥미로운 것은 1881년과 1981년의 사망행위와 출산행위가 인구의 '안정화' 시점까지 일정하게 유지되는 시기를 대상으로 한 '예측'이다.[32)] 1881년에는 인구의 안정적 상태와 실제 상태의 차이가 미미한 수준이었다. 하지만 1981년의 수치가 시사하는 바는 당황스럽다. 출산율(여성 1인당 평균 0.76명의 딸)과 사망률이 1981년 수준으로 유지된다면, 인구증가율은 연간 약 −1%가 될 것이며, 이는 71년이 지나면 인구가 절반으로 줄어든다는 것을 의미한다. 또한 고령화가 더욱 진행되어 심각한 문제로 부각될 것이다.

이상의 논의는 선진 세계가 경험한 인구변천을 종합해 준다. 인구변천은 많은 국가들이 공통적으로 보유한 기본 청사진에 따라 진행되었다. 변천은 일반적으로 인구의 확대를 낳았고, 이민을 통해 다른 대륙으로 확산되었다. 변천은 크게 보아 긍정적인 발전이었지만, 치러야 할 비용도 적지 않았다. 오늘날의 인구는 100년 또는 200년 전에 비해 훨씬 더 '절약적'이고 효율적으로 변하였지만, 그와 동시에 새로운 약점도 발생하였다. 사망률의 경우, 인구질서의 개선이 무질서(외동아이나 젊은 부모의 사망)의 위험을 완전하

31) 출산율만으로는 가족 크기의 변화를 결정할 수 없다는 점이 분명하다. 생존력, 아이가 집을 떠나는 나이, 남편의 사망과 재혼, 확대가족(하나 이상의 생물학적 핵으로 구성)의 빈도, 가족관계가 아닌 사람들끼리의 동거 등이 가족 크기를 결정하는 요인들이다.

32) 고정된 출산행동과 사망행동을 보이는 인구집단은 궁극적으로 고정된 조출산율, 고정된 조사망률, 고정된 연령구조에 이르게 될 뿐만 아니라, 고정된 연령구조(위의 행위들에 의해 결정되는)에도 도달한다. 이런 종류의 이론적 인구를 '안정적' 인구라고 부른다. [표 4-6]에서 사용된 파라미터들은 1881년과 1981년 이탈리아의 사망행동과 출산행동에 의해 창출된 안정된 인구를 나타낸 것이다.

게 제거하지는 못하였다. 그리고 이러한 위험이 자주 발생하지 않기 때문에, 희생자에게는 더 엄청난 타격을 준다. 가족구조가 축소됨에 따라 위험 앞에서 더욱 취약하게 되었다. 그리고 일정한 한계치를 넘어선 인구의 고령화는 사회체제에 무거운 부담을 지운다. 마지막으로, 극도로 낮은 출산율, 즉 인구의 대체가 불가능한 수준의 출산율은 장기적으로 지탱할 수 없는 엄청나게 값비싼 불경제를 낳는다.

6. 인구증가와 경제성장의 관계에 대한 이론적 논의

산업혁명의 도래와 기계의 도입, 새로운 에너지원의 개발, 무역의 증대 등이 모두 합쳐져서 인구, 토지, 노동 사이의 균형을 급속하게 변화시켰다. 인구증가는 더 이상 수요증가를 통해 가격을 상승시키거나 임금을 하락시키지 않았다. 19세기 초부터 유럽의 인구는 상당한 성장통(成長痛)에도 불구하고 가격하락과 임금상승의 환경 속에서 증가하였다. 인구와 토지 사이에 어렵게 맞추어졌던 균형은 경제성장과 인구증가가 서로 경쟁하지 않고 보완하는 관계로 변하였기 때문에 깨지게 되었다. 하지만 이는 단지 개략적인 그림일 뿐이다. 더욱 상세하게 인구와 경제 사이의 연관성을 설명하는 것은 어려운 작업이다. 인구가 경제발전에 부차적 내지는 배경적 역할을 한다는 슘페터(Schumpeter)의 관점을 받아들일 수도 있을 것이다. "자본주의적 엔진을 움직이는 근본적인 추진력은 새로운 소비재, 새로운 생산과 운송방법, 새로운 시장, 그리고 자본주의적 기업활동이 창출하는 새로운 형태의 산업조직으로부터 나온다."[33] 하지만 필자의 임무는 인구의 변동이 경제발전을 결정하는지 아닌지를 논의하는 것이 아니다. 그보다는 어떻게 그리고 어느

33) J. A. Schumpeter, *Capitalism, Socialism, and Democracy* (2nd edn., Harper & Brothers, New York, 1947), 83쪽.

정도 인구변동이 경제발전의 조건이 되는가에 대해 고찰해 보고자 한다.

다시 한 번 우리는 이 문제를 노동력을 포함한 생산요소로부터 창출되는 수확이라는 관점에서 논의할 수 있다. 그래서 수확이 증가하는 경향을 보이는지 감소하는 경향을 보이는지에 대해 생각해 볼 수 있다. 경제가 농업을 뛰어넘어 확장하기 때문에 토지의 가용성에 대한 의존도는 감소하는 것이 분명하다. 그러나 땅 속에서 캐낼 수 있는 석탄, 철, 기타 광물 등과 같은 자원에 대한 의존도는 증가한다. 시장통합, 새로운 대륙들의 개방, 기존 원료의 대체, 인간의 끊임없는 혁신과 기술진보 등에 힘입어 이러한 자원은 아직 고갈되지 않고 있다. 원료, 식량, 공산품의 상대적 가격이 추세적으로 하락하는 모습이 이러한 주장이 사실임을 입증한다.[34)]

토지의 부족과 수확체감을 회피할 수 있게 된 것이 단지 북아메리카대륙이 유럽 농업에 개방되었기 때문만은 아니다. 오히려 농업생산성의 엄청난 증가, 특히 새 토지의 경작이 멈춘 1950년대 중반 이후의 농업생산성 증가가 결정적인 영향을 끼쳤다.[35)] 거의 한 세기 반이나 앞서 경제학자 제본스(Jevons)는 석탄이 고갈될 것이라고 우려하였다.[36)] 1970년대 로마클럽은 다른 원료들에 대해서 유사한 예측을 발표하였다.[37)] 1970년대는 석유의 매장량이 감소하고 있다는 공포가 전 세계를 엄습하던 때였다. 자원고갈이 미래에 경제발전을 저해할 수 있다고 생각하는 것은 타당하지만, 이런 우려는 현실화되지 않았다. 에너지를 생산하기 위해 사용되는 자원(석유, 석탄, 목재)은 분명히 더 희소해지거나 비싸지지 않았다. 이는 일정한 생산을 위해 소요되는 에너지의 양이 시간이 지남에 따라 줄어든 것을 통해 알 수 있다. 미국에서 1850년에 $1,000의 재화와 서비스(GDP, 불변가격 기준)를 생산해 내기 위해

34) J. Simon, *The Economics of Population Growth* (Princeton University Press, Princeton, NJ, 1976); J. Simon, *Theory of Population Economics* (Blackwell, Oxford, 1986).
35) Y. Hayami and V. W. Ruttan, *Population Growth and Agricultural Productivity* (Johns Hopkins University Press, Baltimore, MD, 1985).
36) W. S. Jevons, *The Coal Question* (Macmillan, London, 1865).
37) Club of Rome, *The Limits to Growth* (Universe Book, New York, 1972).

필요한 에너지는 석유로 환산해 약 4.6톤에 달하였다. 1900년에는 이 수치가 2.4톤으로 감소하였으며, 1950년에는 1.8톤으로, 그리고 석유위기가 절정을 이루던 1978년에는 1.5톤으로 줄어들었다. 다시 말해, 1978년의 에너지(어떤 자원을 사용하였든지 상관없이) 한 단위는 1850년에 비해 3배의 가치를 생산해 낸 것이다.

1910년에 알프레드 마셜(Alfred Marshall)은 다음과 같이 말하였다. "사회사를 통해 토지의 소유권이 낳는 소득의 특별한 속성이 인간관계를 압도하는 단계가 있었다. … 하지만 현대에는 새로운 국가들이 개방을 하고 육상과 해상의 운송비용 하락이 개방을 가속화하였다. 이에 따라 잉글랜드 노동자의 주급이 양질의 밀 1부셸의 가격보다도 낮았을 때 맬서스와 리카도가 사용하였던 용어인 수확체감의 경향은 이제 거의 멈추게 되었다."[38)]

다시 인구증가와 경제발전의 장기적 관계로 돌아오자. 1820~2000년 사이에 서방의 주요 4개국(영국, 프랑스, 독일, 미국)의 인구는 5.4배 증가하였다. 같은 시기 그들의 GDP(불변가격으로 계산)의 합계는 약 100배 증가하였다. 따라서 1인당 생산은 19배 증가한 셈이다. 1인당 생산(개인적 후생수준의 대략적 척도)이 과거 180년 동안 매 40~50년마다 두 배로 증가하였다는 사실을 볼 때, 인구증가는 그것이 어떤 방식으로건 경제발전을 다소간 저해하는 것으로 나타난다. 사실 얼핏 보기에는 그 반대 의견, 즉 인구증가가 경제발전을 증진시킨다는 주장이 더욱 논리적인 것으로 보였을지 모른다.

인구와 경제 사이의 인과적 관계를 결정하려는 시도를 하지 않는다고 해도, 우리는 인구증가와 관련된 몇 개의 요인들, 즉 경제발전을 저해하는 것이 아니라 촉진할 것 같은 요인들, 또는 달리 말하면 각각의 추가적 개인에게 수확체증을 선사해 줄 수 있는 요인들에 대해서는 논의를 할 것이다. 이러한 요인들은 세 기준에 따라 분류할 수 있다. (1) 순수한 인구학적 요인

38) A. Marshall, *Principle of Economics* (Macmillan, London, 1920), xv~xvi쪽. 1부셸은 35.2*l*와 같다.

들, (2) 규모와 관련된 요인들, (3) 지식의 축적과 기술의 진보.

순수한 인구학적 요인들

순수한 인구학적 요인들은 이 장 앞부분에서 논의하였던 인구변천과 연관된 변화들을 말한다. 이들의 영향이 긍정적이었다고 보게 해 주는 이유가 여럿 있다. 첫째, 사망률의 감소와 질병발생의 감소는 수명을 연장시켰을 뿐만 아니라 인구의 효율성도 높여 주었다. 둘째, 과거에 비해 사망이 위계적 · 시간적 순서에 따라 발생하는 경향이 강해짐에 따라 어려서 죽음을 맞이하는 위험을 없애 주었고, 이로 인해 장기적 계획을 세울 수 있게 되어 발전에 도움이 되었다. 셋째, 출산율의 감소(이전에는 높은 유아사망률을 동반하였다)로 인해 육아에 소요되는 에너지와 자원의 양이 줄어들었고, 따라서 이러한 자원들(특히, 여성의 노동력)을 생산활동에 직접적으로 사용할 수 있게 되었다. 마지막으로, 적어도 20세기 중반까지는 연령구조가 보다 생산활동이 많은 연령대에 집중되는 방향으로 변화되었고, 이에 따라 생산활동에 종사하는 인구가 피부양인구에 비해 점차 높은 비율을 차지하게 되었다.[39)]

이러한 요인들은 아마도 우리가 고려하고 있는 기간에 인구의 평균적인 효율성을 증대시키는 역할을 하였을 것이다. 그렇지만 아래에서 살펴볼 것처럼 미래에도 이러한 과정이 반복되리라는 보장은 누구도 할 수 없다. 순수한 인구학적 변수의 관점에서 볼 때, 지난 수십 년 동안 나타난 낮은 출산율, 인구의 고령화, 그리고 사망률 감소가 가져다주는 이득이 거의 다 이미 현실화되었다는 사실은 우리에게 다음과 같은 결론에 도달하게 해 준다. 즉, 우리는 이미 전환점을 통과하였으며, 서구의 인구는 효율성이 감소하는 단계에 들어서고 있다는 것이다.

39) 이 논쟁은 S. Kuznets, *Modern Economic Growth* (Yale University Press, New Haven, CT, 1966), 57쪽에서 발전되었다.

규모와 관련된 요인들

우리는 앞에서 규모와 관련된 요인들에 대해 어느 정도 논의한 바 있다(제3장 제5절). 과거 두 세기 동안 서양에서 인구가 5배 증가하면서 시장이 엄청나게 확장된 결과, 규모의 경제는 쉽게 실현되었던 것으로 보인다. 많은 연구에서 시장의 확장으로 인해 개별 산업부문의 효율성과 생산성 측면에서 순이익이 생겼다는 것을 확인해 볼 수 있다.[40] 더 일반적으로, 데니슨(Dension)은 규모의 요인이 제2차 세계대전 이후 유럽과 미국의 성장의 10% 가량을 설명한다고 추정하였다.[41] 규모의 경제는 단지 인구증가에 의해 이루어진 것이 아니라, 경제의 확장과 시장의 통합에 의해서도 이루어졌다. 그렇지만 이러한 한계를 감안하더라도 규모의 경제에 인구라는 구성요소가 끼친 기여는 분명히 적지 않았을 것이다.

제조업의 사례는 필시 경제의 다른 부문들로 확장할 수 있겠지만, 그것이 경제의 전 영역을 뜻하는 것은 아니다. 아마도 서비스업으로는 제한적으로만 확장될 수 있을 것이며, 공공행정에 대해서는 확장성이 더 낮을 것이다. 인구증가에 따라 발생하는 규모의 경제는 작은 인구집단에서는 분명하게 나타나지만, 대규모 인구집단의 경우에는 꼭 그렇지 않다. 게다가 국가간 무역장벽의 제거와 경제의 통합(세계화)은 시장확대에 따른 인구증가를 대신하는 강력한 대체역할을 수행할 수 있다. 이 점과 관련해서 우리는 로빈슨(E. A. G. Robinson)의 의견을 인용할 수 있을 것이다. "최소규모보다 커지는 데에 어떠한 대가도 치를 필요가 없다. … 시장의 규모가 과도하게 커져서 규모의 불경제가 일어날 가능성은 없다."[42]

40) J. J. Spengler, *Facing Zero Population Growth* (Duke University Press, Durham, NC, 1978), 136~139쪽.

41) E. F. Denison, *Accounting for the United States' Economic Growth* (Brookings Institution, Washington, DC, 1974), 71~75쪽; 그리고 같은 저자의 *Why Growth Rates Differ* (Brookings Institution, Washington, DC, 1967), 232~233쪽.

42) E. A. G. Robinson, ed., *Economic Consequences of the Size of Nations* (Macmillan, London, 1960), 로빈슨(Robinson)의 머리말, xxi쪽. A. Alesina and A. Spolaore, *The Size of Nations* (MIT Press, Cambridge, MA, 2003).

마지막으로, 인구증가가 긍정적인 효과를 낳는 것은 인구증가가 규모의 경제를 가능하게 만들기 때문일 뿐만 아니라, 시장확장의 가능성 때문이기도 하다. 인구가 증가할 때 기업은 새로운 사업을 시작하거나 기존 사업을 강화하려고 노력하게 된다. 즉, 투자와 성장이 유발되는 것이다. 물론 인구가 감소하거나 정체하면 이와 반대되는 상황이 발생한다. 케인스는 양차대전 사이 유럽의 경제침체를 설명하기 위해서 이러한 주장을 피력하였다.[43]

지식의 축적과 기술진보

지식의 축적과 기술진보는 우리가 위에서 이미 살펴보았던 요인들이다(제3장 제5절). '검증된 지식'을 통한 이득은 새로운 지식을 '발명'해 내는 독창적인 개인들이 존재하기 때문에 가능하다. 이러한 발명가의 수는 아마도 인구규모에 비례할 것이다. 어쨌든 새로운 지식의 발명은 규모의 경제가 있을 때 유리하다(예를 들어, 연구의 양, 과학기관의 수, 학자들 간의 상호교류 빈도). 그렇기 때문에 모든 것이 동일하다면 인구증가에 따라 수확의 체증을 누릴 수 있게 되는 것이다. 이 이론을 신뢰하는 주창자인 쿠즈네츠(Kuznets)가 말한 것처럼,[44] 이 관점에서 보면 교육과 연구에 대한 투자를 늘리는 것만으로는 잠재적으로 적어지는 발명가와 연구기관을 충분히 보상해 줄 수 없다. 큰 집단은 상대적으로 작은 집단에 비해 언제나 유리한 점을 보유하게 된다. 발전의 진정한 원동력인 기술진보가 발생하는 것은 새로운 '지식'이 충분한

43) J. M. Keynes, "Some Economic Consequences of a Declining Population," *Eugenics Review* 29 (1937. 4), 13~17쪽. 동일한 생각들이 힉스(J. R. Hicks)가 케인스(Keynes)에 대해 쓴 비평논문인 "Mr. Keynes' Theory of Employment"에서 훨씬 더 명료하게 언급되었다. 이 논문은 Spengler, *Facing Zero Population Growth*, 62쪽에 인용되었다. "인구증가는 시장이 지속적으로 확대되리라는 기대를 가능하게 한다. 이런 기대는 기업가정신을 유지하는 데 좋은 것이다. 인구가 증가하면 발명이 한심하더라도 투자는 무섭게 증가할 수 있다. 그렇기 때문에 인구증가는 사실 고용의 증가를 야기한다."

44) S. Kuznets, "Population Change and Aggregate Output" (NBER report), in *Demographic and Economic Change in Developed Countries* (Princeton University Press, Princeton, NJ, 1960), 329~330쪽.

자본에 힘입어 활용될 때라는 점은 분명하다. 결론적으로, 만약 지식의 생산이 인구증가로 생긴 규모의 경제에 의해 촉진되었다면, 우리는 인구증가가 결국 경제성장에 기여하였다고 볼 수 있다. 이러한 주장은 이론적으로 그럴 듯하지만 역사적으로 증명하기는 매우 힘들다. 특히, 잉글랜드나 네덜란드와 같이 인구규모가 작은 국가에서 일어난 기술진보의 사례 앞에서 우리는 어려움에 봉착한다. 오랫동안 상대적으로 인구가 훨씬 많은 국가들보다 이런 국가들에서 기술진보가 두드러지게 앞섰기 때문이다.

종합하자면, 과거 두 세기 동안 인구증가가 경제발전을 억제하기보다는 경제발전을 자극(위에서 논의한 요인들 가운데 순수한 인구학적 요인 탓이 가장 크고, 규모와 관련된 요인들의 탓이 그 다음이며, 지식축적과 기술진보의 기여는 가장 작았을 것이다)하는 유인으로 작용하였을 수 있다. 그리고 이와 반대되는 이유로 우리는 앞으로 수십 년 동안 나타날 인구감소와 고령화가 정반대의 효과를 낼 것이라고 예상할 수 있다. 그렇지만 과거의 긍정적 효과와 미래의 부정적 효과에 대한 수량적 평가는 힘들다.

7. 인구증가와 경제성장의 관계에 관한 추가적 논의: 경험적 관찰

경제와 인구의 관계가 지닌 특성과 인과적 방향은 불확실하다. 그렇다고 총생산과 1인당 생산 모두에서 엄청난 증가가 나타난 과거 두 세기 동안의 상황에 대해 우리가 주목하지 못할 바는 아니다. GDP로 표현되는 총생산은 국내에서 생산된 모든 재화와 서비스의 가치(대외무역을 제외하고)를 불변가격으로 나타낸 것이다. 여기서 사용되고 통계치들은 표준화된 방법으로 구축된 것인데, 16개 선진국이 수 세기 동안 경험한 것에 대한 비교 연구를 통하여 도출된 것이다.[45] 자료복구의 정확도가 부족하기 때문에, 이것으로

45) 이 통계는 1990년대 국제달러 기준으로 작성되었는데, Maddison, *Monitoring the World*

표 4-7 영국의 인구, 피고용인의 수, 생산 및 생산성, 1785~2000년

연도	GDP(1990 백만 달러)	인구 (천 명)	피고용자 (천 명)	연간 및 피고용자 1인당 노동시간	노동시간당 GDP(1990 달러)	1인당 GDP (1990 달러)
1785	19,080	12,681	4,915	3,000	1.29	1,505
1820	34,829	19,832	6,884	3,000	1.69	1,756
1870	96,651	29,312	12,285	2,984	2.64	3,297
1913	214,464	42,622	18,566	2,624	4.40	5,032
1950	344,859	50,363	22,400	1,958	7.86	6,847
2000	1,162,663	58,670	26,861	1,489	29.10	19,817
1785~2000 연간 증가율(%)	1.9	0.7	0.8	−0.3	1.4	1.2
비율(2000/1785)	60.9	4.6	5.5	0.5	22.5	13.2
배증시간(년)	37.0	94.5	88.0	−207.0	48.7	58.4

자료: A. Maddison, *The World Economy. A Millennial Perspective* (OECD, Paris, 2001) 및 *The World Economy. Historical Statistics* (OECD, Paris, 2003)에서 추출. 1785년 데이터는 A. Maddison, *Phases of Capitalist Development* (Oxford University Press, Oxford, 1982)에 기초함.

부정확한 통계(특히, 제1차 세계대전 이전의 기간에 대해)의 문제와 불변가격과 단일통화로의 변환으로 인한 문제를 충분히 상쇄할 수 없다. 그러므로 그 결과들은 조심스럽게 다루어져야 한다.

영국의 경우가 가장 잘 알려진 사례다. [표 4-7]은 두 세기의 기간을 다루고 있는데, 이를 통해 우리는 근대적인 인구-경제적 진화과정에 핵심적인 집계적 특성들을 도출해 낼 수 있다. 즉, 인구와 고용이 5배로 증가한 것, 지난 반 세기 동안 노동자당 평균노동시간이 절반으로 줄어든 것, 1인당 생산이 13배 증가한 것과 노동시간당 생산성이 더 크게 증가한 것(22배) 등이 그것이다. 인구학적 진화는 인구와 고용의 증가를 촉진하였고, 사회적 진화는 한때 노동에 소요되던 시간 중 큰 부분을 풀어 놓았으며, 경제적 진화는 노

*Economy*에 실려 있다. 또한 이 장의 각주 11)을 참조하라.

동으로부터의 수익을 크게 늘렸다.

[표 4-8]은 1870년과 2000년을 기준으로 16개국의 지수들을 정리한 것으로, 각각의 연간 인구변화율과 함께 표시하고 있다. 국가들의 성취도는 근본적인 유사점에도 불구하고 조사한 시기 동안 상당히 다르게 나타났다. 대양횡단을 통해 이민자를 받은 국가들에서는 연간 인구증가율이 평균 1.5~1.8%였던 반면에, 유럽국들의 인구증가율은 보통 0.5~0.8% 수준이었다. 몇몇의 눈에 띄는 예외(프랑스 0.3%, 오스트리아 0.4%, 네덜란드 1.1%)가 있었는데, 이들의 존재로 인해서 유럽대륙 안에서 인구학적 진화는 균등하지 않게 진행되었다. 또한 1인당 GDP의 증가율과 생산성의 증가율에도 차이가 컸다는 점도 의미하는 바가 크다. 1인당 GDP는 오스트레일리아의 1.4%에서 일본의 2.6%까지 분포되었다. 표면상 작게 보이는 증가율의 차이가 시간이 흐름에 따라 절대적 수준에서는 엄청난 격차로 된다는 사실을 우리는 염두에 두어야만 할 것이다. 예를 들어, 캐나다의 1인당 GDP는 1870~2000년에 연간 2%의 증가율을 보였기 때문에 그 기간에 총 13배 증가하였다. 반면, 영국에서는 이보다 '겨우' 1/2포인트 낮은 증가율을 보였을 뿐이지만, 총 6배의 증가에 그치게 되었다.

인구증가율이 1인당 생산이나 생산성(근사치일 수밖에 없다)으로 추계되는 경제발전에 영향을 미쳤는지 아닌지에 대해 의문을 제기할 수 있다. 이러한 방법으로 문제에 접근하여, 인구증가 그 자체가 경제적 요인에 의해 영향을 받지 않는다고 가정한다 해도, 우리는 이미 인구변천의 단계가 경제발전에 의해 심대한 영향을 받는다는 것을 보았다. [그림 4-11]은 1870~2000년의 인구증가와 1인당 GDP의 연간 증가율 사이의 관계를 기록한 것이다.

16개국이 인구증가율에 따라 프랑스부터 오스트레일리아까지 오름차순으로 정렬되어 있다. 이 국가들의 경제적 성과는 인구증가의 강도와는 아무런 뚜렷한 연관이 없었던 것이 분명하다. [그림 4-12]는 이 관계를 다른 형태로 보여 준다. 그림은 1870~1913년과 1913~1950년, 1950~2000년 동안의 모

표 4-8 선진 16개국의 인구, GDP 그리고 생산성, 1870년과 2000년 (1990년 국제달러)

국가	인구(천 명)			GDP(백만 달러)			1인당 GDP			노동시간당 생산성		
	1870	2000	변화율(%)	1870	2000	변화율(%)	1870	2000	변화율(%)	1870	2000	변화율(%)
오스트레일리아	1,770	19,071	1.8	6,452	410,789	3.2	3,645	21,540	1.4	3.48	28.4	1.6
오스트리아	4,520	8,096	0.4	8,419	162,705	2.3	1,863	20,097	1.8	1.38	28.8	2.3
벨기에	5,096	10,304	0.5	13,746	213,726	2.1	2,697	20,742	1.6	2.17	35.8	2.2
캐나다	3,781	30,689	1.6	6,407	681,234	3.6	1,695	22,198	2.0	1.71	28.1	2.2
덴마크	1,888	5,340	0.8	3,782	122,873	2.7	2,003	23, 010	1.9	1.57	27.2	2.2
핀란드	1,754	5,177	0.8	1,999	104,757	3.0	1,140	20,235	2.2	0.86	28.4	2.7
프랑스	38,440	59,278	0.3	72,100	1,233,457	2.2	1,876	20,808	1.9	1.38	35.9	2.5
독일	39,231	82,344	0.6	71,429	1,531,351	2.4	1,821	18,597	1.8	1.55	27.8	2.2
이탈리아	27,888	57,715	0.6	41,814	1,081,579	2.5	1,499	18,740	1.9	1.05	29.4	2.6
일본	34,437	127,034	1.0	25,393	2,676,479	3.6	737	21,069	2.6	0.46	23.3	3.0
네덜란드	3,615	15,898	1.1	9,952	343,238	2.7	2,753	21,590	1.6	2.43	32.7	2.0
노르웨이	1,735	4,502	0.7	2,485	109,687	2.9	1,434	24,364	2.2	1.20	33.7	2.6
스웨덴	4,164	8,877	0.6	6,927	180,390	2.5	1,664	20,321	1.9	1.22	28.6	2.4
스위스	2,664	7,167	0.8	5,867	157,853	2.5	2,202	22,025	1.8	1.53	25.6	2.2
영국	31,393	58,670	0.5	100,179	1,162,663	1.9	3,191	19,817	1.4	2.55	29.1	1.9
미국	40,241	284,154	1.5	98,418	7,992,968	3.4	2,445	28,129	1.9	2.25	35.6	2.1

자료: A. Maddison, *The World Economy. Historical Statistics* (OECD, Paris, 2003); A. Maddison, *The World Economy A Millennial Perspective* (OECD, Paris, 2001)에서 추출.

그림 4-11 16개 공업국의 연평균 인구증가율과 1인당 GDP, 1870~2000년

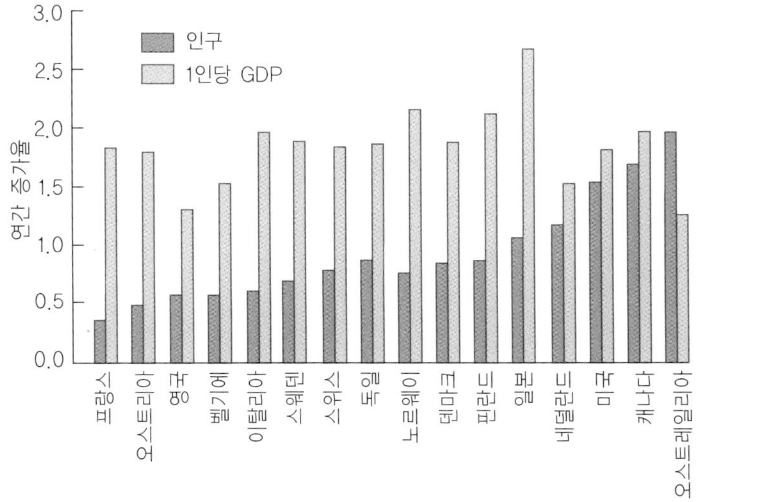

습(각 국가는 세 번씩 등장한다)을 나타내고 있는데, 이 역시 인구증가와 경제적 성과의 관련성이 미약하다는 인상을 준다. 부유한 국가들의 장기경험을 보면, 인구가 다른 속도로 증가하였기 때문에 이로부터 경제가 인구증가에 특별한 역할을 하였다고 판단하기 어렵게 된다.[46)]

위의 분석을 근거로 인구증가와 경제발전 사이에 아무런 관련이 없다고 결론을 내려서는 안 된다. 이 관계는 다른 현상들이 일으키는 방해효과에 의해 복잡하게 된 것이라고 보는 것이 타당하다. 집계적 분석을 주로 하는 학파의 창시자인 쿠즈네츠는 매디슨(Maddison)과 같은 시기를 대상으로 연구하여 동일한 결론에 도달하였는데, 그는 다음과 같이 말한다. "다른 요인들 –천연자연의 상대적 가용성, 근대적 성장과정의 개시 시점, 제도적 조

46) 관련성의 부족은 세 개의 하부기간을 개별적으로 조사할 때에도 분명하게 드러난다. 인구변화율과 GDP 사이의 상관계수들은 다음과 같다. 1870~1913년에 +0.003; 1913~1950년에 +0.180; 1950~1987년에 -0.220; 1970~1987년에 -0.119.

그림 4-12 16개 공업국의 인구와 1인당 GDP의 연간 증가율, 1870~1913년, 1913~1950년, 1950~2000년

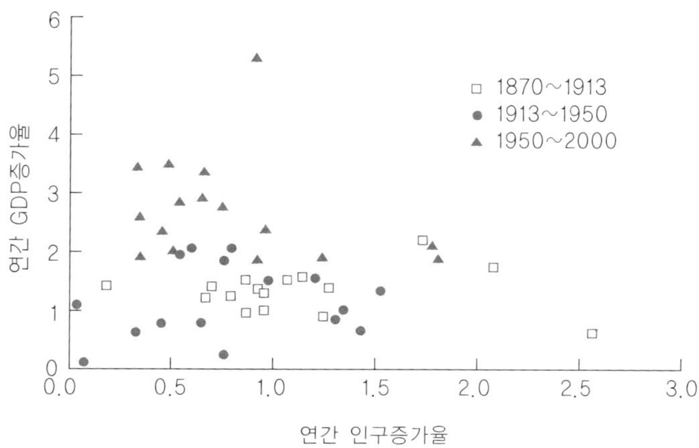

건 등- 이 인구증가의 효과를 뒤엎히게 만들고 1인당 생산의 증가와 간단명료한 관계를 보이지 못하게 차단한다. 그리고 인구증가 그 자체가 1인당 생산의 증가를 늘리는 효과와 줄이는 효과를 동시에 갖는다. 어느 효과가 큰지는 다른 요인들과의 관련성에 달려 있다."[47)]

인구증가와 경제발전의 관계를 복잡하게 하는 요인들은 이들뿐만이 아니다. 더 일반적인 차원에서 볼 때, 인구와 경제는 종속변수이면서 동시에 독립변수이기도 하다. 경제발전은 우리가 보았던 것처럼 인구변천 시기에 사망률과 출산율이 개선되는 데 지대한 영향을 끼쳤다. 그러나 앞 절에서 언급하였던 것처럼 역방향의 작용 또한 사실이다. 개방되고 통합된 체제하에서는, 즉 이민(우리가 살펴본 시기의 상당 기간에 균형을 유지하게 하는 힘으로 작용하였던)이 중요한 흐름을 형성하는 체제하에서는, 경제적 자극과 인구

47) Kuznets, *Modern Economic Growth*, 68쪽.

학적 자극의 장기효과는 작아지고 서로를 보완하는 경향을 갖는다.

거시적인 수준에서 볼 때, 근대의 경제적 주기는 우리에게 인구-경제관계에 대해 다소간의 통찰력을 제공해 줄 수 있다. 예를 들어, 케인스(Keynes)는 1860~1913년 사이 영국의 자본축적률에 대해 논의하면서 다음과 같이 말하였다. "그렇기 때문에 자본에 대한 수요의 증가는 주로 인구증가와 생활수준의 개선에 기인하며, 소비 한 단위당 자본화율의 증가를 요구하는 기술변화에 기인하는 바는 작다." 양차 세계대전 사이에 일어난 인구의 감속은 아마도 수요의 수준에 영향을 미쳤을 것이고, 따라서 과잉생산과 실업을 낳았을 것이다.[48] 한센(Hansen)은 이와 비슷한 견해를 보였다. 그는 19세기 중반 서유럽 자본축적의 40%와 미국 자본축적의 60%가 인구증가에 기인한 것이라고 추정하였다. 역으로, 그는 1930년대의 경제위기의 원인을 20세기 초 인구의 감속과 그에 따른 미진한 투자에서 찾았다.[49] 미국의 인구주기와 경제주기 사이의 관련성을 찾아 내고자 시도한 것은 또다시 쿠즈네츠였다. 생활수준의 향상은 해외인구의 이입을 유발하고 혼인을 장려하였기 때문에 인구증가를 가속화시켰다. 인구증가는 다시 인구증가에 특별히 민감한 투자(주택, 도로)를 촉진시켰지만, 그 때문에 자본재(기계류와 산업용 구조물)에 대한 다른 투자들을 희생할 수밖에 없게 되었다. 자본재 투자의 감소는 생산과 소비에 부정적인 영향을 미쳤고, 따라서 인구증가에도 부정적 영향을 주었으며, 다른 주기의 시작으로 이어졌다.[50]

[그림 4-13]은 미국의 1875~1955년 기간을 대상으로 인구증가(100만 명 단위)의 변화와 GNP증가(10억 달러 단위)의 변화, 1인당 소득(달러단위)의 변화(지난 10년과 비교해서)를 기록한 것이다. 이 세 변수들의 추세는 놀랍게도 유

48) Kuznets, "Some Economic Consequences," 15쪽.
49) Spengler, *Facing Zero Population Growth*, 64쪽에서 인용함.
50) Kuznets, *Economic Growth and Structure* (Norton, New York, 1965), 345~349쪽. 쿠즈네츠 모형의 정교화와 논의에 대해서는 다음을 보라. R. A. Easterlin, "Economic-Demographic Interactions and Long Swings in Economic Growth," *American Economic Review* 56 (1966).

그림 4-13 총액과 1인당 금액으로 계산한 미국의 GNP 변화와 비교한 인구증가의 변화, 1875~1955년(1929년 가격 기준)

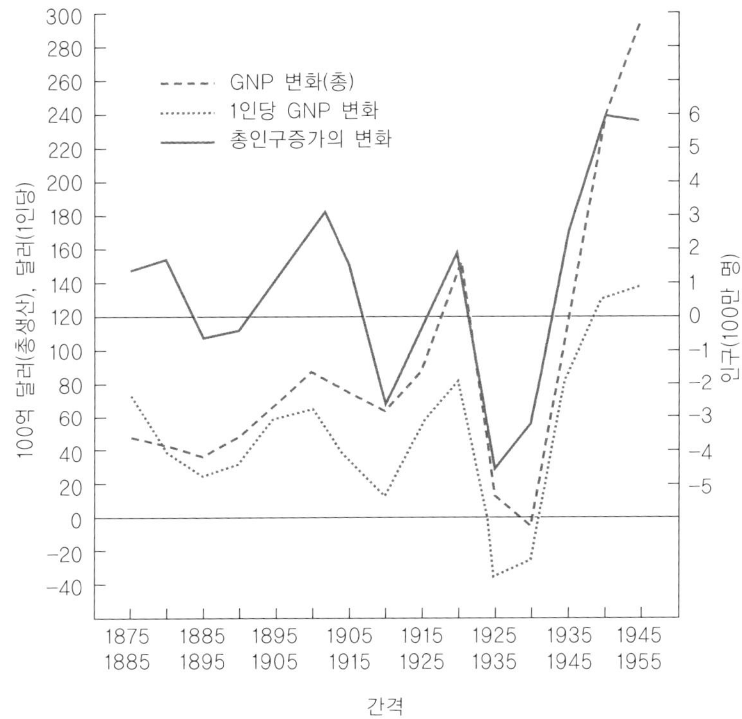

자료: S. Kuznets, *Economic Growth and Structure* (Norton, New York, 1965), 350쪽.

사하다.

다시 유럽으로 돌아가 보면, 경제성장의 단계들 -제1차 세계대전 이전의 확장, 양차 대전 사이의 정체, 1960년대부터의 강력한 회복세(이는 1970년대의 석유파동으로 인해 중단된다)- 을 변화속도가 느리기 마련인 인구학적 요인들로 설명하는 것은 어려운 일이다. 그렇지만 중요한 인구학적 요인들을 고려하지 않은 분석은 불완전할 것이라는 점도 분명하다.

1. 첫 번째 요소는 유럽대륙(소련 제외)의 지리-인구학적 구조와 그것이 공간적인 정치-경제적 조직에 끼친 결과다. 후자는 규모의 장점 또는 단점과 간접적으로 연관되어 있다. 제1차 세계대전 이전에 5개국(영국, 프랑스, 독일, 오스트리아-헝가리, 이탈리아)이 유럽 무대를 지배하였고, 그들의 인구가 유럽 전체 인구의 3/4 이상을 차지하고 있었다. 나머지 인구는 평균 약 600만 명의 거주자가 살고 있는 12개의 작은 국가들과 스페인에 흩어져 있었다. 제1차 세계대전의 종식과 베르사유조약(Versailles Treaty) 이후 유럽은 22개국으로 나누어졌고, 오스트리아-헝가리의 분할과 더불어 대규모 국가의 수는 5개에서 4개로 줄게 되었다. 대륙은 과거보다 더 분할되었으므로, 정치적 장벽이 인구와 물자의 이동을 저해하는 효과가 더욱 심화되었다.[51] 제2차 세계대전의 종식과 동유럽의 '분리' 이후, 지역 단위의 구획화(서유럽에서는 경제통합에 의해 완화되었다)가 진전되었다. 이 구분선은 1989~1990년에 소련과 그 블록에 속한 국가들에서 발생한 사태와 독일 통일의 결과로 더 이상 유효하지 않게 되었다. 독일은 현재 중부 유럽에서 인구상(경제적으로는 물론이고) 압도적인 지위를 차지하고 있다. 2004년에는 유럽연합이 확대되어 25개국을 포함하게 되었다. 이러한 근래의 변화가 지닌 인구학적 및 정치적 측면은 향후 유럽의 발전을 평가할 때에 중요하게 고려되어야 한다. 왜냐하면, 이 측면들은 인구의 이동성을 방해하는 요소로, 그리고 그에 따라 인적 자원의 적절한 활용을 방해하는 요소로 작용할 수 있기 때문이다. 또한 이 동일한 요인들은 일반적으로 시장과 경제공간의 절대적 · 상대적인 크기와 연관된 규모의 경제를 변화시켜 왔다.

51) I. Svennilson, *Growth and Stagnation in the European Economy* (United Nations Economic Commission for Europe, Geneva, 1954), 67~68쪽.

2. 수요의 팽창에 대한 인구증가의 역할을 결정짓는 또 다른 주요 측면은 도시지역, 특히 대도시의 성장이다. 도시화는 자주 발전의 촉매가 되어 왔다. 도시의 성장은 대규모 건설투자와 첨단기술의 기반시설을 필요로 한다. 1910년에 인구가 50만 명을 넘었던 유럽의 25개 도시는 1870~1910년 사이에 연평균 1.9%씩 증가하였다. 이 도시들의 인구는 1910~1940년 사이에는 0.9%로 증가율이 조금 낮아졌고, 1940~1970년 사이에는 다시 0.3%로 낮아졌다.[52] 비유럽 선진국에 대해서도 이와 유사한 모습이 관찰되었다. 제1차 세계대전 이전에 강력하였던 도시성장의 추동력은 그 이후에 급속히 줄어들었다.

3. 인구의 국내이동과 이민을 통해 인구-경제적 체제가 인적 자원을 효율적으로 분배하는 능력을 측정할 수 있다. 이러한 관점에서 최근 유럽의 역사는 세 시기로 구분할 수 있다. 첫 번째 시기는 1920년대 초 해외의 인구수입국들이 이민에 대해 제한을 가함으로써 종료되었다. 이 시기의 특징으로 재분배과정을 들 수 있는데, 이것은 주로 농촌인구로 구성된 대규모 이민자집단을 형성해 해외로 내보내는 효과를 가져왔다. 이와 동시에 유럽 국가들 간에 그리고 개별 국가 내에서도 이동이 빈번하게 일어났다. 이민에 대한 법적 장벽은 거의 없었고, 이동의 어려움과 높은 운송비에도 불구하고 국제적 노동시장은 상대적으로 유동적이고 유연하였다. 두 번째 시기는 양차 대전 사이의 기간으로, 유럽 이외의 인구유출이 마감되고 유럽 대륙의 내부적 구획화가 발생하였다.[53] 노동시장은 축소되었고 점차 분단화되었다. 세 번째 시기인 제2차 세계대전 이후에 나타난 특징적 현상으로는, 유럽 이외 지역으로의 이민이 '자연스럽게' 종료되었고, 서유럽

52) 이 26개 도시의 인구는 1870년에 1,310만 명이었고, 1910년에 2,840만 명, 1940년에 3,770만 명, 1970년에는 4,140만 명이었다. 자료의 출처는 B. R. Mitchell, *European Historical Statistics* (Macmillan, London, 1980).

53) D. Kirk, *Europe's Population in the Interwar Years* (League of Nations, Princeton University Press, Princeton, NJ, 1946), 97~125쪽.

에서 상당수 인구의 재분배가 진행되었으며(시장경제체제를 취하지 않은 국가들과 단절됨), 비유럽 노동자의 수가 증가하였다는 점을 들 수 있다. 지중해 연안 국가의 잉여인구가 점차 줄어들어 감에 따라, 1970년대와 1980년대에는 유럽 내 이주도 점차적으로 종료되어 갔다. 그러나 많은 나라에서 정책적으로 제지를 하였음에도 불구하고 유럽 밖으로부터 유입되는 인구는 점차 압도적인 중요성을 갖는 요인으로 발전하였다. 이동성이 높은 풍부한 노동력이 얼마나 중요한가는 킨들버거(Kindleberger)에 의해 강조되었다. 그는 제2차 세계대전 직후 서유럽이 급속한 경제회복을 할 수 있었던 요인으로 이런 노동력을 지적하였다.[54]

의도적으로 일반적인 수준에서 전개한 이 분석을 통해 도출할 수 있는 결론은 상당히 약하다. 적어도 우리는 19세기와 20세기 동안 인구증가가 경제발전을 저해하지 않았다고 주장할 수 있다. 사실, 지표들을 살펴보면 그와 반대로 보는 것이 타당할 것이다. 그리고 경제적 성장과 인구증가의 관계에 관한 질문에 대해 중립적 위치를 고수한다고 해도, 엄청난 인구증가를 경험하였던 국가들이 경제적으로 주도적인 역할을 한 국가들이었던 것은 분명하다. 아래에서 볼 마지막 사례가 이러한 관계를 명확히 하는 데 도움을 줄 수 있을 것이다. 1870~2000년 사이에 미국과 프랑스의 1인당 연평균 GDP증가율은 동일하였지만(1.9%), 인구증가율은 완전히 다르게 나타났다(미국 1.5%, 프랑스 0.3%). 그 결과 GDP를 통해 측정된 두 국가의 경제규모를 비교하면, 1870년에는 미국과 프랑스의 비율이 1.4 : 1이었으나 오늘날에는 6.5 : 1로 격차가 크게 증가하였다. 많은 사람들은 1인당 소득이 중요한 것이며 따라서 프랑스는 미국만큼이나 좋은 성과를 보였다고 말할 수 있다. 그

54) C. P. Kindleberger, *Europe's Postwar Growth* (Harvard University Press, Cambridge, MA, 1967). 또한 M. Livi-Bacci and G. Taponos, "Economie et population," in J.-P. Bardet and J. Dupâquier, eds., *Histoire de la Population de l'Europe*, vol. 3: *Les temps incertains, 1914-98* (Fayard, Paris, 1988).

러나 지정학적 관점에서 본다면 가장 중요한 것은 경제의 규모라 말할 수 있다. 경제규모가 프랑스의 6배인 미국은 GDP로부터 동일한 비율을 사용해서 가난한 국가들에게 프랑스보다 6배나 많은 원조를 신용, 식량, 의료, 도구, 컴퓨터 지원 등의 형태로 제공할 수 있다. 또는 비행기, 미사일, 선박 등 전쟁수행에 필요한 물품들을 6배나 구입할 수 있다. 이제 지극히 수사적인 질문을 던지지 않을 수 없다. 만약 미국이 훨씬 낮은 인구증가를 경험하였더라면 과연 미국이 서방 세계의 리더가 될 수 있었을까?

참고문헌

J. P. Bardet and J. Dupâquier, eds., *Histoire des Population de l'Europe*, 3 vols. (Fayard, Paris, 1997~1999).

A. J. Coale and S. C. Watkins, *The Decline of Fertility in Europe* (Princeton University Press, Princeton, NJ, 1986).

I. Ferenczi and W. F. Wilcox, *International Migration*, 2 vols. (NBER, New York, 1929~1931).

M. W. Flinn, *The European Demographic System 1500-1820* (Johns Hopkins University Press, Baltimore, MD, 1981).

M. Haines and R. H. Steckel, *A Population History of North America* (Cambridge University Press, Cambridge and New York, 2000).

T. J. Hatton and J. G. Williamson, *The Age of Mass Migration: Causes and Economic Impact* (Oxford University Press, Oxford, 1998).

M. Livi-Bacci, *The Population of Europe: A History* (Blackwell, Oxford, 1999).

R. Schofield, D. Reher, and A. Bideau, eds., *The Decline of Mortality in Europe* (Clarendon Press, Oxford, 1991).

E. A. Wrigley and R. S. Schofield, *The Population History of England 1541-1871: A Reconstruction* (Edward Arnold, London, 1981).

Demography (Population Association of America, Silver Spring, MD)

Genus (Department of Demography, Rome)

Population (INED, Paris)

Population and Development Review (Population Council, New York)

Population Studies (Population Investigation Committee, London)

Chapter 5

빈국들의 인구

1. 특이한 단계
2. 생존의 조건
3. 출산율의 지리적 분포의 개요
4. 출산율 하락의 조건과 전망, 그리고 인구정책
5. 인도와 중국
6. 다산국과 불임국
7. 역설에 대한 설명

Chapter

빈국들의 인구 5

1. 특이한 단계

세계의 부국들이 인구확장의 단계를 끝마친 것처럼, 빈국들은 특이하고 반복되지 않는 그들만의 인구증가과정을 시작하였다. 이러한 인구증가 주기가 지닌 특성들은 흔히 저개발국, 다시 말해 서구의 기준에서 볼 때 사람들이 빈곤하게 사는 국가들의 최근 인구증가를 보여 주는 수치들에 의해 잘 설명된다.[1) 1900년에 빈국들의 인구는 약 10억 명 가량이었는데, 이것이 2000년까지 5배로 증가하였다. 부국들이 산업혁명 이후 2세기에 걸쳐 경험한 인구증가를 빈국들은 불과 한 세기 만에 달성한 것이다. 이 인구증가의 속도는 비상하다. 1900년과 1920년 사이에 빈국의 인구증가율이 연간 0.6%였다고 우리는 추정한다. 이 비율이 1920년에서 1950년까지 두 배로 증가하였고(약 1.2%), 1950년 이후에는 또 다시 거의 두 배 증가하였다(약 2.1%). 1960년대에는 인구증가율이 최고치인 2.4%에 도달하였고, 그 후 1970년부터 30년간 점진적인 감소를 보였다([표 5-1]). 이와 대조적으로 서구 국가들(유럽과

1) 이 장에서 필자는 '저개발'이나 '개발도상'으로 자주 표현되는 국가들을 '빈국'이라 지칭하고, 대개 '선진' 또는 '더욱 발전된'이라고 표현되는 국가들은 '부국'이라 지칭할 것이다. 물론 부국과 빈국은 추상적 구분일 뿐이고 주로 정의상의 분류를 위해 사용한다. 부국은 유럽과 북아메리카의 국가들, 오스트레일리아, 뉴질랜드, 일본을 포함한다. 상상력을 크게 발휘하면 동유럽 국가들도 포함시킬 수 있다. 가끔 필자는 서유럽과 그 확대판인 북아메리카와 오세아니아를 지칭하기 위해 '서구 국가'라는 용어를 사용할 것이다. 독특한 인구사를 보유한 일본은 여기서 제외된다. 부국과 빈국의 인구변천에 대한 비교 분석을 위해서는 다음을 참조하라. D. S. Recher, "The Demographic Transition Revisited as a Global Precess," *Population, Space and Place* 10 (2004), 19~41쪽.

표 5-1 세계의 부국과 빈국의 인구, 1900~2000년

연도	인구(백만 명)			연간 증가율(%)[a]			비율(%)		
	부국	빈국	세계	부국	빈국	세계	부국	빈국	세계
1900	563	1,071	1,634	–	–	–	34.5	65.5	100
1920	654	1,203	1,857	0.75	0.58	0.64	35.2	64.8	100
1930	727	1,309	2,036	1.06	0.84	0.92	35.7	64.3	100
1940	794	1,473	2,267	0.88	1.18	1.07	35.0	65.0	100
1950	813	1,709	2,521	0.24	1.49	1.06	32.2	67.8	100
1960	916	2,106	3,022	1.19	2.09	1.81	30.3	69.7	100
1970	1,008	2,688	3,696	0.96	2.44	2.01	27.3	72.7	100
1980	1,083	3,368	4,440	0.72	2.26	1.83	24.4	75.9	100
1990	1,148	4,118	5,266	0.58	2.01	1.71	21.8	78.2	100
2000	1,172	4,867	6,055	0.21	1.67	1.40	19.4	80.4	100

주: a) 앞선 시기 대비.
자료: UN의 추정치; 1900년 자료는 필자의 추계.

해외 이주국들)이 2세기에 걸친 확장기간에 보인 인구증가율은 1%를 넘는 경우가 매우 드물었다. 1950년대 이후 빈곤국들의 인구는 이것보다 두 배로 증가하였다.

이와 같은 차이가 발생하는 이유는 배후의 실체를 뜯어 보자면 복잡하지만 표면적으로는 아주 간단하다. 부국에서는 사망률이 점진적으로 감소하는 동시에 출산율의 감소도 비슷한 속도로 일어나기 때문에 인구변천이 느리게 진행된다. 사망률 감소속도가 느렸던 것은 앞 장에서 설명하였던 것처럼 지식의 축적, 특히 의학지식의 축적에 힘입은 바 크다. 이러한 지식축적은 19세기 말에 등장하여 현재까지 계속되고 있는 전염병 관리에 큰 도움을 주었다. 빈국의 사망률은 최근까지 높은 수준을 유지하고 있다. 예를 들어, 1950년에는 빈국의 평균기대수명이 여전히 40세 이하였다. 하지만 부국에서 천천히 축적되었던 지식이 20세기 중반부터 빈국으로 급속하게 전파되었고, 이에 따라 사망률이 극적으로 하락하였다. 출산율은 느리게 변화하

그림 5-1 인구변천의 비교: 빈국 인구와 부국 인구의 증가율, 1700~2000년

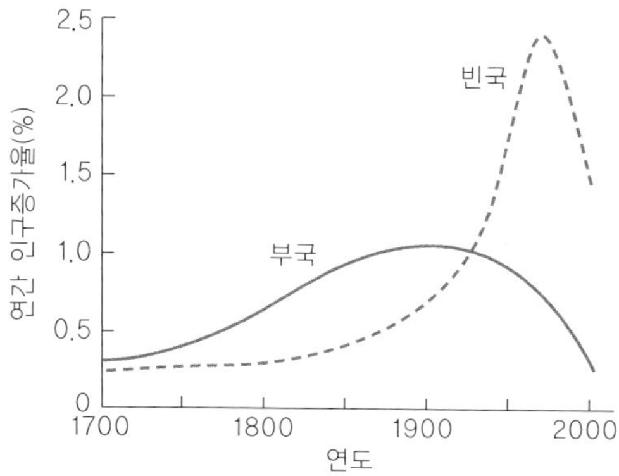

는 문화적 요인에 크게 의존하기 때문에 사망률의 감소추세를 따르지 않았거나, 아니면 추세를 천천히 따랐다. 그래서 두 지수의 수준은 크게 벌어졌다.

위에서 언급한 것처럼 과정의 외견상 단순함은 오해를 낳을 수 있다. 빈국의 세계는 크게 다른 환경적 · 문화적 · 정치적 배경에 의해 분할된 사회이며, 이러한 차이점들은 각 집단의 인구학적 행위에 반영된다. 또한 빈국이 부국과 고립되어 있었던 것이 아니었기 때문에, 1950년대 이전에도 지식과 기술은 어느 정도 전파되었다. 그러나 이러한 요소들을 고려하더라도, 과거에 부국들이 겪었던 과정과 비교할 때 최근 수십 년간에 빈국의 인구변화가 대체로 급속하게 진행되었다는 점은 분명하다([그림 5-1]).

[표 5-2]는 이제는 익숙한 여러 지수들(1950~1955년과 2000~2005년을 대상으로)로 측정한 세계의 인구학적 다양성을 나타낸 것이다. 이 조사는 빈국과 부국, 큰 대륙지역들, 그리고 인도와 중국 등을 대상으로 한다. 인도와 중국의 인구는 빈곤세계의 총인구 중 절반을 차지한다. 이 자료들로부터 아래와 같은 세 가지를 관찰할 수 있다. 첫째는 빈국과 부국의 두드러진 특징이고,

표 5-2 세계인구의 인구학적 지표들, 1950~2005년

지역	인구(백만 명)		연간 증가율(%)		출생률(천명당)		사망률(천명당)		합계출산율		출생시 기대수명	
	1950	2005	1950~5	2000~5	1950~5	2000~5	1950~5	2000~5	1950~5	2000~5	1950~5	2000~5
세계	2,521	6,465	1.77	1.33	37.3	22.1	19.7	8.9	4.99	2.65	46.5	64.7
선진국들	831	1,211	1.21	0.27	22.0	11.2	10.2	10.1	2.77	1.56	66.6	74.6
저개발국들	1,709	5,253	2.04	1.59	44.4	24.9	24.2	8.6	6.16	2.9	40.9	62.8
아프리카	221	906	2.15	2.36	48.2	38.0	26.6	13.9	6.58	4.98	37.8	48.8
동아시아	671	1,524	1.80	0.60	40.8	15.7	23.3	7.0	5.71	1.66	42.9	72.3
중남아시아	499	1,611	2.05	1.63	44.7	27.0	24.8	8.8	6.06	3.2	39.3	63.0
동남아시아	182	556	2.08	1.38	44.3	23.1	24.7	7.3	6.03	2.52	40.5	66.8
서아시아	50	214	2.70	2.09	45.3	26.2	21.8	6.6	6.38	3.36	45.2	67.8
유럽	547	728	1.0	0.03	20.9	10.3	10.6	11.3	2.56	1.4	66.2	73.7
라틴아메리카와 카리브해	167	561	2.65	1.57	42.0	23.1	15.6	6.5	5.89	2.55	51.4	71.0
북아메리카	172	331	1.7	0.85	24.6	13.8	9.4	8.3	3.47	1.99	69	77.4
오세아니아	13	33	2.21	1.29	27.7	17.9	12.3	7.7	3.84	2.32	60.9	74.0
중국	555	1,316	1.53	0.75	43.6	16.5	25.0	6.9	6.22	1.7	40.8	71.5
인도	358	1,103	2.0	1.64	44.1	25.5	25.0	8.9	5.97	3.07	38.7	63.1

자료: United Nations, *World Population Prospects. The 2004 Revision* (New York, 2005).

둘째는 최근 수십 년간에 발생한 빈국의 인구변화이며, 셋째는 지역 간의 차이이다.

빈국 인구와 부국 인구의 차이는 엄청나다. 오늘날(2000~2005년) 기대수명은 빈국에서 63세인 반면, 부국에서는 75세에 이른다. 여성 1인당 평균출산자녀수는 빈국에서는 2.9명인데, 부국에서는 1.6명이다. 그리고 사망률과 출산율 수준의 차이가 1970년대에 비해 작아졌음에도 불구하고, 오늘날 빈국의 인구증가율은 1.6%로 부국에 비해 6배나 높은 수치를 기록하고 있다. 또한 개발도상국에서 인구변천이 시작된 1950년대의 사망률 수준은 19세기 중엽 유럽의 대체적 수준(출생시 기대수명이 40세였다)과 비슷하였다. 출산율은 이와 달랐는데, 개발도상국의 평균자녀수인 6.2명은 서구 국가의 한 세기 전 평균자녀수(일반적으로 5명 이하)를 상당히 초과하는 수준이다. 이런 차이는 유럽 국가들이 혼인에 대해 맬서스식 억제(혼인연령의 증가와 미혼율의 상승)를 효과적으로 부과하였던 데 비해, 빈국에서는 이런 억제가 좀처럼 발생하지 않았다는 데에서 그 원인을 찾을 수 있다.

50년 기간의 시작 시점과 종료 시점의 상황을 비교해 보면, 빈국의 경우 사망률과 출산율이 비슷한 정도의 절대적 감소를 나타냈기 때문에 인구증가율이 조금만 떨어졌을 뿐이다(2%에서 1.6%로). 하지만 상대적 기준에서는 사망률의 감소(64%)가 출산율의 감소(44%)에 비해 훨씬 높은 수준이었다. 그리고 [표 5-2]에 실린 세부사항의 수준이 정밀한 것은 아니지만, 아프리카(인구변천이 거의 시작되지 않은)와 중국(인구변천이 거의 끝난)을 포함한 개발도상국 내에서의 불균형을 드러내기에는 충분하다. 이 지역들의 인구는 1950~1955년에는 비슷한 수준의 합계출산율과 기대수명을 나타냈지만, 50년이 지난 후에는 평균자녀수가 각각 5.0명과 1.7명으로, 그리고 기대수명에 있어서는 각각 49세와 71세를 기록하였다. 대륙의 다양한 지역에 걸쳐, 그리고 다양한 인구집단에 걸쳐서는 중간단계의 상황이 널리 펼쳐져 있음을 더욱 쉽게 볼 수 있다.

이러한 다양성은 각 대륙에서 인구가 가장 많은 25개 개발도상국(인구로는 80% 이상을 차지)을 대상으로 동일한 지수를 측정하는 작업을 통해 가장 잘 드러난다.[2] 제1장 제5절에서 설명한 개요에 기초해서, [그림 5-2]와 [그림 5-3](각각 1950~1955년과 1995~2000년)은 각국을 기대수명(e_0)과 여성 1인당 평균자녀수(*TFR*)로 정의한 전략공간상에 위치시킨다. 여기에서 두 시기 간에 분명한 차이점이 나타나는데, 이에 대한 설명이 필요하다. 1950~1955년에 공간을 차지한 범위는 1995~2000년에 비해 더 집중되어 있다. 즉, 출산율과 사망률은 거의 변하지 않으며, 대부분의 국가들이 2%를 나타내는 등증가곡선 윗부분에 위치한다. 1995~2000년에는 인구집단들이 더 넓은 공간을 차지하였으며, 대부분이 2%의 등성장곡선보다 아래(일부 국가는 1~0%)에 위치한다. 이는 인구변천이 충분히 진행되었다는 것을 분명하게 보여 주는 것이다. 하지만 극단적 사례들도 존재한다. 예를 들어, '구체제'의 기대수명을 따르는 국가들(에티오피아는 43세에 채 미치지 못함)도 있는 반면에, 기대수명이 선진국 수준에 도달한 국가들(아르헨티나와 칠레)도 있다. 또한 산아제한을 하지 않는 국가들(에티오피아와 콩고)이 있는 반면, 다른 국가들(중국, 한국, 태국)은 여성 1인당 평균자녀수가 2명 이하인 수준을 보이고 있다.

마지막으로, 역행할 수 없는 변천이 시작되었음을 확인할 수 있다. 초기에는([그림 5-2]) 사망률과 출산율 사이에 어떠한 관계도 없는 것처럼 보인다. 이는 사망률 수준에 상관없이 빈국에서는 자발적 산아제한의 확산이 제한

2) 고려대상인 25개국은 절대적 수치에 따른 가장 인구가 많은 25개의 빈국이 아니라, 각 대륙에서 가장 인구가 많은 국가들을 말하는 것이다(인구학적 추계가 불확실한 베트남이나 이란과 같은 국가들은 제외). 즉, 아프리카의 8개국(콩고민주공화국, 이집트, 에티오피아, 케냐, 모로코, 나이지리아, 수단, 탄자니아)과 아시아의 9개국(방글라데시, 중국, 인도, 인도네시아, 파키스탄, 필리핀, 한국, 태국, 터키), 그리고 아메리카의 8개국(아르헨티나, 브라질, 칠레, 콜롬비아, 에콰도르, 멕시코, 페루, 베네수엘라)을 말한다. 이 국가들의 총인구는 1950년에 1억 4,050만 명, 2000년에 3억 8,820만 명으로, 빈국들 총인구의 83.5%와 80%를 각각 차지하였다. 그들의 역사와 인구증가의 관점에서 볼 때, 아르헨티나와 칠레는 다른 라틴아메리카 국가들보다 자신이 기원하였던 유럽 국가들과 더 비슷하다. 홍콩, 싱가포르, 모리셔스, 코스타리카, 타이완 등과 같은 작은 국가들을 제외하는 것은 조숙한 변천이라는 흥미로운 사례를 무시하는 것이 된다. 국가규모가 작았다는 점, 또는 섬나라였다는 점이 부분적으로 이 과정에 긍정적으로 영향을 끼쳤다.

그림 5-2 25개 대규모 저개발국에서 나타나는 기대수명(e_0)과 여성 1인당 평균자녀수(*TFR*) 사이의 관계, 1950~1955년

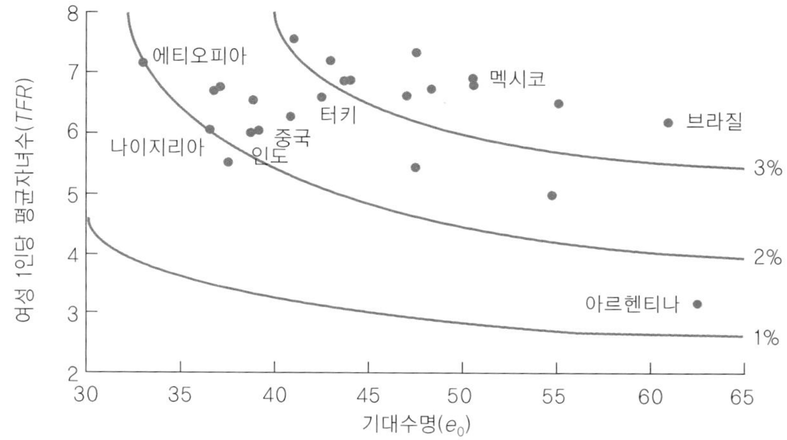

그림 5-3 25개 대규모 저개발국에서 나타나는 기대수명(e_0)과 여성 1인당 평균자녀수(*TFR*) 사이의 관계, 1995~2000년

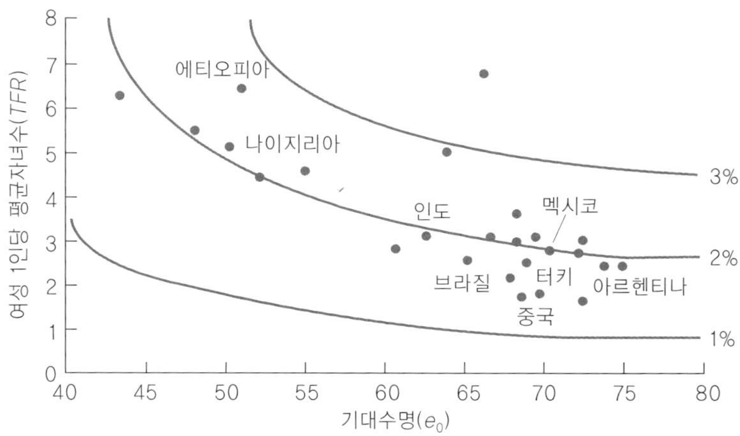

된 탓에 출산율이 일반적으로 높기 때문이다. 반면에, 사망률은 1940년대부터 지식과 기술이 대대적으로 유입되면서 많은 국가에서 하락하였다. 나중 시기에는([그림 5-3]) 기대수명이 높은 국가가 바로 출산율이 감소한 국가이기 때문에, e_0와 *TFR* 사이에 분명한 (−)의 관계가 존재한다. 이러한 현상이 발생하는 이유는, 부분적으로는 물질적 후생의 향상이 기대수명과 출산율에 반대 방향으로 영향을 끼치기 때문이다. 하지만 또한 부분적으로는 생존력의 향상이 출산율에 직접적인 영향을 미치기 시작해서 다산이 불필요해지고 육아비용이 증가하게 되었기 때문이다. 이러한 과정이 한 번 시작되면, 사망률이 더 이상 감소하지 않을 때까지는 과정 자체가 지속되는 경향이 있다.

2. 생존의 조건

사망률의 감소와 나이가 많을수록 사망확률이 높아지는 체제의 확립은 발전을 위한 선결요소다. 게다가 유아와 아동의 사망률 감소는 출산율의 감소와 '낭비적' 인구체제의 '절약적' 인구체제로의 전환을 위한 필요조건 가운데 하나다. 이런 간단한 관찰에 그치지 않고 우리는 빈국의 사망률 감소에 대한 일반적인 논의를 어느 정도 확장시킬 필요가 있다. 첫째로, 우리는 다양한 빈국들의 인구집단에서 생존율 향상이 각기 다르게 나타난 이유가 무엇인지에 대해 고려해야 한다. 빈국의 사망률 감소는 1950년대 초에서 새천 년 초까지의 반 세기 동안 한 해에 5개월씩 기대수명을 증가시켰다. 지역적으로는 비율에 차이가 존재해서, 아프리카에서는 연 3개월이 늘었지만 중국에서는 연 7개월이 늘었다. 그리고 만약 크기가 더 작은 지역까지 고려한다면, 편차는 더욱 크게 나타났을 것이다.

생존율의 증가는 무엇보다도 유아와 아동의 사망률이 감소함으로써 발생한 결과이다. 유엔[3]은 저개발국가 전체를 대상으로 실시한 조사에서 신생아가 5세가 되기 전에 사망할 확률이 2000~2005년에 94/1,000였다고 발표하였다. 그러나 조사대상국별로 편차가 상당히 컸다. 아프리카에서는 159/1,000이었고, 중남부 아시아에서는 100/1,000, 동아시아에서는 41/1,000, 라틴아메리카에서는 35/1,000의 수치를 보였다. 이 수치를 부국과 비교해 보면, 부국에서는 10/1,000에도 채 미치지 못하는 수준이었다. 만약 빈국들이 그들의 유아와 아동사망률을 중국과 동아시아 수준(41/1,000)으로 낮춘다면, 기대수명은 아프리카에서는 7년, 남아시아에서는 3년 연장될 것이다.[4] 다시 말해, 유아사망률의 차이를 줄이면 기대수명의 불균형이 상당히 줄어들게 될 것이다. 따라서 이것이 생존율 증가를 위해 우리가 추구해야 하는 최우선적 목표가 된다. 유아사망률의 감소는 일반적 사망률의 상당한 감소를 의미할 뿐만 아니라, 출산행위의 근대화를 유도하기도 하고 또한 발달을 돕고 훗날 생존의 효율성에 결정적인 영향을 끼치는 연령대에 건강수준을 향상시키기도 한다.

높은 유아사망률의 원인은 다양하고 복잡하다. 홍역, 디프테리아, 백일해, 소아마비, 파상풍 등은 유아들에게 잘 나타나는 전형적인 전염병이다. 열악한 위생상태 때문에 발생하는 설사와 위장염 등의 잦은 발병도 원인의 하나다. 영양실조와 빈곤, 감염 등의 복합적 작용, 그리고 광대한 말라리아 전염지역 등도 높은 유아사망률의 원인이었다. 42개 빈국에서 살고 있는 5세 이하의 어린이들을 대상으로 조사해 보니, 그들 중 33%는 신생아 질병에 의해 죽었고, 22%는 설사에 의해, 21%는 폐렴에 감염되어, 9%는 말라리아에 감염되어, 그리고 3%는 에이즈에 감염되어 사망한 것으로 나타났다. 이러한

3) United Nations, *World Population Prospects, The 2005 Revision* (New York, 2005); M. Mahy, *Childhood Mortality in the Developing World: A Review of Evidence from the Demographic and Health Surveys*, DHS Comparative Reports, no. 4 (ORC Macro, Calvertin, MD, 2003).

4) 이 수치들은 각 지역 '새로운 생존자'의 5세 이상의 사망률은 해당 지역의 사망률과 같다는 가정하에 계산된다.

모든 문제들에 대한 해결책은 존재한다. 유아에게 전형적으로 나타나는 질병은 예방접종과 면역요법을 통해 해결할 수 있다. 설사와 위장염은 환경개선을 통해 감소시킬 수 있다. 그리고 말라리아는 해충의 박멸을 통해서 줄일 수 있으며, 영양실조는 식단의 보충과 많은 지역에서는 젖떼기를 늦추도록 장려함으로써 해결이 가능하다. 질병이 일단 발생하면 의학적 개입을 통해 치사율을 낮출 수 있는 경우가 많다. 설사는 유아에게 반복적으로 발생하여 탈수를 일으킴으로써 사망에 이르게 하는데, 많은 경우에 가족들이 단순히 수분공급만 해 주면 나을 수 있다.[5] 이렇듯 해결책들은 존재하지만, 실제 해결은 물질적 자원, 기술적 지식, 해결책을 시행하기 위해 필요한 개인적 · 집단적 인식(즉, 교육과 발전)이 존재할 때에만 가능하다.

[표 5-3]은 유아사망을 동반하는 조건들의 모습을 단순하지만 명료하게 보여 준다. 이 표는 선택된 국가들을 대상으로 몇몇 건강관련 지수들을 기록한 것이다. 높은 유아 및 어린이 사망률은 분만에 대한 전문적 도움의 부족, 안전한 식수의 부족, 낮은 면역상태, 발육저하 사례의 빈번한 발생 등과 맥을 같이한다. [그림 5-4]는 53개 빈국을 대상으로 0~4세의 사망률과 충분한 위생체제(하수시설 등)하에서 사는 인구의 비율 간의 관계를 보여 주고 있다. (−)의 상관성이 분명하게 나타난다.

높은 유아사망률을 야기하는 원인이 복잡하기 때문에, 중간 수준(초기적 진보의 결과)을 넘어 선진국과 같은 낮은 수준의 유아사망률로 향하도록 시도할 때 어떻게 개입해야 할지 어렵게 된다. 이 문제를 살펴보기 전에, 필자는 다양한 인구집단에서 일반적으로 나타나는 사망상황에 관해 논의하고

5) ORT 또는 경구수분보충요법(oral rehydration therapy)을 말한다. 이것은 설사병을 앓는 신생아들이 잃게 되는 필수적 소금을 함유하고 있는 용해제다. 병에 걸린 아기들은 이 물약을 먹고 나서 소금결핍을 벗어날 수 있다. 이것은 아이의 엄마나 다른 가족이 쉽게 시행할 수 있는 치료법이다. 이것이 너무 비쌀 때에는 단순한 설탕-소금-물 용액이 유아의 회복에 필요한 수분과 열량, 소금을 충분히 공급해 줄 수 있다. 아동병리와 그 치료방법에 대해서는 다음을 참조하라. R. Y. Stallings, *Child Morbidity and Treatment Patterns*, DHS Comparative Reports, no. 8 (ORC Macro, Calverton, MD, 2004).

표 5-3 유아 및 아동사망률과 건강지수들, 2000년경

국가	조사 연도	유아 사망률	어린이 사망률	출산 관리를 받은 여성 비율	의료기관에서 분만한 비율	예방 접종을 맞은 12~23개월 아이들 비율	의료기관에서 호흡기질환 치료를 받은 아이 비율	경구수분 보충요법 처치를 받은 설사병 아이 비율	모유 수유 기간의 중앙값	발육이 정지된 아이 비율	저체중 아이 비율	발육부진 아이 비율
아프리카												
이집트	2000	43.5	11.3	57.6	51.7	92.2	67.7	37.6	19.4	18.0	4.0	18.7
에티오피아	2000	97.0	76.7	26.2	4.9	14.3	18.0	19.1	28.4	44.1	44.1	51.2
나이지리아	1999	75.0	76.3	63.6	37.3	16.8	49.7	51.2	18.0	45.5	27.3	
우간다	2001	88.3	69.3	92.3	36.7	36.7	68.7	43.4	21.1	34.0	22.6	38.6
아시아												
방글라데시	2000	66.3	29.8	34.7	6.1	60.4	28.3	72.4	30.3	39.4	45.1	44.6
캄보디아	2000	95.0	32.5	38.0	9.8	39.9	37.2	22.5	22.7	35.2	40.0	44.3
인도	1999	67.6	29.3	65.2	33.6	39.4	66.5	29.0	25.4	45.5	47.0	
카자흐스탄	1999	61.9	10.1	83.4	98.1	73.1	37.4	31.0	14.7	9.1	3.6	9.7
라틴아메리카												
콜롬비아	2000	21.4	3.5	90.5	86.8	52.0	–	32.3	13.1	10.5	5.4	13.5
과테말라	1999	22.2	8.4	61.5	41.7	59.5	40.7	35.3	19.9	34.4	16.9	46.4
아이티	2000	45.1	14.3	79.2	18.9	33.5	26.2	42.1	18.0	14.7	13.8	21.9
페루	2000	33.3	13.9	83.5	56.8	56.4	61.6	36.5	21.4	17.4	5.7	25.4

자료: A. Maddison, *The World Economy. Historical Statistics* (OECD, Paris, 2003); A. Maddison, *The World Economy: A Millennial Perspective* (OECD, Paris, 2001)에서 추출.

그림 5-4 53개 저개발국에서 하수체제를 갖춘 인구비율과 유아 및 아동사망률 간의 관계, 2000년

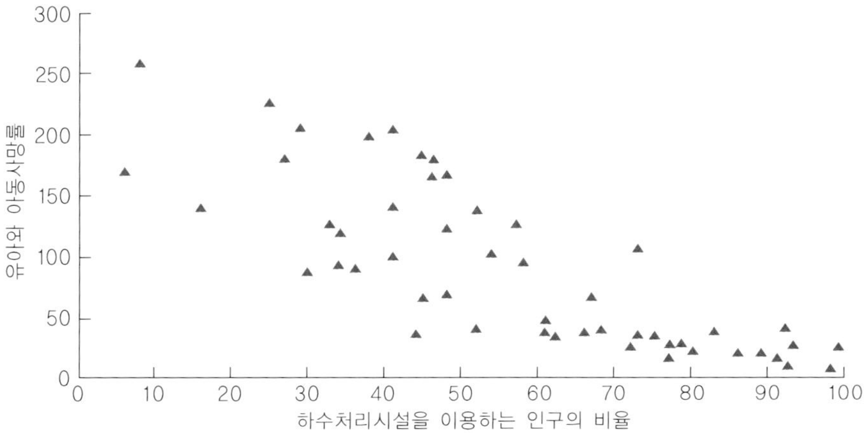

자 한다. 여기서 일반적인 사망상황을 가장 간명하게 표현해 주는 것은 기대수명(e_0)이다. [그림 5-5]는 25개 빈곤국을 대상으로 해서 1995~2000년의 기대수명과 고전적인 후생지수인 1인당 GDP(국제달러로 표기)를 비교하고 있다.[6] 이 그림에서 볼 수 있듯이, 이 관계는 서구 국가들이 보여 주는 모습과 유사하다(제4장의 [그림 4-4] 참조). 즉, 1인당 GDP가 매우 낮은 수준으로부터 증가함에 따라 기대수명이 큰 폭으로 증가하지만, 이어서 발생하는 1인당 GDP가 생존율의 증가에 미치는 효과는 점차 약화되는 모습을 보인다. 다시 말해, 물질적 후생의 증가가 기대수명에 미치는 효과가 점차 감소하는 것이다. 이런 관계는 초기 단계에서 상대적으로 저렴한 대규모 기술의 도입에

6) [그림 5-5]에서 설명하는 국가들은 [그림 5-9]와 [그림 5-16]의 국가들과 동일하다. 콩고민주공화국, 이집트, 에티오피아, 케냐, 모로코, 나이지리아, 수단, 탄자니아, 방글라데시, 중국, 인도, 인도네시아, 파키스탄, 필리핀, 한국, 태국, 터키, 아르헨티나, 브라질, 칠레, 콜롬비아, 에콰도르, 멕시코, 페루, 베네수엘라.

그림 5-5 아시아와 라틴아메리카의 25개 저개발국에서 나타난 1인당 GDP와 기대수명(e_0)의 관계, 1995~2000년

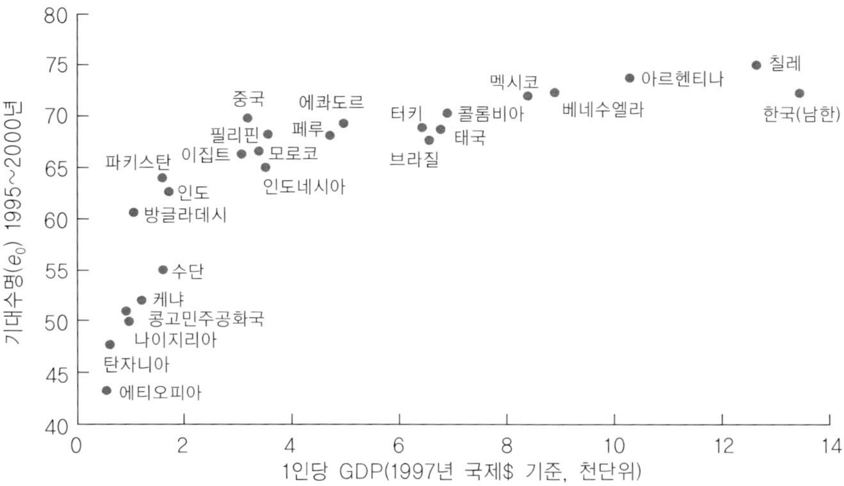

따라 사망률이 크게 감소하였다는 사실과 잘 들어맞는다. 항생제, DDT 살충, 여러 백신들이 이런 기술에 해당한다.[7] 우리는 스리랑카의 사례를 통해 사망률 감소가 급속히 발생한 초기 단계를 살펴볼 수 있다.[8] 1940년대 말부터 DDT의 분무가 확산되고 말라리아의 발병이 줄어들었기 때문에, 조사망률이 1945년의 21.5/1,000 수준에서 1950년에는 12.6/1,000으로 감소할 수 있었다. [그림 5-6]은 섬 내에서 말라리아 발병이 가장 많이 일어났던 지역과 가장 적게 일어났던 지역의 사망률 추이를 비교한 것이다. 사망률 감소가 점

7) 여기에는 1970년대 후반에 실질적으로 사라진 천연두의 백신뿐만 아니라, 홍역(연간 200만 명의 신생아가 사망)의 백신과 백일해(60만 명 사망)의 백신도 포함한다. 또한 탯줄의 감염으로 발생하는 신생아파상풍(80만 명 사망)과 소아마비, 결핵, 그리고 정확한 수를 모르는 희생자를 낳은 디프테리아에 대한 백신도 포함한다. 다음을 참조하라. "Immunizing the World's Children," *Population Reports*, series L (1986. 3~4).

8) S. A. Meegama, "The Mortality Transition in Sri Lanka," in *Determinants of Mortality Change and Differentials in Developing Countries* (United Nations, New York, 1986).

그림 5-6 스리랑카에서 말라리아가 가장 많은 지역(아누라다푸라(Anuradhapura))과 가장 적은 지역(칼루타라(Kalutara))의 사망률

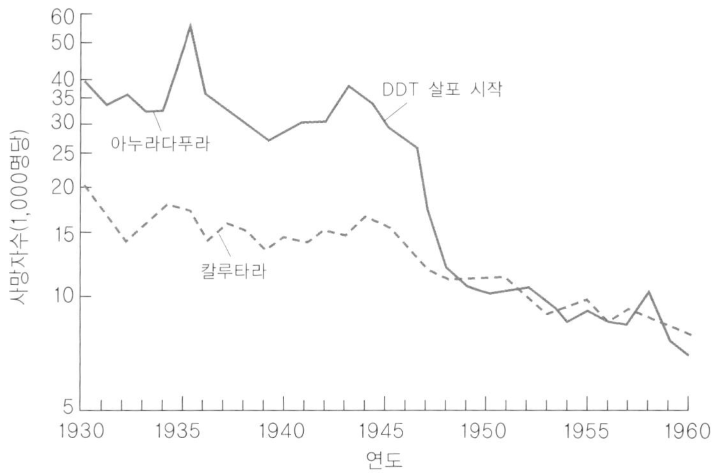

진적일 만하였던 지역에서 1946~1947년의 해충박멸작업이 가져온 효과는 뚜렷하다.

생존율의 추가적 향상은 이보다 훨씬 어렵다. 1970년대에는 빈국에서 사망률 감소추세가 주춤하는 경향을 보였기 때문에, 부국의 모형을 모방하여 보건 프로그램을 만들고 그를 위해 세련되고 비싼 병원, 진료소, 학교들의 건설과 운영에 의지하는 사업에 대해 비판이 쇄도하였다. 이런 프로그램은 전체 인구를 책임질 수 없는 경우가 많으며, 진단과 치료에는 좋은 방법이지만 높은 사망률의 원인을 제거하지는 못한다는 주장이었다.[9] 1970년대가 끝날 무렵에는 국제적 보건기구들(WHO와 UNICEF)이 1차 보건진료(Primary

9) W. H. Mosley, "Will Primary Health Care Reduce Infant and Child Mortality? A Critique of Some Current Strategies with Special Reference to Africa and Asia," in J. Vallin and A. D. Lopez, eds., *Health Policy, Social Policy and Mortality Prospects* (INED/IUSSP, Ordina, Liège, 1985).

Health Care: PHC)라는 새로운 전략에 착수하였다. 이 전략은 공동체의 활발한 참여를 강조하고, 단순하지만 효과적인 기술과 더불어 의료도우미(쉽게 훈련시킬 수 있는)를 활용하여 행해졌다.[10] 이 전략은 질병예방과 치료에 그치지 않고, 교육 프로그램, 물과 공중위생의 체계화, 적절한 농업기술의 장려 등 다채로운 내용을 포함하고 있었다. 이 전략은 효과적이고 복잡하지 않은 기술을 확산시키고 개인과 집단이 더욱 자각할 수 있도록 만드는 것을 목표로 삼았다. 이러한 자각은 사망률 감소를 위해서 반드시 필요한 행동의 기반이 된다. 불행하게도 이 전략은 이론적으로는 타당하지만 현실적으로 적용하는 데에는 어려움이 따랐다. 왜냐하면, 이 전략을 적용하기 위해서는 개인과 가족의 행동변화가 반드시 필요하고, 학교와 공중보건 프로그램 등과 같은 다양한 사회활동의 채널을 통해서만 작동이 가능하기 때문이다.

이 논의를 끝내기 위해서 우리는 다시 [그림 5-5]를 살펴보아야 한다. 여기서 몇몇 국가들은 이론적인 GDP$-e_0$곡선보다 상당히 위에 있음을 볼 수 있다. 일부 국가들은 이론적인 GDP$-e_0$곡선보다 훨씬 위에 위치한다. 다시 말해, 이 국가들은 주어진 후생수준에서 기대할 수 있는 것보다 상당히 긴 기대수명을 누린다. 이와 반대로 이 곡선 아래에 위치한 국가들은 기대수준보다 더 짧은 기대수명을 보이게 된다. 예를 들어, 나이지리아는 1인당 GDP가 방글라데시와 동일하지만, 기대수명은 11년이 짧다. 반면 부유한 인도네시아는 가난한 중국보다 기대수명이 5년이나 짧다. 아마티아 센(Amartya Sen)은 아프리카계 미국인의 생존전망이 케랄라(Kerala)인도 남서부에 위치한 주-역자주의 인도인이나 중국인보다 낮다고 강조하였다. 생활비의 차이를 염두에 두어 계산해도 아프리카계 미국인이 몇 배나 더 부유한데도 말이다.[11]

이런 엄청난 불균형들(이는 발전에 대한 다른 지수를 통해서도 나타난다)은

10) WHO-UNICEF, *Alma Ata 1978: Primary Health Care* (WHO, Geneva, 1978).
11) A. Sen, "Health in Development," *Bulletin of the World Health Organization* 77 (1999), 8쪽; A. Sen, "The Economics of Life and Death," *Scientific American* (1993. 5), 18~25쪽.

물질적 부의 축적 자체만으로는 보건상태의 개선을 보장하지 못한다는 사실을 증명한다. 그리고 이는 단순히 인구집단 내에서 분배가 불균등하게 이루어지기 때문만은 아니다. 문제는 흔히 개인, 가족, 공동체의 자각과 관련해서 존재한다. 자각은 반드시 경제발전과 함께 증대되는 것이 아니기 때문이다. 자각은 뿌리 깊은 문화적 유산 또는 의도적인 사회적 · 정치적 행동의 산물이라고 할 수 있다. 교육의 향상, 특히 육아 · 집안청소 · 식사준비 등에서 결정적인 역할을 하는 여성들도 양질의 교육을 받게 되는 것이 공중위생의 개선을 위해서 필수적인 전제조건인 듯 보인다. 사실 일부 이슬람 국가들은 상당한 경제발전에도 불구하고 여전히 높은 사망률을 기록하고 있는데, 이러한 상황은 여성의 종속적 지위와 이들이 받을 수 있는 교육이 제한된 탓이라고 설명할 수 있다.[12)]

게다가 사망률과의 싸움에서 뛰어난 성공을 거두어 온 국가들은 정부가 정책적으로 충분한 인적 자원과 경제적 자원을 보건부문에 배분한 국가들이었다. 정치적으로 분열되어 있어서 이 부문에 상당한 노력을 쏟아 부었던 중국, 스리랑카, 쿠바, 코스타리카 등의 사례는 낮은 사망률이 최빈국에서도 도달할 수 있는 것임을 보여 준다.[13)] 세계보건기구(WHO)의 추계에 따르면, 전염병에 의한 사망 중 90%의 원인은 폐렴, 설사, 결핵, 말라리아, 홍역, AIDS/HIV이다. 이 중 몇몇 질병들에 대해서는 앞서 설사치료법으로 언급하였던 경구수분보충요법처럼 저렴한 비용의 해결책이 현재 존재한다. 이를 통해 수많은 사망을 예방할 수 있다. 예를 들어, 말라리아의 발병은 침대용 모기장을 살충제에 담갔다가 사용함으로써 극적으로 줄일 수 있었다. 결핵에 대해서는 저렴한 약으로 대처할 수 있다.

높은 사망률과 높은 발병률은 수명을 줄이며, 건강을 상한 채 살아남은

12) 이 시각을 담은 논문은 J. C. Caldwell, "Routes to Low Mortality in Poor Countries," *Population and Development Review* 12 (1986).
13) 같은 논문, 209~211쪽.

사람에게는 건강한 삶의 기간을 줄인다. 그리고 건강한 생존은, 발전을 이룩하기 위해서 필수적인 요인들 대부분에 대한 선결조건이다. 즉, 육체적 효율성의 확보, 지적 능력과 숙련의 달성, 미래를 계획하기 위한 수명의 연장이 모두 이런 요인에 포함된다. 건강한 생존은 또한 아이에 대한 수요를 바꾸기 위한 전제조건이 되며, 따라서 출산율 조절의 전제조건을 이루기도 한다. 이런 관점에서 개선의 정도를 측정하고 비교를 하기 위해서는, 생존력 측정과 질병발생 측정을 결합시키는 것이 중요하다. 생존지수들만으로는 전체 그림의 일부만을 보여 줄지 모른다. 의학에 대한 의존이 영양부족과 기초적 위생의 부재로 인해 끔찍해진 삶을 연장시키는 것에 불과할 수도 있는 것이다. 우리 논의의 맥락에서 볼 때, 생존측정과 관련하여 새로 중요성이 대두되는 연구방법은 잃어버린 건강한 삶의 기간을 연수로 계산하는 것이다. 즉, 주어진 인구집단을 대상으로 해서, 때이른 죽음 또는 사고나 질병으로 불구가 되었기 때문에 상실하게 된 건강하게 살 수 있었던 기간을 계산하는 것이다. 실제로 우리는 두 가지의 수치를 얻을 수 있다. (1) 상실한 생애연수: 저사망률 인구집단에서 각 사망에 대해 사망연령과 그 연령에서의 기대수명의 차이로 계산한다. (2) 질병이나 사고로 상실한 건강한 생애연수: 병의 시초에서 완치(또는 사망)까지의 기간으로 계산한다. 이렇게 구해진 연수가 전적으로 인정(사망의 경우처럼)되지는 않고, 대신에 장애의 심각성에 따라 각 질병의 상태에 대해 일정한 가중치(0에서 1 사이)가 부여된다.

이른 죽음 때문에 잃어버리게 된 생애연수와 불구로 인해 부분적으로 상실한 미래의 연수를 합하여 총상실연수(세계은행(World Bank)은 이 연수를 DALY(disability-adjusted life years)[불구를 고려해 조정한 생애연수-역자 주]라고 부른다)를 구할 수 있다. [표 5-4]는 이것의 일부를 보여 준다. 이 표에 의하면, 2002년에 발생한 사망, 질병, 사고로 인해 62억 명의 세계인구로부터 14억 9,000만 DALY(즉, 14억 9,000만의 건강연수)가 상실될 것이다. 이 수치는 인구 1,000명당 239DALY에 해당하는 값이다. 발생빈도가 가장 높게 나타나는 곳은 아프

표 5-4 질병이 주는 부담의 추정치, 2002년

지역	인구 (백만 명)	DALYs (백만)	DALYs/ 1,000명	DALYs의 요인(%)			합계
				전염병	비전염병	상해와 사고	
세계	6,225	1,490	239	41	47	12	100
남성	3,131	773	247	38	46	16	100
여성	3,094	717	232	44	48	9	100
아프리카	672	361	537	73	18	9	100
아메리카	852	146	171	18	68	14	100
남아시아와 동남아시아	1,591	427	268	43	44	13	100
동아시아와 태평양연합	828	150	181	9	77	14	100
유럽과 중앙아시아	503	139	276	47	41	12	100
지중해 연안과 중동	1,718	265	154	20	66	14	100

주: DALYs: 불구조정 생애연수(disability-adjusted life years). 아프리카는 사하라 이남 지역을 말함. 남아시아와 동남아시아는 인도, 파키스탄, 방글라데시 등을 포함함. 동아시아와 태평양 연안은 중국, 인도네시아, 필리핀, 오세아니아 등을 포함함. 지중해 연안은 북아프리카를 말함. 중앙아시아는 구소련을 포함함.

자료: World Health Organization, *World Health Report 2004* (Geneva, 2004).

리카의 사하라 이남 지역으로, 1,000명당 537DALY의 상실이 발생한다. WHO에 따르면 임금이 높은 지역에서 발생빈도가 가장 낮게 나타나며, 유럽과 중앙아시아(특히, 유럽과 구소련 국가들로서 1,000명당 139DALY)가 여기에 해당한다고 한다. 지역 간 불균형(4배 차이)은 크게 나타나며, 개별 국가들, 사회집단들 등에서 나타나는 차이는 더욱 컸을 것으로 보인다.

3. 출산율의 지리적 분포의 개요

과거 수십 년 동안 빈곤세계의 출산율은 변화해 왔고, 자발적인 산아제한이 확산되어 왔다는 신호는 과거 어느 때보다 뚜렷하게 나타난다. 전통적인 출산패턴을 여전히 고수하는 지역은 현재에도 선진국의 사례를 닮은 지

역과 나란히 병존하고 있다. 지난 50년 동안 빈곤세계에서 발생하였던 변화에 대한 첫인상을 얻기 위해서 우리는 잠시 [표 5-2]로 돌아가야 한다. 여성 1인당 평균자녀수는 6.2명에서 2.9명으로 3명 이상 줄어들었다. 이 하락의 절반은 중국에서 평균자녀수가 6.2명에서 1.7명으로 줄어든 사실에 기인한다. 빈곤세계의 다른 지역에서는 출산율이 크게 다르게 나타난다. 우선 아프리카의 출산율은 약간 감소하여 평균자녀수가 6.6명에서 5.0명으로 줄어들었고, 여전히 산아제한이 제한적으로 실시된다.[14] 하지만 중남부 아시아에서는 평균자녀수의 변화폭이 큰 편으로, 6.1명에서 3.2명으로 줄어들었다. 인도인의 출산율이 줄어든 것이 이러한 하락의 주원인으로 볼 수 있다. 동남아시아(6.0명에서 2.5명으로)와 라틴아메리카(5.9명에서 2.5명으로)에서도 큰 폭의 하락이 기록되었다. 오늘날 나타나는 빈곤세계 인구변화의 크기를 고려하면, 현재 상황은 20세기 초 서구 세계의 상황과 유사하다는 것을 알 수 있다. 당시 서구에서는 산아제한이 널리 확산된 지역(프랑스처럼)이 '자연적' 출산이 여전히 널리 퍼져 있었던 지역(지중해 유럽의 일부 지역이나 대륙의 북부와 동부 주변국들)과 병존하였다.[15]

출산율 감소는 최근에 가속화된 것으로 보인다. 1980년대 후반부터 현재까지에 대한 인구보건서베이(Demographic and Health Surveys: DHS)의 결과를 비교해 보면 이를 잘 알 수 있다.[16] 심지어 아프리카의 사하라 이남 지역에

14) 사실 아프리카 사하라사막 이남의 몇몇 국가에서는 출산율 증가의 명확한 증거가 존재하였다. 이 증가는 모유 수유기간의 단축, 그리고 그에 따른 출산간격의 단축(이 절의 후반부 참조)으로 설명할 수 있다. 또한 위생조건의 개선으로 출산율이 증가하기도 하였는데, 이는 불임을 유발하거나 생식능력을 악화시키는 감염성 질병의 발생을 줄여 주었기 때문이다. 예를 들어, UN은 서아프리카의 *TFR*이 1950~1955년에서 1975~1980년 사이에 6.7에서 6.9로 증가하였고, 동아프리카에서는 6.7에서 7.0으로 증가하였다고 추정한다.

15) 당연히 이런 비유는 오직 일반적인 수준에서만 적용할 수 있으며, 관련된 상황은 매우 달랐다. 유럽의 사망률 감소는 더욱 점진적으로 나타났기 때문에 출산율도 점진적으로 조정될 수 있었다. 게다가 심지어 높은 출산율이 나타나는 지역에서도 도시민층이나 교육받은 계층 등 사회의 주요 부문은 산아제한을 시행하였다. 이와 반대로, 현재 많은 저개발국가에서 일어나는 상황은 출산율이 인구대체 수준 아래로 떨어질 수도 있음을 보여 준다. 부국들이 경험하였던 역사를 반복하는 셈이다. 다음을 참조하자. D. S. Recher, "Long-Term Population Decline, Past and Future," XXV International Population Conference, Tours, 2005.

서도 산아제한은 매우 급속하게 확산되고 있는 것으로 보인다. *TFR*의 연간 감소율이 세네갈에서는 3.3%였고, 가나에서는 3.3%, 짐바브웨에서는 3.5%, 케냐에서는 5.2%를 기록하였다. 연 3%의 감소율(만약 이 수치가 지속된다면 10년 만에 *TFR*의 감소율이 1/4에 달할 것이다)은 북아프리카와 아시아, 라틴아메리카에서는 보편적인 수준이다.[17] 실제로 전문가들은 2010년 이전에 라틴아메리카에서 가장 큰 나라인 브라질의 출산율이 더 이상 현재의 인구를 유지하지 못할 수준으로 감소할 것이라고 예상하고 있다.

이러한 추세에 대해 설명하기 위해서는 제1장 제4절에서 언급하였던 인간 출산의 주요 요인에 대한 분석이 필요하다. 여성의 평균출산자녀수(*TFR*)가 여러 요인에 의해 결정되었다는 사실을 상기해 보자. 가장 중요한 요인은 생물학적인 것으로, 이것이 자연출산율(모유 수유기간과 관련된 출산간격, 주로 성관계 빈도와 관련된 대기시간, 태아사망률 등)을 결정한다. 또한 혼인관습(혼인연령과 미혼자의 비율)과 산아제한의 수준에 의해서도 출산율이 영향을 받게 된다.

필자는 이미 빈국의 '초기' 출산율(여성 1인당 자녀 6명)이 인구변천이 있기 전 서구(5명 이하)에 비해서 상당히 높은 편이었음을 지적한 바 있다. 이는 주로 높은 혼인율 때문에 나타난다. 빈국의 혼인연령(혹은 아이를 갖기에 적절한 안정적 결합이 확립되는 시기)은 전통적으로 낮았고, 또한 미혼인 채로 살아가는 사람도 거의 없었는데, 이는 서구 국가들과 크게 다른 상황이었던 것이다. 세계출산력서베이(World Fertility Survey: WFS)[18]에 따르면, 1970년대 후반

16) DHS 조사는 2,000명에서 3만 명에 이르는 가임기 여성을 표본으로 삼아 1986년 이후로 세계 74개국에서 시행되어 왔다. 이 설문조사는 인구학적 특성, 출산이력, 피임법 사용, 여성과 아이의 보건에 관한 질문 등을 포함하며, 또한 많은 사회경제적 변수들도 포함하고 있다. 몇몇 국가들에서는 1회 이상의 조사가 시행되었고, 많은 경우에 남성과 남편에 대한 표본을 포함하기도 하였다. 다음을 보자. DHS+Dimension, *Newsletter*, 3:1 (2001), 3:7 (2005).

17) G. Mboup and T. Saha, "Fertility Levels, Trends and Differentials," *Comparative Studies* 28 (Macro International, Calverton, MD, 1999).

18) 세계출산력서베이의 일반적 특징과 주요 결과에 대해서는 다음을 보라. WFS, *Major Findings and Implications* (London, 1984). 이 조사는 보통 3,000~1만 명의 가임기 여성집단에 대해 행해

에 아프리카 12개국의 평균초혼연령이 19.8세였다(카메룬의 17.5세에서 튀니지의 23.9세까지). 아시아와 태평양 연안의 13개국에서는 21세였고(방글라데시의 16.3세에서 필리핀의 24.5세까지), 라틴아메리카와 카리브해 연안의 13개국에서는 21.5세(자메이카의 19.2세에서 페루의 23.2세까지)를 기록하였다(이러한 수준은 서구 국가의 평균 24세에 비해 상당히 낮은 수준이며, 이미 15년 전의 기록보다는 1~1.5세 상승한 것이다[19]).[20] 이 연구에서는 또한 동일한 국가들을 대상으로 폐경기를 맞는 여성 중 미혼자의 비율이 조사되었다. 아프리카와 아시아에서는 이 비율이 1%가 채 되지 않았고, 라틴아메리카에서는 4%를 기록하였다(서구에서는 이 수치가 종종 10%를 넘어 대조를 이루었다).[21] 1980년대와 1990년대의 자료를 통해서 비록 불규칙적이지만 혼인연령이 지속적으로 증가한 추세를 확인할 수 있다. 이러한 추세는 근대화의 결과이며, 특히 여성의 교육수준 향상과 여성노동력의 사회참여 증가에 의한 것이다.[22] 1990년대의 평균혼인연령은 아프리카에서는 21세였고, 아시아에서는 22세, 라틴아메리카와 카리브해 연안에서는 23세였다.

하지만 비록 맬서스식 억제가 출산율을 감소시킨다고 해도 그 효과는 제한적이다. 예를 들어, 자발적인 산아제한의 부재 속에서는 혼인연령이 18세에서 23세로 증가(혼인행위의 근본적 변화)하면 여성의 평균자녀수를 2~1.5

졌고, 41개 개발도상국과 21개 선진국을 대상으로 하였다. 대부분의 조사는 1970년대 후반기에 이루어졌다.

19) United Nations, *Fertility Behavior in the Context of Development. Evidence from the World Fertility Survey* (New York, 1987), 78쪽과 82쪽.

20) United Nations, *First Marriage: Patterns and Determinants* (New York, 1988).

21) The World Bank, *World Development Report 1984* (Oxford University Press, New York, 1984), 115~116쪽; United Nations, *Fertility Behavior*, 78쪽. 또한 다음도 보자. P. Xenos and S. A. Gultiano, *Trends in Female and Male Marriage and Celibacy in Asia*, in "Papers of the Program in Population," no. 120 (East-West Center, Honolulu, 1922); C. Westoff, A. K. Blanc, and L. Nyblade, *Marriage and Entry into Parenthood*, DHS Comparative Studies, no. 10 (1994).

22) G. Mboup and T. Saha, *Fertility Levels*; J. Bogaarts, "The Fertility Impact of Changes in the Timing of Childbearing in the Developing World," Working Paper, no. 120 (Population Council, New York, 1999); "World Marriage Patterns 2000," *Population Newsletter* (1999. 12); United Nations, *World Population Monitoring. Reproductive Rights and Reproductive Health* (New York, 2003), 133~135쪽.

명 감소시키는 결과를 야기할 것이다. 이런 감소는 출산율을 근대적 수준으로 떨어뜨리기에는 부족하다. 게다가 늦은 결혼은 여성이 엄마가 되는 시점을 늦추게 되며, 이는 출산이 결혼생활에 한정된다는 것을 의미한다. 이러한 주장이 아시아에서는 사실로 나타나고 있다. 혼외출산이 아주 미미하기 때문이다. 하지만 아프리카, 라틴아메리카, 카리브해 연안에서는 혼외출산이 비일비재하다.

출산에 대한 결정적인 억제는 자발적인 통제를 통해서 이루어진다고 볼 수 있다. 이러한 통제가 '확산'되어 있는가에 대한 간단한 측정은 출산가능기간에 있는 여성으로서 주어진 기간에 어떤 형태로든 산아제한을 하는 이의 비율을 보면 된다. 거꾸로 이 비율은 사용된 방법(예를 들어, 중절성교나 주기조절과 같이 '전통적'이면서 덜 효과적인 방법, 또는 약, 자궁 내 피임기구, 불임수술 등 보다 효과적인 '근대적' 방법)에 따라 구분할 수 있다. 피임약의 확산이 약 70% 이상이면 부국에서 볼 수 있는 바와 같은 낮은 출산율이 나타난다.[23] 세계출산력서베이(WFS)는 1970년대 38개 개발도상국을 대상으로 한 연구를 통해 피임약의 이용률이 아프리카에서는 10%, 아시아에서는 23%, 라틴아메리카와 카리브해 연안에서는 40%라는 사실을 밝혀 냈다. 산아제한을 하고 있는 여성 중 약 3/4 정도가 '근대적' 방법을 사용하고 있었다.[24] 인구보건서베이(DHS)는 1998년과 2004년 사이에 45개국을 대상으로 조사를 하였는데, 피임약 사용이 증가하였다는 결과를 도출하였다. 아프리카의 사하라 이남지역(24개국)의 평균수치는 23%로 나타난 반면, 아시아(인도를 포함한 7개국)의 평균은 약 50%에 이르며, 라틴아메리카와 카리브해 연안(7개국)은 평균 57%에 달한다.[25]

23) W. P. Maudlin and S. J. Segal, "Prevalence of Contraceptive Use: Trends and Issues," *Studies in Family Planning* 19 (1988), 340쪽. 물론 다양한 피임방법들의 효과가 부분적으로는 방법 그 자체(주사 또는 자궁 내 피임기구는 매우 효과적인 반면, 중절성교와 자연주기법은 그렇지 않다)에 의존하고 부분적으로는 부부의 동기와 노력에 의존하기 때문에, 이런 측정들은 오직 매우 일반적인 윤곽만을 제공할 뿐이다.

24) United Nations, *Fertility Behavior*, 133쪽.

요인별 감소비율

그림 5-7 출산율을 자연적 수준에서 인구대체 수준으로 감소시킨 다양한 요인들의 기여도에 대한 모형

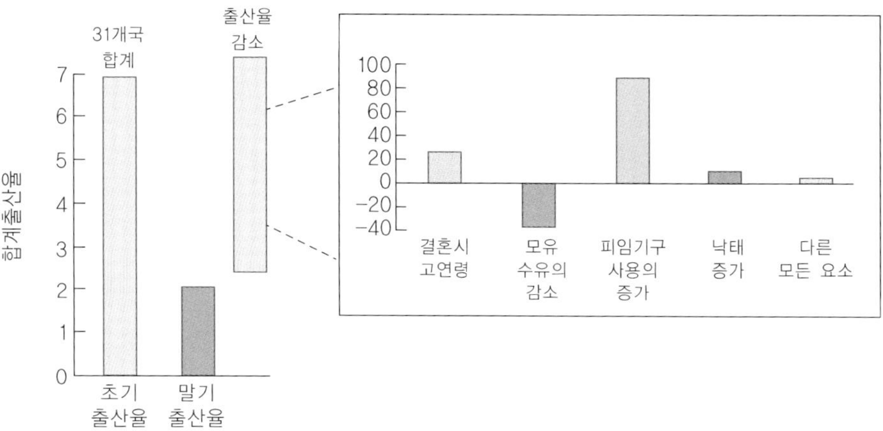

주: The World Bank, *World Development Report 1984* (Oxford University Press, New York, 1984), 115쪽.

[그림 5-7]은 세계은행의 조사에서 인용한 것으로, 다수의 빈국들을 대상으로 하여 여성 1인당 평균자녀수를 전통적 수준에서 인구대체 수준으로 감소시킨 요인들에 관한 모형을 보여 준다.[26] 이 모형은 혼인연령의 변화, 모유 수유기간, 피임, 낙태의 빈도 및 일련의 다른 요인들이 *TFR*의 감소(최대 7.0명에서 최소 2.1명으로)에 미친 부정적 또는 긍정적 기여를 나타낸다. 이 요인들 중 하나인 모유 수유기간의 단축은 출산율을 증가하게 만들었다. 조사 대상국에서 일어난 인구변천은 모유 수유기간을 단축시켰는데, 이는 다른 조건이 일정하다면 출산간격을 단축시켰을 것이고, 그에 따라 *TFR*은 31% 증가(자녀수 1.5명에 해당)하게 되는 것이다. 하지만 개별 요인들은 서로 상이

25) DHS Dimensions, *Newsletter* 7:1 (2005).
26) The World Bank, *World Development Report 1984* (New York, Oxford University Press, 1984), 115~116쪽.

그림 5-8 아프리카, 아시아, 라틴아메리카의 25개 저개발국의 1인당 GDP(1997)와 여성 1인당 평균자녀수(*TFR*), 1995~2000년

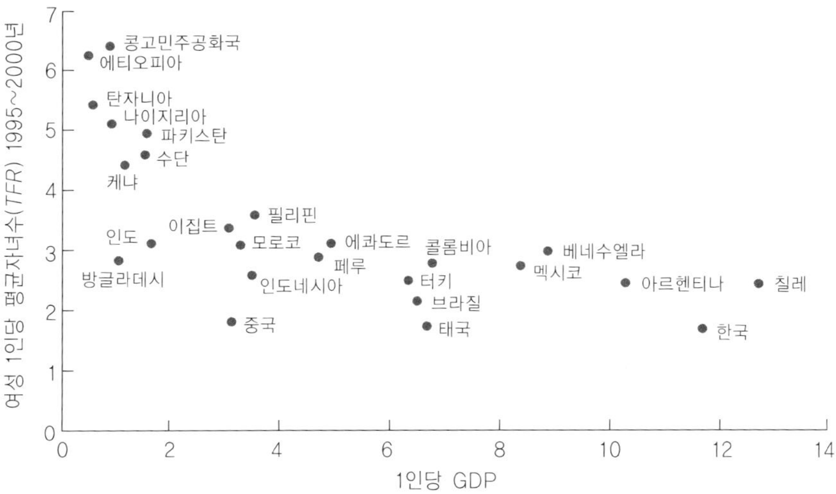

하였으며, 전체적으로 출산율의 감소를 가져왔다. 이 요인들 가운데 기여도가 가장 높은 것은 피임의 증가(−93%=−4.5명의 자녀)였다. 다음은 혼인연령의 증가(−28%=−1.4명의 자녀)였고,[27] 그 뒤를 이어 낙태 빈도의 증가(−10%=−0.5명의 자녀)가 차지하였다.

우리는 빈곤세계의 출산율에 관한 논의를 [그림 5-8]에서 결론지을 수 있다. 이 그림은 1990년대 후반 25개 저개발국을 대상으로 1인당 GDP와 *TFR*을 비교하고 있다. 이 관계는 부국의 경우에 나타난 모습과 유사성이 크다([그림 4-8] 참조). 즉, 소득이 상승하면 출산율은 떨어지지만, 그 감소수준은 점차 줄어들게 된다는 것이다. 자연히 이런 관계는 오직 매우 복잡하고 다

27) 1940년대 이래의 경험이 보여 주듯이, 혼인연령 증가가 출산율 감소에 미치는 효과는 상대적으로 작고 점진적이다.

양한 현실을 크게 단순화하였을 때에만 도출해 낼 수 있다. [그림 5-8]에 나타나 있는 추상적인 소득-출산율곡선으로부터의 이탈은 상당히 클 수 있다. 필리핀과 베네수엘라 같은 국가의 출산율은 그들의 소득수준을 바탕으로 예상할 수 있는 수준보다 높게 나타난다. 반면, 중국과 태국 같은 국가는 그에 비해 상당히 낮은 수치를 보여 준다. 다시 말해서, 1인당 GDP에 의해 추정하게 되는 경제적 발전은 출산율 수준의 큰 차이를 동반하였던 것이다. 앞으로 우리는 이러한 현상이 왜 발생하였는지에 대해 살펴볼 것이다.

4. 출산율 하락의 조건과 전망, 그리고 인구정책

최근 몇십 년간 빈국 인구의 급속히 증가를 목격한 학자들과 사회복지가들은 긴 논쟁을 벌여 왔다. 높은 출산율의 원인이 무엇이며, 근대적 성장의 전제조건인 출산율 감소를 초래한 요인이 무엇일지에 대해서였다. 앞 장에서 우리는 출산율의 다양한 생물학적 · 사회적 구성요소에 대한 분석을 통해 출산율의 메커니즘을 살펴보았다. 혼인연령의 증가와 그리고 무엇보다도 산아제한의 확산이 출산율 감소의 중요한 경로였다는 점을 우리는 살펴보았다. 하지만 이런 감소현상이 발생하기 위해서는 부부가 출산계획을 변화시키는 것이 반드시 필요하다. 그러므로 무엇이 이러한 계획을 결정하는지, 그리고 이를 바꾸기 위해서 무슨 일이 있어야 하는지에 대해 반드시 이해해야만 한다. 경제학자의 용어를 빌자면, 무엇이 아이에 대한 부모의 '수요'를 결정하는지(빈국에서는 여전히 높게 나타난다), 그리고 어떤 요인이 이를 바꿀 가능성을 갖고 있는지에 대해 이해해야 한다.[28)]

28) R. D. Lee and R. A. Bulatao, "The Demand for Children: A Critical Essay," in R. D. Lee and R. A. Bulatao, eds., *Determinants of Fertility in Developing Countries*, vol. 1 (Academic Press, New York, 1983).

우선, 다른 동물들이 그러한 것처럼 개인과 가족집단, 또는 속해 있는 공동체의 보존과 생존이 인간 종의 고유한 가치라는 점을 우리는 자연스럽게 받아들일 수 있다. 따라서 출산율은 반드시 사망률을 상쇄할 수 있는 수준이어야 한다. 사망률이 높을 경우 출산율 역시 높아야만 한다. 이러한 관점에서 보면, 여성 1인당 5명 또는 6명의 자녀는 인구변천 이전의 정상적 사망률 수준과 양립이 가능한 것이다. 종종 부부들은 아이가 끝까지 생존하지 못할 위험을 고려해서 일종의 보험으로써 많은 자녀를 출산한다. 그 결과 합계출산율은 일반적 사망률에 비해 높게 나타난다. 위에서 언급한 것처럼 사망률의 감소는 출산율의 감소를 야기하는 필수적인 전제요건이다.

거의 모든 빈국에서 사망률은 크게 떨어졌지만, 출산율은 그렇지 않았다. 출산율이 높게 유지되는 이유는 무엇일까? 부모의 아이에 대한 '수요'가 떨어지지 않는 이유는 무엇인가? 첫째로, 아이의 양육비용이 낮은 상태로 유지되고 있다. 농촌지역에서, 그리고 특별한 조건하에서 아이는 부모에게 순이익이 될 수도 있다. 아이들과 청년들이 하는 일은 이들을 부양하기 위해 가족이 부담하는 비용을 상쇄시킬 수 있을지도 모른다. 또 빈국에서는 어쨌거나 부양비용 자체가 낮기 마련이다.[29] 둘째로, 여러 사회적 맥락에서 부모는 아이들을 애정의 대상일 뿐만 아니라 노후에 대한 경제적 보장과 물질적 보조로 간주한다. 인도네시아와 한국, 태국, 터키, 필리핀을 대상으로 한 연구에 따르면, 인터뷰를 한 부모의 80~90%가 노후에 그들의 자녀로부터 경제적 도움을 받을 것으로 생각한다고 대답하였다.[30] 그리고 사실 큰 어려움에 봉착하였을 때 자녀들의 도움에 의존하는 것은 자연스러운 현상이다.[31] 셋째로, 문화적 환경이 많은 수의 아이들을 필요로 하는 경우가 종종

29) 육아비용에 대한 상이한 해석에 대해서는, Lee and Bulatao, *Determinants of Fertility*에 실린 J. C. Caldwell, "Direct Economic Costs and Benefits of Children"과 P. H. Lindert, "The Changing Economic Costs and Benefits of Having Children"을 보라.

30) The World Bank, *World Development Report 1984*, 52쪽.

31) M. Cain, "Risk and Insurance: Perspectives on Fertility and Agrarian Change in India and Bangladesh," *Population and Development Review* 7 (1981), 435~474쪽. 부모들이 노후에 자

있다. 가족이라는 확증으로서, 세대존속의 보장으로서, 또는 뿌리 깊은 종교적 원칙의 표현으로서 많은 아이들을 낳고자 할 수 있다. 마지막으로, 산아제한방법에 대한 무지, 피임약 입수의 어려움, 의료와 보건서비스의 부족 등이 산아제한의 부족 또는 임신중절의 증가를 야기한다. 피임법 확산을 통제하는 법령은 출산율을 낮추기 위한 이와 같은 장벽들을 더 강화할 수 있다.

만약 이러한 것들이 높은 출산율의 원인이라면, 이들을 조절함으로써 출산율을 낮출 수 있을 것이다. 무엇보다도 사망률이 반드시 줄어들어야 한다. 출산율과 사망률을 비교하고 있는 [그림 5-3]은 60세 이상의 기대수명을 기록하는 국가들이 상대적으로 낮은 *TFR*을 갖고 있음을 보여 준다. 이러한 결과는 사회경제적 조건들과 독립되어 있는 산아제한이 어느 정도 시행됨으로써 나타난 것이다.

육아에 소요되는 '상대가격'의 증가도 출산율 감소의 요인 중 하나이다. 예를 들어, 이 증가는 여성교육의 확대로 인해 나타날 수 있다. 그래서 여성이 과거에 비해 가사와 육아를 위해 돈벌이가 되는 직업을 포기하고자 하지 않게 된 것이다. 다른 요인들로는 아이들이 일을 하기 시작하는 연령을 늦추는 의무교육의 도입이나, 일반적으로 향상된 후생수준, 그리고 아이들에게 더 많은 투자가 이루어지도록 출석을 강제하는 제도 등을 들 수 있다. 사회적 보호를 위한 제도적 메커니즘의 구축은 나이든 부모들이 자녀의 도움을 받아야 하는 필요성을 감소시킨다. 따라서 출산율이 높아야 할 필요성을 약화시키는 또 하나의 유인으로 작용한다. 출산율 감소를 가속화하는 다른 요소로는 산아제한에 대한 법적 장애의 소멸, 가족계획을 적극적으로 돕는 정책, 피임지식과 기술의 확산, 그리고 이들은 저렴하게 구입할 수 있고 심

녀의 부양을 기대하는 것에 관해서는 A. L. Hermalin and Li-Shou Yang, "Levels of Support from Children in Taiwan: Expectations Versus Reality," *Population and Development Review* 30: 3 (2004).

리적으로도 받아들일 수 있게 되는 변화 등을 들 수 있다.

위의 요인들 중 어떤 것도 그 자체만으로는 고출산율에서 저출산율로의 변천을 야기하지 못한다. 그리고 요인들의 적절한 조합을 결정하는 것은 쉬운 일이 아니다. 왜냐하면, 어떤 조합이 적절한가는 해당 사회의 많은 특성들에 의해 좌우되기 때문이다. 위에서 논의하였던 요인들은 의료와 보건서비스의 개선, 경제발전, 사회적 변화(가치관의 변화, 여성의 자유화, 행동의 세속화 등) 등 본질적으로 사회적 발전의 모든 측면을 가능하게 만든다. 어떤 하나의 양상도 변화에 영향을 미칠 수는 없으며, 각각 국가는 적당한 혼합을 찾아야만 한다.

그럼에도 불구하고 어떤 형태의 개입은 더 단순하거나 또는 다른 것보다 더 잘 갖추어져 있어서 정책수단이 되기에 용이하다. 예를 들어, 1950년대 이래로 가족계획은 가장 선호되는 접근법이었고, 일반적으로 말해서 출산율은 가족계획 서비스의 적절한 연결망이 없이는 쉽게 감소하지 않을 것으로 여겨졌다.[32] 오늘날 이런 종류의 개입을 정치적으로 허용하는 것은 당연한 일로 생각되지만, 과거에 언제나 그랬던 것은 아니다. 1950년대와 1960년대에 가족계획 프로그램은 종종 지나치게 순진하고 엉성하게 도입되었는데, 그래서인지 빈곤세계의 여러 곳에서 반대에 부딪혔다. 예를 들어, 사회주의 정치체제와 이념을 추구한 국가들에서는 경제발전이 자연적으로 산아제한으로 연결될 것이라는 주장이 많았다. 민족주의자에 의해 통치되고 있는 국가들은 인구증가를 통해 국력을 강화하는 것을 산아제한정책이 막는다고 여겼다. 또 이러한 정책은 종교적 근본주의가 중요한 역할을 하고 있는 국가에서는 도덕적 이유로 받아들여지지 않았다. 부국들, 특히 미국이 보인 이 정책에 대한 지지는 –종종 애매한 동기에 의해 이루어졌는데– 자

32) 사실 이것은 오직 개발도상국에만 적용되는 것이다. 서구에서는 출산율 변천의 거의 대부분이 중절성교와 같은 전통적 수단에 의해 일어났다. 실제로 대부분의 서구 국가들에서는 산아제한 방법의 보급과 전파가 제2차 세계대전 후까지도 불법이었다.

본주의적 제국주의의 정교한 형태로 간주되었다. 1974년 부쿠레슈티에서 열린 유엔세계인구회의(United Nations World Population Conference)[33] –각국의 공식대표만 참석하는 회의이다– 에서 중국, 알제리, 브라질, 아르헨티나는 다른 많은 국가들을 대표해서 인구증가율을 낮추려는 정책에 대해 반대를 표하였다. 이와 반대로 많은 아시아 국가들, 특히 인도 아(亞)대륙에 속한 국가들은 이런 정책에 동의하였다. 이 회의에서 사용된 표어 중 인상적인 것이 있는데, 그것은 바로 '발전이 최고의 산아제한'이라는 것이었다. 10년이 지난 후 멕시코시티에서 다시 유엔회의가 열렸는데,[34] 이러한 반대 입장은 종적을 감추었다. 모든 참가국들이 인구증가가 구체적인 정책을 통해 억제되어야 한다고 동의하였고, 그 정책이 다른 발전정책과는 연관될 필요가 없다고 주장하였다. 1994년 카이로에서 열린 유엔인구발전회의(United Nations Conference on Population and Development)에서 위의 주장은 재확인되었고 만장일치로 지지를 받았다.[35]

인구정책(가족계획 프로그램이라는 제한된 의미로서의)의 결과는 어떠하였는가? (우리는 일단 강압적인 정책을 사용하고 있는 중국의 특별한 경우는 논의에서 제외할 것이다.) 이 질문에 대한 답은 출산율 감소와 인구증가 감속을 목표로 하는 미래 정책에 대해 중요한 시사점을 갖는다. 전통적인 관점에 따르면, 빈국들에서 출산율에 다양한 차이가 발생하는 중요한 이유는 많은 여성들이 산아제한을 하기 원하지만 실제로는 그렇게 할 수 없기 때문이다. 이들은 피임법의 존재를 모르거나, 피임도구를 구할 수 없거나, 피임도구의 사용에 제한(어떤 경우에는 피임도구의 가격이 비싸서)이 있기 때문이다. 피임도구를 쉽게 구할 수 있다면(피임에 대한 '채워지지 않는 욕구'를 충족시킨다고

33) United Nations, *Report of the United Nations World Population Conference* (New York, 1975).
34) United Nations, *Report of the International Conference on Population, 1984* (New York, 1984).
35) United Nations, International Conference on Population and Development, *Programme of Action* (Cairo, 1994). 1994년 이후 국제적 행동에 관해서는, United Nations, *Review and Appraisal of the Progress Made in Achieving the Goals and Objectives of the Programme of Action on International Conference on Population and Development* (New York, 2004).

종종 표현된다), 출산율의 감소는 가속화될 것이다. 이런 욕구를 충족시키는 것이 인구정책의 목표이고, 실제로 지난 수십 년간 어느 정도 이 목표가 달성되어 왔다.[36] '채워지지 않는 욕구'의 존재는 임신 가운데 일정한 비율이 원치 않는 임신이거나 또는 시기적으로 좋지 못한 때의 임신이며, 피임도구를 사용하지 않은 여성 중 일부는 임신을 피하거나 미루고자 한다는 사실을 통해 확인된다.[37] 가족계획 프로그램의 역할은 [그림 5-9]를 통해 평가할 수 있다. 이 그림은 1960~1965년과 1990년 사이의 평균적 출산율(*TFR*) 감소에 따라 88개의 빈국들을 분류한 것이다. 출산율 감소는 다음의 두 변수에 의존한다. (1) 발전지수(1985년을 기준으로 교육, 사망률, 소득, 직업, 도시화 등 다양한 지수를 종합한 것), (2) 1982~1989년의 가족계획 프로그램 성과에 대한 지수(정책수단, 자원, '무대설치', 서비스, 기록, 산아제한 물품과 서비스의 공급 등 다양한 요인에 기반하여 도출한 것).[38] 그 결과는 예상하였던 대로이다. 출산율이 가장 크게 감소한 모습은 위 두 지수가 모두 상위 또는 중위에 속하는 국가들에서 나타났다. 반대로 발전수준이 낮고 프로그램이 약하거나 존재하지 않는 국가에서는 출산율이 높게 유지되었다. 이보다 예측하기 어려웠던 결과는, 상대적으로 높은 발전수준을 보였지만 가족계획 프로그램이 많이 부족한 경우 출산율 감소가 최소치를 나타냈다는 것이다. 적절한 프로그램이 없을 경우에 발전은 출산율 감소과정을 더디게 만드는 반면, 두 요소가 공동으로 작용하면 감소의 속도가 빨라진다. 가족계획 프로그램이 출산율 감소에 미친 발전의 '순'영향을 측정하는 데에는 많은 어려움이 따른다. 그리고 그 결과는 순영향이 거의 없는 경우부터 거의 절반에 이르는 경우까지 다양하게

36) J. Bonggarts, "The Role of Family Planning Programs in Contemporary Fertility Transition," Working Paper, no. 71 (Population Council, New York, 1995).

37) 채워지지 않는 욕구에 관해서는, J. Bonggarts and J. Bruce, "The Causes of Unmet Need for Contraception and the Social Content of Services," Working Paper, no. 69 (Population Council, New York, 1994); C. F. Westoff and A. Bankole, "Unmet Need: 1990-94," *DHS Comparative Studies*, no. 16 (Macro International, Calverton, MD, 1995).

38) P. W. Mauldin and J. A. Ross, "Family Planning Programs: Efforts and Results," *Studies in Family Planning* 22:6 (1991).

그림 5-9 1985년 발전수준과 1982~1989년 평균 프로그램 노력수준으로 측정한 합계출산율의 절대적 감소치(1960~1965년에서 1990년까지)

발전지수 \ 프로그램 노력	강	온건	약	매우 약하거나 없음
상	5 ●●●• (−3.5)	7 ●●● (−2.9)	5 ●● (−2.9)	2 ●●• (−2.3)
중상	4 ●●●• (−3.1)	8 ●●● (−2.6)	10 ●● (−2.0)	2 • (−0.3)
중하	1 ●• (−1.6)	2 ●●• (−2.1)	15 • (−0.5)	6 • (−0.6)
하		2 • (−0.7)	13 (0)	7 (0)

● = 1 • = 0.1

주: 각 네모에는 숫자들이 들어 있음. 1960~1965년과 1990년 사이를 기준으로, 위의 숫자는 국가의 수를 말하며 아래 괄호 안의 숫자는 *TFR*(여성 1인당 평균자녀수)의 감소치를 말함.

나타난다.[39]

전통적인 관점을 지지하는 더욱 단순한 주장에 따르면, 출산율이 높은 지역에서는 피임의 확산 정도(피임도구를 사용하고 있는 가임여성의 비율)가 낮고, 그 반대 지역에서는 높게 나타난다. 그리고 이 변수들의 긴밀한 상관성은 [그림 5-10] (c)(1980년대 후반과 1990년대 초반 44개 개발도상국을 대상으로 한

39) J. Bonggarts, *The Fertility Impact of Family Planning Programs* (Population Council, New York, 1993).

그림 5-10 1980년대 말 44개국을 대상으로 한 여성 1인당 평균자녀수(*TFR*)와 원치 않은 출산비율의 관계

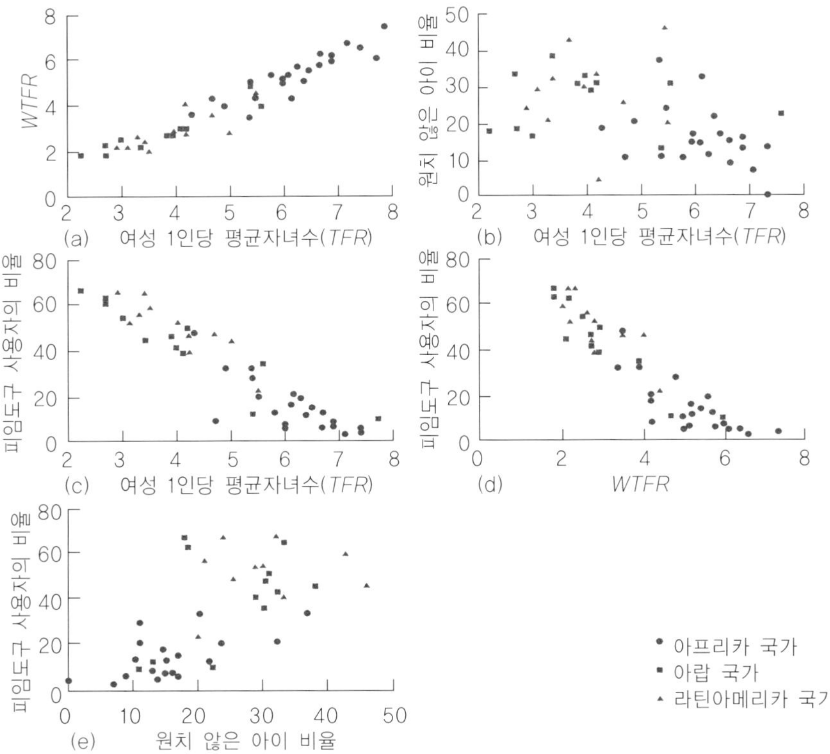

주: 아프리카 국가: 보츠와나, 부르키나파소, 부룬디, 카메룬, 가나, 케냐, 라이베리아, 마다가스카르, 말라위, 말리, 나미비아, 나이지리아, 르완다, 세네갈, 수단, 탄자니아, 토고, 우간다, 잠비아, 짐바브웨.
아랍 국가: 방글라데시, 이집트, 인도네시아, 요르단, 모로코, 파키스탄, 필리핀, 스리랑카, 태국, 튀니지, 터키, 예멘.
라틴아메리카 국가: 볼리비아, 브라질, 콜롬비아, 도미니카공화국, 에콰도르, 엘살바도르, 과테말라, 멕시코, 파라과이, 페루, 트리니다드토바고.
TFR = 합계출산율(Total Fertility Rate).
WTFR = 소망합계출산율(Wanted Total Fertility Rate).
피임비율 = 15~49세 여성 중 피임법을 사용하고 있는 자의 비율.
불회망비율 = (*TFR*-*WTFR*)/*TFR*의 비율.

인구보건서베이(DHS)를 기반으로 한다)에 나타나 있다.[40] 피임도구의 공급을 증가시키는 정책이 시행되면 피임은 확산될 것이고, 이에 비례해서 출산율이 감소될 것이다. 하지만 이런 종류의 주장은 부모가 아이를 학교에 보내려 하지 않거나 교사들이 부족할 수도 있는 상황 등은 상관하지 않고 "새로운 학교의 건설은 초등교육의 확산을 초래할 것이다"라고 말하는 것과 비슷하다. 출산율의 경우 피임도구는 오직 욕망과 열망을 현실화시켜 줄 수 있는 도구로서의 기능만 할 뿐이다.

전통적인 '공급측'의 관점과 대칭을 이루는 접근법은 대신에 '수요'에 초점을 맞춘다. 여기서 수요란 부모가 아이를 실제로 원하는 것을 일컫는다.[41] 간단히 말해서 이 이론은 출산율이 여성 또는 부부의 욕망에 의해 결정된다고 주장한다. 높은 출산율을 갖고 있는 인구집단에서는 아이에 대한 수요도 높게 나타난다. 심지어 가족계획 프로그램 서비스가 널리 공급되고 효율적으로 운영된다고 하더라도, 이들은 별로 사용되지 않을 것이며 출산율은 높게 유지될 것이다. 이러한 상황은 특히 사하라 이남의 국가들과 이슬람 국가들에서 자주 발생한다. 이와 반대로, 아이에 대한 낮은 수요는 심지어 가족계획 프로그램이 존재하지 않는 경우에도 낮은 출산율과 함께 나타난다. 사실 서구 국가들에서는 가족계획에 적대적인 법안이 제정되고 피임수단의 공급이 제한되었음에도 불구하고(1950년대와 1960년대까지 많은 국가에서 피임약 광고가 법적으로 금지되었다), 출산율이 1960년대까지 감소를 보였다. 따라서 출산율의 수준은 동기, 기대, 욕망에 의해 좌우된다. 이러한 것들이 변하면 출산율도 변하는 것이다. [그림 5-10]은 이런 관점을 지지하는 근거를 보여 준다. 사실 우리가 이야기하였던 [그림 5-10] (c)는 출산율과 피

40) 44개국 중 21개국은 아프리카의 사하라사막 이남에 있고, 12개국은 아시아와 북아프리카에, 그리고 11개국은 라틴아메리카에 있다. 최초의 조사는 1986년에, 그리고 가장 최근의 조사는 1994년에 시행되었다. DHS, *Newsletter* 7:2 (1995), 12쪽 참조.

41) 전통적 관점에 대한 신랄한 비판과 수요지향적인 접근에 관해서는 다음 문헌을 참조하라. L. H. Pritchett, "Desired Fertility and the Impact of Population Policies," *Population and Development Review* 20:1 (1994).

임약 보급 사이의 밀접한 역관계를 나타낸다. 그러나 동일한 관계가 바라던 출산과 피임수단 보급 사이에 존재할 수도 있다([그림 5-10] (d)).[42] 두 그림이 유사한 모습을 보인 것은 실제 출산과 원했던 출산 사이의 관련성이 아주 높다는 것을 시사하는데, 이는 [그림 5-10] (a)에 잘 나타나고 있다. 다시 말해, 실제 출산율의 변동은 바라던 출산의 비율로써 거의 완벽하게 설명될 수 있는 것이다. 출산율이 높으면 원하였던 출산율도 높은 것이다. [그림 5-10] (b)와 [그림 5-10] (e)는 더욱 흥미롭다. [그림 5-10] (b)에서는 실제 출산율을 원치 않던 출산의 비율과 비교하고 있다.[43] 그림에서 알 수 있듯이 두 변수 사이에는 상관관계가 존재하지 않는다. 출산율이 감소하여 소가족이 표준이 되는 과정이 전개되는 동안에 원치 않던 출산의 감소가 동반하여 발생하지 않는다. 반대로, 원치 않던 출산율은 출산율 변천의 중간 단계에서는 증가하는 듯 보인다. 이와 비슷한 모습이 원치 않던 출산율의 비율과 피임도구의 보급을 비교한 [그림 5-10] (e)에서도 발견된다. 혹자는 피임도구의 보급이 증가하면 원치 않는 출산이 당연히 줄어들 것이라고 생각하지만, 실제로는 그렇지 않다. 한 연구에 따르면 출산율의 국가별 차이(욕망이 일정할 때)는 피임도구 보급의 변동에 의해서는 거의 설명하기 어렵다고(1~2%만 설명됨)

42) 피임법의 확산은 피임을 하고 있는 15~49세의 기혼여성의 비율로 정의된다. 원하였던 출산(*WTFR*)은 이상적이지는 않지만 '희망출산'의 개념과 비슷하다. 이는 DHS조사 질문의 답에 근거하여 평가될 수 있다. "만약 당신이 자녀를 한 명도 낳지 않았던 시기로 되돌아가서 당신의 생애동안 낳을 자녀수를 정확하게 선택할 수 있다면, 몇 명을 낳을 것인가?" 실제 자녀수에서 희망하였던 자녀수 초과분을 제하면, 여성의 희망을 넘은 자녀수(*DTFR*)를 구할 수 있다. 희망출산율에 대한 이 질문의 답은 어머니의 과거 행동에 대한 합리화에 의해 영향을 받는 것이 분명하다. 대신 원하였던 출산율은 미래 출산에 대한 희망에 관한 질문의 답을 통해 간접적으로 계산할 수 있다. 이 답은 미래를 나타내는 것으로 과거를 의미하지는 않고 사후의 합리화에 치우치지 않는다. 또 다른 아이를 원하는 여성의 과거 출산은 원하였던 것으로 분류되어서 다른 적응과 함께 원하였던 출산율(*WTFR*)의 총수로 측정된다. 희망출산에 관해서는 C. Westoff, "Reproductive Preferences: A Comparative View," *Demographic and Health Surveys, Comparative Studies*, no. 3 (IRD/Macro System, Columbia, MD, 1991). 원하였던 출산의 개념에 대해서는, J. Bonggarts, "The Measurement of Wanted Fertility," *Population and Development Review* 16:3 (1990). 다양한 측정에 관한 논쟁에 대해서는, Pritchett, "Desired Fertility."

43) $(TFR\text{-}WTFR)/TFR \times 100$으로 정의된다.

한다.[44]

정리해 보자면, (1) 출산율은 동기와 욕망에 의해 이끌어진다. (2) 피임은 산아제한에 필요한 기술적 수단이지만, 다른 요인들이 일정할 경우 그 효용은 출산율에 거의 영향을 미치지 못하며 원치 않는 출산율을 줄이지 못한다. (3) 출산율을 낮추기 위한 정책은 반드시 '수요'지향적이어서 부부의 경향과 욕망, 동기를 결정짓는 요인에 영향을 주어야만 한다.

이런 논쟁은 정책수립을 위해 더 나은 지침을 제공하는 데 유용하게 쓰여 왔다. 가족계획 프로그램만으로는 그것이 얼마나 잘 기획되어 있든 또는 공격적이든 상관없이 소가족의 규범을 사회에 제대로 정착시키기에 불충분하다는 것이 분명하다. 폴 드므니(Paul Demeny)는 출산력 변천을 결정하는 요인들 중 특별히 중요한 네 가지를 지적하였다. (1) 아이를 기르고 교육시키기 위해 부모가 부담해야 하는 직접적 비용, (2) 부모가 지불하게 되는 아이의 기회비용(즉, 아이 때문에 부부 –주로 여성– 가 포기해야 되는 수입), (3) 가족의 소득에 대해 아이들의 노동력이 기여하는 정도, (4) 다른 보장제도와 비교하여 노후에 자녀들로부터 받을 수 있는 경제적 도움.[45] 그러므로 출산율 감소를 유도하는 정책이란 자녀의 교육과 건강을 포함해서 양육을 부모의 책임으로 놓는 정책, 여성의 노동참여를 장려하는 정책, 어린이에 대해 의무교육을 강제하는 정책, 아동노동을 불법으로 규정하는 정책, 고령자를 위한 공적 및 사적 보험제도를 갖추는 정책 등이다. 이러한 정책들과 균형 잡힌 가족계획 프로그램 및 출산 보건 –이들은 피임수단에 대한 접근성을 높이고, 피임비용을 낮추며, 낙태에 덜 의존하게 한다– 이 연결되어 함께 시행된다면, 낮은 출산율로의 변천을 원활하게 이끌 수 있을 것이다.

44) Pritchett, "Desired Fertility," 15쪽. 대조적인 관점에 대해서는, B. Feyisetan and J. B. Casterline, "Fertility Preferences and Contraceptive Change in Developing Countries," Working Paper, no. 130 (Population Council, New York, 1999).

45) P. Demeny, "Policies Seeking a Reduction of High Fertility," in United Nations, *Population Policies and Programmes* (New York, 1993).

5. 인도와 중국

1980년대 중반이 되면 전 세계의 거의 모든 정부가 공식적으로 어느 정도는 가족계획을 지지하게 되었다. 전 세계 인구의 94%를 차지하고 있는 127개국이 이에 속한다고 유엔은 발표하였다.[46] 하지만 이러한 긍정적인 수치 뒤에는 성공과 실패, 그리고 양자가 혼합된 사례들이 존재하였다. 인도와 중국이 대표적인 경우이고, 또한 이 두 국가는 인구규모의 측면만으로도 우리가 주의를 기울일 가치가 있다. 인도와 중국의 인구를 합치면 개발도상국 전체 인구의 약 절반에 해당한다.

이 두 국가에 대한 인구학적 자료는 [표 5-5]에 정리되어 있으며, 여기에는 별도의 설명이 거의 필요하지 않다. 1950년대 초기부터 21세기가 시작되는 시점까지 중국의 출산율은 3/4만큼 줄어들었고, 인도의 경우에는 약 절반만큼 줄어들었다. 20세기 중반에 인도와 같은 수준이었던 중국의 출생시 기대수명은 이제 인도보다 8년이 더 길다. 오늘날 중국의 출산율은 인구대체출산율 이하로 떨어졌고, 만약 이 수준이 유지된다면 인구는 궁극적으로 줄어들게 될 것이다. 이와는 대조적으로 인도의 출산율은 –중국에 비해 여성 1인당 1.4명이 많다– 급속한 인구증가가 지속되도록 보장하고 있다.

이러한 커다란 차이점을 이해하기 위해서 우리는 이 두 국가가 받아들인 인구정책과 그로 인한 결과를 반드시 살펴보아야 한다. 인도 정부는 1952년부터 인구증가를 늦추는 정책을 추구하였다. 처음 두 번의 5개년계획(1951~1956년과 1956~1961년) 동안에는 가족계획센터의 창설을 추진하였다. 제5차 5개년계획(1971~1976년)에서는 1984년까지 조사망률을 1,000명당 25까지 낮추도록 목표가 설정되었다(1980~1985년의 출산율이 10%포인트 더 높았으므로, 분명 이 목표는 달성되지 못하였다).[47] 성과는 거의 없었고 출산율의 감소는 미

46) "Law and Policies Affecting Fertility: A Decade of Change," *Population Report*, series E (1984. 11), E-117쪽.

47) A. Mitra, "National Population Policy in Relation to National Programming in India,"

표 5-5 인도와 중국의 인구지수들, 1950~2005년

연도	인구(100만 명)		15세 이하 인구비율(%)		기간	연간 증가율(%)		여성 1인당 자녀수		출생시 기대수명	
	인도	중국	인도	중국		인도	중국	인도	중국	인도	중국
1950	358	555	38.9	33.6							
1955	395	609	39.0	37.1	1950~1955	2.00	1.87	5.97	6.22	38.7	40.8
1960	442	657	39.8	38.9	1955~1960	2.26	1.53	5.92	5.59	42.6	44.6
1965	495	729	40.4	40.2	1960~1965	2.26	2.07	5.81	5.72	45.5	49.5
1970	555	831	40.4	39.7	1965~1970	2.28	2.61	5.69	6.06	48.0	59.6
1975	621	928	39.8	39.5	1970~1975	2.24	2.21	5.43	4.86	50.3	63.2
1980	689	999	38.5	36.5	1975~1980	2.08	1.48	4.83	3.32	52.9	65.3
1985	768	1,070	37.5	30.3	1980~1985	2.17	1.38	4.47	2.55	54.9	66.6
1990	849	1,155	37.4	27.7	1985~1990	2.01	1.53	4.07	2.46	57.6	67.1
1995	936	1,219	35.4	26.5	1990~1995	1.95	1.08	3.56	1.92	60.3	68.4
2000	1,021	1,274	33.3	24.9	1995~2000	1.74	0.88	3.32	1.8	61.5	69.7
2005	1,103	1,316	32.1	21.4	2000~2005	1.55	0.65	3.07	1.7	63.1	71.5
2005 (1950=100)	308	237	83	64	2000~2005 (1950~1955=100)	77	35	51	27	163	175

자료: United Nations, *World Population Prospects. The 2004 Revision* (New York, 2005).

미하였다. 1970년에는 여성이 가임연령인 부부 중 산아제한을 하는 비율이 14%로 매우 낮은 수치를 기록하였다. 남성과 여성 모두가 가장 많이 사용한 방법은 불임수술이었다.[48] 산아제한이 성공한 사례는 몇몇 주와 상위계층과 도시거주자 등으로 한정되었다. 이러한 아쉬운 결과는 불충분한 투자 탓이기도 하였지만, 다양한 언어, 종교, 관습이 공존하는 이 국가에서 프로그램의 연속성이 부족하고 프로그램 운영에 어려움이 많았던 탓이기도 하였다. 이런 결과에 직면한 인디라 간디(Indira Gandhi) 정부는 1976년에 이 프로그램의 추진에 박차를 가하기로 결정하였다. 1976년 4월 15일 선언과 함께 정부는 일련의 법안(기존 프로그램을 강화하고 참여자에게 재정적 유인을 늘리는 정책을 포함)을 시행하였고, 각 주에서 셋째 아이를 낳은 후에는 불임수술을 의무화하는 법안을 제정하도록 독려하였다(오직 마하라스트라(Maharastra)주인도의 서해안에 위치-역자 주에서만 이런 법안이 통과되었으며 실제로 시행되지도 않았다).[49] 이 강압적인 노선은 격렬한 저항을 낳았는데, 이것이 간디의 의회당(Congress Party)이 1977년 3월 선거에서 패배하게 된 주요 원인 가운데 하나가 되었다.[50] 결과적으로 인도의 프로그램은 커다란 좌절을 맞게 되었다. 1980년에 인디라 간디가 복귀하고 1981년의 인구센서스 결과가 예상치 못한 결과(예상하였던 것보다 인구가 훨씬 많은 것으로 나타남)를 보이자, 인구정책이 재개되었다. 제7차 5개년계획(1986~1990년)은 2000년까지 인구대체수준까지 출산율을 낮추는 것을 목표로 설정하였다. 이 목표는 비현실적이었다. 왜냐하면, 이를 달성하기 위해서는 중국이 1970년대의 예외적이고 다시 반복되기 힘든 조건 속에서 경험하였던 수준으로 출산율을 감소시켜야만 하였기 때문이다. 실제로 2000년에 인도의 출산율은 대체수준보다 50%나 높은 것

Population and Development Review 3 (1977); A. J. Coale, "Population Trends in India and China," *Proceedings of the National Academy of Sciences* 80 (1983), 1759쪽.

48) Mauldin and Segal, "Prevalence of Contraceptive Use," 표 A 3.

49) "National Population Policy: A Statement of the Government of India," *Population and Development Review* 2 (1976).

50) Mitra, "National Population Policy in India," 207쪽.

으로 나타나게 된다. 인도의 계획은 가족계획 프로그램에 더 많은 투자를 요구하였고, 참여자에 대한 재정적 유인을 증가시켜야 하였고, 불임수술의 대폭 증가와 다양한 피임수단 특히 자궁 내 피임기구의 확산이 요구되었으며, 가족계획 서비스와 모자 서비스를 결합하는 것이 필요하였다.[51)]

"30년 동안의 공식적인 가족계획 지원에도 불구하고 인도 정부는 국민 대부분에게 산아제한 프로그램이 적정한 인력에 의해 정기적으로 제공되도록 하는 데 실패하였다. 시기를 달리해서 관할 중앙부처는 … 상이한 피임 방법들을 장려하였고, 또한 조직에 대해서도 일관성 없는 접근법을 시도하였다. 처음에는 현대적인 피임수단이 세계 어느 곳에서도 널리 보급되지 않았다. 이때에 인도는 간디의 원리를 아주 잘 따르는 곳으로 보였는데, 주기적인 성적 절제(주기피임법(rhythm method))가 이 나라의 출산율을 감소시킬 것이라는 희망이 있었다. 그러나 이 희망은 오래지 않아 낙담으로 변하게 되었다. 이후에는 자궁 내 피임기구에 주로 의존하게 되었다. 그러나 보건과 가족계획을 관장하는 조직은 능력이 부족하였다. 이 조직은 기구를 숙달된 솜씨로 삽입하는 능력을 갖추지 못하였고, 적절한 감독도 하지 못하였다. 또한 이 기구의 위험성에 대해 과장되게 기술한 보고서에 적절히 대응하지도, 부작용에 대해 환자를 안심시키지도, 그리고 지속적으로 높은 삽입률과 유지율을 갖도록 유용한 조언을 해 주지도 못하였다. 경구피임약은 다양한 이유로 인도에서 허가되지 않았다." 이것이 인도의 인구상황에 대한 전문가인 앤슬리 콜(Ansley Coale)이 내린 신랄한 평가이다.[52)] 이 프로그램 가운데 어느 정도의 성공을 누린 유일한 부분은 불임수술이다. 1976~1977년의 2년간에 불임수술의 건수는 800만 건으로 극적인 증가를 보였다. 그 직전에는 불임수술이 연평균 200만 건에 불과하였었다. 하지만 간디의 정치적 패

51) United Nations, *Population Policy Briefs: The Current Situation in Developing Countries, 1985* (New York, 1986).
52) Coale, "Population Trends," 1760쪽.

배 이후 불임수술 프로그램은 갑자기 중단되었고, 최근에 이르러서야 불임수술 프로그램이 다시 확대된다는 신호가 나타나게 되었다.

1980년대에는 새로운 전략이 대두했어야 하였다. 그래서 가족계획 프로그램뿐만 아니라 출산율 감소를 촉진하는 사회적 · 경제적 발전의 측면에까지 관심이 모아져야 하였다. 즉, 혼인연령의 증가, 여성 지위의 개선, 여성의 문맹률 감소, 아동생존율의 증가, 빈곤의 완화, 고령층을 위한 보장의 확충 등에 힘을 기울였어야 하였다.[53] 하지만 이러한 좋은 의도들은 거의 효과를 내지 못하였다. 1980년대에는 활용할 수 있는 자원은 증가하였지만, 전문가 대신에 관료주의자의 역할이 강대해지면서 "가족계획과 공중보건의 질이 급속하게 악화되었다."[54] 총리 임기가 끝날 즈음에 라지브 간디(Rajiv Gandhi)는 인도의 인구정책이 실패하였다고 평가하면서 통렬한 비판을 쏟아 냈다. 관료주의적 중앙집권화가 지나친 프로그램 때문에, 아주 다양한 요구가 존재하는 사회가 필요로 하는 유연성을 제공해 주지 못했다고 그는 지적하였다.[55] 최근에는 정부가 좀더 다양한 접근을 시도하려는 것으로 보인다. 즉, 부부들에게 가족계획의 수단에 대해 폭넓은 정보를 제공하였으며, 여러 지역에서 설정되었던 가족계획의 목표치를 없앰으로써 강권에 대한 공포를 없애고자 하였다. 1998~1999년에 행하여진 한 조사 –전국보건가족서베이(National Health Family Survey)– 에 따르면 합계출산율은 2.9명으로, 이 결과는 1992~1993년에 행해진 유사한 조사에서 추정된 3.4명과 대조를 이루었다. 1998~1999년에 10명 중 5명의 여성은 피임을 실시하고 있었는데, 주로 사용

53) United Nations, *Review of Recent Demographic Target-Setting* (New York, 1989), 96~108쪽.

54) D. Banrji, "Population Policies and Programmes in India during the Last Ten Years," in S. N. Singh, M. K. Premi, P. S. Bhatia, and A. Bose, eds., *Population Transition in India*, vol. 1 (B. R. Publishing, New Delhi, 1989), 49쪽.

55) 라지브 간디의 취임연설, IUSSP(International Union for the Scientific Study of Population) 제21차 전체회의, 뉴델리, 1989년 9월 20일. "크게 보면 우리의 가족계획 프로그램은 국가 전역에 걸쳐 대체로 단일화되어 있습니다. 사실상 동일한 정책 패키지가 낮은 인구증가지역과 마찬가지로 높은 인구증가지역에도 보내집니다. … 희망하는 가족규모에 대한 각 부부의 인식, 특히 여성의 인식은 … 공동체나 이웃의 기대와 관습에 의해 가장 크게 영향을 받습니다. 이것이 어떻게 중앙의 정책당국자에 의해 획일적으로 결정될 수 있겠습니까?"

한 방법은 불임수술이었다. 그리고 유통되는 모든 피임수단 가운데 약 4/5는 공공기관을 통해 구하였다. 따라서 정부행동의 불확실한 역할에도 불구하고 새로운 단계에 접어든 것은 분명하였다. 인구가 많고 면적이 독일과 비슷한 안드라 프라데시(Andhra Pradesh)인도 남동부의 주로서 쌀 생산이 주산업임–역자 주에서 1995~1998년의 3년간 *TFR*이 2.25를 기록하였는데, 이는 1971년의 4.1에 비해 크게 감소한 수치였다. 교육수준이 인도 평균보다 낮고 혼인연령의 중앙값이 법적 허용수준을 훨씬 밑도는 15세였음에도 불구하고 이런 결과가 나온 것이다. 출산가능 여성의 약 60%가 피임도구를 사용하였는데, 이는 6년 전 47%에 비해 크게 증가한 것이었다.

2001년의 인구센서스에 따르면, 인도의 인구는 10억 2,700만 명이었고 인구증가율은 1.5%에 이르렀다. 비록 타밀 나두(Tamil Nadu), 케랄라(Kerala), 안드라 프라데시와 같은 남부 지역에서는 출산이 조절되고 있지만(*TFR*이 인구대체출산율과 비슷하거나 낮은 수준), 인도 정부는 국가의 미래 인구에 대해 고민을 하지 않을 수 없다. 최근에 정부는 부부가 자녀를 둘 이상 낳지 않도록 유인을 부여해 왔다. 더 정확하게 말해서, 이 정책은 가난한 연인들 중에서 법적 결혼연령인 21세 이후로 혼인을 미루고 자녀를 둘 이상 갖지 않는 이들, 그리고 둘째 아이를 출산한 후에 불임수술을 받는 부부를 대상으로 삼았다. 인도 정부는 강압적인 정책에 대한 거센 반대를 잘 알고 있기 때문에, 새로운 인구정책은 강권과 강압에 의하지 않을 것이며 "충분한 설명 후 동의를 얻고 민주적 원칙을 따를 것"이라고 강조한다.[56)]

중국 정부의 가족계획 프로그램의 역사는 인도와는 상당히 다르다.[57)]

56) *Populi* 22:4 (1995), 2쪽; East-West Center, "New Survey Finds Fertility Decline in India," *Asia-Pacific Population Policy* 32 (1995. 1~2); International Institute for Population Studies and ORC Macro, *National Health Family Survey (NFHS-2), India, 1998-99* (IIPs, Mumbai, 2000); "India Considers Adopting Family Planning Incentives," *Populi* 22 (2000. 3~4).

57) 중국의 인구정책에 관해서 나는 다음을 이용하였다. M. Aglietti, "La politica di pianificazione familiare in Cina dalla fondazione della Repubblica a oggi," degree thesis in demography, Political Science Faculty, University of Florence, 1986-7. 또한 다음도 참조하라. "Population and Birth Planning in the People's Republic of China," *Population Reports*, series J (1982. 1~2);

1949년 마오쩌둥(毛澤東)은 다음과 같이 선포하였다. "중국의 막대한 인구는 유용한 자산으로 보아야 한다. 인구가 몇 배로 증가한다 하더라도, 이러한 인구증가가 새로 야기하는 문제들은 완벽하게 해결될 수 있다. 해결책은 생산에 있다. … 혁명과 생산은 인구부양의 문제를 해결할 수 있다."[58] 하지만 혁명이 마무리되고 1953년 인구센서스 결과가 공표되자 인구문제에 대한 관심이 나타나기 시작하였다. 1956년에 제8차 당대회에서 저우언라이(周恩來)가 행한 연설에는 다음과 같은 내용이 포함되어 있었다. "우리는 모두 산아제한을 촉진하는 조치를 받아들이는 것이 바람직하다는 데 동의한다. 여성과 아이 모두를 보호하기 위해서, 그리고 국가의 안녕과 번영을 보장할 수 있는 방식으로 어린 세대를 양육하고 교육하기 위해서 이를 행해야 할 것이다."[59] 이 첫 번째 산아제한 프로그램을 운영하기 위해서는 이를 도와줄 조직, 피임도구의 생산, 그리고 국민들에게 산아제한 서비스와 기구의 사용을 장려하는 계획이 필수적이었다. 하지만 인구억제는 1958~1959년의 야심찬 사회경제적 프로그램, 즉 엄청난 생산성 향상을 목표로 삼았던 대약진운동(Great Leap Forward)에 발맞추어 진행되지 못하였다. 그 결과 산아제한 프로그램은 갑자기 중단되었다. 그러나 대약진운동이 실패로 끝나고, 흉작과 기근, 1959~1961년의 높은 사망률을 경험하고 나서 두 번째 캠페인이 시작되었다. 이번 캠페인은 가족계획부가 창설되면서 진행되었으며, 캠페인의 내용 중에는 자궁 내 피임기구의 도입과 늦은 결혼의 장려 등이 포함되어 있었다. 이 캠페인은 문화대혁명(Cultural Revolution)이 발발하면서 중단되었다. 1971년 상황이 정상화되면서 세 번째 캠페인이 시작되었다. 이번 캠페인은 결혼을 늦게 하는 것과 출산간격을 늘리는 것, 자녀수를 줄이는 것 등 3원칙을 토대로 하여 실시되었다. 여성의 경우 늦은 결혼의 기준은 농촌지

J. Banisterm, *China's Changing Population* (Stanford University Press, Stanford, CA, 1987).
58) Aglietti, "La politica," 20쪽.
59) 같은 책, 28쪽.

역에서는 23세였고 도시지역에서는 25세였다. 출산간격을 늘리는 것은 첫 아이와 둘째 아이의 출산에 4년의 공백을 두는 것을 말하였다. 마지막으로 자녀수를 줄이는 것은 도시에서는 2명 이하, 농촌에서는 3명 이하의 자녀만 낳는 것을 의미하였다. 1977년에는 자녀수가 도시와 시골 모두 2명 이하로 하향조정되었다. 1970년대에 이 프로그램이 두드러진 성공을 거둘 수 있었던 데에는 출산할당제의 역할이 컸다. "이 체제에 따르면, 중국 정부는 지방별로 인구의 연간 자연증가율 목표를 수립하기 시작하였다. … 지방정부와 지사는 다시 그들에게 할당된 목표를 출산할당량으로 전환하고, 이 할당량을 자신이 관할하는 현(縣)과 향(鄕)에 분배하였다. 이 과정은 하급단위로 계속 내려가 작업반 수준에 이를 때까지 이어졌다."[60] 이러한 집단 속에서 아이를 낳고자 하는 부부들은 그들이 속한 집단의 수장을 만나서, 이듬해에 어느 부부가 아이를 낳을 자격이 있을지를 결정하였다. 피임을 하고 있는 부부들 중 약 절반이 자궁 내 피임기구를 사용하였고, 약 1/3은 불임수술을 받았으며, 나머지는 다른 피임방법들을 사용하였는데, 이들 중에는 스테로이드를 사용하는 이들도 많았다.[61] 임신중절수술도 확산되었는데, 이 수술은 쉽게 받을 수 있었으며 무료였고 남편의 동의도 필요로 하지 않았다.

마오쩌둥이 사망하고 4인방(四人幇)문화대혁명 기간에 무소불위의 권력을 행사한 네 명의 공산당 지도자들-역자 주이 실권한 이후, 인구정책의 목표는 더욱 명확하고 야심찬 것으로 변하였다. 1979년에 열렸던 제5차 전국인민대표회의 두 번째 회기에서 화궈펑(華國鋒)은 인구증가율을 크게 낮추는 것이 '4대 근대화', 즉 농업, 국방, 공업, 과학기술의 근대화를 성공적으로 이룩하기 위한 필수적 조건이라고 강조하였다. 초기 목표는 자연증가율을 1985년까지 0.5%로 낮추고 2000년까지는 0%로 줄이는 것이었다. 1980년 9월에 화궈펑은 이 목표를 포기하고, 2000년에 인구가 12억을 넘지 않는다는 새 목표를 설정

60) 같은 책, 152~153쪽.
61) "Population and Birth Planning in China," 590쪽.

하였다. 이를 달성하기 위해서 한 부부당 자녀 1명만 허용하는 산아제한정책이 1979년에 수립되었다. 소수민족, 국경지역, 매우 특별한 상황의 부부에게만 예외가 허용되었다. 이 쉽지 않은 목표를 달성하기 위해 일련의 유인책과 억제책이 도입되었다. 가장 주요한 수단은 한자녀인증서의 발급이었다. 지방정부에서 발급한 이 인증서를 보유한 부부는 더 이상 아이를 갖지 않는다고 약속하는 대가로 많은 혜택을 부여받았다. 임금인상과 연금의 상향조정, 넓은 주택, 무상의료 혜택, 자녀의 학교 우선배정 등이 이런 혜택이었다. 이 정책에 협조하지 않고 둘째 또는 셋째 아이까지 낳은 부부들은 임금의 삭감, 기본 권리들의 취소 등 여러 불이익을 감수해야 하였다.[62]

중국의 한자녀정책은 다양한 강도로 시행되었다. 1983년까지는 강압적인 방법을 대규모로 동원하여 정책에 대한 압력을 높였다. 하지만 이에 대한 반대와 저항 때문에 그 기간에는 불확실성이 컸다. 한편으로는 출산율이 증가하였던 시기에 태어났던 여성들 때문에 가임여성의 수가 증가하고 있다는 사실을 자각하게 되면서, 이와 같은 정책을 유지하자는 주장이 등장하였다.[63] 이들은 대약진운동의 재앙에 뒤이은 기간에 출생한 자들로서, 1983~1993년 사이에 21~30세 여성의 인구가 8,000만 명에서 1억 2,500만 명으로 증가하였던 것이다. 다른 한편으로는 인간의 가장 기본적 권리 중 하나를 잃은 사람들이 반대와 저항을 통해 정책의 완화를 주장하였다. 1990년의 인구센서스는 중국의 총인구를 11억 3,400만 명으로 집계하였는데, 이 결과는 중국의 공식적 목표가 쉽게 달성되지 못할 것임을 보여 주었다. 1985년까지 정부정책은 2000년까지 인구가 12억 명을 넘지 않는 것을 목표로 삼고 있었다. 그러나 이 목표는 이후 조금 더 유연하게 '약 12억 정도'로 바뀌었다. 즉, 실제적으로 목표치는 12억 5,000만 명으로 늘어나게 된 것이다. 이 최대

62) Aglietti, "La politica," 217쪽.
63) K. Hardee-Cleaveland and J. Banister, "Fertility Policy and Implementation in China," *Population and Development Review* 14 (1988), 247쪽.

치는 다시 공식적으로 13억으로 개정되었다(유엔의 추계에 따르면 2000년 중반에 중국 인구는 12억 7,500만 명이 되었고, 이 수치는 같은 해의 인구센서스가 도출한 12억 6,500만 명에 아주 가까웠다).[64] 1980년대에는 실제로 정책이 완화되었음을 볼 수 있는 몇몇 사례가 등장하였다. 농촌지역 부부들의 권리가 점차 확장되어서, 첫 아이가 여자인 경우, 특별한 사정(재량에 좌우될 수 있는)에 기초해 허가를 받은 경우, 가족이 멀리 떨어진 곳에 거주하는 경우, 또는 가족이 특별한 속성을 가진 경우에 둘째 아이를 갖는 것이 허용되었다.[65] 1980년대 초반에는 출산율의 감소가 멈췄고, 1985~1987년 사이에는 출산율이 심지어 증가(*TFR*이 2.3에서 2.5로)하였다. 가족계획정책의 필수적 도구인 사회주의 공동체가 붕괴되면서 "간부역량이 약화되고 정책집행에 중요한 경제적 유인책과 억제책의 체제가 허물어지는 결과가 초래되었다."[66] 게다가 경제적 자유화의 전개와 개인적 행동에 대한 공적 조정의 약화는 인구정책의 완전한 수행에 장애물로 작용하였다. 그럼에도 불구하고 1990년대 초에 중국 지도자들은 한자녀정책을 다시 추진하였다. 그들은 기존 규정을 그대로 두면서 실행은 더욱 강화하였다. 전국적 출산율조사에 따르면 합계출산율이 1992년에 1.9인 것으로 나타났는데, 이 수치는 1980년대 평균보다 훨씬 낮은 수준이었다. 정당이 주축이 되어 새롭게 추진한 이 정책이 성공을 거두었다

64) "China's Experience in Population Matters: an Official Statement," *Population and Development Review* 20:2 (1994). 또한 27th Session of the United Nations Population Commission, 1994년 3월 28일, 중국 대표인 펑유(Peng Yu)의 발표문 참조. 이 자료는 또한 인구정책의 공식적 지침을 보여 준다. UN의 상이한 예측(1998년 개정판)들의 중앙값은 2000년에 인구가 12억 7,800만 명에 달할 것이라는 것이었다.

65) Jiali Li, "China's Family Planning Program: How, and How Well, Did it Work?," Population Council, Working Paper, no. 65 (1994). 1983~1988년에 허베이(Hebei)성에서 둘째 또는 그 이상의 아이를 가질 수 있도록 농촌 부부들에게 내준 승인서 표본 중에서, 33%는 첫째 아이가 죽거나 불구가 되었기 때문에 추가적 출산이 허용되었다. 7%는 재혼 때문이었고, 25%는 부부들이 외딴 곳에서 살거나 특별한 사유가 있는 경우(소수인종에 속하거나 둘 중 한 명이 광부이거나 불구인 경우 등)이었고, 14%는 '특별허용'을 받은 경우이었으며, 21%는 가족의 대를 잇기 위해 남아를 원하는 경우이었다.

66) S. Greenhalgh, Z. Chuzhu, and L. Nan, "Restraining Population Growth in Three Chinese Villages," *Population and Development Review* 20:2 (1994), 366쪽.

는 것은 분명한 사실이다. 모든 수준에서 가족계획에 대한 참여가 강화되고 책임소재가 명시화되었으며, 경제적 유인과 처벌이 강화되었고, 고령자보험안이 도입되는 등 여러 변화가 발생하였다.[67] 급속한 경제성장 및 이와 관련된 사회변동이 지속되는 상황은 또한 출산을 둘러싼 기준과 가치관에 영향을 끼침으로써 정책입안자의 임무수행을 도왔다. 현재는 낮은 출산율이 달성된 상태이기 때문에, 강압적이었던 구식 정책은 이제 사라져야 한다고 많은 이들이 주장한다. 오늘날 여러 지방에서 형제나 자매가 없는 젊은이들에게는 한자녀정책에 대해 예외를 허용하고 있다. 즉, 이와 같은 남녀가 혼인을 하면 그들은 2명의 자녀를 낳을 수 있다. 현재의(2005년) 법률에 따르면, 한자녀정책은 중앙정부 직할인 6개 성(省)과 구(區)(여기에는 베이징, 상하이, 톈진 등이 포함된다), 즉 전 인구의 35%를 차지하는 지역에서 엄격하게 시행되고 있다. 첫 아이가 여자이면 둘째 아이를 가질 수 있게 하는 정책은 인구의 54%에 이르는 지역에서 행해지고 있다. 나머지 11%는 소수민족으로 구성된 주변부 인구로, 아이를 둘까지 또는 심지어 셋까지 낳을 수 있다. 만약 이러한 규정이 철저하게 강제된다면, 중국 인구의 합계출산율은 1.5명이 될 것이다. 이 정책이 점차 사라지고 있는 상황을 놓고 볼 때 우리가 고려해야 할 것이 세 가지 있다. 첫째, 낮은 출산율에 대한 선호가 이제는 부부들의 행동 속에 뿌리를 내렸으며, 동시에 강압적인 정책은 젊은 세대의 열망과 생활방식과 충돌할지도 모른다는 것이다. 둘째, 한자녀정책과 뿌리 깊은 남아선호사상이 결합되어 출생시 성비에 심각한 불균형을 초래하였다는 것이다. 현재의 성비는 120으로, 자연적 수준인 105~106과 확연한 차이를 보인다(1982년에는 108이었다). 이런 현상은 성별에 따라 선택적으로 임신중절을 하기 때문에 발생한다. 또한 여아의 영유아사망률이 같은 또래의 남아보다 높게 나타나는 것도 원인이 된다. 이 차이는 다양한 형태의 여아 유기와 차별

67) 같은 자료, 382~389쪽.

때문에 생긴다. 셋째, 매우 낮은 출산율이 연령구조를 바꾸고, 고령화를 가속화시키고, 노인인구를 부양하는 체제를 약화시킨다. 2010년대와 2020년대에는 고령화 추세가 가속화될 것이다. 1950년대와 1960년대에 태어난 많은 연령대가 노인연령에 포함될 것이기 때문이다. 65세를 넘는 인구의 비율이 2000년에는 7%에 불과하였지만 2050년에는 23%로 증가할 것으로 예측된다. 장기적 연금제도가 미비하고 아들에 의한 전통적인 부양체제가 존재하지 않거나 자식이 고령의 부모로부터 멀리 떨어져 사는 상황이 되면, 노인세대의 사회적 부양은 약화될 것이다. 이는 앞으로 수십 년간 폭발적인 문제를 낳을 것이다.[68)]

수많은 문제에도 불구하고 중국의 인구정책은 분명히 아시아의 다른 인구대국들이 근접하지 못할 만큼 성공적으로 목표를 달성하였다. 이 성공에는 다양한 이유가 존재하지만, 아래의 네 가지로 요약할 수 있을 것이다.

1. 중국의 사회전환은 공중보건영역에서 훨씬 빠르고 효율적으로 진행되었다. 그 결과 사망률이 인도보다 훨씬 급속하게 줄어들었으며 이것이 출산율 감소에 유리하게 작용하였다.
2. 중국의 정치체제에서 공산당 지배집단의 권한은 행정적 위계의 전 계층으로 뻗어 내려와 하부의 생산단위까지 이어졌다. 이 체제는 인구정책과 관련된 명령이 빠르게 집행될 수 있도록 만들었다. 효과적인 선전과 교리화가 과업이 완수되는 것을 도왔다.[69)]
3. 효율적인 분배망과 지원망이 구축되었고, 여기서 낙태를 포함한 다양한

68) 최근 중국의 인구추이와 정책추세에 관한 조사들은 다음에서 볼 수 있다. Wang Feng, "Can China Afford to Continue Its One-Child Policy?," *Asia Pacific Issues* 77 (2005. 3); T. Scharping, *Birth Control in China, 1949-2000, Population Policy and Demographic Development* (Routledge Curzon, London and New York, 2003).

69) R. D. Retherford, M. K. Choe, J. Chen, X. Li, and H. Cui, "Fertility in China: How Much Has it really Declined?," *Population and Development Review* 31:1 (2005); N. Riley and R. W. Gardner, *China's Population: A Review of the Literature* (Bowdoin College, Harvard University School of Public Health Cambridge, MA, 1997. 3).

산아제한방법이 사용되었다.

4. 중국 사회는 산아제한을 잘 받아들이는 속성을 지녔을 수도 있다. 중국과 어느 정도 연관성을 갖고 있는 다른 동아시아 국가들은 사회경제적 배경이 다양함에도 불구하고 모두 급속한 출산율 감소를 경험하였다. 일본, 타이완, 한국, 싱가포르, 홍콩 등이 여기에 속한다.[70)]

1950년과 2025년의 중국과 인도의 연령구조가 [그림 5-11] (a)와 (b)에 비교되어 있다(2025년 수치는 UN의 예측에 기초하는데, 덧붙여 말하자면 이 결과는 중국의 목표가 완전하게 달성되지 못하는 것으로 보고 있다). 1950년에는 양국의 연령구조가 유사한 형태를 보였고, 각 연령대에서 중국이 인도보다 많은 인구를 가진 것으로 나타났다. 중국의 인구는 총 5억 5,500만 명이고 인도의 인구는 3억 5,800명으로, 그 차이는 2억 명에 달하였다(55% 더 많음). 2025년 중국의 인구는 35세까지는 각 연령대에서 인도보다 크기가 작을 것이다. 이는 1970년대 이후 중국에서 출산율 감소가 더 급속하게 발생하였기 때문이다(중국의 총인구는 14억 4,100만 명이고, 인도의 총인구는 13억 5,200만 명). 이보다 높은 연령대에서만 중국은 인도보다 많은 인구를 보유할 것이다. 1950~2025년 사이에 인도의 인구는 거의 4배가 될 것이지만, 중국의 인구는 3배 이하로 증가할 것이다. 그리고 2030년에는 인도의 인구가 중국의 인구보다 많아질 것이다.

아시아의 두 거대국가가 걸어온 인구학적 행로에 대해 역사적 평가를 내리기는 너무 이르다. 중국에서 인구증가의 감속화는 1970년대 이래 눈부신 경제발전에 적절한 기여를 하였을 것이다. 그러나 중국은 향후 수십 년 동안 강압적 체제의 정치적 유산뿐 아니라 급속한 고령화의 충격을 흡수할 준비를 해야 할 것이다. 이와 달리 인도의 지속적인 인구증가는 국가의 근대화에 걸림돌이 되었고 많은 사회적 문제들을 악화시켰을 것이다. 비록 경

70) Coale, "Population Trends," 1761쪽.

그림 5-11 연령구조: 1950년과 2025년의 중국(a), 1950년과 2025년의 인도(b)

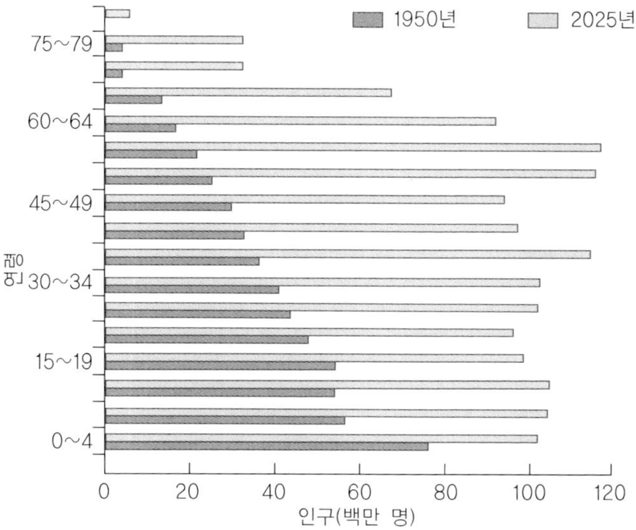

(a) 중국

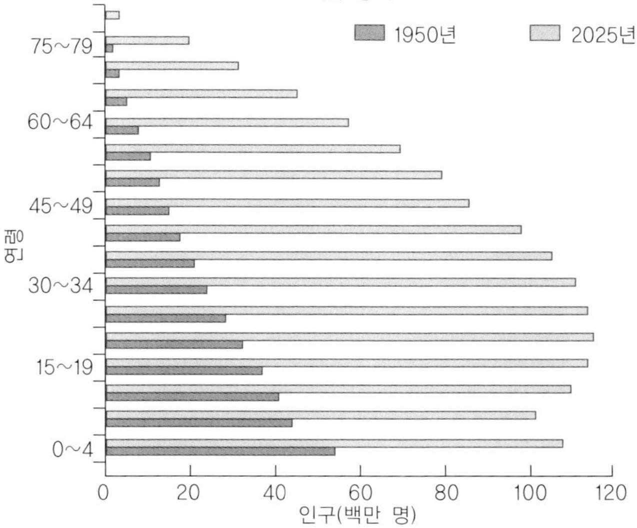

(b) 인도

제성장이 가속화되는 것을 방해하지는 않았고, 연령구조의 급속한 변화가 낳을 충격을 피하게 해 줄 수 있을지 모르지만, 인구증가가 부정적 결과를 초래한 것은 틀림없다.

6. 다산국과 불임국

“광활한 대륙의 열대지방에 다산국(多産國, Fertilia)과 불임국(不姙國, Sterilia)이라는 두 지역이 경계를 맞대고 있다. 이 두 지역은 대체로 온화한 기후의 고지대를 중심으로 하는 농업경제에 주로 의지한다는 공통점을 지닌다. 불임국은 하구가 바다를 향하고 있는데, 이 곳에 주요 도시가 위치하고 있다. 이 곳은 수백 년 동안 해양무역의 중심지로서 과거 식민 본국을 포함한 많은 나라들과 활발하게 교류하였다. 불임국의 인구는 과거 수 차례에 걸친 이주를 통해 특히 해안지대를 중심으로 다양한 인종이 혼합되어 구성되었다. 이와 달리 육지로 둘러싸여 있고 대륙의 안쪽으로 뻗은 다산국은 단일한 인종으로 구성되어 있고 전통문화를 유지하고 있다. 정치적으로는 대지주가 지배집단을 형성하고 있으며, 외부와의 접촉은 최소한으로만 이루어진다. 이 두 국가는 같은 시기에 식민통치에서 벗어났는데, 당시에 양국의 인구는 비슷한 규모였고 또한 유사한 특징을 보였다. 즉, 출산율이 높았고 제어되지 않았으며, 사망률은 서구 기준에서 볼 때는 높았지만 상당히 감소하는 모습을 보였다. 사망률의 감소는 페니실린이 도입되고 식민지시대에 DDT 살포로 인해 말라리아가 근절되었기 때문에 가능하였다. 결과적으로 두 국가 모두 2~3%라는 높은 인구증가율을 보였다. 독립 이후 다산국에서는 대지주들이 지원하는 동맹세력이 권력을 잡게 되었으며, 불임국에서는 상인계급이 주도권을 쥐게 되었다. 무역자유화와 더불어 불임국에서 행해진 최초의 정치적 행동 중 하나는 강력한 가족계획 프로그램이었다. 이 프로그램은 국내 교통 · 통신망을 통해 그리고 외국인 투자의 지원을 받아 전국적으로 확산되었다. 훈련된 인력과 기동력을 갖춘 상담자의 네트워크가 빠르게 구축되었다. 다른 대책으로는 임신중절과 불임수술의 자유화, 피임수단에 대한 보조, 참가자에 대한 유인 등이 있었다. 우리는 이 프로그램이 실제로 출산행동에 커다란 변화를 초래하였는지에 대해 아마도 영원히 판단할 수 없을 것이다. 이 출산행동은 이미 시작에 돌입하려고 하는 인구변천을 따라 발생하였거나, 단순히 변천을 가속화하였다. 어느 경우이든 출산율은 빠르게 감소하였고 곧 인구대체 수준에 도달하였다. 이와 대조적으로, 전통적 성격이 더 강한 다산국의 정부는 근본주의 종교집단들에 의해 영향을 받았고, 외국과의 접촉이나 무역에 거의 노출되지 않은 사람들을 통치하였다. 이 정부는 모든 부부들이 원하는 만큼만 아이를 낳을 수 있는 권리를 존중하라는 유엔의 권고를 형식적으로만 받아들였다. 대규모의 경제원조를 제공하는 과거 식민 본국의 압력에도 불구하고, 정부는 어떤 가족계획정책도 적극적으로 시행하지 않았을 뿐 아니라, 민간의 노력에 의해 고안된 유사한 프로그램들도 모두 거부하였던 것이다. 산아제한의 확산은 느렸고, 독립 후 30년이 지났을 때 다산국의 여성들은 불임국의 여성들보다 평균 2명 많은 자녀를 낳았다.

이 두 정책은 양국의 인구증가와 경제발전에 매우 상이한 영향을 끼쳤다. 인구 측면에서는 서로 다른 증가율과 연령구조를 초래하였다. 독립(불임국에서는 혁명이라고 부른다) 당시에는 인구규모가 양국에서 동일하였으나, 30년이 지난 후 그 비율이 1.4 : 1로 변하였고(당연히 다산국이 높다), 60년이 지난 후에는 2 : 1이 되었다. 불임국에서는 혁명 당시에 15세 이하의 인구가 전체 인구의 42%를 차지하였는데, 이 수치는 30년이 지난 후 27%로 줄어들었고, 60년이 지난 후에는 21%로 줄어들게 되었다(이때의 인구증가율은 거의 0%였다). 이와 반대로 다산국의 경우, 독립 당시에 15세 이하의 인구가 전체 인구에서 차지하는 비중이 불임국과 동일(42%)하였지만, 이후 감소는 더 느리게 나타났다. 30년이 지난 후에는 그 비율이 38%였고, 60년 후에는 30%였던 것이다. 60년이 지난 후에도 인구증가율은 여전히 연평균 1.5%를 기록하였다. 이와 대조적으로 혁명으로부터 60년이 지난 후 65세 이상의 인구가 전체 인구에서 차지하는 비중이 불임국에서 12%로 기록되었는데, 이 수치는 다산국의 2배에 달하는 수준이었다.

경제발전의 차이도 이에 못지않게 뚜렷이 발생하였다. 다산국의 높은 증가율은 노동연령 인구를 4배 증가시켰고, 이에 따라 농업부문에서는 높은 수준의 실업이 발생하였다. 강력한 이주의 흐름은 주로 수도로 향하였고, 수도는 마구 확대되어 가난한 자들이 밀집해 사는 거대도시로 변모하였다. 여전히 가족규모가 큰 상황에서 다산국 평균인의 낮은 소득은 생존을 위한 필수품의 구입에 대부분 쓰였고 저축여력은 거의 없었다. 이는 투자의 감소로 이어져 인구증가를 따라가기에도 버거운 수준이 되었다. 정부가 관리하는 빈약한 재정으로는 기반시설과 서비스를 확충하기에 부족하였다. 특히, 교육의 확산이 매우 느렸다. (느린) 출산율 감소에도 불구하고 5~15세의 학령인구는 60년 동안 3배나 증가하였다. 농업의 느린 발전속도와 높은 도시화율이 동시에 발생하면서 이 나라는 열대작물 수출국에서 식량 순수입국으로 전환되었다. 투자의 부족은 취약하였던 제조업의 발전에 장애가 되었고, 국가는 엄청난 규모의 외채가 누적되는 것을 보게 되었다. 1인당 소득의 증가는 적었고, 빈곤의 경계에 있는 자들과 문맹자들의 절대수는(비율은 아니라 해도) 극적으로 증가하였다.

불임국의 최근 역사는 다산국과 크게 다르다. 출산율의 제약으로 인해서 혁명 이후 60년 동안 불임국의 학령인구는 일정하게 유지되어 왔다(반면 다산국의 학령인구는 3배 증가). 이에 따라 불임국은 교육체제를 크게 확장하고 개선하는 데 공공기금을 사용할 수 있었다. 결과적으로, 노동시장에 참여하는 다음 세대는 다산국에 비해 수는 적었지만 훈련은 더 잘 받았다. 노동력의 효율성이 급속히 증가하였고, 이는 경제의 전통적 부문과 근대적 부문 모두의 발전을 이끌었다. 산아제한은 또한 가족규모의 축소를 야기하였고, 따라서 여성해방이 더욱 급속하게 진행될 수 있었다. 기본적 욕구를 완전히 충족시키고 남은 자원을 개인저축으로 돌릴 수 있는 가능성도 열리게 되었다. 저축의 증가는 인구증가 속도를 능가하는 수준의 투자를 가능하게 하였고, 이로 인해 기반시설의 근대화와 농업생산의 증대, 경제적 분화가 진전되었다. 게다가 연령구조의 변화로 부양률(생산적 인구 100명당 노인과 어린이처럼 생산에 참여하지 않고 있는 사회구성원의 수)은 눈에 띄게 줄어들었고, 이것 역시 경제발전에 긍정적으로 작용하였다. 이와 동일한 과정이 다산국에서는 훨씬 느리게 진행되었다. 낮은 수준의 인구증가와 낮은 수준의 도시화, 그리고 무엇보다도 향상된 농업생산성은 불임국이 식량의 순수출국으로 남을 수 있게 해 주었고, 이것이 제조업 발전에 필요한 기계류를 구입하는 데 재정적으로 도움이 되었다. 1인당 임금은 급속하게 상승하였고, 혁명으로부터 60년이 지나자 불임국은 인구가 다산국 인구의 절반 수준이 되었고, 국민총생산은 더 높았으며, 생활수준은 주변국에게서 부러움을 살 정도가 되었다."

이상의 글은 필자가 지은 것이긴 하지만, 여기에서와 마찬가지로 전적으로 허구인 두 국가를 내세워 최근 과거를 묘사하고 해석하려 한 어느 역사가의 작업으로부터 도움을 받은 것이기도 하다.[71] 이런 종류의 분석은 제2차 세계대전 이후 수십 년 동안 빈번하게 등장하였다. 이 기간에 개발도상국들의 인구증가율이 급속하게 증가하였는데, 이 때문에 인구증가는 당대의 주요 걱정거리가 되었던 것이다. 다산국과 불임국의 대조는 더 가난한 국가들이 최근 몇십 년간 밟아 온, 또는 그들이 가까운 미래에 밟게 될 행로

71) 필자는 다산국과 불임국의 착안과 이름 모두 유명학자의 논문으로부터 차용하였다. J. E. Meade, "Population Explosion, the Standard of Living and Social Conflicts," *Economic Journal* 77 (1967), 235~255쪽. 다산국과 불임국이라는 두 섬의 사례는 239~242쪽에서 찾을 수 있다. 인구증가와 경제발전 사이의 관계에 대한 예리한 관찰도 여기에 실려 있다. 필자는 표절을 피하기 위해 다산국과 불임국을 대신할 이름을 찾으려 시도하였으나 실패에 그쳤다.

를 잘 묘사해 준다. 위의 분석은 일반적인 추론의 선상에서는 상당히 설득력이 있지만, 그것이 당연시하고 있는 기본적 가정은 설득력이 떨어진다.

첫째 가정은 인구의 급증이 불가피하게 노동과 다른 생산요소의 수확체감을 가져온다는 것이다. 그리고 이에 따라 자본의 희석화가 초래되어 모든 조건이 동일할 경우 빈곤이 증가하게 된다. 이 공식에 따르면, 불임국에서 인구의 저속증가는 분명히 이득이 되는 것이다. 둘째 가정은 소규모 가족의 형성이 저축증가로 이어지며, 이로 인해 투자의 증대가 발생한다는 것이다. 이 가정도 불임국에 유리하다. 셋째 가정은 인구증가의 감속화가 노동력의 효율성을 높이기 때문에 생산성이 증가하게 된다는 것이다. 그리고 넷째 가정에 따르면, 인구크기와 관련된 규모의 요인들은 관련성을 거의 찾아 볼 수 없으며, 그렇기 때문에 증가속도가 더 빨라진 인구에게 이익이 되지 않는다. 이와 유사하게, 인구증가는 기술진보에 어떠한 긍정적 영향도 끼치지 못한다고 가정하였다. 요약해 보면, 인구증가를 제한하는 데 성공하면 이는 반드시 경제발전의 결정적 요인이 된다는 것이다. 따라서 1960년대 또는 1970년대 이후의 인구증가와 경제발전은 역의 관계를 가졌다.

마지막 논점은 위에서 살펴본 내용을 종합한 것이라 볼 수 있는데, 이를 가지고 1차적 테스트를 할 수 있다. 이것은 상당히 조악한 시험으로서, 제4장의 제7절에서 서구 국가를 대상으로 행하였던 것과 유사하다. 거기서 우리는 28개 빈국을 놓고 인구증가율과 1인당 소득을 비교하였었다.[72] 필자는 앞에서 이런 시험과 관련한 주의사항을 이미 자세하게 서술하였으므로, 여기서 이를 다시 상기할 필요는 느끼지 않는다.

[그림 5-12]는 1970~2000년까지 인구증가율과 1인당 GNP증가율의 관계를 나타내고 있다. 이보다 앞선 시기를 대상으로 한 작업에서와는 달리, 여기에서는 두 변수 사이에 역의 상관성이 상대적으로 강하게 나타난다. [그림 5-13]에는 1950~1975년의 인구증가율이 1975~2000년의 GNP증가율에 대비하

72) 이 국가들의 목록을 보기 위해서는 [그림 5-14]를 참조하라.

그림 5-12 28개 주요 저개발국들의 연간 인구증가율과 1인당 GNP, 1975~2000년

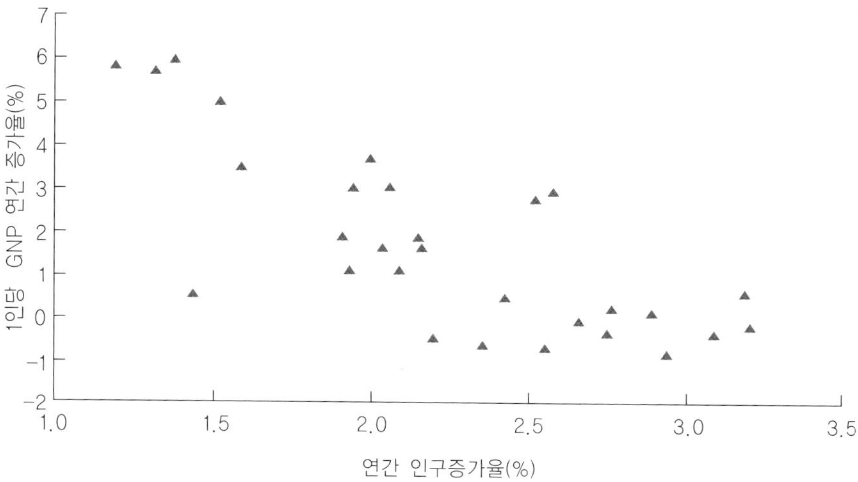

그림 5-13 28개 주요 저개발국들의 연간 인구증가율(1950~1975년)과 1인당 GNP 변화율(1975~2000년)

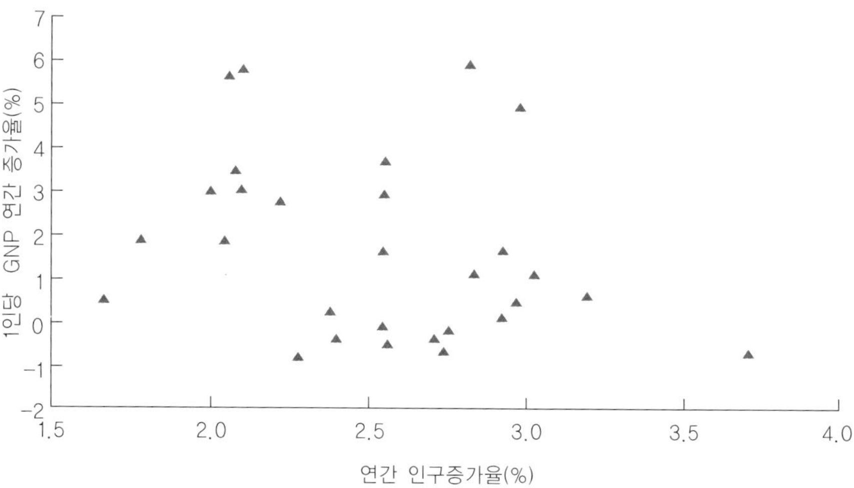

그림 5-14 28개 주요 저개발국들의 1인당 GDP 증가율과 인구증가율, 1950~2000년

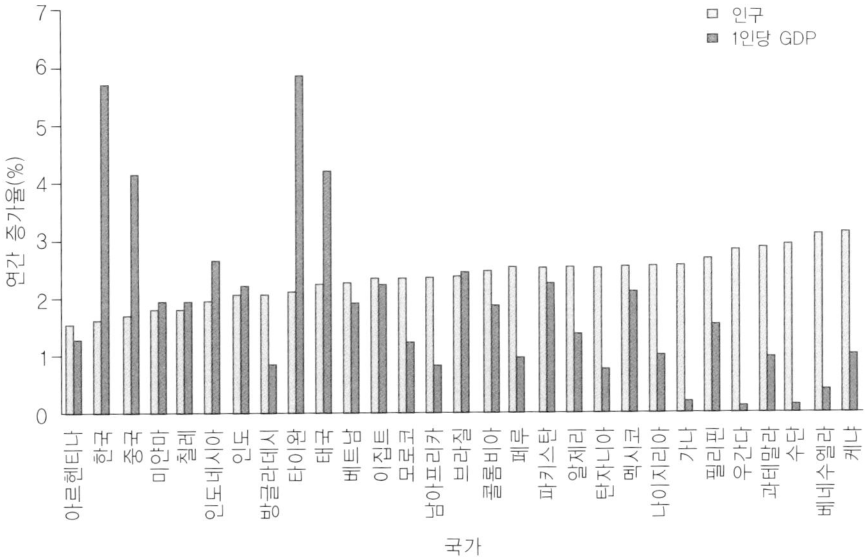

여 묘사되어 있다. 이는 인구증가의 강도가 어느 정도의 시차(출생과 노동활동에 참여하는 시점 간의 대체적 간격인 약 20년)를 두고 GNP 증가에 영향을 준다는 가설을 반영한 것이다. 이 그림에서는 역의 상관성이 훨씬 불분명하다. 즉, 점들이 거의 구름모양으로 분산되어 있어 상관관계가 거의 나타나지 않는다. 마지막으로, [그림 5-14]는 1950~2000년의 인구학적 성과와 경제적 성과를 비교하고 있다. 여기에서는 역의 상관성이 약하게 보인다. 이와 같은 시험들은 인구증가와 발전 사이의 연관성이 서로를 상쇄할지 모르는 일련의 요인들에 의해 흐려지고 있음을 시사한다. 또한 인구증가가 개인의 후생증대에 넘을 수 없는 장애물로 작용하지는 않을 것임을 뜻하기도 한다. 다양하고 복잡한 이유들로 인해 이러한 요인들은 다산국과 불임국에서 나타난 것처럼 아주 명확하게 작동하지 않았다. 이들은 지난 수십 년 동안 가

상의 국가들에서보다 훨씬 덜 분명하게 작동하였다.[73] 필자는 이제 이 문제에 대해 살펴볼 것이다.

7. 역설에 대한 설명

다산국과 불임국의 사례의 밑바탕을 이루는 인구증가와 경제발전 사이의 관계에 대한 표준적 관계를 입증하기 어렵다는 사실([그림 5-12]~[그림 5-14]에서 대략적으로 표시됨)에 대해 논쟁이 적지 않게 있어 왔다. 그 결과 학자들은 이 모형이 기반으로 삼은 이론적 전제에 대해 실증적 입증을 하고자 하였으며, 확증이 부족하다는 점에 대해 설명하고자 노력하였다.[74] 1980년대를 거치면서 인구증가가 반드시 조절되어야 한다는 인식(1984년 멕시코에서 열린 유엔회의)이 보편적으로 받아들여졌다. 또한 출산율 조절은 그 자체로 목표가 되어야 하며, 다른 것에 부수하는 존재로 여겨져서는 안 된다는 주

73) 인구와 발전의 관계에 대한 개관에서, 로버트 카슨(Robert Cassen)은 이렇게 말하였다. "비록 간단한 경제학에서는 더 빠른 인구증가를 경험하는 국가들이 장기적으로 더 낮은 1인당 소득을 보일 것이라고 말하는 듯하다. … 그러나 이론경제학과 계량경제학 모두 지금까지 이 관계를 명쾌하게 밝히지 못하였다." R. Cassen, "Overview," in R. Cassen, ed., *Population and Development: Old Debates, New Conclusions* (Transaction Publishers, New Brunswick, NJ, 1994), 10~11쪽. 앤슬리 콜(Ansley Coale)이 보기에는, 인구증가와 경제성장의 관련성 부족은 인구증가(이민을 제외하고)가 출산율과 사망률의 차로 나타난다는 것과, 그리고 이 두 변수 모두 발전의 변화율과 강한 역관계를 갖고 있다는 진부한 사실 때문에 발생한다. 결과적으로, 동일한 인구증가율이 각기 다른 발전수준에서 발생할 수 있고, 이것이 경제성장의 속도와의 어떠한 가시적인 관계도 희미하게 만들 수 있다. A. Coale, "Population Trends and Economic Development," in J. Menken, ed., *World Population and the U. S. Policy: The Choices Ahead* (W. W. Norton, New York, 1986).

74) 이 주제에 관해서는 많은 논문이 존재한다. 필자는 그 중 범위가 넓고 접근법이 체계적인 몇몇 연구물들을 인용할 것이다. The World Bank, *World Development Report 1984*, 특히 제5장과 제6장; G. McNicoll, "Consequences of Rapid Population Growth: An Overview and Assessment," *Population and Development Review* 10 (1984), 177~740쪽; E. Hammel et al., *Population Growth and Economic Development: Policy Questions* (National Academy Press, Washington, DC, 1986); A. C. Kelley, "Economic Consequences of Population Change in the Third World," *Journal of Economic Literature* 26 (1988), 1685~1728쪽; Cassen, *Population and Development*.

장도 광범위하게 확산되었다. 인구증가와 경제성장 사이에 명확한 관계가 존재한다는 생각에 대해 의문이 생기기 시작한 것도 바로 1980년대였다. 하지만 인구증가를 제한하자는 생각은 실증적 입증과는 별개로 그 자체만으로도 가치 있는 목표로 받아들여졌으므로 위와 같은 상황은 놀라운 것이 아니었다.

문제의 핵심으로 돌아가 보자. 불임국과 비교해서 더 급속하게 증가하는 다산국의 인구는 경제성장을 방해하는 요인으로 간주된다. 이에는 일련의 이유가 존재하는데, 아래 내용은 이를 단순화한 것이다.

1. 노동자 1인당 물리적 자본(즉, 도구와 기계류, 기반시설, 건축물 등의 자본재)의 양은 인구단위가 추가되면서 감소, 즉 '희석화'된다. 그 결과로 1인당 생산성도 감소한다.[75] 불임국에 비해 인구가 빠르게 증가하고 있는 다산국은 이러한 문제에 직면하는데, 만약 투자율(GDP 중 투자의 비율)이 증가한다면 이 문제는 해결될 수 있다. 하지만 이런 증가는 소득 가운데 소비에 지출되는 금액의 비율이 줄어들 경우에만 일어날 수 있으며, 이는 다시 생활수준과 연결되어 있다. [표 5-6]은 여러 국가들을 대상으로 총투자의 GDP 대비 비율과 절대치를 보고하고 있다. 또한 1995~2000년에 추가로 영입될 잠재적 노동자 각각의 1인당 투자액도 보여 주고 있다. 빈국의 경우 추가노동자 각각에 대해 가용한 투자액은 최소치인 방글라데시의 $2,000에서 한국의 $485,000까지 다양하게 나타난다. 그러나 한국의 투자액조차 미국의 수준에는 크게 미치지 못한다. 빈국(특히, 자연증가율이 높은 국가)에서 발생하는 문제는 더욱 심각하다. 앞으로 수십 년 동안 빈국에서 노동력이 부국보다 훨씬 빠르게 증가할 것이기 때문에, 양자의 격차

75) 이 관점 및 뒤에 이어지는 관점들에 대해서는 다음의 고전적 논문을 참조하라. A. J. Coale and E. M. Hoover, *Population Growth and Economic Development in Low-Income Countries* (Princeton University Press, Princeton, NJ, 1958), 19~20쪽.

표 5-6 선택된 저개발국들과 미국의 총투자와 노동가능인구

국가	국내총투자		노동연령인구의 연간 증가 (100만 명, 1995~2000)	잠재적 추가 노동자당 총투자 (천 달러)	노동연령 인구의 증가율 (%, 2000~2010)
	GDP 비율(%)	금액(10억 달러)			
중국	35	369	9.9	37	12.6
인도	25	93.6	13.1	7	21.7
방글라데시	17	5.6	2.41	2	24.0
한국	35	169.8	0.35	485	11.2
태국	41	69.5	0.61	114	11.5
나이지리아	21	6.4	1.63	4	29.6
에티오피아	20	1.3	0.7	2	31.4
이집트	28	19.9	1.09	18	27.5
브라질	20	154.7	2.24	69	16.3
멕시코	21	73.2	1.31	56	20.6
볼리비아	18	1.3	0.14	9	29.8
미국	18	1,384.2	1.87	740	9.8

주: World Bank, United Nations.

를 줄이기 위해서는 빈국이 부국의 투자증가율을 넘어서는 수준으로 투자를 해야만 하기 때문이다. 하지만 노동력의 변동성에 관한 한 저개발국가들의 전망은 상당히 다양하다. [그림 5-15]는 아시아와 아프리카 사하라사막 이남 지역의 1965~1995년 연간 노동력증가율을 1995~2025년 증가율과 비교하고 있다. 대다수 아시아 국가들(a)의 경우 미래의 증가율이 과거 수준을 훨씬 밑도는데, 아프리카 사하라사막 이남 지역의 경우에는 이와는 정반대의 상황이 나타난다. 후자의 경우 가용한 투자액이 노동공급의 가속화(많은 경우 증가율이 연간 3%를 초과한다) 때문에 효과를 발휘하기 어렵지만, 이와 대조적으로 아시아 국가들의 경우에는 노동공급이 감속화할 것이다(많은 국가들에서 증가율이 1% 미만이다).

2. 천연자원 −특히, 토지와 토지의 생산성을 높이기 위해 필요한 물− 이 부

그림 5-15 아시아와 아프리카 사하라사막 이남 지역의 과거와 미래 노동력 증가

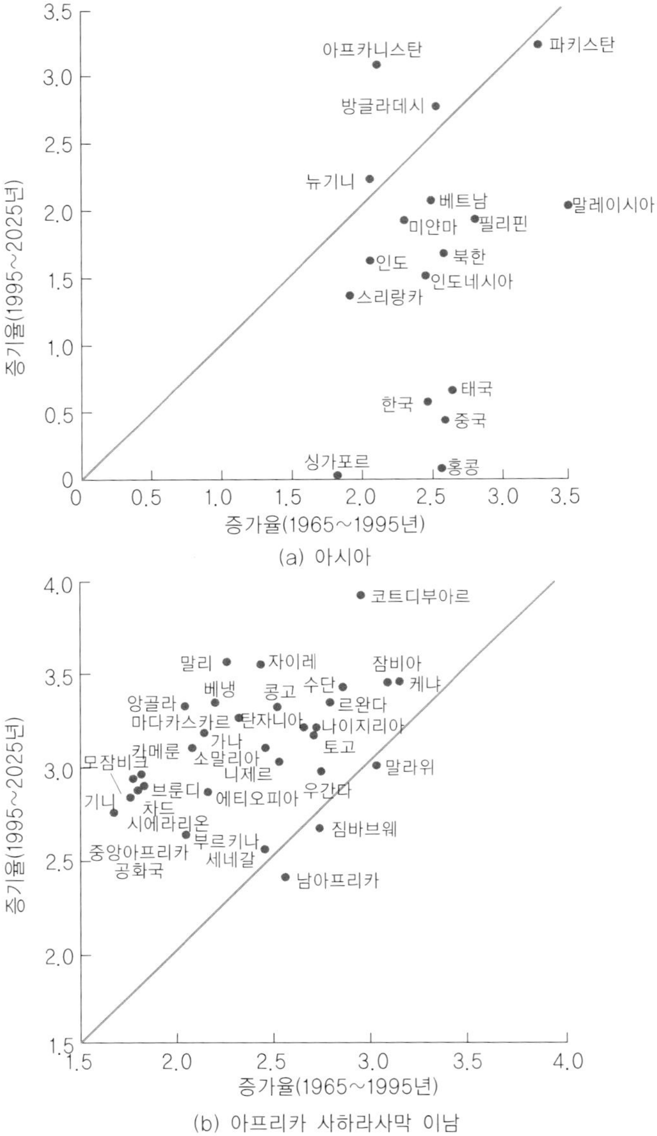

족하거나 비쌀 때, 천연자원은 과도한 인구증가에 의해서도 영향을 받게 된다. 우리가 앞에서 상세하게 살펴본 것처럼(제3장 제1절) 수확체감이 점차로 강하게 작용하게 되기 때문이다. 2000~2010년에 노동가능연령의 농업인구는 많은 아시아 국가에서 지속적으로 급속한 증가를 보일 것이다. 여기에서 말하는 아시아 국가들이란 농업인구의 밀도가 아주 높고, 토지를 갖지 못한 사람이 아주 많으며, 토지소유자들이 평균적으로 작은 면적을 소유하고 있다는 등의 특징을 지니고 있다. 농촌의 인구가 증가하면, "결과는 암울할 것이다. 농부 1인당 경지는 더욱더 감소할 것이다. 그에 따라 노동생산성과 임금은 낮아지고, 농촌의 빈곤문제는 악화될 것이며 불평등은 심화될 것이다."[76]

3. 인적 자원은 사람들의 육체적 효율성과 기술적 효율성에 의해 표현되는데, 물리적 자원에 적용되는 규칙이 인적 자원에도 유사하게 적용된다. 예를 들어, 만약 다산국과 불임국에서 인구변천이 시작되는 시점에 GDP의 동일한 비율을 사회 프로그램(교육뿐만 아니라 공중보건에도)에 투자한다면, 이로 인해 학령인구의 규모차이가 커질 것이다. 그리하여 불임국에서는 이 비율의 증가 없이도 교육이 확대되고 향상될 수 있다. 하지만 다산국에서는 이 비율이 증가할 때에만(이는 자연히 다른 투자나 소비의 희생을 의미한다) 교육의 개선이 발생할 수 있게 된다.[77] 교육의 증가는 발전에 이로운 영향을 미치고, 이 효과는 특히 국민들이 문맹에서 벗어나 기초교육을 받는 상황으로 변천하는 시기에 강하게 나타난다.[78]

4. 급속한 인구증가는 일반적으로 공공지출의 왜곡을 낳기 쉽다. 문맹퇴치

76) J. Bauer, "Demographic Change and Asian Labor Markets in the 1990s," *Population and Development Review* 16 (1990), 631쪽.

77) Coale and Hoover, *Population Growth*, 25쪽.

78) 개발도상국들을 대상으로 한 한 연구에 따르면 노동인구의 평균교육량이 1년 증가할수록 GDP는 9%씩 증가한다. 하지만 이 증가율은 오직 처음 3년의 교육에서만 유지된다. 그 이후에는 추가되는 교육연수마다 증가율이 약 4% 정도로 감소한다. 다음을 참조하라. World Bank, *World Development Report 1991* (Oxford University Press, New York, 1991), 43쪽.

와 공중보건이 통상 공공지출에 있어서 우선적인 위치를 차지하는데, 인구가 급속하게 증가하면 인구증가율이 낮을 때에 비해 전체 예산에서 더 큰 부분을 이 항목으로 할당해야 하게 된다.[79] 고정자본에 대한 투자는 단기 및 중기에 수익성이 좋다고 알려져 있는데, 이런 고정자본에 대해 투자할 여력이 더욱 줄어들게 된다. 따라서 인구가 느리게 증가하는 경우에 비해 성장이 더디게 진행된다.

5. 급속한 인구증가는 가계의 저축을 방해한다. 가계저축은 개인저축의 상당한 부분을 차지하는데, 이는 투자에 쓸 수 있는 자원의 양을 결정한다.[80] 급속한 인구증가는 높은 출산율과 대가족을 의미한다. 결과적으로 가계의 소득은 주로 기본적 욕구를 충족시키는 데 사용되고, 저축을 할 돈은 거의 남지 않게 되는 것이다. 가족당 아이의 수가 줄어들면, 가계의 자원 가운데 저축으로 사용될 수 있는 부분의 비중이 커지게 되고, 따라서 이는 투자로 이어진다. 경제성장과의 연계성은 이렇듯 분명한 것이다.
6. 앞에서 언급한 몇 개의 논점은 인구의 증가(또는 경제의 절대적 규모의 증가)가 규모의 경제라는 긍정적 요인을 창출해 내지 않는다는 것을 말해준다. 달리 말하면, 인구가 많다고 해서 생산요소(천연자원, 자본, 노동)[81]를 사용하기에 더 나은 조건이 창출되는 것은 아니다.

위의 내용(이는 훨씬 더 복잡한 이론들을 단순화한 것이다)을 입증하기 위해서는, 과거 수십 년 동안 인구증가와 경제발전 사이에 역의 관계가 있음을 찾아 내야 한다. 만약 이를 할 수 없다면, 그것은 빈국의 다양한 상황과 폭풍처럼 휘몰아치는 정치적 · 경제적 · 사회적 역사가 위의 메커니즘을 종종 예상치 못한 방식으로 변화시켜 왔기 때문일 것이다.

79) Colale and Hoover, *Population Growth*, 285쪽.
80) 같은 책, 25쪽.
81) 제조업에서 규모의 요인이 거의 나타나지 않는다는 점에 대해서는 다음을 참조하라. National Research Council, *Population Growth*, 52쪽.

빈국의 발전에 중요한 기여를 하는 고정자본 투자를 생각해 보자. 1960~1987년에 산출증가의 약 2/3가 자본투입의 증가에 의한 것으로 나타났다. 이 수치는 노동의 기여분인 1/4이나 총요소생산성, 즉 기술진보의 기여분인 1/7에 비해 월등히 크다. 공업국에서는 같은 기간에 이러한 고정자본의 기여가 훨씬 낮아서, 총성장률의 1/4~1/3에 머물렀다.[82] 모든 조건들이 일정할 때, 인구가 급속히 증가하는 국가에서는 노동자 1인당 자본이 희석화되는 효과가 발생할 것이다.[83] 많은 국가들이, 특히 가장 가난한 국가조차도, GNP 중 투자의 비율을 증가시켜 왔다. 세계은행에 따르면, 저소득국가들은 1970~1993년에 투자의 비중을 20%에서 30%로 늘렸다고 한다.[84] 이러한 방식을 통해, 급속한 인구증가에 의한 자본의 '희석화 효과'가 적어도 부분적으로는 중화된다.

고정적 천연자원, 특히 토지에 관해서 생각해 보자. 농업의 확장은 개발도상국 전체의 농업생산을 인구보다 더 빠르게 증가시킬 수 있게 해 준다. 이는 새로운 토지를 경작하는 것보다는 주로 산출의 증가('녹색혁명') 덕분에 발생한다.[85] 사실 많은 곳에서 녹색혁명 기술이 도입되는 데에 높은 인구밀도가 도움이 되었다. 인구밀도가 높으면 기반시설의 발전과 기술이전이 용이하기 때문이다.[86] 하지만 다른 지역에서는 토지의 부족과 토지의 높은 비

82) The World Bank, *World Development Report 1991* (Oxford University Press, New York, 1991), 45쪽. 또한 다음도 참조하라. E. F. Denison, *Trends in American Economic Growth* (Brookings Institution. Washington, DC, 1985). 이 저자는 1929년과 1982년 사이에 자본축적이 미국 GNP 성장에 기여한 바가 1/5 이하였다고 추정한다. 또한 A. Maddison, *Phases of Capitalism Development* (Oxford University Press, Oxford, 1982), 23~24쪽; Kelley, "Economic Consequences of Population Change," 1704~1705쪽.

83) National Research Council, *Population Growth*, 40~46쪽.

84) The World Bank, *World Development Report 1995* (Oxford University Press, New York, 1995), 표 9.

85) Y. Hayami and V. W. Ruttan, "The Green Revolution: Inducement and Distribution," *Pakistan Development Review* 23 (1984), 38~63쪽; 또한 면적과 수확량의 변화가 곡물생산에 미치는 기여에 대한 추정은 다음을 참조하라. The World Bank, *World Development Report 1993*, 135쪽.

86) P. L. Pingali and H. R. Binswangen, "Population Density and Agriculture Intensification: A Study of the Evolution of Technologies in Tropical Agriculture," in D. G. Johnson and R. D. Lee, eds., *Population Growth and Economic Development* (University of Wisconsin Press,

용이 심각한 장애물로 작용하기도 하였다.[87)]

최근 연구들은 또한 급속한 인구증가가 공공지출의 비율을 변화시킨다는 이론에 의문을 제기하였다. 즉, 고정자본에 대한 투자를 희생하고 대신 '사회적 투자', 특히 교육에 대한 지출의 비중을 늘리게 된다는 주장에 대해 반론을 편다. 일부 연구에 따르면, 빈국의 인구증가는 문자해독력과 교육의 발전에 영향을 미치지 못하였고, 공공지출을 왜곡하여 고정자본에 대한 투자를 축소시키지도 않았다. 가용자원을 더욱 경제적으로 사용(예를 들어, 교사의 봉급제한)함으로써 높은 인구압력에도 불구하고 목표를 실현할 수 있었다.[88)] 1980년 이후 많은 국가가 자원 가운데 교육에 투자하는 비중을 지속적으로 늘렸다.[89)]

저축의 창출에 대해 생각해 보자. 급속하게 증가하는 인구는 확대된 가족규모 때문에 반드시 낮은 저축률을 초래한다는 가정에 대해 이론적 및 실증적 반박이 이루어지고 있다. 몇몇 메커니즘을 통해 이 효과가 중화될 수 있다. 첫 번째로, 가족 내에서 성인의 노동강도가 고정된 상태로 있지 않고 가족규모에 따라 변한다는 것이다. 부양해야 할 아이들의 수가 증가하면 생산활동의 강화가 발생하고(특히, 농촌지역에서), 자원의 증대가 이루어지며, 아마도 저축 역시 늘어날 것이다.[90)] 소농경제에 관한 고전적 연구에서, 차야

Madison, 1987).

87) Kelly, "Economic Consequences of Population Change," 1712~1715쪽.

88) T. P. Schultz, "School Expenditures and Enrollments, 1960-1980: The Effects of Income, Prices and Population Growth," in Johnson and Lee, *Population Growth*. 또한 다음도 참조하라. J. G. Williamson, "Human Capital Deepening, Inequality and Demographic Events along the Asia-Pacific Rim," in N. Ogawa, G. W. Jones, and J. G. Willamson, eds., *Human Resources in Development along the Asia-Pacific Rim* (Oxford University Press, Singapore, 1993); Crook, *Principles of Population*, 203~205쪽.

89) A. Cammelli, "La qualità del capitale umano," in M. Livi-Bacci and F. Veronesi Martuzzi, eds., *Le risorse umane del Mediterraneo* (Il Mulino, Bologna, 1990).

90) 인구증가와 저축 사이의 관계에 대한 정리는 다음을 참조하라. A. Mason, "Saving, Economic Growth, and Demographic Change," *Population and development Review* 14 (1988), 113~144쪽; Kelly, "Economic Consequences of Population Change," 1706~1708쪽; The World Bank, *World Development*, 82~84쪽.

노프(Chayanov)는 제정러시아의 소농가족을 대상으로 노동자 1인당 피부양자의 수와 노동강도 사이에 분명한 관계가 있음을 지적하였다. 가족이 확대되면 노동강도가 증가하며, 가족이 축소되면 노동강도가 약화된다.[91] 두 번째로, 인구가 급증하는 상황에서 노동자(저축을 하는)의 노인 또는 은퇴한 노동자(마이너스의 저축을 하는)에 대한 비율이 증가한다. 그리고 이 효과는 부양해야 할 아이들의 수가 증가하여 저축에 미치게 되는 부정적인 영향을 상쇄하는 경향이 있다.[92] 마지막으로, 빈국에서는 가계저축이 주로 적은 수의 대(大)부호 가계에 의해 이루어지므로, 가계저축은 가족크기에 거의 영향을 받지 않는다. 지금으로서는 인구증가(연령구조나 부양비율 등은 말할 것도 없고)와 저축률의 관계에 대한 수많은 조사가 유의미한 결과를 도출해 내지 못한 상태다. 상반된 힘들이 서로를 중화시키는 것으로 보이고, 또한 불충분한 데이터로 인해 확정적인 결과가 도출되지 못할 수도 있다.[93]

마지막 논점은 이미 언급하였던(제3장 제5절) 규모의 경제에 관한 것이다. 인구증가와 경제발전 사이에 역의 상관성이 존재한다는 가설을 지지하는 이들은 규모의 경제가 존재하지 않거나 최소한 무의미하다고 믿는다. 하지만 다른 이들은 인구증가와 인구밀도의 증가가 경제발전을 위해 필요한 기반시설(특히, 통신과 교통)의 발전을 자극한다고 주장한다.[94] 위에서 언급하였던 것처럼, 많은 국가에서 농업발전과 녹색혁명은 인구밀도의 증가에 의해 방해를 받은 것이 아니라 오히려 도움을 받은 것으로 보인다. 따라서 규모의 요소들은 넓은 의미에서 볼 때 유의미한 긍정적 효과를 가져왔다고 보아도 무방할 것이다. 여기에 한 국가의 지리적 상황, 기후와 생물병리학적 환경, 접근성과 자연적 형태, 1차 자원의 부존상황 등이 인구학적 및 경

91) A. V. Chayanov, *The Theory of Peasant Economy* (Irwin, Homewood, IL, 1966). 더욱 체계적이고 새로운 치료법을 알고 싶다면 다음을 참조하라. J. Simon, *The Economics of Population Growth* (Princeton University Press, Princeton, NJ, 1977), 185~195쪽.

92) National Research Council, *Population Growth*, 43쪽.

93) 같은 책, 43~45쪽; Kelley, "Economic Consequences of Population Change," 1706~1707쪽.

94) Simon, *Economics of Population Growth*, 262~277쪽.

제적 특성과 상호작용을 한다는 사실도 추가해야 한다.[95]

인구와 경제의 관계를 고려하면서 제기된 문제들은 아주 복잡하고 서로 얽혀 있다. 이 문제들은 여러 변수를 포함하는데, 이 변수들 간의 상호작용 그리고 다른 요인들과의 인과관계는 안정적이지도 않고 쉽게 이해하기도 어렵다. 위에서 전개한 논의는 지난 수십 년 동안 인구와 경제 간의 관계의 진화과정이 왜 단순한 이론적 틀에서 벗어나게 되었나를 설명하는 데 도움이 될 수 있다. 외부적 한계에 부딪혔을 때 인간의 인구학적 및 경제적 행동이 얼마나 높은 적응력을 갖는가를 생각해 보면, 이런 행동을 분석의 편의를 위하여 단순한 공식으로 치환하려는 시도는 설 자리를 잃게 된다. 게다가 기술진보는 난해한 과정으로 이루어지기 때문에, 종종 당연한 일로 간주되던 관계들을 무디게 하고, 확장시키며, 또한 왜곡한다.

그럼에도 불구하고 인구증가와 경제발전 사이에 분명하고 직접적인 관계가 쉽게 포착되지 않는다는 사실이, 이런 관계가 존재하지 않는다거나 궁극적으로 측량할 수 없다는 것을 의미하는 것이 아니다. 켈리(A. C. Kelley)가 이 문제에 대해 심층적으로 연구하여 도출한 결론이 적절하다. "많은 개발도상국에서 경제성장(1인당 산출로 측정된다)은 인구가 느리게 증가하는 환경에서 더욱 급속하게 일어났었을 것이다. 비록 여러 국가에서 인구의 영향이 무시할 수준이었고 몇몇 국가에서는 긍정적 영향을 끼쳤을 수도 있을 테지만 말이다. 인구가 부정적인 영향을 끼친 곳은 경작지와 물이 특별히 부족하거나 또는 비싼 곳, 토지와 천연자원에 대한 재산권이 제대로 정의되어 있지 않은 곳, 그리고 정부정책이 가장 풍부한 생산요소인 노동에 대해 편견을 보인 곳에서 아주 쉽게 발생한다. 인구의 긍정적 영향은 천연자원이 풍부한 곳, 규모의 경제가 발생할 가능성이 높은 곳, 그리고 시장과 다른 기

95) 이것들은 너무나 명백해서 자주 잊어버리기 쉬울 정도다. 다음을 보라. J. Sachs, "Tropical Underdevelopment," NBER, Working Paper, no. 8119 (Cambridge, MA, 2001); J. Sachs, *The End of Poverty: How We Can Make it Happen in Our Lifetime* (Penguin, London, 2005).

관들(특히, 정부)이 시간적 및 공간적으로 자원을 효율적인 방법으로 배분하는 곳에서 쉽게 발생한다."[96]

그렇기 때문에 다산국과 불임국이 걸어온 인구학적 행로 사이에서 선택을 해야 한다면, 우리는 보통 불임국을 고르게 될 것이다. 비록 이 선택이 항상 성공적이리라는 보장은 없다는 점을 염두에 두어야 하지만 말이다.

참고문헌

J. Banister, *China's Changing Population* (Stanford University Press, Stanford, CA, 1987).

R. A. Bulatao and R. D. Lee, eds., *Determinants of Fertility in Developing Countries*, 2 vols. (Academic Press, New York, 1983).

J. Casterline, "The Onset and Pace of Fertility Transition: National Patterns in the Second Half of the Twentieth Century," *Population and Development Review*, 26 (1999).

A. J. Coale and E. M. Hoover, *Population Growth and Economic Development in Low-Income Countries* (Princeton University Press, Princeton, NJ, 1958).

K. Davis, *The Population of India and Pakistan* (Russell & Russell, New York, 1968 [1951]).

M. R. Montgomery and B. Cohen, eds., *From Death to Birth: Mortality Decline and Reproductive Change* (National Academy Press, Washington, DC, 1998).

A. Sen, *Poverty and Famines* (Clarendon Press, Oxford, 1981).

96) Kelley, "Economic Consequences of Population Change," 1715쪽. 또한 A. C. Kelley and W. P. McGreevey, "Population and Development in Historical Perspective," in Cassen, *Population and Development*. 발전을 지속하기 위해서 달성해야 되는 인구학적 목표에 관해서는 다음을 참조하라. United Nations, *Population Challenges and Development Goals* (New York, 2005).

WHO, *World Health Report 2000* (Geneva, 2000).

Xizhe Peng, ed., *The Changing Population of China* (Blackwell, Oxford, 2000).

Demography (Population Association of America, Silver Spring, MD)

Genus (Department of Demography, Rome)

Population (INED, Paris)

Population and Development Review (Population Council, New York)

Population Studies (Population Investigation Committee, London)

Chapter 6

미래

1. 인구와 자기조절
2. 미래에 대한 수치들
3. 남북격차와 국제이민
4. 증대된 생존력의 유지가능성
5. 한계점의 이동
6. 새로 부상하는 한계: 자원
7. 새로 부상하는 한계: 환경
8. 계산과 가치

Chapter

미래 6

1. 인구와 자기조절

두 세기 전에 세계인구는 인구학적 질서와 효율성 증대를 달성하려는 과정에서 전례가 없는 증가주기를 시작하였다. 그리고 부국들은 현재 이 주기의 마지막 단계에 이르렀지만, 빈국에서는 여전히 이 주기가 한창 진행중이다. 세계인구는 증기기관을 통한 운송혁명이 일어났을 때 10억 명에 도달하였다. 인구가 20억 명에 도달한 때는 제1차 세계대전 이후로서, 이때는 비행기가 보다 일반적인 교통수단으로 자리잡은 시기였다. 항공우주시대가 개막되었을 때에 인구는 30억 명에 이르렀다. 그 이후에는 이전과 유사한 혁명적 변화 없이도 인구가 1974년에 40억 명, 그리고 1987년에 50억 명에 도달하였다. 1999년도에는 마침내 세계인구가 60억 명이 되었다. 확신에 찬 인구학자들은 세계인구가 70억 명이 되는 것은 2013년이 되어서일 것이며, 80억 명에는 2030년 이내에 도달할 것이라는 데 한 표를 던질 것이다. 현재의 젊은 연령구조와 높은 출산율을 종합해 고려하면, 이러한 수준들이 예상된 시점에 맞추어 쉽게 도달될 것이라고 확신할 수 있다. 이보다 장기의 예측은 확실성이 크게 떨어지며, 이런 예측은 마침내 순수한 수학적 계산의 문제로 변화해 가고 있다. 이런 불확실성이 있다고 해도 우리가 21세기 세계인구의 잠재적 증가에 대해 생각해 보는 것은 큰 의미가 있다.

많은 사람들이 이런 인구증가의 과정을 아주 단단히 압축되어 있는 스프링에 비유한다. 이 스프링은 한 번 충격이 가해지면 축적된 엄청난 힘을 폭발적으로 발산하게 될 것이다. 경제적 관점에서 볼 때, 수확체감은 조만간 반드시 생활수준을 악화시키게 된다. 왜냐하면, 토지와 물, 공기, 광물은 모두 고정되고 한정된 자원이고, 이들은 모두 부분적으로만 대체가 가능하여 결국 성장을 한계점에 이르게 하기 때문이다. 인구증가와 환경악화 사이의 관련도 분명한 듯 보인다. 이는 공업의 확장과정에서 발생하는 공해와 농업, 공업, 주거 및 기타 인간활동의 증가와 관련된 생태적 악화를 보면 알 수 있다. 인구증가는 또한 건강과 사회질서에도 위협이 된다. 식량생산을 무한정 증대시키는 것은 불가능하며, 더 나은 생활수준에 도달하기 위한 개인 간, 집단 간, 민족 간의 경쟁과 갈등은 불가피하기 때문이다.

이와 달리 다른 진영에서는 확대된 인구규모에 적응하는 능력을 인간이 충분히 보유하고 있다고 굳게 확신한다. 이들은 기술진보가 1차 자원을 대체하는 역할을 하며 농업생산의 증가를 가능하게 한다는 점을 강조한다. 이들은 또한 에너지, 1차 자원, 식량 등의 상대가격이 역사적으로 낮은 수준에 있으며, 어쨌든 이들이 희소해지는 상황이 발생하면 시장은 가격을 올려서 이에 반응할 것이라고 말한다. 즉, 이에 따라 기술진보가 촉진되어 생산성이 증가하게 되고 자원의 대체가 가능해질 것으로 예상한다. 생산이 규제되지 않음으로써 발생하는 비용 –인류는 주로 환경악화라는 형태로 이를 부담하고 있다– 에 관해서는, 이런 비용이 '내부화'(internalize)될 수 있다고 인구낙관론자들은 주장한다. 문제를 일으킨 당사자가 비용을 부담하도록 할 수 있다는 것이다. 마지막으로 이들은 세계인구의 물질적 및 경제적 후생이 과학적 · 경제적 진보의 결과로 지속적으로 개선되고 있다고 주장한다. 그리고 이러한 상황이 바뀔지도 모른다는 걱정을 할 이유가 없다고 이들은 말한다.

미래를 예측하는 두 양식 중에서 하나를 선택하는 것은 지극히 어려운 일이다. 우리는 다시 한 번 맬서스 모형으로 돌아가 볼 필요가 있을지 모른다. 그리고 더 급진적인 버전으로 보자면, 대재앙이론과 낙관론 간의 부활이라고 볼 수 있는 논쟁을 다시 생각해 볼 수 있을 것이다. 하지만 이 논쟁 자체는 주요 논점에서 벗어난 측면이 있다. 오히려 앞 장들을 통해 소개하였던 대안적 접근법을 고려하는 것이 문제를 이해하는 데 더 큰 도움이 될 것이다. 필자는 인구의 역사를 제약의 힘과 선택의 힘 간의 연속적 타협점이란 관점에서 설명해 왔다. 제약은 적대적 환경, 질병, 가용한 식량과 에너지의 부족에 의해, 그리고 지금은 환경적 위험에 의해 인간에게 부과되었다. 선택은 혼인과 출산에 대한 전략, 장 · 단거리 이동과 정책에 대한 전략, 질병으로부터의 방어에 대한 전략을 유연하게 짜고 실행함으로써 이루어졌다. 제약의 힘과 선택의 힘 사이의 상호작용은 인구의 균형점을 계속 바꾸었으며, 침체와 퇴보의 단계뿐만 아니라 장기적 성장의 주기도 만들어 냈다. 새 균형을 끊임없이 탐색하는 역동적 과정을 고통과 손실을 최소화하는 자발적인 자기조절의 결과물로 여겨서는 안 된다. 이러한 탐색은 유연한 인구집단에게는 보상을 주지만 유약하고 경직적인 인구집단에게는 처벌을 내리는 방식으로 진행되는, 적응을 위한 지난한 과정으로 보는 것이 옳다. 많은 인구집단이 자기조절에 성공해 왔다. 하지만 다른 인구집단들은 이를 적용하지 못하였거나 너무 늦게 적용하였다. 그 결과 사망률이 증가하고, 인구가 쇠퇴하거나 또는 어떤 경우에는 멸종하는 등의 커다란 비용을 지불해야 하였다. 또 다른 인구집단의 경우에는 잘못된 결정 때문에 인구를 위협하는 대재앙에 대해 방어능력을 상실하기도 하였다.[1)]

미래와 관련하여, 우리는 향후 수십 년 동안 발생할 인구의 수량적 변화

1) 그 사례들은 20세기에서도 찾을 수 있다. 1958~1962년 중국의 대약진운동 시기에 이루어진 강제적 집단화의 처참한 효과(예년에 비해 4년 동안 3,000만 명이 더 사망하였다)를 생각해 보자. 또는 1932~1933년 농촌에서 전개된 집단화로 악화된 것이 분명한 소련의 위기가 낳은 유사한 효과를 고려해 보자. B. Ashton et al., "Famine in China 1956-81," *Population and Development Review* 10 (1984); A. Blum, "Redécouverte de l'histoire de l'URSS (1930-1945)," *Population et Société* 253 (1991. 1); A. Graziosi, ed., *Lettere da Kharkov* (Einaudi, Turin, 1991); M. Livi-Bacci, "On the Human Costs of Collectivization in the USSR," *Population and Development Review* 19:4 (1993); S. Adamets, "Famine in 19th and 20th Century Russia: Mortality by Cause, Age and Gender," in C. Ó Gráda and T. Dyson, eds., *Famine Demography Perspectives from Past and Present* (Oxford University Press, Oxford, 2002).

(그리고 더 장기적인 변화에 대한 예측)에 대해 생각해 보아야 할 것이다. 그리고 더 나아가 인류에게 주어질 '선택'의 메커니즘이 어떤 것일지, 이 메커니즘이 외부적 제약에 대응하기에 적절할지, 그리고 이것이 과거보다 앞으로 더 효율적일지 아닐지에 대해서도 고찰해 보아야 한다.

2. 미래에 대한 수치들

오늘날의 인구가 상당한 추동력(momentum)을 가지고 증가하고 있기 때문에 앞으로 수십 년에 대한 인구예측은 상당히 정확할 것이라고 필자는 이미 말한 바 있다. 예를 들어, 2025년에 20세 이상의 인구는 2005년 이전에 태어난 세대, 달리 말하면 이미 태어났고 인구통계상 집계가 된 이들로 구성될 것이다. 따라서 이 숫자에서 사망자수만 제하고 계산하면 되는데, 사망자수는 시간이 흘러도 상당히 안정적인 수준을 유지한다. 반면에 20세 이하 인구의 크기는 2005~2025년 사이에 태어날 세대의 크기일 것이다. 이 크기는 현재로서는 알 수 없으며, 다음 두 변수의 영향을 받는다. 첫째 변수는 출산가능연령의 인구인데, 이는 파악하기가 어렵지 않다. 향후 20년 동안 출산가능 연령대에 들어설 인구의 대부분은 이미 태어났기 때문이다. 둘째 변수는 출산가능연령 인구의 출산에 대한 성향인데, 이에 대해서는 잘 알려져 있지 않다. 우리는 기껏해야 추측을 할 수 있을 뿐이다.

인구의 추동력은 몇 가지 방법을 통해 측정할 수 있다.[2] 그 중 하나는, 예를 들어 오늘부터 인구집단들이 대체출산율을 받아들인다(그리고 앞으로 이를 포기하지 않는다) ―이렇게 되면 알다시피 인구가 일정한 상태(즉, 증가율 제로)에 이르게 된다― 고 가상하는 것이다. 그리고 동시에 사망률이 고정되

2) National Research Council, *Beyond Six Billion: Forecasting the World Population* (National Academy Press, Washington, DC, 2000).

어 있고 순이주가 0인 상태를 가상하는 것이다. 그럼에도 불구하고 만약 최근까지 어떤 인구집단이 높은 출산율을 기록해서 연령구조가 젊은 층에 치중되어 있다면(개발도상국들이 처한 상황), 일정한 기간 이 집단은 성장을 지속할 것이다. 향후 수십 년 동안 최근에 태어난 많은 사람들이 출산연령에 도달할 것이고, 각각이 적은 수의 아이만을 낳는다고 하더라도 그들의 수 자체가 크기 때문에 출산하는 자녀수는 많을 것이다. 이러한 출산자수는 사망자수를 압도할 것이다. 왜냐하면, 사망은 주로 나이가 많은 사람들, 즉 현재보다 인구가 훨씬 적었던 수십 년 전에 태어난 규모가 작은 세대에 속해 있었던 사람들부터 발생하기 때문이다. 새로운 출생체제에서 태어난 아이들이 출산연령에 가까이 다가갈수록 출산아의 수가 줄어들어 결국 사망자수와 비슷한 수준에 도달하게 될 것이다. 예를 들어, 유엔의 예측(2004년 개정판의 중간변동치)에 따르면, 세계인구는 2000년 61억 명에서 2050년 91억 명으로 증가할 것이라고 한다. 하지만 대체출산율 수준에서도 2000년 이후 세계인구는 여전히 계속 증가하여 2050년에 79억 명에 도달할 것이다. 예측하였던 30억 명의 증가 대신 18억 명이 증가하는 것은 현재의 젊은 연령구조 때문에 발생하는 결과이다.

앞으로 수십 년 동안 인구의 추동력만으로도 여러 인구집단에서 상당한 인구증가가 발생할 것이다. 인구의 추동력만으로 2000~2050년 사이에 북아메리카에서 약 10%의 인구증가, 동아시아에서 23%의 증가, 라틴아메리카와 남아시아에서 42%의 증가, 아프리카에서 50%의 증가를 가져올 것이다. 유럽에서는 이와 달리 나이가 많은 사람 위주로 구성된 연령구조 탓에 인구의 추동력이 인구감소를 초래할 것이다. 중국은 이러한 추동력을 억누르기 위해서 한자녀정책으로 돌아가서 출산율을 인구대체 수준보다 훨씬 낮게 유지해 왔다. 하지만 우리가 알고 있는 것처럼 대다수의 인구집단에서 출산율은 인구대체 수준보다 훨씬 높게 나타나며, 따라서 높은 출산율의 힘이 이 추동력에 더해지게 되어 있다. 유엔은 세계인구의 변화에 대한 정확한

표 6-1 유엔의 추계와 예측에 따른 세계인구와 대륙별 인구, 1950~2050년

지역	1950	1975	2000	2025	2050
			인구(백만 명)		
세계	2,521	4,075	6,057	7,905	9,076
선진국들	813	1,048	1,191	1,249	1,236
저개발국들	1,709	3,026	4,865	6,656	7,840
아프리카	221	406	794	1,344	1,937
북아프리카	172	243	314	388	438
라틴아메리카와 카리브해 연안	167	322	519	697	783
아시아	1,402	2,406	3,672	4,728	5,217
유럽	547	676	729	707	653
오세아니아	13	21	31	41	48
			분포(%)		
세계	100	100	100	100	100
선진국들	32.2	25.7	19.7	15.8	13.6
저개발국들	67.8	74.3	80.3	84.2	86.4
아프리카	8.8	10.0	13.1	17.0	21.3
북아프리카	6.8	6.0	5.2	4.9	4.8
라틴아메리카와 카리브해 연안	6.6	7.9	8.6	8.8	8.6
아시아	55.6	59.0	60.6	59.8	57.5
유럽	21.7	16.6	12.0	8.9	7.2
오세아니아	0.5	0.5	0.5	0.5	0.5
			연간 증가율(%)		
세계		1.9	1.6	1.1	0.6
선진국들		1.0	0.5	0.2	0.0
저개발국들		2.3	1.9	1.3	0.7
아프리카		2.4	2.7	2.1	1.5
북아프리카		1.4	1.0	0.8	0.5
라틴아메리카와 카리브해 연안		2.6	1.9	1.2	0.5
아시아		2.2	1.7	1.0	0.4
유럽		0.8	0.3	−0.1	−0.3
오세아니아		1.9	1.6	1.1	0.6

주: 2025년과 2050년은 중간변동치.
자료: United Nations, *World Population Prospects, The 2004 Revision* (New York, 2005).

예측을 만들고 주기적으로 개정하여 왔다.[3)] [표 6-1]은 과거에 대한 주요 추계결과와 2050년까지의 이른바 중간변동 추정치를 보여 준다. 이 추정치는 가장 가능성이 높다고 여겨지는 미래의 출산율과 사망률 예측에 기초하고 있다. 다시 말하면, 저개발국의 출산율은 계속 감소하게 되어 2000~2005년에 여성 1인당 자녀수가 2.9명이었던 것이 2045~2050년에는 2.07명으로 줄어들 것이며, 출생시의 기대수명은 동일한 기간에 63세에서 74세로 상승할 것이라는 예측에 기반을 둔다. 또 선진국의 경우 출산율이 소폭 회복되어 여성 1인당 자녀수가 1.57명에서 1.84명으로 증가할 것이라는 예측과, 기대수명이 더욱 증가하여 76세에서 82세로 변할 것이라는 예측에 기초한다.

이 전망이 보여 주는 흥미로운 결과들은 다음과 같다.

1. 2013년이 되면 세계인구는 70억 명이 될 것이고, 2027년에는 80억 명, 2048년에는 90억 명에 도달하게 될 것이다.[4)]
2. 세계의 인구증가율은 2000~2005년에 1.21%를 기록하다가, 점차 감소하여 2045~2050년에는 0.38%를 기록할 것이다.
3. 하지만 이러한 증가율의 감소에도 불구하고 인구규모가 아주 크기 때문에, 2000~2005년에 7,700만 명이었던 연간 증가인구의 절대치가 2015~2020년에도 약 7,000만 명에 머물 것이다. 그리고는 점차 감소하여 2040~2050년에는 3,400만 명이 될 것이다.
4. 2050년의 목표인구가 91억 명인 것은 세계 전체의 *TFR*이 2000~2005년 2.65

3) United Nations, *World Population Prospects: The 2002 Revision* (New York, 2003); United Nations, *World Population Prospects: The 2004 Revision* (New York, 2005).

4) 2100년에 대한 확률적 예측들은 W. Lutz, W. C. Sanderson, and S. Scherbov, eds., *The End of World Population Growth in the 21st Century: New Challenges for Human Capital Formation and Sustainable Development* (Earthscan, London and Sterling, VA, 2004)에 의해 만들어졌다. 저자들은 출산율과 생존함수의 가능한 조합에 근거하여 세계 13개 지역에 대해 2,000개의 예측을 실시하였다. 세계인구에 관한 한, 전체 사례 중 60%에서는 2100년에 100억 이하에 머무를 것이며, 86%에서는 2100년 전에 최대치에 도달할 것이라고 예측되었다. 출산율과 사망률의 장기추세가 예측하기 어렵다는 점을 고려한다면, 2300년까지 세계인구의 가능한 변화경로를 찾으려는 시도는 덜 흥미롭다. United Nations, *World Population in 2300* (New York, 2003)을 참조하라.

에서 2045~2050년까지 2.05로 줄어들 것이라는 출산율 감소 예측에 기초한다. 마지막 기간에 *TFR*이 목표치인 2.05보다 소수점 이하의 작은 크기로 많거나 적게 된다면 이는 2050년 실제 인구와 약 3억 명의 차이를 의미한다.

5. 2000~2050년 세계인구 증가의 100%가 개발도상국들의 인구증가로 설명될 수 있을 것이다.
6. 지리인구학적 변화는 아주 클 것이다. 2005~2050년에 세계인구에서 선진국이 차지하는 비율이 18.7%에서 13.6%로 감소할 것이며, 유럽의 비율은 더욱 빠르게 감소하여 11.3%에서 7.2%로 변할 것이다. 빈곤한 대륙들의 인구증가는 편차가 클 것이며, 세계인구에서 아프리카가 차지하는 비중은 14%에서 21.3%로 증가할 것이다.

1950년대 이후 나타난 극적이고 변화무쌍한 인구증가와 다음 50년 동안에 일어날 결과들은 세계의 인구순위를 크게 바꿀 것이다([표 6-2]). 1950년에는 상위 10위 안에 유럽 국가가 4개국 있었고 다른 선진국이 2개국이었다(미국과 일본). 이 국가들 가운데 오직 미국만이 2050년도에도 순위에 남아 있을 것이다. 세계의 '지리인구학'에서 서구 국가의 쇠퇴가 강조되고 있는 것이다. 1950년에는 상위 10위 안에 어떤 아프리카 국가도 속하지 못하였다. 그러나 2050년에는 나이지리아와 콩고민주공화국 그리고 에티오피아가 인구대국 순위에 들게 될 것이다. 파키스탄은 1950년에 불과 13위였지만 2050년에는 4위에 오를 것이다. 한편, 같은 해에 인도는 중국을 대신해서 세계 최대의 인구국가로서 자리를 차지하고 있을 것이다.

세계 각국의 다양한 역동적 변화의 결과로, 전통적인 분쟁관계에 있는 또는 단순히 접촉만을 하고 있는 인구집단들 간의 비율이 변화할 것이다. 그리고 국가 간의 관계가 주로 정치적 · 문화적 · 경제적 요인들에 의해 정해진다고 하더라도 그들의 상대적인 인구규모가 영향을 끼치기 마련이다.[5]

5) G. McNicoll, "Population Weights in the International Order," Working Paper, no. 120

표 6-2 세계에서 가장 인구가 많은 10개국, 1950년, 2000년, 2050년(백만 명)

순위	1950년		2000년		2050년	
	국가	인구	국가	인구	국가	인구
1	중국	555	중국	1,275	인도	1,593
2	인도	358	인도	1,009	중국	1,392
3	미국	152	미국	283	미국	395
4	러시아연방	103	인도네시아	212	파키스탄	305
5	일본	84	브라질	170	인도네시아	285
6	인도네시아	80	파키스탄	141	나이지리아	258
7	독일	68	러시아연방	146	브라질	253
8	브라질	53	방글라데시	137	방글라데시	243
9	영국	51	일본	127	에티오피아	170
10	이탈리아	47	나이지리아	114	콩고	177
	상위 10개국	1,551	상위 10개국	3,647	상위 10개국	5,071
	세계	2,519	세계	6,057	세계	9,075
	상위 10개국의 비율(%)	61.6	상위 10개국의 비율(%)	60.2	상위 10개국의 비율(%)	55.9

주: 2025년과 2050년은 중간변동치.
자료: United Nations, *World Population Prospects, The 2004 Revision* (New York, 2005).

예를 들어, 리오그란데강은 부유한 북아메리카와 빈곤한 멕시코와 중앙아메리카를 구분해 준다. 이 두 지역의 인구비율은 1950년에 4.6 : 1이었지만, 2050년에는 2.1 : 1로 변할 것이다. 이 사실만으로 아무것도 변하지 않을 것이라고 상상하기는 어렵다. 1950년에 지중해의 북쪽 해안에 위치한 부국들의 인구는 남쪽 해안과 동쪽 해안에 위치한 국가들에 비해 2.1배 많았지만, 이 수치는 2050년에 0.4 : 1로 바뀔 것이다. 이런 역전이 어떤 결과를 초래한다면 그것이 과연 놀라운 일이겠는가? 그리고 전통적으로 경쟁관계 또는 분쟁관계에 있는 국가들 사이에 인구증가율의 차이로 인한 수적 관계의 변화는 또 어떠한가? 터키와 그리스, 브라질과 아르헨티나, 이스라엘과 인근 아

(Population Council, New York, 1999).

랍 국가들(또는 국경 안의 아랍인들)의 관계에 어떤 영향을 미치게 될까?

또 다른 계산법 –봉가츠(Bongaarts)와 불라타오(Bulatao)가 고안한– 은 출산율, 사망률, 이민 그리고 연령구조가 21세기 인구증가에 끼칠 수 있는 영향을 측정하는 데 도움을 준다.[6] 이 저자들은 세계은행의 예측, 즉 세계인구가 2000년 61억 명에서 2100년에는 약 100억 명으로 증가할 것이라는 예측을 이용하였다. 이 예측의 기반을 이루는 가설들은 우리가 앞에서 설명하였던 유엔의 중간변동치(2050년까지) 추계에 사용되었던 가설과 아주 유사하다. 세계인구는 인구대체출산율과 높은 기대수명에 도달한 이후, 2100년 이전에 증가를 거의 멈추게 될 것이다. 1950년과 2000년 사이에 38억 명의 증가가 있고 나서, 2000년에서 2050년 사이에 추가적으로 28억 명이 증가할 것이며, 2100년까지 11억 명이 더 늘어날 것이다. 21세기의 증가(세계은행에 따르면 총 39억 명)는 다음의 네 가지 원천으로부터 발생할 것이다. (1) 초기의 연령구조로서, 이는 이미 살펴보았던 것처럼 개발도상국에서 여전히 젊은 연령에 집중되어 있다. (2) 출산율로서, 여전히 인구대체 수준을 초과하고 있다. (3) 사망률로서, 더욱 감소하는 추세를 보인다. (4) 이민으로서, 세계 전체를 한 단위로 본다면 이민은 분명 0이다. [표 6-3]에는 다양한 구성요인들의 효과가 승수계수의 형태로 추계되어 있다. 이제 세계인구에 대해 살펴보자. 2100년의 인구(99억 6,000만 명)와 2000년의 인구(60억 7,000만 명) 사이의 비율은 1.64이다('대(大) 승수'의 64% 증가). 그러나 이 승수는 '이민승수' 1(즉, 순이민율이 0), '출산력승수' 1.09, '사망력승수' 1.15, 그리고 '추동력승수'(초기의 젊은 연령구조) 1.31이 낳은 결과다. 따라서 미래의 인구증가에 대한 출산력의 순기여도는 사망력의 기여도보다 작고, 사망력의 기여도는 추동력의 기여도보다 훨씬 작다. 빈곤세계에서 일어나는 양극화 상황, 예를 들어 동아시아(중국이 압도적인 비중을 차지하고 있고 한 세기 동안 34% 증가를 보였다)와 아프리카

6) J. Bongaarts and R. Bulatao, "Completing the Demographic Transition," Working Paper, no. 120 (Population Concil, New York, 1999).

표 6-3 2000년과 2100년의 세계인구를 이민, 출산력, 사망력, 추동력 증가로 회귀한 결과

지역	인구(10억 명)			승수효과				승수의 곱
	2000	2100	2000~2100 년간의 증가	이민	출산력	사망력	추동력	
세계	6.07	9.96	3.89	1.00	1.09	1.15	1.31	1.64
부국	1.18	1.11	0.07	1.02	0.84	1.10	1.00	0.94
빈국	4.89	8.86	3.97	1.00	1.13	1.15	1.39	1.81
동아시아	2.04	2.70	0.66	1.00	0.94	1.14	1.25	1.34
남아시아	1.48	2.69	1.21	1.00	1.10	1.15	1.44	1.82
중동과 북아프리카	0.33	0.73	0.40	1.00	1.28	1.14	1.50	2.19
아프리카 사하라사막 이남	0.67	1.98	1.31	1.00	1.64	1.21	1.50	2.98
라틴아메리카와 카리브해 연안	0.52	0.88	0.36	0.99	1.04	1.14	1.45	1.70
북아메리카	0.31	0.37	0.06	1.03	0.99	1.08	1.11	1.22
유럽	0.73	0.61	0.12	1.01	0.78	1.12	0.96	0.85

자료: J. Bongaarts and R. A. Bulatao, "Completing the Demographic Transition," Working Paper, no. 125 (Population Council, New York, 1999).

의 사하라사막 이남 지역(인구가 3배로 증가할 것이다)의 상황을 비교하는 것은 흥미로운 일이다. 동아시아의 경우 출산율(현재는 인구대체 수준보다 낮다)의 영향은 부정적이고(승수가 1보다 작다), 미래 인구증가의 가장 큰 요인은 추동력이다. 아프리카의 사하라사막 이남 지역에서는 인구증가가 주로 높은 출산력에 의해 발생하고(승수는 1.64), 추동력(1.50)이 다음으로 중요한 요인이며, AIDS에 의해 영향을 크게 받는 사망력(1.21)이 그 다음을 차지한다.

3. 남북격차와 국제이민

제1차 세계대전 이전 반 세기 동안의 세계화 과정은 경제적 영역뿐만 아니라 인구학적 영역에서도 이루어졌다. 금융의 흐름과 상품무역은 수천만 명의 사람들이 유럽에서 대양을 가로질러 이주하는 것, 즉 인력이 풍부하고 토지가 부족한 대륙에서 토지는 풍부하지만 인적 자원은 부족한 지역으로 이민을 가는 현상과 함께 일어났다. 이 과정이 마지막 단계에 이르자(제4장 제4절 참조), 유럽과 아메리카는 가까워졌고, 비슷해졌으며, 더욱 부유해졌다.[7] 이민주창자와 이주자들이 특히 초기 단계에 부담해야 하였던 비용에도 불구하고 이것은 제로섬 게임이 아니다. 세계화의 현 단계는 한 세기 전과는 다른 특징을 보여 주고 있다. 국가 간의 경제적 통합이 빠른 속도로 진행되었다. 1950년에 국제시장에서 거래되었던 상품들의 가치는 세계 GNP의 1/10 수준이었지만, 이 비율은 오늘날 1/4에 달하고 있다. 하지만, 국가 간, 지역 간, 대륙 간 사람의 이동은 과거 세계화 단계에서보다 상대적으로 낮은 수치에 머물고 있다. 이는 놀라운 일로 생각될지 모른다. 빈곤세계에서 뚜렷한 이민압력의 증가 상황, 이민자의 절대적 수가 증가하는 상황,

7) D. J. Hatton and J. G. Williamson, *The Age of Mass Migration: Causes and Economic Impact* (Oxford University Press, Oxford, 1998).

그리고 부국들이 이민압력을 수용하기 위해 노력하고 있는 상황을 놓고 볼 때 그렇다. 부국과 빈국 사이의 순이민은 1960년대에 연간 50만 명 이하였다. 1970년대에는 이 수치가 2배 이상 증가하여 110만 명을 기록하였으며, 1980년대에는 150만 명으로, 그리고 1990년대에는 260만 명으로 증가하였다.[8] 이는 사실 아주 빠른 증가추세다. 그러나 세계인구도 동일한 기간에 두 배 증가하였다. 미국은 20세기 초에 인구가 1억 명을 넘지 않았는데, 제1차 세계대전 이전의 5년 동안 순유입자수가 연간 100만 명을 초과하였다.

[표 6-4]는 1960년과 2000년에 여러 대륙에서 발생하였던 이민의 총량(stock)을 추계한 것이다. 이민자의 총수는 주어진 국가에서 살고 있는 사람들 중 다른 곳에서 태어났거나 외국시민권을 갖고 있는 사람의 수로 정의된다. 국가별 총수를 합하면 세계 이민자 총수를 구할 수 있다. 이민자의 정의가 국가마다 다르고, 이러한 조사의 근거가 되는 인구센서스가 이주민을 계산하는 수단으로서는 신빙성이 약하기 때문에, 이 결과는 대략적인 추정치라고 볼 수 있다. 1992년에 소련에서 일어났던 것처럼 국가가 여러 소국으로 분할되면, 이런 변화 전후의 비교는 불가능해진다. 1992년 전에 우크라이나에서 살아간 러시아인은 소련에서 '내부' 이주민이었지만, 1992년 이후에는 동일한 사람이 '국제적' 이민자로 분류된다. 구소련 지역을 제외하면, 세계 이민자의 총수는 1960년 7,300만 명에서 2000년 1억 4,500만 명으로 두 배가 되었다. 하지만 세계인구 또한 동일한 기간에 두 배로 증가하였기 때문에 거주자 100명당 이민자의 수는 거의 동일하게 유지되었다(1960년의 2.6%와 2000년의 2.5%). 개발도상국에서의 이민감소(2.1%에서 1.3%로)는 부국의 이민이 약 두 배 증가한 것(3.4%에서 6.4%로)을 상쇄시켜 준다. 거주민 100명당 이민자가 오세아니아에서는 19명이고, 북아메리카에서는 13명이며, 유럽에서

8) United Nations, *World Population Prospects: The 2004 Revision*. 국제이민에 대한 광범위한 조사에 대해서는 United Nations, *World Economic and Social Survey 2004, International Migration* (New York, 2004)를 참조하라.

표 6-4 세계 이민자수, 1960~2000년

연도	총이민자 예측치(천 명)			100명당 이민자수		
	1960	1980	2000	1960	1980	2000
세계	75,901	99,783	174,934	2.5	2.3	2.9
선진지역	32,085	47,727	110,291	3.4	4.2	8.7
저개발지역	43,816	52,056	64,643	2.1	1.6	1.3
아프리카	8,977	14,076	16,277	3.2	3.0	2.0
아시아	29,281	32,313	43,761	1.8	1.3	1.2
중국	248	314	513	0.0	0.0	0.0
인도	9,411	8,841	6,271	2.1	1.3	0.6
유럽	14,015	22,163	32,803	3.3	4.6	6.4
라틴아메리카와 카리브해 연안	6,039	6,139	5,944	2.8	1.7	1.1
북아메리카	12,513	18,087	40,844	6.1	7.1	12.9
오세아니아	2,134	3,755	5,835	13.4	16.4	18.8
구소련	2,942	3,251	29,469	1.4	1.2	10.2
세계(구소련 제외)	72,959	96,532	145,465	2.6	2.3	2.5

자료: United Nations, Population Division 추정치.

는 6명, 중국에서는 0명이다.

이민현상은 매우 복잡하기 때문에, 모형이나 이론적 틀이 이민 메커니즘의 일부만을 포착하기 쉽다. 결과적으로 이민추세를 예측하는 것은 극도로 어렵다. 이민의 유량(flow)과 저량(stock)은 여러 요인들의 상호작용에 의해 결정된다. 이런 요인들은 인구집단들의 차별적인 증가치, 생활수준의 차이, 이민의 흐름과 구성에 영향을 주는 규제와 법, 근접성과 거리 등이다. 다시 말해, 인구학적 · 경제적 · 정치적 · 지리적 요인들이 복합적으로 작용한다. 앞으로 수십 년 동안, 현재 작동하고 있는 어떤 힘들이 향후 이민의 흐름을 결정해 나갈 것이다. 그 정도에 대해서 우리는 부분적으로만 예견할 수 있을 뿐이다. 이제 우리는 이에 대해서 종합적으로 살펴보기로 한다.

인구학적 불균등

이 주제에 대해서는 이미 언급한 바 있다. 활동연령인구의 증가율이 계속적으로 부국과 빈국에서 상당히 다르게 나타날 것이라는 점을 상기해 보자. 부국에서는 지난 30년 내지 40년 동안 매우 낮은 출산율이 인구증가를 눌러 왔고 젊은 연령층이 줄어드는 상황을 야기하였다. 심지어 일부 국가에서는 젊은 층의 감소가 아주 뚜렷하게 나타나기도 하였다. 이와 달리 빈국에서는 출산율의 감소가 최근에 발생한 현상으로, 많은 수의 젊은 인구가 앞으로 오래도록 노동시장에 진입하게 될 것이다. 2005~2025년 사이에 20~60세의 인구가 빈국에서는 40% 증가할 것이지만 부국에서는 12% 감소할 것이다. 사하라사막 이남 국가들에서 이 증가율이 매우 높을 것이며(60~70%), 일본, 독일, 이탈리아, 스페인과 같이 큰 국가들에서는 그 감소가 매우 두드러질 것이다(30% 또는 그 이상).

경제적 불균등

만약 지난 수십 년간의 추세가 미래의 지침이 된다면, 개발도상국과 선진국 사이의 간격은 더욱 벌어질 것이다. 1950년과 2000년 사이의 1인당 GNP(1990년 국제달러로 표시된)를 보면, 서구 국가들(유럽과 북아메리카)과 여타 지역, 즉 아시아, 아프리카, 중앙아메리카 및 남아메리카 사이의 차이가 확대되었다. 1950년에 유럽과 북아메리카에서 1인당 소득은 다른 세 대륙 각각의 1인당 소득보다 5,000~6,000달러가 높은 수준이었다. 2000년에는 그 차이가 더욱 벌어져서 14,000~19,000달러에 달하였다. 더욱 놀라운 점은 여기서 고려된 반 세기 동안 절대적인 차이뿐만 아니라 상대적 차이 또한 증가하였다는 사실이다. 서구 경제의 1인당 GNP와 아프리카의 1인당 GNP 사이의 비율은 1950년에 8 : 1이었던 것이 2000년에는 16 : 1로 증가하였다. 서구와 라틴아메리카의 비율은 3 : 1에서 5 : 1로 증가하였다. 주로 일본의 성과 덕분에 오직 아시아에서만 차이가 좁혀져서 서구와 아시아의 비율이 9 : 1에서 7 : 1로 줄었다.[9)]

만약 이것이 추세라면, 미래에 격차는 더 증가하도록 운명지어 있는가? 현재의 성장은 기술적 혁신에 의해 유지되고 있고, 기술의 생산과 소유에 관한 한 북반구와 남반구 사이에는 엄청난 불균형이 존재한다. 과학지식과 기술혁신 측면에서 앞선 국가들은 전형적인 연쇄반응을 통해 미래에 추가적 혁신과 노하우를 창출해 내기에 최상의 조건도 지니고 있는 셈이다. 반면, 다른 국가들은 계속해서 뒤처지게 된다. 과학적 및 기술적 혁신을 축적하는 과정이 약화되기 시작할 때에만 -20세기 초에 일어났던 것처럼- 이것의 확산과정이 가속화될 것이고 수렴현상이 발생하게 될 것이다. 그러나 이러한 일들이 일어나기 위해서는 시간이 필요할 것이다. 그러는 사이에 지난 몇십 년 동안 발생하였던 것처럼 국가들 사이의 불균형은 계속 악화되기 쉬울 것이다.

9) M. Livi-Bacci, "Riflessioni su integrazione, disuguaglianze e migrazioni internazionali," in A. Quadrion Curzion, ed., *La globalizzazione e i rapporti Nord-Est-Sud*, (Il Mulino, Bologna, 2004).

이민정책들

이민정책은 지속적으로 진화한다. 그러나 다소간의 방향변화를 감지할 수는 있다. 첫 번째 진화는 1990년대 중반에 1,400만 명이라는 기록적 수치에 도달하였던 망명자들의 이동에 엄격한 제지를 가한 추세를 말한다. 피난의 권리는 모든 국가, 즉 자유주의적 전통이 아주 강하였던 곳에서조차 제한을 당하였다. 두 번째 진화는 불법이민자들에 대해 더욱 효과적인 장벽을 구축하는 제도에 의해 만들어졌다. 국경을 통과하기 더욱 어렵게 만드는 것, 불법이민자에 대해 더욱 강경하게 통제하는 것 등이 이에 포함된다. 더 나아가 가족의 재상봉이 더욱 어렵게 되었으며, 더욱 많은 이주노동자들이 전문적 숙련도나 입국심사에서 고려되는 다른 특징들에 기초하여 선택되고 있다. 만약 누군가 감히 예언을 한다면, 앞으로의 정책들은 통제, 제지, 선택을 더욱 강화하는 방향이 될 것이다.[10]

지리와 이민 시스템

급속한 세계화 과정과 이민자들의 증가에도 불구하고 이민 '시스템'은 수십 년 동안 변하지 않은 채 남아 있다. '시스템'이 의미하는 바는 주어진 지리적 영역에서 이민자의 흐름을 끌어들이는 구심력을 갖춘 중심지역이 있다는 것이다.[11] 이러한 시스템들 가운데 우리는 3개 또는 4개의 핵심적 시스템을 인지할 수 있다. 첫째 시스템은 북아메리카에 중심을 두고, 주로 라틴아메리카 사람들이 이주해 오도록 만든다. 둘째는 유럽의 시스템으로, 지중해 연안의 남부와 서부 국가들로부터 인구를 유인한다. 세 번째 시스템은 페르시아만의 산유국에 의해 형성된 것으로서, 중동 지역의 사람들을 끌어들인다. 네 번째 시스템은 현재 생성 중에 있는 것으로서, 경제적으로 빠르

10) OECD, *Trends in International Migration. SOPEMI 2003* (Paris, 2004).
11) G. Tapinos and G. Delaunay, "Can One Really Talk of Globalization of Migration Flows?," in OECD, *Globalization, Migration and Development* (Paris, 2000).

게 성장하고 있는 동남아시아를 중심으로 한다. 그러나 아프리카와 아시아, 라틴아메리카의 광활한 지역은 복잡한 이유 때문에 이민과정과는 상관없는 상태로 남아 있다. 소련의 붕괴와 그 붕괴에 의한 정치적 · 경제적 체제의 노출은 1992년 이후 예측되었던 것과 달리 수백만 인구의 동-서 이민을 초래하지 않았다. 이민 시스템이 그들의 영향권을 확장시키지 못한 사실은 또한 끈끈한 타성 때문이기도 하다. 즉, 모국과 정착지 간에 수많은 정치적 · 경제적 · 사회적 결합이 형성되고 시간이 흐름에 따라 강화되는 상황, 그리고 이것이 정착지에 대규모의 민족적 공동체가 형성됨에 따라 더욱 강화되는 상황이 존재하기 때문이다. 그렇기 때문에 새로운 '시스템'으로 편입되는 것은 아주 어렵다. 시스템의 집중도 또한 증가해 왔다. 1960년에 미국의 이민자 총수는 세계 이민자 총수의 17%를 차지하였다(소련을 제외하고). 이 비율은 증가하여 2000년에 28%에 달하였다.

심화되는 인구학적 차이와 증가하는 경제적 불균등이 이민에 대한 긴장과 압력을 결정하며, 유입국들은 점점 엄한 이주정책들을 통해 이민자를 통제하고 제지하고자 한다. 이러한 힘이 국제이민의 규모에 미치는 영향은 불확실하다. 하지만 여러 부국에서 심각한 인구부족이 발생하기 때문에 이민에 대한 수요가 점차 증가할 것으로 볼 수 있을 것이다.

4. 증대된 생존력의 유지가능성

우리가 지금까지 보여 준 예측치는 그 분야의 전문가들 대부분에 의해 공유되고 있는 가정들에 의존한다. 신중하고 현실적인 관찰자들도 앞으로 한두 세대 동안에 고령층의 지속적인 사망률 감소로 인해 기대수명이 추가적으로 연장될 것이라고 믿는다. 또한 인구변화의 추세가 역전되는 현상이 발생하기 어렵다는 데에도 동의한다. 신세기가 시작될 무렵 건강상태가 향상되면서 증대된 생존력의 수준이 위험에 직면하지 않고 있다는 것도 믿고 있다. 그리고 부자들과 가난한 이들 사이의 차이가 급속하게 작아질 것이라고 생각한다.[12] 유엔의 예측에 따르면, 예를 들어 선진국의 기대수명(남성과 여성)은 2000년에 75세였던 것이 2050년에는 82세로 증가할 것이라고 한다. 반면, 같은 기간에 저개발국의 기대수명은 63세에서 74세로 증가할 것이라고 예측한다. 일본과 같은 인구대국의 기대수명은 21세기 중반 이전에 어렵지 않게 88세에 도달할 것이고, 서구의 다른 인구대국들은 85세에 접근할 것이다. 실제로 20세기 동안 서구에서 생존력은 거의 지속적으로 확장되었고, 빈국들에서는 제2차 세계대전 이후에 동일한 현상이 발생하였다. 과학적 지식이 엄청나게 증가하였고, 그에 따라 질병을 통제하는 기술적 수단도 크게 향상되었다. 기초적 생활여건이 거의 모든 곳에서 개선되었다. 미래에 대해 낙관론이 들어맞을 것으로 보이고, 현재 추세가 지속가능한지에 대한 의문은 좀처럼 제기되지 않는다. 하지만 미래를 다룰 때 우리는 그럴 듯한 예측이 어느 정도의 불확실성을 갖고 있다는 것을 알고 있어야만 한다. 그리고 현재 추세의 지속가능성이 생물학적, 정치적 또는 경제적인 것으로 분류될 수 있는 여러 요인들에 의해 위협받을 수 있다는 점도 인식해야 한다. 만약 우리가 미래에 대해 비판적 시각으로 접근하고자 한다면, 이러한 요인들에 대한 논의는 중요하다.[13]

생물학적 지속가능성

생물학의 세계에서는 고정된 것이 아무 것도 없다. 인간(우리의 분석대상), 병원체 미생물(박테리아, 바이러스, 원생동물, 스피로헤타, 리케차 등) 그리고 동물(미생물의 숙주 또는 병원균의 매개체)과 같은 주요 참가자들 간에 지속

12) National Research Council, *Beyond Six Billion*.
13) 인간의 수명이라는 복잡한 주제에 대해서는 K. W. Wachter and C. E. Finch, eds., *Between Zeus and the Salmon. The Biodemography of Human Longevity* (National Academy Press, Washington, DC, 1997).

적인 상호작용과 상호 적응과정이 존재하기 때문이다. 역사가들은 인간과 병원체 사이의 상호작용이 변화해 왔다는 것, 새로운 질병이 등장하였다는 것, 어떤 질병은 변이를 해왔다는 것, 그리고 어떤 질병은 소멸하였다는 것 등에 대해 많은 증거를 가지고 있다. 과거 주요 재앙이었던 흑사병, 티푸스, 천연두, 매독, 결핵, 말라리아는 유행하였다가 사라지고, 어떤 지역에서는 소멸되고 다른 지역에서는 재발하는 등 다양한 발생빈도와 치사율을 보였다. "그들이 운반해 오는 DNA나 RNA, 또는 둘 모두에 의해, 그리고 그들의 빠른 증가율과 큰 규모 때문에, 미생물 병원체는 빠르게 진화하고 적응할 수 있다. 이런 진화 메커니즘을 통해 병원체는 새로운 숙주세포 또는 숙주종에 적응하고, '새로운' 독성을 만들어 내고, 염증반응 또는 면역반응을 피하거나 억누르며, 약물과 항체에 대한 저항을 높여 준다. 어느 미생물에서건 적응능력은 경쟁과 진화적 생존을 성공적으로 수행하는 데 필요하다. 그러나 이 능력은 특히 병원체에게 중요한데, 이는 미생물의 경쟁뿐만 아니라 숙주의 방어도 반드시 극복해야 하기 때문이다."[14]

행동적 변화와 환경적 변화뿐만 아니라 상호작용도 전반적 상황을 지속적으로 변화시킨다. 1950년대와 1960년대에는 항생제와 다른 약물들의 성공에 힘입어 전염병들이 영원히 근절될 수 있을 것이라는 희망이 컸었다. 수많은 질병들의 창궐과 소멸, 재발은 바이러스와 미생물의 생물학적 진화에 의한 결과이거나, 동물세계와 인간세계의 상호작용의 결과이거나, 고립된 환경에 질병이 침투한 결과이거나, 아니면 사회의 특정한 활동 –또는 태만– 에 의한 결과다. 인플루엔자, 황열병, 뇌염, AIDS, 뎅기열,모기에 의해 전염되는 열대성 및 아열대성 질병–역자 주 야토병,원래 설치류의 질병으로 감염동물을 먹거나 가죽을 벗길 때 전염됨–역자 주 라임병,진드기에 의해 전염되며 피부에 붉은 반점이 생김–역자 주 라사열,서아프리카 지역에서 주로 발병하며 피부의 상처를 통해 바이러스가 침투해 전염됨–

14) J. Lederberg, R. E. Shope, and S. C. Oaks, eds., *Emerging Infections* (National Academy Press Washington, DC, 1992), 84쪽.

역자 주 에볼라,고열과 내출혈을 동반하는 치사율 높은 질병-역자 주 사스,급성 호흡기 증후군으로 2003년에 세계적으로 유행함-역자 주 조류인플루엔자 등이 모두 위의 기준 중 하나에 속한다. 우리가 1950년대와 1960년대에 사라졌다고 믿었던 결핵, 말라리아 그리고 콜레라와 같은 다른 질병들은 환경여건이 악화될 때마다 재발하며, 이러한 재발은 궁핍화된 농촌지역뿐만 아니라 도시의 빈민가에서도 나타날 수 있다.[15]

부자들은 견딜 수 있지만 빈자들은 견딜 수 없는 AIDS의 유행

HIV/AIDS 감염은 1981년에 최초로 확인되었고, 1982년에 질병이 정의되고 HIV/AIDS라 명명되었다. 그러나 중앙아프리카에서는 이미 1970년대에 이 질병이 확산된 상태였고, 더 일찍이 1959년에 발병의 흔적이 있었다는 증거가 존재한다. 어떻게 이 질병이 인간들 사이에서 발전하였는지는 아직 확실하게 증명되지 않았지만, 유인원이 그 기원일 것이라는 가설은 그럴 듯한 것처럼 보인다. 감염된 사람은 이 바이러스를 건강한 이에게 성적 접촉 또는 피를 통해(수혈하거나 주사바늘을 같이 사용해서) 옮길 수 있으며, 임신한 여성은 태아에 전염시킬 수 있고, 모유 수유하는 엄마는 아이에게 전염시킬 수 있다. 한 번 이 바이러스에 감염되면 AIDS가 발병하기까지 최대 10년이 걸리고, 일단 발병하면(감염된 모든 사람들이 결국에는 AIDS로 진행된다고 한다) 대부분의 경우 첫 증상이 나타난 지 4년 이내에 죽는다.[16] 이는 최근에 새로 개발된 면역강화제를 복용하지 않는 경우에 해당한다.

HIV/AIDS 전염은 새로운 질병으로서 전 세계로 확산되었으며, 특히 젊은이들과 성적으로 활발한 사람들이 주된 희생자가 되었다. 이 질병의 어두운 이미지는 과거의 재앙을 떠오르게 만든다. 흑사병처럼 치명적이고, 매독처럼 성적 접촉에 의해 전파되고, 천연두처럼 아이들과 청소년한테 잘 전염

15) 같은 책; WHO, *World Health Report 1998. Life in the 21st Century* (Geneva, 1999).
16) UNAIDS, *Trends in HIV Incidence and Prevalence* (Geneva, 1999).

그림 6-1 1970년대와 1980년대 AIDS의 확산

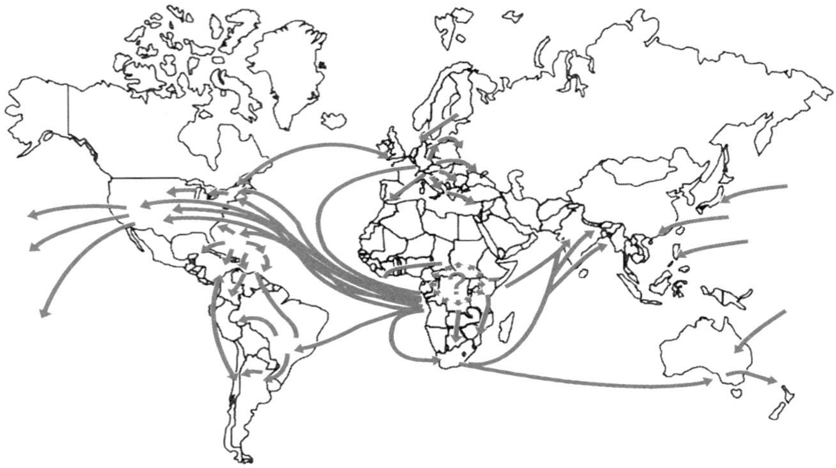

자료: G. W. Shannon and G. F. Pyle, "The Origin and Diffusion of AIDS: A View from Medical Geography," *Annals of the Association of American Geographers* 79(1): 12, 1989.

되며, 결핵처럼 긴 잠복기를 갖고 있기 때문이다. 백신은 아직 개발되지 않았지만, 새로 개발된 값비싼 면역강화제(ART) 덕택에 양성인 개인의 감염을 줄이고 AIDS로 발전되는 것을 늦춤으로써 그들의 수명을 연장시키고 있다.

[그림 6-1]은 HIV/AIDS의 전파경로를 지도에 표시한 것이다. 진원지는 적도 부근의 중앙아프리카(르완다, 우간다, 잠비아, 콩고)이고, 식민지시절 본국이었던 곳과의 이주를 통한 접촉에 의해 벨기에와 프랑스로 전파되었다. 1960년대에 독립한 이후 아이티의 전문직 종사자들이 자이르로 이주하는 흐름이 형성되었다. 아이티로 다시 돌아온 사람들 중에, 또는 미국으로 이주한 사람들 중에 감염된 사람들이 HIV/AIDS를 북아메리카로 전파시켰다. 질병은 다시 북아메리카, 아이티, 서인도를 출발하여 중앙아메리카와 브라질을 거쳐 라틴아메리카의 남은 지역에까지 확산되었다. 중앙아프리카에서

시작되어 대륙의 남쪽까지 전파된 것은 전쟁, 국제무역, 화물이동 경로를 통해 더욱 활성화되었으며, 남아프리카공화국의 경우에는 앙골라에서 전쟁을 마치고 복귀한 군인들에 의해서 가속화되었다. 전 세계에 걸쳐 촘촘히 짜인 접촉망으로 긴밀하게 연계되어 있는 국제이민과 여행을 통해 이 질병은 세계 전역으로 확산되었던 것이다.[17)]

주어진 인구에 대한 HIV/AIDS의 전염은 일련의 요인들에 의존한다. 그 요인은 성적 행동양식, 성행위의 문란성, 감염된 여성 또는 남성의 상대자 수, 해당 집단의 건강상태(특히, 성병과 생식기 피부질환의 발생빈도) 등을 말한다. '섹스 노동자들'(여성 및 남성) 사이의 전염은 확산의 강력한 동력이다. 농촌을 떠나 도시 지역으로 향하는 남성 이주의 양태, 감염된 매춘부와의 다양한 접촉, 그리고 주기적인 고향방문이 –아프리카에서 발생하였던 것처럼– 전염을 가속화하는 역할을 한다.[18)] 성적 전염이 주로 동성애자들 간에서 발생할 경우, 감염자들 중 남성 대 여성의 비율은 높게 나타난다. 아프리카처럼 전염이 주로 이성 간의 성행위에서 일어나는 경우에는 그 비율이 1에 가깝다. 또한 감염된 여성의 비율이 높다는 것은 감염된 아이들의 비율도 높다는 것을 의미한다.[19)]

[표 6-5]는 공식적인 추계에 근거하여 2004년 말의 HIV/AIDS 전염병의 몇 가지 특징들을 나타낸 것이다. 세계적으로 약 3,900만 명이 감염된 것으로 추정되는데, 그 중 2/3는 아프리카의 사하라사막 이남 지역에 살고 있다. 성인의 감염률은 일반적으로 1% 이하이지만, 카리브해 연안에서는 거의 2%에 육박하며, 사하라사막 이남 지역에서는 7%로 나타난다. 사하라사막 이남 지역 중 남아프리카공화국에서는 그 확산 정도가 20%에 달하고 짐바브웨와

17) R. C. H. Shell, *Halfway to the Holocaust: The Rapidity of the HIV/AIDS Pandemic in South Africa and its Social, Economic and Demographic Consequences*, Proceedings of the Third African Population Conference, Vol. 1 (Durban, 1999).

18) Tim Dyson, "HIV/AIDS and Urbanization," *Population and Development Review* 29:3 (2003).

19) UNAIDS, *Aids Epidemic Update. Devember 1999* (Geneva, 1999); UNAIDS, *Report on the Global HIV/AIDS Epidemic* (Geneva, 1998).

표 6-5 2004년 말 AIDS/HIV의 전염

지역	전염 시작	HIV/AIDS 보균자 (백만 명)	성인 1,000명당 감염자	2004년의 새 HIV감염자 (백만 명)	2004년에 AIDS로 사망한 인구 (백만 명)	HIV/AIDS 감염자 천명당 AIDS로 인한 사망자	주요 감염방식
아프리카 사하라사막 이남	1970년대 후반	25.40	74	3.10	2.30	91	이성애
북아프리카와 중동	1980년대 후반	0.54	3	0.09	0.03	52	약물주사, 이성애
남아시아와 동남아시아	1980년대 후반	7.10	6	0.89	0.49	69	이성애
동아시아와 태평양	1980년대 후반	1.10	1	0.29	0.05	46	약물주사, 이성애, 동성애
라틴아메리카	1970년대 후반	1.70	6	0.24	0.10	59	동성애, 약물주사, 이성애
카리브해 연안	1970년대 후반	0.44	23	0.05	0.04	82	이성애, 동성애
동유럽과 중앙아시아	1990년대 초반	1.40	8	0.21	0.06	43	약물주사, 동성애
서유럽	1970년대 후반	0.61	3	0.02	0.01	11	동성애, 약물주사
북아메리카	1970년대 후반	1.00	6	0.04	0.02	16	동성애, 약물주사, 이성애
오스트레일리아와 뉴질랜드	1970년대 후반	0.04	1	0.01	0.00	18	동성애, 약물주사
합계		39.40	11	4.90	3.09	78	

주: 성인=15~50세 인구. 감염방식: 동성애=남성 간 성적 감염; 약물주사=마약주사를 통한 감염; 이성애=이성 간 성적 감염.
자료: UNAIDS, *Aids Epidemic Update* (2004년 12월).

보츠와나에서는 30%에 이른다. 몇 년 전 주목받았던 연구는 2003년 이전에 남아프리카공화국에서 AIDS와 관련된 사망자수가 다른 모든 사인에 의한 사망자수를 초과할 것이라는 결론을 도출한 바 있다.[20] 이 연구는 1990년대 초반에 63세였던 출생시 기대수명이 2009년에는 40세로 떨어질 것이라고 예측하였다. 현재 진행되고 있는 상황을 보면 이보다는 덜 비극적인 전망을 할 수 있다. 이는 효과적이고 저렴해진 신약의 도입 덕택이다. 그러나 기대수명은 2000~2005년에 49세까지 떨어졌다. 극단적 경우인 보츠와나에서는 성인 인구의 1/3이 HIV에 감염되었고, 1985~1990년에 65세였던 기대수명이 매년 1세 이상씩 감소하여 2000~2005년에는 37세가 되었다. 사하라사막 이남의 전체 지역에 대한 현재의 전망은 몇 년 전에 비해 약간 덜 암울하다. 왜냐하면, 새로운 치료법이 도입되었고, 감염의 전파 메커니즘에 대한 인식이 강화되었으며, 생활양식이 점진적으로 변화하였고, 대유행하는 전염병의 비극적인 충격에 대해 과거에는 너무 늦게 인지하였던 정부가 이제는 보다 적극적으로 정책을 주도하고 있기 때문이다. 그럼에도 불구하고 아프리카 사람들의 생존력은 한 세대 이전 수준으로 퇴보하였다. 1980년대 후반에서 새 천 년의 시작에 이르는 기간에 기대수명이 61세에서 48세로 감소한 것이다. 이러한 재앙의 영향은 인구학적 범위를 넘어서서 문화, 사회 그리고 경제분야에까지 확산되었다. 증가하는 고아의 비율을 생각해 보자. 그들은 친척들의 손에 맡겨지거나, 방치되어 스스로의 길을 개척해야만 하는 상황으로 내몰린다. 아파서 일할 수 없는 사람들이 가족에게 얼마나 큰 부담이 되는지를 보자. 그리고 질병이 사회에 얼마나 부담을 지우는지를 생산의 감소와 보건비용의 증가라는 측면에서 생각해 보자. 불과 수 년 전, 감염된 총인구가 삶을 연장시키기 위해 사용한 약값의 현재 비용은 지역 GNP 총액을 초과하는 수준이었을 것이다.[21] 효과적인 백신이 개발되기를 기다리는 동안,

20) Shell, *Halfway to the Holocaust*, 164~165쪽.
21) 같은 책, 151쪽.

국제공동체가 새로운 치료법의 비용을 추가적으로 낮추는 수단과 방법을 고안하는 일은 아주 중요하다.

정치적 유지가능성

우리가 고려할 두 번째 문제는 증대된 생존력이 '정치적'으로 유지가능한가에 관한 것이다. 정치적이란 용어는 사회의 폭넓은 제도적 배경을 뜻한다. 증대된 생존력은 간단한 성과가 아니다. 왜냐하면, 과학적 지식, 기술적 고안, 올바른 행동, 환경의 안정성, 물질적 자원, 효율적인 사회작용 등이 지속적으로 축적되어 발전해야만 이런 결실을 거둘 수 있기 때문이다. 우리가 알다시피 이처럼 느린 과정이 20세기 동안 진보가 이루어질 수 있는 기초로서 작용을 하였다. 심지어 19세기 말의 유럽에서도, 그리고 20세기 중반의 대부분 개발도상국에서도 1,000년 전에 비해 생존력이 나아진 것이 없었다는 점을 우리는 반드시 기억해야 한다. 부국에서는 생존력의 향상이 20세기 동안 지속되었고, 오직 양차 대전 간의 일시적으로 예외적인 해에만 퇴보가 발생하였다.

앞으로의 한두 세대 동안 이렇게 맹렬한 진보의 속도를 지속한다고 하는 것은 20세기에 도달한 진보를 유지하게 해 준 중심축에 큰 실패가 없다는 것을 의미한다. 그러나 역사는 이런 실패가 반드시 없으리란 법은 없다는 점을 말해 준다. 구소련의 사례가 이를 단적으로 보여 준다. 지금의 러시아는 1960년대 초에 기대수명(여성과 남성을 합쳐서)이 서구 국가들과 비슷한 69세에 도달해 있었다. 그 후 정체와 큰 후퇴가 이어졌고, 그 결과 1990년대 중반에 기대수명은 64세로 줄어들었다. 서구 국가에서 기대수명이 7년 증가할 때 이 곳에서는 5년 감소한 것이다.[22] 이 감소는 남성의 경우에 더 두드러졌는데, 그래서 1990년대 중반에 남성의 기대수명은 반 세기 전 수준이었던 59세로 돌아가고 말았다. 정치체제의 오작동과 궁극적인 붕괴가 생존력 위기

22) United Nations, *World Population Prospects: The 1998 Revision* (New York, 1999).

의 중요한 원인으로 작용하였다. 영양상태가 악화되었고, 주류소비는 증가한 반면 생산의 질은 감퇴하였다. 또 약품가격의 상승과 의료기술의 첨단화 때문에 보건에 대한 공공지출의 실질금액이 감소하였다. 극빈층이 폭발적으로 늘어 전체 가구의 거의 1/4을 차지하게 되었다. 사회적 스트레스증후군이 악화되었고, 알코올중독과 폭력·자살이 급속하게 증가하였다.[23] 정치적 붕괴는 사망률의 증가를 초래하였는데, 특히 성인의 사망률이 급증하였다. 이러한 사망률 증가의 원인으로 심장혈관질환, 호흡기질환, 알코올의존성 질병, 폭력 등을 꼽을 수 있다. 이와 유사한 상황이 중부 및 동부 유럽의 다른 구사회주의 국가들에서 좀더 완화된 형태로 발생하였다.[24] 개발도상국들에서도 비슷한 사례가 존재한다. 예를 들어, 나이지리아는 1960년대와 1970년대 초의 석유 붐 이후 정치적 불안정과 궁핍화의 시기를 겪었는데, 이에 따라 보건 시스템도 악화되었다. 구소련 국가들에서 발생하였던 것과 유사한 속성을 가진 대대적 붕괴가 사실 미래에 부국에서는 발생하지 않을지 모른다. 신중한 예측조차 향후 50년 동안 생존력의 향상이 있으리라고 전망하고 있다. 그러나 위기와 침체의 시기가 도래함으로써 이런 향상이 어느 정도는 위태롭게 될 수도 있다는 가능성을 완전히 배제할 수 있을까?

경제적 유지가능성

세 번째 문제는 증대된 생존력이 경제적으로 유지가능한가에 관한 것이다. 최근 연구는 유럽의 선진적 인구가 평균적으로 미국의 인구보다 높은

23) M. V. Shkolnikov and G. A. Cornia, "Population Crisis and Rising Mortality in Transitional Russia," in G. A. Cornia and R. Paniccià, *The Mortality Crises in Transitional Economies* (Oxford University Press, Oxford, 2000); G. A. Cornia and R. Paniccià, "The Transition's Population Crisis: Nuptiality, Fertility, and Mortality Changes in Severely Distressed Economies," in M. Livi-Bacci and G. De Santis, eds., *Population and Poverty in Developing Countries* (Oxford University Press, Oxford, 2000); A. Andreev et al., "Réaction d'une population hétérogène à une perturbation. Un modèle e'interpretation des évolutions de mortalité en Russie," *Population* 1 (1997. 1~2).

24) Cornia and R. Paniccià, *Mortality Crises*; United Nations, *World Population Monitoring 1998. Health and Mortality. Selected Aspects* (New York, 2000), 16~17쪽.

기대수명을 보이는 반면, 미국의 경우 '최고령자층'의 사망률이 유럽보다 낮다는 점을 지적하고 있다.[25] 고령인구의 사망률에서 이런 '교차'상황이 나타나는 이유는 복잡하지만, 보건서비스에 대한 접근성이 더 좋다는 점과 첨단의료수준이 높다는 점 등과 관련이 있는 것으로 보인다. 첨단의료에 대한 지속적 접근성 -그리고 생물학 · 유전학 · 약학분야에서의 발전- 이 앞으로의 기대수명 연장의 핵심 요인이 될 수 있다. 하지만 사망률의 감소는 오늘날 인구고령화의 주된 원인이다. 인구가 고령화되면 노인을 보살피는 일에 대한 수요가 증가하고, 그러한 일에 기술적 발전이 일어나게 된다. 또한 이와 관련된 모든 영역의 가격이 평균보다 높이 상승하게 되어 보건에 대한 경제적 부담이 더욱 가중될 것이다. 그리고 이러한 상황은 경제적으로 '유지가능'하지 못할 수 있다. 즉, 사회가 지출에 있어서 다른 항목에 우선순위를 둘 수 있다. 공공자원이 부족해짐에 따라 보건분야는 교육이나 환경, 범죄통제 등의 분야와 경쟁을 해야 된다. 따라서 보건에 대한 투자의 증가는 고령화를 초래하며, 고령화는 보건에 대한 수요를 증가시키는데, 이 수요증가는 첨단의료와 연계되어 있기 때문에 경제적 부담을 가중시키게 된다. 이러한 부담을 사회는 책임지려 하지 않거나, 또는 책임지지 못할지 모른다.[26]

선진국에서 65세 이상 인구의 비율은 2000년을 기준으로 전체 인구 중 14%를 차지하였다. 이 수치가 2050년에는 28%로 증가할 것이라는 예측이 있다. 고령자 중에서도 최고령자층의 비율이 매우 급속히 증가할 것으로 보인다. 고령화가 보건지출에 미치는 영향력은 상당히 중요한 의미가 있을 것이다. 1990~2003년 사이에 GNP에서 건강지출이 평균적으로 차지하는 비율은

25) N. G. Bennett and S. J. Olshansky, "Forecasting US Age Structure and the Future of Social Security," *Population and Development Review* 22:4 (1996), 708쪽.

26) 보건지출의 증가(GNP 대비)는 지출이 공공부문에서 사적 부문으로 이전하는 것을 결정할 수 있다. 그러면 보건시설과 치료에 대한 접근성에 불균형이 커지게 된다. 이는 생존력에 부정적으로 작용할 수 있다.

증가하였다. OECD에 소속된 상위 6개 대국(미국, 일본, 독일, 프랑스, 영국, 이탈리아)의 경우 그 비율이 8.2%에서 10%로 증가하였다. 미국만 놓고 보면, 동일한 기간에 그 비율이 11.9%에서 14.6%로 상승하였다.[27] 보건지출을 증가시킨 원동력들은 서로 이질적이다. 고령자 비율의 증가가 원동력 중 하나이고, 첨단의약비용이 물가상승률보다 빠르게 증가하고 있다는 사실은 또 다른 원동력이다. 세 번째 요인도 작용하고 있다. 불구가 되는 빈도가 사망률만큼 빠르게 떨어지지 않을 수 있기 때문에, 60세 또는 70세를 넘어서면 기대수명에 대한 불구의 비율이 증가한다. 즉, 질병으로 인해 '상실하는' 연수가 늘어난다는 것이 세 번째 원동력이다. 사실 의료의 진보가 불구상태로 되는 환자의 생존력을 향상시킨다고 많은 사람들이 믿는다. 따라서 고령자가 불구가 되는 빈도는 일반적으로 증가하는 것이다. 이 분야에 대한 연구는 꽤 최근에 와서야 이루어졌다. 국가 간의 비교나 시간이 경과함에 따른 비교는 아주 어려우며, 추세들은 불확실하다. 질병 때문에 상실한(또는 건강이 좋지 못한 상태로 살아가는) 연수의 비율은 프랑스에서는(일정한 연령 이상에서는) 감소하는 것으로 보이는데, 이 비율이 미국에서는 정체되고 호주에서는 증가하는 것으로 보인다. 어쨌거나 불구가 되는 추세들은 보건지출의 추이를 결정하는 데 중요할 것이다.[28] [그림 6-2]로부터 몇 가지 흥미로운 추론이 가능할 것이다. 이 그림은 부국과 빈국에서 1인당 보건지출이 기대수명과 어떤 관련성을 보이는지를 보여 주고 있다. 일정한 수준의 지출을 넘어서면 기대수명은 대체로 일정하게 유지된다. 이는 우리가 이전에 언급하였던 내용을 확인시켜 준다. 즉, 화폐단위로 변환할 수 없는 비물질적인 요소들(지식, 조직, 최상의 관행, 행동)이 인류의 생존과 밀접히 관련되어 있다는 것이다. 만약 보건지출이 계속 증가한다면 어떻게 될까? 보건시스템이 첨단치

27) OECD, *Factbook 2005* (Paris, 2005).

28) J. Dupâquier, ed., *L'espérance de vie sans incapacité* (PUF, Paris, 1997); V. Egidi, "Health Status of Older People," *Genus* 59:1 (2003).

그림 6-2 보건에 대한 1인당 지출(국제달러 기준)과 출생시 기대수명, 2002년

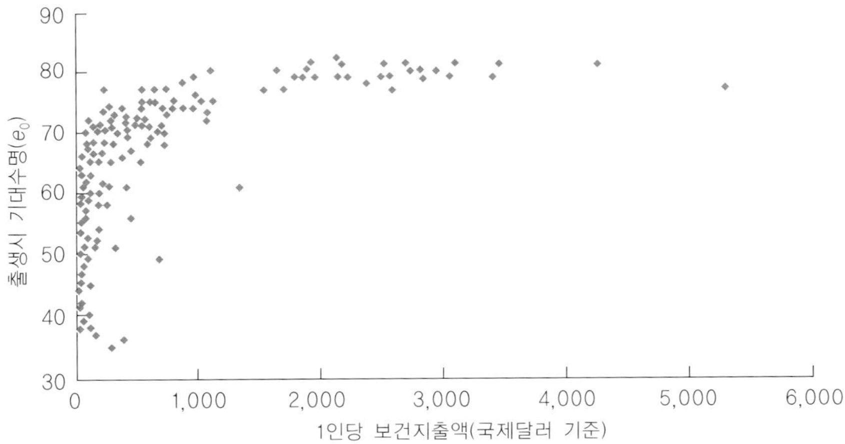

료를 줄이기 시작한다면 어떤 일이 발생하게 될까? 고령자층의 낮은 생존력이 지속적으로 향상될 수 있을까?

우리는 영원히 살 수 없게 태어났지만, 만약 영생을 가능하게 하는 기적의 약이 개발된다면, 그리고 우리가 세계인구를 현재의 수준인 60억 명으로 –많은 이들이 이것도 이미 너무 많고 과밀하다고 여기고 있다– 유지되기를 바란다면, 지구상에서 더 이상의 출산이 허용되지 말아야 할 것이다. 증대된 생존력은 반드시 우리의 인구체제 및 사회체제와 양립할 수 있어야 한다. 그리고 이 생존력은 생물학적 세계에 대한 지속적 조절과 감독에 의해 반드시 유지되어야 한다. 또한 이 생존력은 대체적으로 안정된 정치적 제도에 의해 보장되어야 하며, 20세기에 많은 국가들이 경험하였던 것처럼 정치적 변화가 충격적인 결과를 수반하지 않아야 한다. 뿐만 아니라 이 생존력은 연구, 예방, 치료를 위해 가용자원을 끊임없이 사용하는 환경에 기초한다. 세계인구가 20세기 동안 기대수명을 연간 4개월씩 연장시킬 수 있었지

만, 이런 웅대한 과업은 21세기에는 불가능할 것이다. 21세기에 우리가 짊어질 보다 지루한 임무는, 이미 달성된 성과를 지속시키고, 이를 빈곤세계 전역으로 확산하며, 추세가 역전되는 것을 예방하고, 삶의 질을 향상시키는 것 등이 될 것이다.[29)]

5. 한계점의 이동

21세기 후반에는 인구가 현재보다 60% 많을 것으로 보인다. 하지만 이런 종류의 성장이 경제적 진보와 사회적 진보에 악영향을 끼칠 것인지 아닌지에 대해 말하기는 어려운 일이다. 앞에서 반복하여 언급하였듯이 인구는 '독립변수'가 아니라 그것이 직면하게 되는 증가가능성에 맞추어 반응하고 조정하기 때문이다. 지난 몇 세기 동안 많은 학자들은 주어진 공간적 · 기술적 한계 내에서, 그리고 삶의 질을 유지하고 환경악화를 피할 필요 내에서, 세계적인 '수용능력'(carrying capacity) 또는 어떤 경우에서도 최대로 견딜 수 있는 인구규모가 존재한다는 생각을 확고하게 고수하였다.[30)] 물론 혹자는 삶의 질이라는 문제를 놓고 길게 논쟁을 할 수 있을 것이다. 잠마리아 오르테스(Giammaria Ortes)18세기 이탈리아의 학자로 인구과잉문제에 대해 이성적 제한을 강조하여 맬서스 이론의 선구를 이루었음-역자 주가 말한 것처럼 우리는 인류가 "지구에서 숨쉴 수 있는 인간의 수보다 더 많이 늘어날 뿐 아니라 모든 지표면이 포화상태가 되어 더 이상 수용할 수 없게 되는 것을 보기 원치 않는다. 아주 낮은 계곡에서 드높은 산 정상에 이르기까지 모든 곳에 사람이 빽빽하게 들어차 있어서 마치 큰 통에 들어 있는 마른 청어와 같은 형상이 되기를 원하지 않

29) 많은 저자들은 기대수명이 미래에 계속 증가하여 21세기 말에는 100세에 도달할 것이라고 믿는다. 필자는 이런 낙관론에 동의하지 않는다.

30) '수용능력'이라는 표현에 내포된 정의와 개념에 대한 철저한 분석에 대해서는 J. E. Cohen, *How Many People Can the Earth Support?* (Norton, New York, 1995) 419~425쪽을 참조하라. 실제로 그 책 전체가 이 개념에 대한 분석에 할애되고 있다.

는다."[31] 기술적 진보의 어떤 유형은 심지어 이를 가능하게 할지도 모르는 일이다.

'수용능력'이 무엇인지 확인하는 작업이 가져오는 개념적 어려움은 너무 많아서 실제적인 목적을 위해서는 쓸모가 없는 지경에 이르게 된다. 이것은 생물학과 동물생태학에서 도출된 아이디어로, 특정한 환경이 동물의 생활을 얼마나 지탱할 수 있는지 그 용량을 측정하기 위해 고안된 개념이다. 하지만 이 측정법을 인류에 대해 적용할 경우, 기술발전과 삶의 질의 개념이 지닌 탄력성, 복잡하고 쉽게 정형화되지 않는 역동적인 시스템에 대한 적응력과 상호작용 등에 대해서도 고려를 해야만 한다. 그럼에도 불구하고 우리는 분명 한정적인 세상에서 살고 있으며, 여기서 어느 경계선을 넘으면 인구와 자원이 충돌하게 되는지를 묻는 작업은 매우 중요한 것이다. 『성장의 한계』(*Limits to Growth*)[32]의 저자가 발표한 최근 연구에서 인용한 [그림 6-3]은 인구와 '수용능력' 사이의 상호작용에 대한 네 가지 가능한 양식을 보여주고 있다. 처음의 두 양식([그림 6-3] (a)와 (b))은 인구와 수용능력이라는 두 힘이 서로 충돌하지 않을 것이라는 낙관적 관점을 나타낸다. 첫 번째 사례에서는, 인구가 증가하면 기술진보 덕분에 수용능력 역시 증가하여 두 곡선이 교차하지 않게 된다. 두 번째 사례에서는, 수용능력이 일정하지만 인구가 한정된 환경에 의해 부과된 한계에 접근하게 되면 인구증가는 감속된다. 이와 달리 다른 두 곡선([그림 6-3] (c)와 (d))은 충돌이 발생할 수 있는 양식을 나타낸다. 앞의 양식(수렴형 진동)에서는 지속적인 조정이 존재한다. 뒤의 양식(과도와 붕괴)에서는 인구증가가 환경의 붕괴, 자원의 감소, 인구학적 대재앙을 조장한다. 그렇다면 이 중 어떤 것이 미래를 묘사하는 것일까? 충돌이

31) G. Ortes, "Rifiessioni sulla popolazione delle nazioni per rapporto all'economia nazionale" (1790), in *Scrittori classici italiani di economia politica* (G. G. Destefanis, Milan, 1804), vol. 24, 28쪽.

32) D. H. Meadows, D. L. Meadows, and J. Randers, *Beyond the Limits: Global Collapse or a Sustainable Future?* (Earthscan, London, 1992). 이 논쟁에 대한 정리는 V. Smil, "Limits to Growth Revisited: A Review Essay," *Population and Development Review* 31:1 (2005)를 보라.

그림 6-3 수용능력에 관한 인구의 가능한 두 접근양식

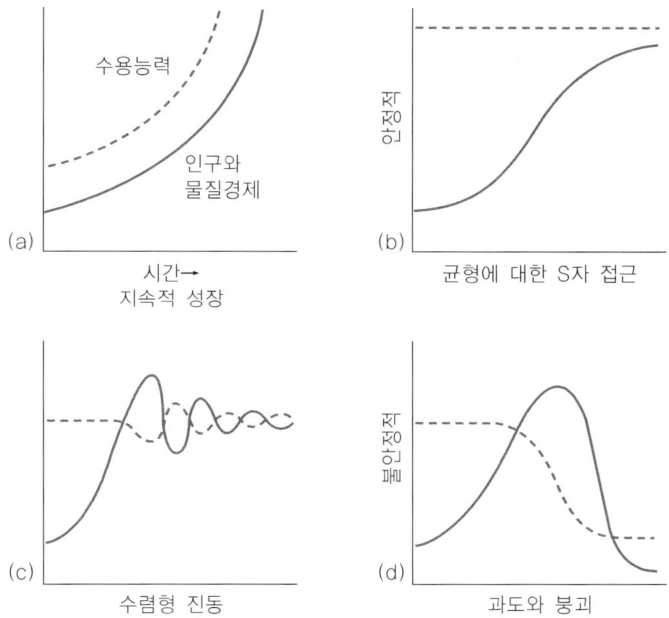

주: 시간은 수평축에 표시되며 왼쪽에서 오른쪽으로 갈수록 커진다. 수용능력(점선), 그리고 인구 규모와 물질경제의 조합(실선)은 수직축에 표시되어 있으며, 둘 다 위로 갈수록 커진다. (a)는 기하급수적(exponential) 또는 초기하급수적(super-exponential) 증가를, (b)는 로지스틱(logistic) 증가를, (c)는 수렴형 진동(damped oscilliation)을, 그리고 (d)는 과도(overshoot)와 붕괴(collapse)를 보여 준다.

자료: D. H. Meadows, D. L. Meadows, and J. Randers, *Beyond the Limits: Global Collapse or a Sustainable Future?* (Earthscan, London, 1992), 108쪽, 그림 4.2.

발생하지 않고 무제한적 확장이 일어날 것인가([그림 6-3] (a))? 피할 수 없는 충돌이 극적이고 고통스러운 변동을 초래할 것인가([그림 6-3] (c) 또는 (d))? 아니면 인구가 환경의 한계수준에 도달하면서 적응과 성장의 한계가 나타날 것인가([그림 6-3] (b))?

지구의 수용능력을 측정하려는 시도는 3세기 이상 거슬러 올라간다. 이러한 측정은 다양한 기준에 근거한다. 이런 기준은 단정적이고 절대적인 단언에서부터 수학적 곡선들의 조정과 외삽, 그리고 관찰된 인구밀도를 육지 표면 전체에 확대적용하는 방법까지 다양하였다. 또 다른 추계방법으로는 제한된 자원의 가용성, 특히 식량의 크기에 주목해서 수용가능한 최대인구를 계산하는 것이다. 복수의 한정된 자원, 예를 들어 식량과 물을 결합하여 추계에 이용하기도 한다. 가장 복잡한 추계방법은 다양한 요인들의 상호작용, 이 요인들의 대체가능성, 생활방식의 적응성 등에 대해 모의추정을 하는 것이다. 1995년 조엘 코헨(Joel Cohen)은 수용능력을 추정하기 위해서 그간 알려졌던 추계들을 비판적으로 검토하였다.[33] 즉, 그는 네덜란드의 레이우엔후크(Leeuwenhoek)렌즈 연마술을 익혀 확대율이 최대 200여 배에 이르는 현미경을 개발한 상인–역자 주(1679년)와 잉글랜드의 그레고리 킹(Gregory King)17세기 말 잉글랜드와 웨일즈 인구를 성별 · 계층별 · 연령별로 추계한 학자–역자 주(1695년), 독일의 페터 쥐스밀히(Peter Sussmilch)성비에 대한 실증적 연구로 초기 인구사에 큰 기여를 한 학자–역자 주(1741년과 1765년)가 실시한 초기 추정 –상대적으로 좁은 범위인 40억 명과 139억 명 사이로 계산됨– 에서 시작하여 가장 최근의 추정까지 모두 조사하였다. 코헨에 의해 검토된 93개의 추정 중에서 17개에서는 수용능력이 50억 명 이하로 나왔고, 28개는 50억~100억 명 사이, 16개는 100억~150억 명 사이, 8개는 150억~250억 명 사이, 13개는 250억~500억 명 사이, 11개는 500억 명 이상으로 계산되었다.[34] 중앙값은 약 100억 명으로, 이 수치는 [표 6-3]의 추정에 따르면 약 2100년에 도달하게 되는 수준이다. 수치들 간의 차이는 추계방법의 차이와 사용된 가설의 차이 때문에 생긴다. 하지만 놀랍게도 '최고치'는 오래된 추정에서 최근의 추정으로 옮겨 오면서 더 높아지는 모습을 보이지는 않는다. 그 대신 추정치의 변동성은 증가한 것으로 나타난다. 그러나

33) Cohen, *How Many People*, 216~221쪽.
34) 같은 책, 402~425쪽.

위의 추정은 통계들의 통계치에 불과하며, 호기심을 충족시키는 데에는 쓸모가 있지만, 지구의 실제 수용능력에 대한 지침으로 보기에는 무리가 있다.

현재의 관점에서 미래를 생각해 볼 때, 기술진보와 생활방식에 관해 고려하는 추계, 현대적이며 가설적인 상황에 덜 근거하는 추계가 훨씬 흥미롭다. 우선 몇 개의 추계를 생각해 보자. 수용능력 추계 가운데 최고수치를 보인 연구의 하나로 드 비트(De Wit)(1967)를 들 수 있다. 그는 광합성의 과정이 인구를 제한하는 요인이며, 물과 광물자원 등 다른 어떤 것도 한계를 부과할 수 없다고 가정하였다.[35] 그는 세계의 다양한 기후대 지역에서 가용한 경작지 1헥타르당 이산화탄소의 잠재적 방출량 추정치를 1인당 열량소비량으로 나누어 헥타르당 수용량을 추정하였다. 모든 가용토지가 경작을 위해 사용된다면(우선 각 개인에 대해 집, 일, 교통, 오락 등에 필요한 면적을 제한다), 수용가능한 최대인구를 구할 수 있게 된다. 이런 방식으로 그는 수용가능한 최대인구가 1,460억 명이며, 이는 개인별로 비생산적인 토지 750m²를 할당할 수 있는 수준이라고 추산하였으며, 그렇지 않으면 최대인구가 730억 명으로 각자에게 두 배인 1,500m²를 할당할 수 있다고 보았다. 콜린 클라크(Colin Clark)(1967년과 1977년)는 다른 방법을 통해서 이와 유사한 결과를 얻었다. 식량과 기본적인 욕구를 충족시키기 위해 1인당 필요한 표면적을 측정한 끝에, 그는 당시 일본의 소비수준을 가정하여 최대 수용가능인구를 1,570억 명으로 추정하였고, 북아메리카의 소비수준을 가정하였을 경우에는 최대인구가 470억 명이라고 추정하였다.[36] 이와 달리 로저 레벨(Roger Revelle)은 가용한 경작지 면적(열대습지와 식량 이외의 것을 생산하는 데 쓰이는 토지를 제외하고)을 관개시설과 현재의 발전된 기술을 통해 달성할 수 있는 생산성으로 곱하는 방법을 사용하였다. 그 결과 그는 수용능력이 400억 명이라는

35) C. T. De Wit, "Photosynthesis: Its Relation to Overpopulation," in A. San Pietro, F. A. Greer, and T. J. Army, eds., *Harvesting the Sun: Photosynthesis in Plant Life* (Academic Press, New York, 1967), 315~320쪽.

36) C. Clark, *Population Growth and Land Use* (Macmillan, London, 1977).

낮은 추정치에 도달하였다.[37)]

이러한 추정들은 모두 수용능력 범위에서 최고의 수준에 해당한다. 왜냐하면, 일부 받아들이기 어려운 가정(예를 들어, 가용한 모든 토지가 발전된 기술을 이용해 경작된다)들에 의존하고 있기 때문이다. 이보다 현실적인 가설들을 도입하면 추정치는 급속하게 낮아진다. 예를 들어, 질랜드(Gilland)(1983)는 레벨과 비슷한 방법을 사용하였지만, 경작가능한 면적과 생산성에 대해 덜 낙관적인 추계를 사용하여, 넉넉한 수준으로 소비가 유지될 때 75억 명이라는 훨씬 낮은 수용능력 추정치를 도출해 낸다.[38)] FAO-IIASA(1983)의 공동연구는 다른 접근법을 사용한다. FAO가 만든 토질유형도(중국을 제외한 모든 개발도상국을 포함한다)에 기초하여 다양한 기후대를 15종의 기본 농작물과 연관하여 분석하였고, 생산잠재력은 세 개의 각기 다른 가설들에 따라 추계하였다.[39)] 낮은 가설은 재배에 변화가 없고 비료, 살충제, 기계를 사용하지 않는 전통적인 방식을 염두에 둔다. 반면에 높은 가설은 전면적 기계화 및 살충제와 비료사용 등 녹색혁명 기술의 성과를 이용하는 것을 예견한다. 중간 가설은 보다 사실적인 가정에 기초를 둔다. 1975년 약 20억 명이 살고 있던 (2000년까지 약 35억 명으로 증가) 시기의 수용능력은 낮은 가설에 의하면 4억 명이고, 중간 가설에 의하면 137억 명, 높은 가설에 의하면 328억 명이다. 마지막으로, 최근의 균형잡힌 연구를 통해 스밀(Smil)(1994)은 비효율성과 불합리성, 생산, 분배, 소비체제의 낭비로 인한 실질적 감소분을 고려할 때 25억~30억 명의 추가 인구가 현재의 소비수준에서 생존할 수 있을 것이라고 추정하였다. 그는 또한 추가적인 생산적 투입 –생명공학의 혁명적 발전가능성

37) R. Revelle, "The Resources Available for Agriculture," *Scientific American* (1976. 9).

38) B. Gilland, "Considerations on World Population and Food Supply," *Population and Development Review 9* (1983). 이 저자의 더욱 최근 분석은 "World Population Growth in the Next Half Century?," *Food Policy 27* (2002), 47~63쪽.

39) FAO=식량농업기구(Food and Agricultural Organization) (UN 산하); IIASA=국제응용시스템분석연구소(International Institute for Applied System Analysis). Cohen, *How Many People*, 196~209쪽.

은 배제하더라도– 으로 또 다른 20억 내지 25억 명의 사람들을 부양할 수 있을 것으로 추정하였다.[40] 따라서 21세기 동안 지구가 100억~110억 명의 사람들을 유지할 수 있으리라고 생각하는 것이 현실적이라고 보인다.

물론 더 높은 소비수준, 그리고 보존과 환경관리의 더욱 엄격한 조치들을 염두에 둔 더욱 제한적인 가설들도 존재한다. 현재의 인구 이하로 수용량을 추정한 연구도 있다. 하지만 실질물가가 하락하고 건강과 기대수명의 평균적 수준이 증가하는 가운데 이러한 한계를 초과하는 상황이 발생하였다는 사실은 그러한 연구에 대해 의문을 품게 만든다. 게다가 1978~1998년에 저개발국들의 소비를 위해 공급되는 1인당 식량은 연간 0.8%씩 증가해 왔으며, 동시에 식량의 실질가격(고정달러 기준)은 매년 약 4%씩 감소해 왔다.[41] 만약 세계의 생산 시스템이 심각한 긴장상태에 처해 있다면, 이런 종류의 가위효과는 상상할 수 없을 것이다. 따라서 요약하자면, 위의 연구들로부터(그리고 국가 간 또는 사회집단 간의 분배문제로 들어가지 않은 채로) 다음과 같은 확신이 도출된다. 즉, 지구의 수용능력은 현재 인구보다 상당히 높은 수준이며, 경제 시스템은 수십 년 동안 현재 인구를 초과하는 평균수용능력 수준에서 세계를 부양할 수 있어야 하리라는 것이다.

가까운 미래에 식량공급이 인구의 한계를 설정하지는 않을 것이다. 그렇다면 우리는 아마도 다른 곳, 예를 들어 산출과 생활수준을 유지하기 위

40) V. Smil, "How Many People Can the Earth Feed?," *Population and Development Review* 20:2 (1994); FAO, *World Agriculture Towards 2015-2030* (Rome, 2002).

41) 세계 식량의 실질가격은 1975년의 196에서 1992년의 85(1990=100)로 하락하였다. World Resources Institute, *World Resources 1994-95* (Oxford University Press, New York, 1994), 262쪽을 참조하라. 식량생산의 분석에 대해서는 T. Dyson, "Population Growth and Food Production: Recent Global and Regional Trends," *Population and Development Review*, 20:2 (1994)를 보라. 가장 최근의 FAO 예측(2005년 6월)에 따르면, 1인당 하루에 공급되는 열량은 저개발국가에서 1970년 2,136cal에서 2002년 2,666cal로 증가하였다. 아프리카의 사하라 이남 지역에서도 개선이 일어나서, 동일한 기간 1인당 1일섭취열량이 2,122cal에서 2,207cal로 증가하였다. 하지만 급속한 인구증가를 경험하는 국가들은 여전히 심각한 식량안전과 식량부족의 문제에 봉착해 있다. N. Alexandratos, "Countries with Rapid Population Growth and Resources Constraints: Issue of Food, Agriculture and Development," *Population and Development Review* 31:2 (2005) 참조.

그림 6-4 비철금속의 장기가격과 인구증가의 관계, 1900~1991년

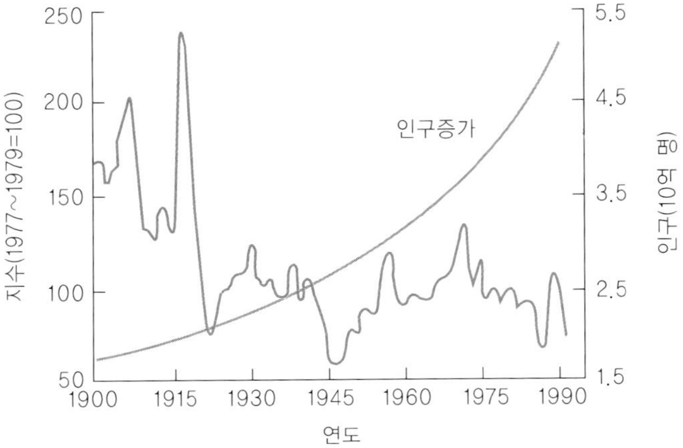

주: 지수는 알루미늄, 구리, 납, 주석, 아연의 실질가격을 개발도상국의 1979~1981년 수출가격으로 가중한 것임.
자료: World Bank 데이터.

해 필요한 재생불가능한 자원을 살펴보아야 할 것이다(동시에 우리는 석탄부족으로 공업생산이 줄어들게 될 것이라고 우려하였던 19세기의 경제학자 제본스(Jevons)의 주장을 상기해야 할지도 모른다). 하지만 이 부분에서도 우리가 곧 한계에 직면하지는 않을 것이라는 징후들이 존재하며, 여기에는 세 가지 서로 밀접하게 연계된 이유들이 존재한다. 첫째 이유는, 매장량(잠재적 매장량이 아니라 현재 가격에서 추출하여 이윤을 낼 수 있는 양)과 생산량 사이의 비율(매장량 대 생산량 비율, 또는 매장량-수명지수)이 최근 수십 년 동안 주요 광물들에서 감소한 것이 아니라 오히려 증가하였다는 것이다.[42] 두 번째는, 1차 자

42) World Resources Institute, *World Resources*, 5~6쪽. 석유의 매장량/연간 생산의 비율은 1970년대 후반 30년 미만에서 1990년대 중반 40년 이상으로 증가하였다. 천연가스의 경우 그 비율은 50년 미만에서 70년 이상으로 증가하였다. N. Nakicenovic, A. Grubler, and A. McDonald, eds., Global Energy Perspectives (Cambridge University Press, Cambridge, 1998), 54쪽을 보라.

원의 실질가격과 인구를 비교한 [그림 6-4]에서 볼 수 있듯이, 이 가격이 인구와 생산의 증가에도 불구하고 하락해 왔다는 것이다. 그리고 세 번째는 기술진보가 재생불가능한 자원들의 높은 대체율을 보장해 준다는 것이다. 어떤 광물이 희소해지면 가격이 상승하고, 따라서 이러한 대체를 가능하게 할 새로운 기술의 발전이 촉진된다.

이상의 추론은 세계적 수준에서 이루어진 것이며, 특히 우리가 살고 있는 행성 전체를 대상으로 이루어진 것이다. 발전의 격차, 천연자원, 정치적 제도, 자연재해 및 인간에 의한 재해 등 때문에 우리가 동일한 종류의 논의를 지역적 수준으로 연장하는 것은 불가능하다.

6. 새로 부상하는 한계: 자원

우리는 지구의 수용능력과 인구증가에 대한 잠재적 제한요인들 –식량생산, 1차 자원들의 가용성 등– 에 대한 간단한 검토를 통해, 이러한 한계들이 아직 우리와 동떨어져 있고, 이런 한계가 다가오고 있다는 주요 징후들은 어디에도 보이지 않는다는 점을 살펴보았다. 그런데 만약 우리가 더 넓은 맥락을 고려한다면, 즉 특정 재화의 1인당 가용량뿐만 아니라 생활양식, 환경의 질, 공간의 가용성, 그리고 특정한 역사적 · 문화적 기간에 높게 평가된 모든 것들까지 포함하여 고려한다면, 문제는 훨씬 더 복잡해진다. 사실 이 문제는 점점 해결할 수 없게 된다. 왜냐하면, 개방된 공간과 조용한 환경을 가능한 한 최대로 가용하게 만들 필요가 있다고 믿는 이들과 대규모의 밀집된 인구에 걸맞는 생활방식을 선호하는 이들 사이에는 정당하고 궁극적으로 화해할 수 없는 철학적 차이가 존재하기 때문이다. 그렇지만 이러한 감정을 측정하려는 시도와 이런 감정에 대해 논평하기 자체를 거절하는 행동 사이에 중간적 경로가 존재한다. 21세기를 거치면서 인구증가는 인류의 생활양식에 아직은 미확정적이지만 분명히 중요한 영향을 끼칠 것이다. 인구증가는 특히 환경에 심대한 영향을 미칠 것인데, 비록 이 관계가 복잡하긴 하지만 그래도 우리는 그 일반적 특성을 이해할 수는 있다.

에를리히(Ehrlich)가 제안한 다음의 항등식을 통해 생각해 보자.

$$I = P \times A \times T$$

이 공식에 따르면, 환경에 미치는 영향(I)은 인구규모(P)에 1인당 재화의 흐름(A) −1인당 소비나 소득으로 대리 표현되는− 을 곱하고 여기에 다시 기술수준(T) −에너지, 상품, 공간 등 물질적 자원의 투입에 대한 산출을 측정하는 지수로 표현되는− 을 곱한 것의 함수다. 만약 부유함, 즉 생활수준(A)이 일정하거나 증가하면서 동시에 환경에 대한 영향력(I)이 일정하거나 감소하기를 원한다면, 우리는 인구규모(P)와 기술(T)에 대해 반드시 분명한 행동을 해야 된다. 또한 필자가 이 책에서 반대하였던 가설처럼, 변수들 사이에 상호 연관성이 없다고(또는 예를 들어 인구의 변동이 A나 T에 영향을 주지 않고, 그 반대로 마찬가지라고) 가정해 보자. 이 방정식에서 유일하게 잘 정의된 변수는 P뿐이다. 이 변수에 대해서는 우리가 그 크기를 정확히 알고 있을 뿐만 아니라 위치, 성, 나이, 활동 등과 같이 다른 흥미로운 특성들도 알고 있다. P에 대해서 우리는 미래의 변동치에 대해서도 성공적으로 추정할 수 있을지 모른다. 그러나 A, 즉 부유함에 관해서는 어떠한가? 2만 달러짜리 오토바이의 추가는 2,000달러짜리 정교한 자전거나 200달러짜리 좋은 신발을 얻는 것보다 훨씬 더 많이 개인의 부를 증대시키는 것으로 보인다. 그러나 만약 그 오토바이를 위험하고 공해에 찌들고 교통체증이 심한 도시의 거리에서 타야 한다면, 한편 자전거는 잘 포장된 안전한 도로에서 타게 되고 보행자는 쾌적한 녹지를 걷게 되어 있다면, 계산은 그리 간단하지 않게 된다. 그러므로 우리의 변수 A, 즉 부유함은 경제와 물질적 자원, 사회조직의 문제일 뿐만 아니라 비물질적인 생활양식, 또는 나아가 시간과 공간에 따라 변하는 속성을 가진 인생철학의 문제이기도 한 것이다. *T*, 즉 기술의 문제는 더욱 복잡하다. 부유한 정도는 특정한 가설과 어림셈을 통해 화폐적 기준으로 측정할 수 있지만, 기술과 기술변화를 측정하는 신뢰할 만한 방법이 존재하지 않는다. 특히, 식량이나 에너지의 생산, 다양한 재화의 제조, 또는 서비스의 제공 등 각기 다른 과정에 적용할 때, 그 측정은 아주 어렵다.

이런 맥락에서 볼 때, 인구와 환경의 관계는 여러 상이한 측면에서 고찰할 수 있다. 필자는 여기서 네 측면에 대해 검토해 보기로 한다. 첫째는 앞으로 수십 년 동안 재생불가능한 자원의 소비가 불가피하게 증가할 것이며, 따라서 장기에 걸쳐서 발전이 유지되기 어렵다는 것이다. 둘째 측면은 인구증가가 식량수요, 생산 및 환경에 미치는 영향력이다. 셋째 측면은 공간배분의 변화로서, 훼손되기 쉬운 환경이 특별한 관심대상이 된다. 그리고 넷째 측면은 인구증가가 대기오염을 악화시키고 지구온난화를 조장하였을 가능성에 대한 것이다. 이상의 네 관점들은 공통적인 요소를 갖고 있다. 즉, 빈국 인구집단에서 젊은 연령구조를 형성한 실제 '추동력'이 향후 두 세대 동안에 인구증가를 초래할 것이라는 점이다. 사실, 2050년까지 확장된 유엔의 중간변동치를 기준으로 한 예측에 따르면, 이 시점까지 약 60%의 인구증가가 있을 것이라고 한다(저개발지역의 인구는 2000년 48억 6,500만 명에서 50년 후 78억 4,000만 명으로 증가할 것이다). 증가된 인구와 증가된 부는, 그 둘이 결합한 효과가 기술진보에 의해 상쇄되지 않는 한, 인간활동의 확대와 환경에 대한 영향력의 증대를 의미할 것이다.

첫째 측면에 대해 살펴보자. 상품과 에너지의 1인당 소비수준은 부국에서 빈국보다 몇 배나 높다는 점은 잘 알려져 있다. 그 비율은 알루미늄 소비에서 20배이고, 구리에서는 17배, 철광에서는 10배, 화석연료에서는 9배, 그리고 통나무에서는 3배이다.[43] 다시 말해, 부국은 자원매장량을 지나치게 고갈시키고 있는 것이다. 하지만 미래에 대한 전망은 현재의 상황보다 덜

43) World Resources Institute, *World Resources*, 8~11쪽.

어둡다. 대체, 재활용, 소비형태의 변화로 인해 부국의 추가적 1달러어치 생산 중에서 에너지와 상품의 비중이 감소되기 때문이다.[44] 게다가 부국에서는 미래에 인구가 더디게 증가하거나 또는 전혀 증가하지 않을 것이다. 그렇기 때문에 부국에서 기초자원에 대한 소비가 장기적으로 안정적이 되거나 심지어 감소할 것이라는 전망에는 근거가 있다. 하지만 빈국에 대한 전망은 이와 다르다. 세계은행의 2003년 추계[45]에 따르면, 빈국의 1인당 GNP('낮은' 또는 '중간' 수준의 소득으로 정의되고, 세계인구의 85%를 대표한다)는 1,280달러로서 부국('높은' 소득)의 2만 8,600달러와 대조를 이룬다. 두 지역 간의 부의 비율(절대적 차이는 아니라도)이 감소하려면, 다음 수십 년 동안에 빈국의 성장이 부국의 성장보다 빨라야만 한다. 다음 세대를 통해 빈국들의 1인당 GNP는 2배 내지 3배, 또는 그 이상 증가해야만 한다. 이는 도구를 제작하기 위한 더 많은 철과 광물, 의복을 만들기 위한 더 많은 섬유, 건축을 위한 더 많은 목재, 영양보급을 위한 더 많은 식량, 거주를 위한 더 많은 공간, 그리고 이 모든 활동을 위한 더 많은 에너지를 의미한다. 빈국의 생활수준은 매우 낮기 때문에 이러한 1인당 추가적 재화 흐름은 1달러어치의 생산에 대해 더 많은 에너지, 상품, 공간 등의 투입을 통해 달성될 수밖에 없다. 그리고 물론 이런 인구는 더욱 많은 식량, 도구, 의복, 주택, 연료를 필요로 한다. 다음 두 세대 동안 인구규모가 두 배로 늘어날 것이며 1인당 재화의 흐름은 몇 배로 증가되어야만 한다는 점을 고려해 보면, 이런 불가피한 증가가 아주 오랜 기간 유지되기 어렵다는 것을 쉽사리 이해할 수 있다.[46]

두 번째 측면은 농업, 그리고 식량수요와 관련이 된다. 앞으로 30년 동안(2005~2035년) 세계인구는 31% 증가할 것이며, 빈국의 인구는 37% 증가할

44) 같은 책, 6쪽.
45) The World Bank, *World Development Report 1999/2000* (Washington, DC, 1999).
46) P. Demeny, "Population and Development," in IUSSP, *Distinguished Lecture Series in Population and Development*, International Conference on Population and Development (Cairo, 1994).

것이다. 이 증가는 최소한 식량생산이 이와 비례해서 증가해야 함을 의미한다. 그러나 만약 일반적 생활수준이 향상되려면, 식량의 안정성이 증가하려면, 그리고 현재 8억 명에 이르는 영양실조에 걸린 인구가 감소하려면, 더 많은 식량이 필요하게 된다.[47] 총소비의 약 4/5를 곡류가 차지하고 있으므로, 곡류에 대한 수요(다른 식량과 섬유, 연료에 대한 수요도 함께)의 증가는 "천연자원에 대한 압력을 엄청나게 증가시킬 것이다. 즉, 농지뿐만 아니라 물, 어류, 목재 등에 대한 압력도 크게 증가할 것이다. 천연자원은 면밀한 주의를 기울여 관리해야만 할 것이다. 빈곤, 인구압력, 무지, 부패 등의 결과로 나타나는 부적절한 관리체제로부터 천연자원을 보호해야 한다. 자생적 숲과 습지, 해변, 초원 등 생태적 가치가 높은 모든 것들을 남용과 피폐화로부터 보호해야만 할 것이다."[48] 이 내용은 다름 아닌 세계은행의 평가다. 미래에 어떤 선택을 해야 할 것인가는 과거의 추세로부터 나온다. 1961~1990년에 빈국의 곡물생산은 118% 증가하여 인구증가율 93%를 능가하였다. 즉, 1인당 생산이 실질적으로 증가하였던 것이다. 이 증가의 약 92%는 단위면적당 평균생산의 증가에 기인하였고, 오직 8%만이 경작면적의 증가에 기인하였다. 물론 미래에 대해서도 같은 선택이 열려 있다. 즉, 곡물생산은 경작지의 새로운 추가에 의해서, 또는 이미 경작되고 있는 토지에서 집약적 농경을 실시함으로써 얻을 수 있을 것이다. 두 선택이 환경에 대해 미치는 잠재적 영향력은 상이하다. 다시 세계은행의 표현을 빌자면, "만약 동일한 토지에서 더 많은 식량이 생산된다면, 이는 새로운 토지를 경작하라는 압력을 완화시킬 것이고 사람의 손을 타지 않은 천연지역의 보존을 가능하게 할 것이다. … 그러나 집약적 농업도 문제를 야기한다. 화학물질을 더 많이 사용하고 관개를 위해 더 많은 물을 배분하고 토지의 용도를 바꾸는 방법을 사

47) FAO, *The State of Food Insecurity in the World* (Rome, 2000).
48) The World Bank, *World Development Report 1992: Population and Environment* (Oxford University Press, Oxford, 1992), 134쪽.

용하여 생산을 늘리면, 다른 곳에서 문제가 나타날 수 있다. 비료와 동물 배설물의 사용이 너무 많아지면 해조의 증가와 호수, 해안 어귀, 뭍으로 둘러싸인 바다의 부영양화가 발생할 수 있다. 비록 이러한 외부효과가 서유럽과 북아메리카에서 더 흔하긴 하지만, 농업에 의한 오염은 동유럽과 다른 개발도상국에서도 심각한 문제로 대두하고 있다. 뿐만 아니라 인도와 파키스탄의 펀자브 지방과 인도네시아의 자바에서도 화학물질의 투입이 거의 공업화된 지역만큼이나 많다."[49)]

집약화(intensification)에 대한 대안은 새로운 토지를 경지로 이용하는 것, 즉 조방화(extensification)이다. 그러나 맬서스의 말을 인용할 필요도 없이 이런 과정이 영원히 지속될 수 없음은 자명하다. 실제로 몇몇 국가에서는 -예를 들어, 방글라데시- 이미 그 한계에 도달하였다. 지난 10여 년 동안 생명공학은 비료의 투입 없이 생산을 추가로 증가시키는 또 다른 방식으로 등장하였다. 즉, 집약화/조방화의 딜레마에 대한 새로운 대안(진정으로 '새롭다'고 말하기 어려운 것은, 농업이 시작된 이래 식량의 질과 양, 그리고 다양성을 향상시키기 위해 줄곧 일종의 생명공학이 사용되어 왔기 때문이다)을 제공해 주는 것이다. 생명공학의 적용은 논쟁의 소지가 있으며, "세계 공동체에 희망과 위험을 함께 제공한다." 이는 농업의 미래가 새로운 유전공학 혁명에 있다고 확신하는 이들의 표현이다. "농업과 임업에서는 작물과 가축, 물고기, 나무의 생물학적 잠재력을 이용하고 개선하는 새로운 방법, 그리고 이들을 위협하는 해충과 병원체를 진단하고 통제하는 개선된 방법을 제공할 수 있다는 희망을 유전공학은 약속한다. 한편, 유전공학이 지닌 위험은 강력한 신기술의 통제를 둘러싼 심오한 윤리적 이슈들, 그리고 특정한 적용과 관련하여 인류의 건강과 환경에 끼치는 위험의 평가와 관리에서 찾을 수 있다."[50)] 이런 문

49) 같은 책.
50) I. Serageldin and G. J. Persley, *Promethean Science Agricultural Biotechnology, the Environment and the Poor* (CGIAR, Washington, DC, 2000).

제의 통제와 관리는 정치적일 수밖에 없는데(유럽연합과 미국이 현재 보여 주고 있는 대립에서 볼 수 있듯이), 인구증가의 약화는 이런 문제를 진정시키는 데 도움이 될 것이 분명하다.

7. 새로 부상하는 한계: 환경

세 번째 관점은 두 번째 관점으로부터 나온다. 만약 식량에 대한 수요의 증가가 농업의 조방화를 의미한다면, 토지이용의 변경은 이미 아슬아슬한 균형상태에 있는 지역들을 위험에 빠뜨릴 수도 있다. 물론 거주지의 변경은 인간 역사에서 새로운 것이 아니다. 중세 이래 유럽의 얼굴은 숲이 농경지에 자리를 내줌에 따라 크게 변화하였다. 세계 전체로 보면, 1700~1980년 사이에 농경지가 6배 증가한 것으로 측정되었는데, 이 증가는 인구증가에 비하면 낮은 수준이다.[51] 1989~1991년을 기준으로 볼 때, 총 1억 3,040만km^2에 달하는 지구상의 토지는 다음과 같이 나뉘었다. 총면적의 11%에 해당하는 1,440만km^2는 농경지이고, 25.8%에 해당하는 3,360만km^2는 숲과 삼림이었으며, 33.3%에 해당하는 4,340만km^2는 '기타 토지'(경작되지 않은 땅, 목축용이 아닌 초지, 습지, 건설용 지역 등)로 분류되었다.[52] 1979~1981년에서 1989~1991년까지 농경지는 1.8% 증가하였고, 목장은 2.4%, 기타 토지는 5.5%가 증가한 반면에, 숲은 7.8% 감소하였다.[53] 삼림벌채, 즉 다른 목적을 위해 영구적으로 숲을 없애는 작업은 1990년부터 1995년까지 연간 0.4%의 비율로 지속되었다.[54] 만약 오랜 기간 이런 속성의 변화가 계속된다면, 지구 표면에 심대

51) G. K. Heilin, "Neglected Dimensions of Global Land-Use Change: Reflections and Data," *Population and Development Review* 20:4 (1994), 833쪽, 표 1.
52) World Resources Institute, *World Resources*, 284쪽, 표 17.1.
53) 같은 책.
54) The World Bank, *World Development Report 1999/2000*, 표 9.

한 변화가 초래될 것이 분명하다.

숲과 같이 훼손되기 쉬운 환경에서 인구변화의 역할은 더욱 분명하다. 비록 삼림벌채의 속도에 대해서는 논란이 존재하지만, 벌채의 주된 요인이 농업에 목표를 둔 토지개간이라는 것 –특히, 아프리카와 라틴아메리카에서– 과 이런 종류의 벌채가 전체에서 거의 2/3를 차지한다는 것에 대해 일반적으로 동의하고 있다.[55] 이런 종류의 벌채는 직접적으로는 식량과 땔감에 대한 수요증가의 결과물이고, 간접적으로는 인구증가의 결과물이다. 국제적 수준에서 볼 때, 실제로 인구증가율과 삼림벌채 비율 사이에 양의 관계가 존재한다는 증거가 있다.[56] 그러나 이런 관계에는 수많은 다른 요인들이 개입되어 있기 때문에, 관계의 강도는 상대적으로 약하다. 즉, 농업집약화의 기회, 인구밀도, 정부규제와 제도 등의 작용이 관여한다. 하지만 개별국가에 대한 연구를 보면, 필리핀(과밀화된 지역으로부터 내부 산악지역으로의 이주가 급속한 벌채를 야기하였다), 과테말라, 수단, 태국 등 상이한 배경하에서도 인구압력이 작용하여 삼림벌채가 발생한 상황이 공통적으로 나타난다.[57] 일반적으로 높은 인구증가와 빈곤, 토지악화 사이에는 자기강화적 연계가 존재한다. 빈곤은 높은 출산율과 관련되는데, 이는 보건 및 연금체제가 없는 상황에서 아이들을 궁핍을 벗어나게 해 줄 일종의 보험으로 보기 때문이다. 자본과 기초자원(물이나 땔감 같은)이 부족하면 출산율은 계속 유지된다. 왜냐하면, 아이들이 필요한 노동력과 소득의 원천이기 때문이다. 그리고 높은 출산율은 높은 인구증가율로 이어지는데, 이를 통해 환경자원에 대한 손상이 더 확대된다. 특히, 환경자원이 공유재일 때 이 손상의 위험

55) The World Bank, *World Development Report 1992*, 57~58쪽.

56) Preston, "Population and Environment from Rio to Cairo," in IUSSP, *Distinguished Lecture Series in Population and Development* (International Conference on Population and Development, Cairo, 1994), 8쪽; R. E. Blisborrow, "Population, Development and Deforestation: Some Recent Evidence," in United Nations, *Population, Environment and Development* (New York, 1994).

57) Blisborrow, *Population, Development and Deforestation*, 129~131쪽.

그림 6-5 세계의 농촌인구와 도시인구, 1950~2025년

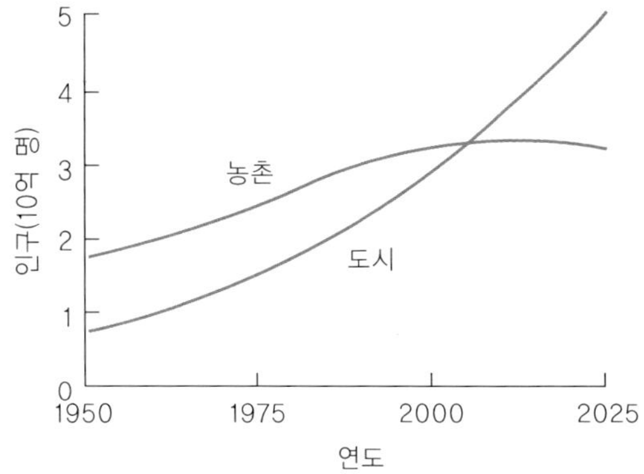

그림 6-6 유럽과 북아메리카의 인구밀도와 건설용 토지의 비율, 1990년

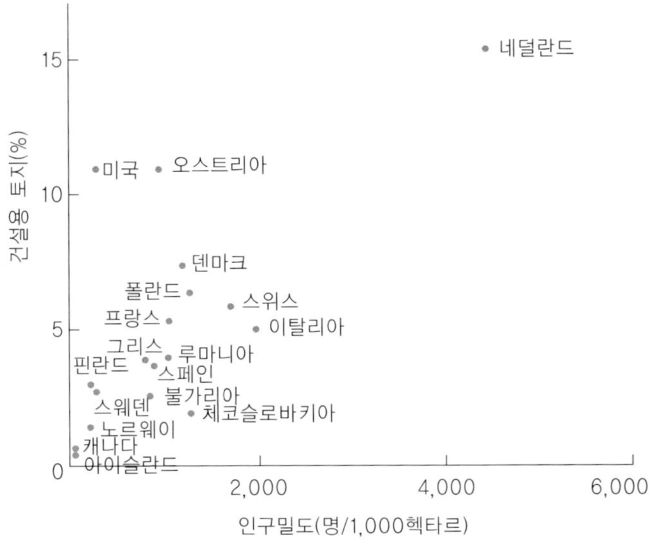

은 더 커지기 마련이다.[58)]

주택건설을 위한, 공업 · 상업 · 여가를 위한, 그리고 교통 및 다른 목적을 위한 건설용 공간의 증가는, 인구변화의 압력 속에서 영구히 지속될 수 없는 토지이용 전환의 또 다른 측면을 보여 준다. 이런 면에서 추동력이 되는 것은 급속한 도시화다. 유엔의 추정과 예측([그림 6-5])에 따르면, 도시인구는 1950년에 전체 인구 중 29.3%였다가 2003년에는 48%로 증가하였으며, 2007년에는 농촌인구를 능가하게 된다. 게다가 현재의 도시거주자 5명 중 2명이 인구가 100만 명을 넘는 거대도시에서 살고 있다. 서구 국가들과 관련된 자료는 예상하였던 대로 인구밀도와 건설용 토지의 비율 사이에 밀접한 상관성을 보여 준다. 건설용 토지의 비율이 최소로 나타나는 곳은 아이슬란드(총건설용 토지의 비율이 0.3%이고 인구밀도는 $1km^2$당 한 명)이고, 최대인 곳은 네덜란드(건설용 토지의 비율은 15.9%이고 $1km^2$당 450명이 살고 있음, [그림 6-6] 참조)이다. 인구증가가 해안지역에 집중되고 있는 현상은 또 다른 잠재적 문제이다. 현재 세계인구의 약 2/3가 해안 60km 이내에 거주하고 있다. "결과적으로 연안 토지와 연안 수질, 즉 연안지역 전체 환경에 대한 압력은 점점 강도가 높아지고 있다. 지속적인 건설의 확장, 오염, 얕아지는 수심, 해양 어족의의 고갈과 소멸 … 등에 따른 결과다. 최근 몇 년간 연안지역의 환경적 취약성은 주기적으로 재현되는 자연재해(예를 들어, 태풍과 해일)에 의해 강조되고 있었다. 이런 자연재해는 남아시아와 동남아시아에 있는 국가들(가장 두드러진 나라는 방글라데시)의 인구가 밀집되어 있는 삼각주 지역에 영향을 끼쳐 왔으며, 환경관리에 대해 여러 문제를 불러일으켰다."[59)]

네 번째이자 마지막인 관점은 인구증가가 대기오염에 미치는 영향과

58) N. Cuffaro, "Population Growth and Agriculture in Poor Countries: A Review of Theoretical Issues and Empirical Evidence," *World Development* 27:7 (1997), 1158쪽; P. Dasgupta, *An Inquiry into Well-being and Destitution* (Clarendon Press, Oxford, 1993).

59) B. Zaba and J. I. Clarke, "Introduction: Current Directions in Population-Environment Research," in B. Zaba and J. I. Clarke, eds., *Environment and Population Change* (Ordina, Liege, n. d. [1994]), 24쪽.

관련된다. 인간의 활동량이 증가하고, 특히 화석연료의 사용이 증가하면서 대기 중의 '온실가스' 농도가 증가한다. 지구 표면에서 방출되는 적외선을 차단함으로써 온실가스는 지구온난화를 초래할 수 있으며, 그에 따라 환경과 인간활동에 대해 다양한 영향을 미친다. 최근에 이루어진 '평상시처럼 가설'(business-as-usual hypothesis)에 근거한 복잡한 예측에 따르면, 2025년까지 이산화탄소 배출이 2배로 증가할 것이며 21세기가 끝나기 전에 4배까지 증가할 것이라고 한다. 배출의 증가는 다시 2025년까지 지구 온도를 1°C 증가시킬 것이고 2100년까지는 3° 내지 4° 증가시킬 것이다.[60] 배출량의 증가는 명백하고 상대적으로 정확하게 측정된 현상인 반면에, 지구온난화가 뒤이어 발생하게 된다는 추론은 논쟁의 대상으로 남아 있다. 마지막으로, 지구온난화(만일 발생한다면)가 초래할 경제적 · 사회적 결과에 관한 추론들은 예측에 근거한다. 미래에 대한 전망은 극도로 복합적인 모형들에 근거하고, 그 결과는 새로운 매개변수들과 새로운 추정치들이 모형에 도입됨에 따라 변한다. 봉가츠(Bongaarts)는 1985~2025년 사이에 인구증가가 배출량 순증가의 약 50%를 야기할 것이라고 최근에 추정하였다. 그리고 그는 2100년에 세계인구가 104억 명에 도달할 것이라는 가정하에서, 2025~2100년 동안에 인구증가의 순영향이 겨우 22%에 불과할 것이라고 추정하였다.[61] 배출을 감소시킬 미래 기술의 역할은 이러한 추정에서 고려되지 않는다. 그러나 오늘날 기술의 역할은 각기 다른 국가에서 1인당 및 GNP달러당 배출이 서로 다른 수준으로 나타나는 이유를 설명할 때 결정적인 중요성을 갖는다.[62] 미래

60) The World Bank, *World Development Report 1992*, 158~160쪽. 최근 예측에 따르면, 저개발국의 이산화탄소 배출이 선진국의 배출을 2020년 이전에 초과할 것이라고 한다. Alessandro Lanza, *Il Controllo del clima: aspettative e ruolo per le economie emergenti* (Fondazione Eni Enrico Mattei, Rome, 2005)를 참조하라.

61) J. Bongaarts, "Population Growth and Global Warming," Working Paper, no. 37 (Population Council, New York, 1992). 또한 다음도 참조하라. W. Luts, "Population and Environment-What Do We Need More Urgently: Better Data, Better Questions or Better Models?," in Zaba and Clarke, *Environment and Population Change*.

62) Preston, *Population and Environment*, 13~14쪽.

의 배출량을 결정하는 데 있어서 기술의 역할은 확실히 압도적이 될 것이며, 인구증가의 중요성은 두 번째로 밀려날 것이다.

위의 사례들은 인구증가와 환경 사이의 관계가 얼마나 복잡한지를 보여 준다. 이 관계는 수많은 방식으로 거주자의 수(*P*)와 인간활동의 규모(*A*)와 특성(*T*)에 의해 영향을 받는다. 21세기 전반기에 불가피하게 발생할 인구증가는 부의 증대와 함께 상품, 식량, 공간에 대한 수요증가를 결정하게 될 것이다. 또한 그것은 일부 고정된 자원을 고갈시킬 것이며, 재생가능한 자원에 대한 압력을 증가시킬 것이다. 기술은 자원의 대체를 늘리거나 오염을 완화시킴으로써 바람직하지 못한 여러 결과들을 상쇄시킬 수도 있다. 제도 역시 토지사용과 자원에 대한 접근성 등을 규제함으로써 유사한 효과를 만들어 낼 수 있다. 그리고 문화적 변화는 소비패턴의 조정과 행동의 변화를 통해 마찬가지로 영향을 끼칠 수 있다. 결론적으로, 최소한 다음 세기 동안에는 인구증가의 부정적 영향이 중화되고 성장의 한계가 상향으로 이동할 수 있을 것이다. 그러나 다음의 세 강조점은 꼭 기억해야 한다. 첫째, 인구증가의 효과는 중립적이지 않다는 것이다. 둘째는 인구증가가 늦추어지면 많은 문제들이 해결하기 쉽게 된다는 것이다. 그리고 셋째는 지구의 생명 시스템을 위협하는 인간의 힘이 과거 어느 때보다 강하다는 것이다. 우리에게는 위험을 줄이는 것이 사려 깊은 판단일 것이고, 인구증가를 제한하는 것이 이 목표에 부합하는 일일 것이다.[63]

63) 상대적으로 낙관적인 견해에 대해서는, National Research Council, *Our Common Journey: A Transition Towards Sustainability* (National Academy Press, Washington, DC, 1999), 160쪽; "지속가능성을 향한 성공적인 이행은 앞으로 두 세대 동안 가능할 것이다. 이 이행은 기적적인 기술이나 인간사회의 극적인 변화 없이도 달성할 수 있다."

8. 계산과 가치

우리의 논의는 낙관론자의 편이나 대재앙론자의 편에 서서 결론을 내리지 않는다. 하지만 인구집단이 가진 '선택'의 메커니즘 –이것이 감지된 제약에 따라 인구증가를 규제할 수 있다– 이 과거보다 약해지는지 아니면 강해지는지에 대해 이해하고자 노력할 수 있다. 우리가 이 책에서 마지막으로 생각해 볼 내용은 바로 제약에 대한 인지, 그리고 선택과 규제의 메커니즘의 작용에 관한 것이다.

제약요인들을 인지하는 데에는 복잡한 문제들이 존재한다. 인구추동력의 세기가 주어진 상태에서, 추세의 조정 –예를 들어, 신생아 출산의 변화–은 오직 시간이 상당히 흐른 뒤에야 감지할 수 있다. 게다가 어떤 '위험'신호들은 아주 서서히 인식된다. 예를 들어, 환경의 악화는 피해가 드러난 이후에야 완전하게 알게 된다. 산골짜기의 삼림 황폐화는 계곡의 심각한 범람을 초래할 수 있지만, 이런 사태는 과정이 한참 경과한 후에야 나타나게 되는 것이다. 이산화탄소와 다른 가스들이 대기 중에 농축되면서 발생하는 '온실효과'는 수십 년이 지난 후에 감지될지 모르며, 초기의 온난화 단계는 심지어 긍정적 발전으로 잘못 해석될 소지조차 있다.

인구증가로 인해 발생하는 문제는 아마도 현대 사회보다 전통적인 농촌사회에서 더 즉각적으로 포착되었을 것이다. 마을과 계곡 또는 지역의 거주자들은 이미 인구가 포화상태인 곳에서 새로운 정착이 유발하는 부정적 영향을 직접적으로 경험하였고, 현재보다는 덜 효율적이지만 규제 메커니즘이 작동하여 점차적으로 필요한 조정을 해 나갈 수 있었다. 시장의 확대와 통합, 그리고 무역의 발전은 천연자원(예, 토지)과 소비재 사이의 관계를 개인들이 인지하지 못하도록 차단하였다. 홍콩은 미국이나 아르헨티나로부터 농산물을 수입함으로써, 소비되는 곡물이나 쇠고기와 그것을 생산하는 농촌의 환경 사이의 연관성에 대한 아무런 인식 없이 성장해 갈 수 있다. 이런 종류의 분리는 경제발전의 필연적인 결과다. 하지만 인구선택의 주창자(개인)와 제약의 힘을 창출하는 자(환경) 사이의 직접적 연계가 단절되었다는 점을 강조할 필요가 있다. 이런 연계는 천천히 다시 회복되고 있다. 이제는 환경적 현상의 전 지구적 특성과 상호연관성을 인식하는 개인, 기관, 정부의 수가 늘고 있기 때문이다.

더욱 즉각적인 경제적 수준에서는, 가격변동이 '위험'신호를 보내 기초제품이 곧 부족해지리라는 것을 알려 준다. 그리하여 더 이상 공급을 늘리기 어려울 때 수요를 줄여서(이는 장기적으로 인구학적 영향을 끼칠 것이다) 상황을 바로잡을 필요가 있음을 공지하는 것이다. 하지만 가격체계가 항상 옳은 신호만을 보내는 것은 아니고, 보조금정책이 이 과정을 왜곡시킬 수도 있다. 자주 인용되는 사례는 개발도상국의 저곡가정책이 낳는 부정적인 (인구)효과이다. 기본적 식량의 가격을 인위적으로 낮게 유지하면, 농업이익이 줄어들고 이미 팽창된 도시로 더 많은 사람을 빠르게 이주시키는 결과를 가져온다. 더 일반적으로 말하면, 생산으로 인해 초래되는 환경악화의 비용을 가격에 포함하지 않기 때문에 가격이 보내야 할 '신호'에 심각한 왜곡이 발생한다.

필자는 앞에서 선택과 인구증가 규제의 메커니즘에 대해 상세하게 논의하였다(제4장과 제5장). 분명히 이 메커니즘은 피임이라는 인위적인 방법의 결과로 엄청나게 강화되었다. 이 상대적으로 새롭고 강력한 조절방법은 급속하게 확산되고 있으며, 사회가 직면하게 되는 제약 앞에서 사회가 더욱 유연할 수 있도록 만들고 있다. 사실 새로이 대두하는 문제는 반대의 신호가 나타난다는 것이다. 즉, 출산율이 매우 낮게 유지되면서 –유럽에서 나타나고 있는 것처럼– 지나치게 급속한 고령화와 세대 간의 커다란 수적 불균형 같은 많은 부정적 외부효과들이 발생할 수 있다. 게다가 심지어 맬서스식의 예방적 억제 –출산에 대한 접근성, 즉 혼인– 가 작동하는 것으로 보인다. 이는 대부분의 빈국에서 과거 수십 년 동안 나타났던 평균혼인연령의 상승을 통해 감지할 수 있다. 필자는 또한 사망률 감소에 대해서도 언급하였다. 지난 두 세기 동안의 사망률 개선은 최근 수십 년간에도 지속되었다. 이미 기대수명이 상당히 높았던 곳에서조차 계속해서 기대수명이 증가하였기 때문이다. 그렇지만 인간수명을 비자연적으로 연장하는 비용이 증가함에 따라 사망률이 더 이상 감소되기 어려울 수도 있다는 점을 간과해서는 곤란하다. 이런 비용은 의학기술과 치료의 경제적 비용뿐만 아니라, 영원히 치료에 의존해야 하거나, 또는 부질없는 말기진료나 고독 등의 고통과 연관된 도덕적 비용도 포함한다. 더욱이 인간의 새로운 행동양식과 시간에 따라 변형하는 바이러스의 능력과 부분적으로 연관되어 있는 새로운 질병(AIDS)에 대해서도 우리는 생각해 보아야 한다. 암과 같은 문제(환경, 식량에 대해 인간이 만들어 낸 변화와 암과의 관련성은 제거하기 어렵다)가 여전히 수많은 인명을 앗아 가고 있다는 점도 고려해야 한다. 그리고 새로이 미묘한 형태의 환경적 제약(예를 들어, 스트레스)의 중요성이 점차로 커지고 있고, 이로 인해 일련의 부정적 영향이 발생한다는 점도 잊어서는 안 될 것이다.

근대사회가 과거 사회들에 비해 사망률과 출산율의 통제면에서 더 나은 여건이라고 볼 수 있겠지만, 이민이라 불리는 또 하나의 선택 메커니즘에 대해서는 그렇다고 말할 수 없다. 세계를 사람으로 채우는 과정은 현존하거나 잠재적인 자원에 따라 인구를 분배하는 이민과 정착을 통해 이루어졌다. 또한 이민은 항상 빈곤과 결핍에서 탈출할 수 있게 해 주는 주요 통로였다.[64] 근대에 미국과 오스트레일리아의 온대지역을 유럽인으로 채우는 데 주도적 역할을 한 정착의 '자유'가 현재에 와서는 많이 약해졌다. 주로 정치적인 고려에 의해 국가들은 이민을 보통 주변적인 요소로 간주한다. 즉, 오직 상당히 경직된 틀에서 적은 인원만을 이민자로 받아들인다. 임금과 자산, 그리고 이동성의 상대적 용이함이 국가에 따라 엄청나게 다르기 때문에 그럴 수밖에 없을지 모른다. 그렇지만 과잉인구의 배출구로 작용하며 사람

64) J. K. Galbraith, *The Nature of Mass Poverty* (Penguin, Harmondsworth, 1980).

과 동식물을 데려갈 만한 개방된 토지가 더 이상 없다는 점도 사실이다.[65] 게다가 경제적 통합의 진전과 더불어 민족과 인종집단 간의 분리도 심화된다. 새로운 국민국가의 창설은 종종 비자연적인 국경선으로 구획되는데, 그러면 기존에 혼합되어 있었던 인종집단들이 새로운 정치적 단위 내에서 재분배되었다. 그리고 집단들 사이의 분리경향은 국경 내에서도 빈번하게 발생한다. 따라서 '선택'의 중요한 도구인 이민의 효능은 과거에 비해 줄어들었다.

따라서 우리의 대차대조표는 대변과 차변을 동시에 가지며, 최종적인 손익계산은 쉽지 않다. 하지만 출산조절이 일반화될 때, 출산율을 조절하는 능력이 인구증가를 통제하는 결정적인 요인이 될 것이다.

인구증가의 조절이 긍정적인 가치로 받아들여져 왔고, 별도의 증명이나 입증을 필요로 하지 않는다는 말을 사람들은 점점 더 듣게 된다. 종합적으로 본다면, 이것은 인구학자에게는 다행스러운 변화이다. 왜냐하면, 이런 추세, 저런 추세가 갖는 장점을 보여 주어야 할 의무를 더 이상 지지 않아도 되기 때문이다. 우리의 환경은 확실히 한정적이다. 따라서 한계선이 여러 차례 상향이동할 수 있다고 하더라도, 위험을 증가시키지 않고 무제한적으로 성장을 지속할 수는 없다. 이런 관찰은 인류가 장기적인 인구조정, 심지어는 인구가 감소되는 단계에 대해서도 대비해야 한다는 점을 분명히 보여 준다.

또 다른 요인도 반드시 고려되어야 한다. 일정한 한계를 넘어서는 경우, 인구증가는 범위의 불경제를 생성하여 인류 역사의 많은 부분에서 나타났던 추세를 뒤엎는다. 빈국에서 거대도시들이 무제한적으로 팽창하는 모습에 대해 생각해 보자.[66] 1970년에는 인구가 1,000만 명을 넘는 거대도시가 단

65) A. W. Crosby, *Ecological Imperialism, The Biological Expansion of Europe, 900-1900* (Cambridge University Press, Cambridge, 1986).
66) United Nations, *World Urbanization Prospects, The 2003 Revision* (New York, 2003); UN Human Settlement Program, *The Challenge of Slum: Global Report on Human Settlement 2003*

하나뿐이었는데, 2003년에는 그 수가 16개로 늘어났으며, 2015년에는 22개로 늘어날 것이다(총인구는 세계인구의 5% 수준인 3억 4,700만 명으로, 2000년의 2억 300만 명과 대조를 이룰 것이다). 이러한 성장과 연계되어 있는 사회적 · 위생적 · 환경적 문제들은 관리상의 난점을 낳을 것이며, 이 난점은 집계수치가 보여 주는 비율보다 더 빠르게 증가할 것으로 보인다. 규모의 불경제는 빈곤과 영양부족, 문맹과 같은 영역에서도 발생하게 된다. 심지어 경제발전이 일반적으로 이루어지고 있는 상황에서도 급속한 인구증가는 사회적 피폐화의 종합적 빈도(총인구에 대한 비율로 표현된다)의 감소에도 불구하고 빈민, 영양실조인 자, 문맹인 등의 절대적 수를 증가시킨다. 세계은행에 따르면, 비록 '빈민들'(하루에 1달러 미만으로 살아가는)의 비율이 저개발국에서 1990년 28%에서 2001년 21%로 감소하기는 하였지만, 이들의 절대치는 거의 감소하지 않았다(12억에서 11억으로 변화). 다소 장밋빛인 예측에 따르면, 아프리카의 사하라사막 이남 지역에서 빈곤의 발생이 2001년의 46%에서 2015년의 28%로 줄어들 것이지만, 빈민의 총수는 3억 1,300만 명에서 3억 4,000만 명으로 증가할 것이라고 한다.[67] 적은 인구에서 발생하는 문제점들을 다루기 위해 고안된 프로그램들은 빈민증가율보다 더 큰 문제에 빠지기 쉽다. 배고픈 사람과 글을 읽지 못하는 사람수의 대폭 증가를 놓고 볼 때, 영양부족과 교육의 문제는 서로 비슷한 상황이다.[68] 또는 홍수와 한발, 아니면 2004년 말에 인도네시아, 인도, 태국의 해안가를 황폐화시킨 쓰나미와 같은 자연재해, 또는 인간이 만들어 낸 재앙이 또다시 인구가 밀집된 지역을 강타할지도 모른다. 이런 상황에서는 많은 인구를 구호해야 하는 프로그램이

(London, Earthscan, 2003). "Meeting the Urban Challenge," *Population Reports* 30:4 (2002).

67) The World Bank, *Global Economic Prospects* (Washington, 2005). 인구와 빈곤 간의 관계에 대해서는 다음도 참조하라. The World Bank, *World Development Report 1999/2000*, 25쪽; M. Livi-Bacci and G. De Santis, eds., *Population and Poverty in Developing Countries* (Oxford University Press, Oxford, 1999).

68) 아프리카의 사하라 이남 지역에서는 총인구 중 영양부족상태에 빠진 사람의 비율이 1979~1981년 37%에서 1995~1997년 33%로 줄어들었다. 하지만 영양부족인 사람의 전체 숫자는 1억 4,000만 명에서 1억 8,000만 명으로 증가하였다. FAO, *The State of Food Insecurity*, 표 1을 참조하라.

필요한데, 이를 관리하고 조직하는 일은 어렵다. 많은 경우 규모가 증가함에 따라 문제를 제거하는 것이 점점 더 어려워지고 있다. 이것이 규모의 불경제다.

그렇기 때문에 우리는 인구증가가 규모의 경제를 더 이상 창출하지 못하고 규모의 불경제가 압도적이 되기 시작하는 역사적 단계 −얼마나 길지 모르는− 에 진입하고 있는 것으로 보인다. 따라서 인구증가를 조절해야 한다는 주장이 정당성을 갖는다. 그리고 그 조절이 점점 세계적 생존전략 측면에서 받아들여지는 요소가 됨에 따라, 조절은 점차로 계산의 문제가 아니라 가치의 문제가 될 것이다.

일반적으로 현대의 인구증가는 마치 위험한 도로에서 속력을 내는 자동차와 유사하다고 인식된다. 도로는 한정된 것으로 생각되는 자원을 대변한다(자원은 한정되어 있지만 아주 탄력적이다). 도로의 끝에는 좁은 골짜기가 있다. 우리의 자동차는 대단히 빠른 속도로 도로를 달려 협곡과 재앙을 향하고 있다. 이 문제를 해결하기 위해 두 팀이 궁리를 한다. 한 팀은 도로를 개선하려고 노력할 것이다. 즉, 협곡을 우회하거나 그 위에 다리를 세우려고 한다. 이것은 인간의 독창력을 통해 필요한 자원을 절약하여 사용하고, 자원 간에 대체방법을 강구하며, 새로운 자원을 개발하고자 노력하는 것이다. 다른 팀은 자동차에 대해 뭔가를 시도하려 하지만 의견의 일치를 이루지 못하고 있다. 어떤 이는 힘과 속도를 줄여서 협곡에 도달하기 전까지 더 많은 시간을 확보하기를 원한다. 다른 이는 조향장치, 제동장치, 완충장치를 개선함으로써, 운전자가 안전하게 운전할 수 있고 도로의 특성에 적응하여 필요할 때 가속하거나 감소하거나 정지할 수 있기를 바란다. 이것이 최상의 자동차로서, 조작하기에 용이하고 안전한 경로를 택할 수 있어야 한다. 그리고 위험신호를 감지하는 데 능한 책임감 있는 운전자가 핸들을 잡아야 하는 것이다.

S. Castles and M. J. Miller, *The Age of Migration* (The Guilford Press, New York, 1998).

J. E. Cohen, *How Many People Can the Earth Support?* (Norton, New York, 1995).

L. T. Evans, *Feeding the Ten Billion: Plants and Population Growth* (Cambridge University Press, Cambridge, 1998).

W. Lutz, W. C. Sanderson, and S. Scherbov, eds., *The End of World Population Growth in the 21st Century: New Century: New Challenges Capital Formation and Sustainable Development* (Earthscan, London and Sterling, VA, 2004).

National Research Council, *Between Zeus and the Salmon: The Biodemography of Longevity* (National Academy Press, Washington, DC, 1997).

National Research Council, *Beyond Six Billion: Forecasting the World's Population* (National Academy Press, Washington, DC, 2000).

OECD, *Trends in International Migration* (Paris, 2004).

UNAIDS, *Trends in HIV Incidence and Prevalence: Natural Course of the Epidemic or Results of Behavioral Change?* (Geneva, 1999).

United Nations, *World Population to 2300* (New York, 2004).

United Nations, *World Economic and Social Survey 2004. International Migration* (New York, 2004).

United Nations, *World Population Prospects. The 2004 Revision* (New York, 2005).

World Bank, *World Development Report 1992. Development and Environment* (Oxford University Press, New York, 1992).

Demography (Population Association of America, Silver Spring, MD)

Genus (Department of Demography, Rome)

Population (INED, Paris)

Population and Development Review (Population Council, New York)

Population Studies (Population Investigation Committee, London)

찾아보기

ㅅ

ㅊ

ㅋ

■ **저자**

Massimo Livi-Bacci

피렌체대학교 인구학 교수로서, '과학적 인구연구를 위한 국제연합'(International Union for the Scientific Study of Population)의 회장을 역임하였다. 인구의 역사 및 오늘날의 인구문제에 대해 수많은 저서를 써 왔으며, 세계 유수의 대학에서 교육과 연구를 담당해 왔다. 최근 저작으로 *Population and Nutrition* (1991), *The Population of Europe: A History* (1999), *Conquista: The Destruction of American Indios* (이탈리아어, 2005) 등이 있다.

■ **역자**

송병건

성균관대학교 경제학부 교수로서, 세계경제사를 가르치고 있다. 현대 인구, 노동, 세계화의 역사 등에 관해 지속적인 관심을 가지고 연구를 해 오고 있다. 저서로 『세계화 시대에 돌아보는 세계경제사』 (2005), 『영국 근대화의 재구성』 (2008) 등이 있다.

허은경

성균관대학교 대학원에서 무역문제에 관해 연구를 하고 있다.

세계인구의 역사

2009년 12월 21일 초판1쇄 인쇄
2009년 12월 26일 초판1쇄 발행

저　자 Massimo Livi-Bacci
역　자 송병건 · 허은경
발행인 노현철
발행처 도서출판 해남
서울특별시 서대문구 충정로 3가 227-1 우리타워 6F
전화 739-4822　팩스 720-4823
e-mail haenam30@dreamwiz.com
homepage www.hpub.co.kr
등록 1995. 5. 10 제 1-1885호

저자와 협의하에 인지 생략

정　가 20,000원

ISBN 978-89-6238-017-0　93320